공완: 공부완성

중학 국어
어휘&개념

공완 **중학 국어** 어휘&개념
(개념어/ 한자어/ 고유어/ 관용어)

1판 3쇄 발행 2021년 12월 15일

지은이 김은영
펴낸이 이재성
기획편집 김혜경
표지디자인 나는물고기
본문디자인 조양원
마케팅 이상준

펴낸곳 북아이콘
등록 제313-2012-88호
주소 07228 서울시 영등포구 영신로 220 KnK디지털타워 1102호
전화 (02)309-9597(편집)
팩스 (02)6008-6165
메일 bookicon99@naver.com

ⓒ 김은영, 2018
ISBN 978-89-98160-14-2 53710

공완 : 공부완성

중학 국어
어휘&개념

북아이콘

1 어휘 & 개념 학습으로 중학 국어의 기초가 완성됩니다.

학습의 기본 요건은 어휘와 개념입니다. 기본 어휘 및 개념을 알아야 글에 대한 독해도 제대로 이루어지고, 국어의 이해력이 향상될 수 있습니다. 중학 과정의 어휘와 개념 학습이 충실히 이루어질 수 있도록 개념어, 한자어, 고유어, 관용어를 효율적으로 수록하였습니다.

2 어휘 영역별 특성에 따른 구성으로 학습 효과가 배가됩니다.

어휘 영역별로 특성에 근거해 가장 효과적인 분류 및 세부 학습 방법을 적용하여 구성함으로써, 최대의 학습 효과가 발생할 수 있도록 하였습니다. 즉 어휘를 그 특성에 따라 묶고 효과적인 학습법을 접목해 체계적인 이해와 동시에 학습 효과가 배가되도록 한 것입니다.

3 | 어휘와 개념의 효과적인 습득을 위한 구성을 적용했습니다.

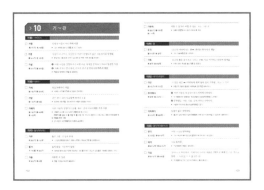

공부는 그 방법을 잘 알아야 길이 찾아지고 시행착오를 줄일 수 있습니다. 일반적인 참고서에서는 개념과 내용에 대한 설명은 간략히 하고 문제풀이에 집중하는 경향이 강합니다. 이 책은 어휘와 개념을 효과적으로 습득할 수 있도록 모든 표제어의 해설에서 핵심 구절을 강조하였습니다.

4 | 어휘&개념 완성을 위해 학습 방법과 문제를 결합해 구성하였습니다.

국어 지문 이해와 문제 해결을 위한 구성으로, 어휘 & 개념 학습과 문제 학습을 결합하여 반복적 학습 효과가 발생할 수 있도록 하였습니다. 개념어, 한자어, 고유어, 관용어를 익힘과 동시에 '확인 문제', '도전 문제'를 통해 자신의 것으로 흡수될 수 있도록 구성한 것입니다.

∴ 이 책의 차례

I 개념어

II 한자어

III 고유어

IV 관용어

I

개념어

01 운문 ❶

운문이란?

☐ **운문**
韻 운운 文 글월문

운율이 있는 언어로 표현된 문학. 시(또는 노래)라고 불릴 수 있는 모든 것이 여기에 해당한다.

▶ 현대시 외에 향가, 고려 가요, 시조 등의 고전 시가도 <u>운문</u>에 해당한다.

☐ **서정시**
抒 풀서 情 뜻정 詩 시시

정서를 표현한 시. 시는 내용에 따라 서정시와 서사시로 나뉘는데, 대부분의 현대시가 서정시에 속한다.

▶ 김소월의 '진달래꽃'은 이별의 슬픔이라는 개인적 정서를 표현한 <u>서정시</u>이다.

☐ **서사시**
敍 펼서 事 일사 詩 시시

일을 서술한 시. 신과 영웅, 전설이나 역사적 사건 등을 소재로 이야기처럼 길게 쓴 시

▶ 현대시 중에서는 김동환의 '국경의 밤', 신동엽의 '금강' 등에서 <u>서사시</u>의 특성을 확인할 수 있다.

☐ **자유시**
自 스스로자 由 말미암을유
詩 시시

자유로운 형식으로 이루어진 시. 시는 형식에 따라 자유시와 정형시로 나뉘는데, 현대 시조를 제외한 대부분의 현대시가 자유시에 속한다.

▶ <u>자유시</u>는 정해진 형식에 따르지 않을 뿐, 개별 작품은 모두 나름의 질서와 운율을 지니고 있다.

참고 산문시(散 흩을산 文 글월문 詩 시시): 자유시보다 더 파격적으로, 연과 행의 구분도 없이 줄글로 쓴 시.

☐ **정형시**
定 정할정 型 모형형
詩 시시

일정한 형식과 규칙에 맞추어 지은 시. 시조(時 때시 調 고를조)가 대표적

▶ 자유시는 내재율, <u>정형시</u>는 외형률을 지니고 있다.

운문의 구성

☐ **시어**
詩 시시 語 말씀어

시에 쓰인 말

▶ <u>시어</u>는 본질적으로 일상어와 다르지 않고, 다만 용법상의 차이가 있을 뿐이다. 즉, 일상어가 사전적이고 지시적인 의미를 지닌다면, 시어는 내포적이고 함축적인 의미를 지니므로 다양하게 해석될 수 있다.

☐ **시구**
詩 시시 句 구절구

시의 구절. 보통 몇 개의 시어들로 구성된 어구나 문장을 가리킨다.

▶ 시의 처음과 끝을 유사하거나 동일한 <u>시구</u>로 구성하면 안정감을 주고 강조의 효과도 얻을 수 있다.

☐ **행**
行 줄행

시의 한 줄.

▶ <u>행</u>을 나누지 않고 거의 산문처럼 쓴 자유시를 특별히 산문시라고 한다.

□ 연 聯 이을 연	시에서 몇 행을 한 단위로 묶어서 이르는 말. 보통 통일된 하나의 생각을 단위로 연을 구분하고, 연과 연 사이는 한 행을 띄운다. ▶ 시 중에는 하나의 **연**만으로 구성된 시도 있다.

운문의 특징

□ 운율 韻 운 운 律 음률 율	시에서 느껴지는 말의 가락. 곧 시의 음악성을 가리킨다. ▶ 시를 읽으면 **운율**이 느껴진다.
□ 외형률 外 바깥 외 形 모양 형 律 음률 률	시에서 겉으로 뚜렷이 드러나는 운율. 음의 높낮이나 길이, 글자 수, 음보 등의 규칙적인 반복에 의하여 생기는 운율 ▶ 시조는 세 글자, 네 글자를 단위로 글자 수를 맞추기 때문에 3·4조의 **외형률**이 느껴진다. 참고 음보(音 소리 음 步 거리 보): 한 호흡으로 느껴지는 **운율**의 단위. 의미상의 덩어리로 볼 수 있다. ▶ 이 몸이/죽고 죽어/일백 번/고쳐 죽어 – 이 시조는 3·4조, 4**음보**의 운율을 지니고 있다.
□ 내재율 內 안 내 在 있을 재 律 음률 율	시 속에 깃들어 있는 운율. 외형률처럼 겉으로 드러나는 운율은 아니지만, 시를 읽어 가는 동안에 독자의 마음속에서 느껴지는 개성적이고 주관적인 운율 ▶ 현대시는 대부분 **내재율**을 지닌 자유시이다.
□ 함축 含 머금을 함 蓄 모을 축	말이나 글이 많은 뜻을 담고 있는 성질. 시어는 함축적 의미를 지니고 있다. ▶ 이 시에서 '바다'는 '동경'의 의미를 **함축**(=내포)한다. 참고 내포(內 안 내 包 감쌀 포): 안에 의미를 품음. '함축' 대신 사용할 수 있는 말이다. ▶ 이 시에서 '바다'의 **내포**적(=함축적) 의미는 '동경'이다.
□ 형상화 形 모양 형 象 모양 상 化 될 화	형체가 분명하지 않은 것을 구체적이고 명확한 모양으로 나타내는 것. 시는 형체가 없는 인간의 사상이나 정서를 언어를 이용해서 형상화한다. ▶ 이 시에서는 '벽'이라는 소재를 통해 사람들 사이의 단절감을 **형상화**하였다.
□ 심상(이미지) 心 마음 심 象 모양 상	마음속에 그려진 모양. '이미지(image)'라고도 한다. ▶ 이 시는 부정적 현실의 모습을 춥고 혹독한 겨울의 **심상**을 이용해 형상화하였다.

□ 감각적 심상 感 느낄 감 覺 깨달을 각 的 ~의 적 心象	구체적인 감각과 관련된 표현을 통해 마음속에 떠오르는 모습이나 느낌

시(視 볼 시)각적 심상	보는 감각을 바탕으로 형성되는 심상
청(聽 들을 청)각적 심상	듣는 감각을 바탕으로 형성되는 심상
후(嗅 맡을 후)각적 심상	냄새를 맡는 감각을 바탕으로 형성되는 심상
미(味 맛 미)각적 심상	맛을 보는 감각을 바탕으로 형성되는 심상
촉(觸 닿을 촉)각적 심상	피부를 통해 느껴지는 감각을 바탕으로 형성되는 심상

> ▶ 단풍으로 불타는 산 – <u>시각적 심상</u>
> 산새의 울음 – <u>청각적 심상</u>
> 향기로운 꽃지짐 – <u>후각적 심상</u>
> 짭조름한 미역 – <u>미각적 심상</u>
> 볼을 스치는 서느런 옷자락 – <u>촉각적 심상</u>

☐ **공감각적 심상** 共 한가지 공 感 覺的 心象	한 종류의 감각을 다른 종류의 감각으로 옮겨서 표현하는 것 ▶ 분수처럼 흩어지는 푸른 종소리 – '종소리'라는 청각적 대상을 '분수'처럼 흩어지는 시각적인 것으로 표현한 **공감각적 심상**
☐ **역동적 심상** 力 힘 력 動 움직일 동 的 心象	힘차고 활발하게 움직이는 듯한 느낌을 표현한 것 ▶ 모든 산맥들이 바다를 연모해 휘달릴 때도 – 산맥들이 이어진 모습을 휘달린다고 표현한 <u>역동적 심상</u>
☐ **상승/하강의 이미지** 上 위 상 昇 오를 승 / 下 아래 하 降 내릴 강 —	아래에서 위로 오르거나, 위에서 아래로 내리는 느낌을 불러일으키는 것 ▶ 날개를 펴고 날아오른다. – <u>**상승의 이미지**</u> 날개를 접고 내려앉는다. – <u>하강의 이미지</u>
☐ **소멸/생성의 이미지** 消 사라질 소 滅 꺼질 멸 / 生 날 생 成 이룰 성 —	사라져 없어지거나, 새로 생기는 느낌을 불러일으키는 것 ▶ 산에는 꽃이 지네 – <u>소멸의 이미지</u> 산에는 꽃이 피네 – <u>**생성의 이미지**</u>

표현법

☐ **비유** 比 견줄 비 喩 깨우칠 유	어떤 현상이나 사물을 직접 설명하지 않고 다른 비슷한 현상이나 사물에 빗대어서 표현하는 방법 ▶ '내 마음은 호수'라는 표현은 '마음'이라는 원관념을 '호수'라는 보조관념에 <u>비유</u>한 것이다.

원(元 으뜸 원)관념	비유에서 표현하고자 하는 실제 내용
보조(補 도울 보 助 도울 조)관념	원관념에 비유되는 것. 원관념의 뜻이나 분위기가 잘 드러나도록 도와주는 관념

☐ **직유법** 直 바로 직 喩 깨우칠 유 法 법 법	비슷한 성질이나 모양을 가진 두 사물을 '~같이', '~처럼', '~듯이', '~양'과 같은 표현으로 연결하여 직접 비유하는 방법 ▶ 얼음처럼 차가운 바람 – '바람'을 차갑다는 면에서 비슷한 '얼음'에 직접 비유한 <u>직유법</u>
☐ **은유법** 隱 숨을 은 喩 깨우칠 유 法 법 법	숨겨서 비유하는 방법. 직유법과 달리 원관념과 보조관념을 직접 연결하지 않고, 'A(원관념)는 B(보조관념)이다.'의 형태로 간접적으로 견주어 표현하는 방법 ▶ 산구름은/보랏빛 색지 위에/마구 칠한 한 다발 장미 – '구름'(원관념)을 '장미'(보조관념)에 비유한 <u>은유법</u>

□ 의인법 擬 비길 의 人 사람 인 法 법 법	사람이 아닌 것을 마치 사람이 느끼거나 행동하는 것처럼 표현하는 방법 ▶ 아침 해가 인사를 한다. – 사람이 아닌 '아침 해'를 사람처럼 인사한다고 표현한 <u>의인법</u> **참고** 활유법(活 살 활 喩 깨우칠 유 法 법 법): 무생물을 생물인 것처럼 표현하는 방법. 의인법은 활유법에 속한다. ▶ 목을 빼고 기다리는 저녁 해 – 무생물인 '저녁 해'를 '목을 빼고 기다리는' 생물에 비유한 <u>활유법</u>
□ 반복법 反 돌아올 반 復 회복할 복 法 법 법	같거나 비슷한 표현을 반복해서 뜻을 강조하는 방법 ▶ 가자, 가자, 집으로 가자. – '가자'라는 표현을 반복하여, 가고자 하는 소망을 강조한 <u>반복법</u>
□ 열거법 列 벌일 열 擧 들 거 法 법 법	표현하려는 내용과 연관된 단어나 구절을 나열하는 방법 ▶ 별 하나에 추억과 / 별 하나에 사랑과 / 별 하나에 쓸쓸함과 / 별 하나에 동경과 – 별을 보며 연상되는 것을 나열한 <u>열거법</u>
□ 과장법 誇 자랑할 과 張 베풀 장 法 법 법	표현하려는 내용을 실제보다 부풀려서 나타내는 방법 ▶ 집채만 한 파도 – 파도의 크기를 집채만 하다고 부풀려서 표현한 <u>과장법</u>
□ 점층법 漸 점점 점 層 층 층 法 법 법	문장의 뜻을 점차로 강하게, 크게, 높게 하는 방법 ▶ 나는 가족을, 나라를, 세계를 사랑한다. – '가족 → 나라 → 세계'로 사랑의 범위를 점점 넓힌 <u>점층법</u> **참고** 점강법(漸 점점 점 降 내릴 강 法 법 법): 점층법의 반대로, 점점 약하게 표현하는 방법
□ 대조법 對 마주할 대 照 비출 조 法 법 법	서로 반대되는 대상이나 내용을 맞세워 의미를 강화하는 방법 ▶ 인생은 짧고, 예술은 길다. – 인생의 유한성과 예술의 영원성이라는 반대되는 내용을 맞세운 <u>대조법</u>
□ 영탄법 詠 읊을 영 嘆 탄식할 탄 法 법 법	슬픔, 놀라움 등의 감정을 강조하여 나타내는 방법 ▶ 아아, 너는 갔구나! – 이별로 인한 감정을 '아아', '갔구나!'와 같은 감탄의 형식으로 표현한 <u>영탄법</u>
□ 설의법 設 베풀 설 疑 의심할 의 法 법 법	누구나 쉽게 판단할 수 있는 사실을 의문의 형식으로 표현함으로써 독자가 스스로 생각해 보고 판단하게 하는 방법 ▶ 빼앗긴 들에도 봄은 오는가 – '빼앗긴 들(국토)'에는 '봄(자유와 독립)'이 오지 않는다는 절망적 인식을 물음의 형식으로 표현한 <u>설의법</u>
□ 대구법 對 마주할 대 句 구절 구 法 법 법	구절을 짝지어 나타내는 방법 ▶ 별은 밝음 속에 사라지고 / 나는 어둠 속에 사라진다 – '~은 ~속에 사라진다'라는 형식의 구절을 짝지은 <u>대구법</u> **참고** 대조와 대구: 대조는 내용과 관련되고, 대구는 형식과 관련된다. 즉, 대조법은 의미가 반대되는 것들을 맞세우는 것이고, 대구법은 짜임이 비슷한 것들을 맞세우는 것이다.

□ 반어법
反 돌이킬 **반** 語 말씀 **어**
法 법 **법**

겉으로 표현된 의미와 속에 숨어 있는 참의미가 서로 반대되게 나타냄으로써 참의미가 부각되게 하는 방법

▶ 내 머리는 너를 잊은 지 오래 / 내 발길은 너를 잊은 지 너무도 너무도 오래 – '너(민주주의)'를 잊었다고 반대로 말함으로써 결코 너를 잊을 수 없음을 부각한 **반어법**

□ 역설법
逆 거스를 **역** 說 말씀 **설**
法 법 **법**

얼핏 보기에는 이치에 어긋난 것 같지만 그 속에 진실을 담고 있는 표현법

▶ 결별이 이룩하는 축복 – '결별'과 '축복'이라는 어울리지 않는 개념을 연관 지어, 이별이 성숙의 계기가 될 수 있다는 인식을 표현한 **역설법**

□ 상징
象 모양 **상** 徵 부를 **징**

말로 설명하기 힘든 사물이나 개념 등을 구체적인 사물로 나타내는 방법

▶ **상징**은 원관념을 드러내지 않은 채 감각화된 보조관념만으로 의미를 표현한다.

관습(慣 익숙할 관 習 익힐 습)적 상징	오랜 세월을 두고 한 문화권에서 사회적 **관습**에 의해 인정되고 보편화된 상징
개인적 상징	한 작가가 자신의 작품에서만 **독특하게 사용**하여 함축성을 높이는 상징 = 창조적 상징
원형(原 근원 원 形 모양 형)적 상징	먼 옛날부터 인류가 삶의 경험 속에서 **공통적 의미**로 인식해 온 **근원적 성격**을 띠는 상징 = 신화적 상징

▶ 소나무 = 지조 – **관습적 상징** / 나비 = 연인 – **개인적 상징** / 물 = 죽음·정화 – **원형적 상징**

□ 풍자
諷 알릴 **풍** 刺 찌를 **자**

정치적 현실이나 세태, 인간 생활의 결함이나 불합리, 허위 등을 예리하게 찔러 웃음을 자아내며 공격하는 방법

▶ 이 시조에서는 양반을 허세를 떠는 두꺼비로 그리면서 그들의 허위의식을 **풍자**하고 있다.

□ 해학
諧 화합할 **해** 謔 희롱할 **학**

감싸 안으면서 희롱하는 방법. 풍자와 마찬가지로 사회적 현상이나 현실을 우스꽝스럽게 드러냄으로써 웃음을 유발하지만, 풍자와 달리 공격성이나 비판성을 지니지 않는다.

▶ '시집살이 노래'라는 민요에서는 시집살이의 애환을 **해학적**으로 표현하고 있다.

□ 언어유희
言 말씀 **언** 語 말씀 **어**
遊 놀 **유** 戲 희롱할 **희**

말의 소리나 의미의 유사성을 이용해서 재미있게 표현하는 방법

▶ 매미는 매암매암 맵다고 울고, 쓰르라미는 쓰르람 쓰르람 쓰다고 운다. – '매', '쓰'의 음의 유사성을 이용해 표현한 **언어유희**

□ 감정이입
感 느낄 **감** 情 뜻 **정**
移 옮길 **이** 入 들 **입**

자신의 감정을 다른 사람이나 사물에 불어넣어서 마치 그 대상이 그렇게 느끼고 생각하는 것처럼 표현하는 방법. 객관적 상관물에 감정을 이입하는 방법

▶ 저 물도 울면서 밤길을 가는구나. – 화자가 슬픈 것을 물이 슬퍼하는 것으로 표현한 **감정이입**
(물: 화자의 감정이 이입된 객관적 상관물)

참고 객관적(客觀的) 상관물(相 서로 상 關 관계할 관 物 물건 물): 화자 밖에 존재하는 객관적 대상으로서 화자의 정서나 사상(생각)을 표현하는 데 활용되는 것

▶ 훨훨 나는 저 꾀꼬리 / 암수 서로 정답구나 / 외로울사 이내 몸은 / 뉘와 함께 돌아갈꼬 – '암수가 정다운 꾀꼬리'는 '외로운 화자'의 처지와 대비되는 **객관적 상관물**(감정이입 ×)

[1~10] 문맥에 맞는 말을 괄호 안에서 고르시오.

1. 시는 대표적인 (운문 / 산문) 문학이다.

2. 대부분의 현대시는 정서를 표현한 (서정시 / 서사시)에 속한다.

3. 김동환의 '국경의 밤', 신동엽의 '금강' 등은 (서정시 / 서사시)이다.

4. 대부분의 현대시는 자유로운 형식으로 이루어진 (자유시 / 정형시)이다.

5. 자유시는 (내재율 / 외형률)을, 정형시는 (내재율 / 외형률)을 지니고 있다.

6. 시의 한 줄을 (행 / 연)이라고 부른다.

7. 시의 음악성을 결정하는 것은 (운율 / 심상)이다.

8. 시조는 (내재율 / 외형률)을 지니고 있다.

9. 시어의 특징은 (지시성 / 함축성)을 지니고 있다는 것이다.

10. 시는 인간의 사상이나 정서를 언어로 (형상화 / 추상화)한다.

[11~19] 다음 시구에 활용된 감각적 이미지를 〈보기〉에서 고르시오.

11. 어두운 방 안엔 바알간 숯불이 피고

12. 두 점을 치는 소리 / 방범대원의 호각 소리 메밀묵 사려 소리에 / 눈을 뜨면 멀리 육중한 기계 굴러가는 소리

13. 나비 허리에 새파란 초생달이 시리다

14. 메마른 입술이 쓰디쓰다

15. 꽃 피는 사월이면 진달래 향기 / 밀 익는 오월이면 보리 내음새

16. 얼룩백이 황소가 / 해설피 금빛 게으른 울음을 우는 곳

┌─ 보 기 ───┐
│ ㉠ 시각적 이미지   ㉡ 청각적 이미지   ㉢ 후각적 이미지   ㉣ 미각적 이미지 │
│ ㉤ 촉각적 이미지   ㉥ 공감각적 이미지 │
└──┘

[17~19] 다음 시구에서 드러나는 이미지를 〈보기〉에서 고르시오.

17. 관이 내렸다 / 깊은 가슴 안에 밧줄로 달아 내리듯

18. 쓰러지고, 쓰러지고, 다시 일어서서 드리는 / 이 피 묻은 그리움, / 이 넉넉한 힘

19. 푸른 보리밭 사이로 하늘을 쏘는 노고지리가 있거든 아직도 날아오르는 나의 꿈이라고 생각하라.

```
┌ 보 기 ┐
㉠ 역동적 이미지        ㉡ 상승의 이미지        ㉢ 하강의 이미지
㉣ 소멸의 이미지        ㉤ 생성의 이미지
```

[20~32] 다음 시구에 대한 설명이 맞으면 ○, 틀리면 ×에 표시하시오.

20. 나의 마음은 고요한 물결 / 바람이 불어도 흔들리고 / 구름이 지나도 그림자 지는 곳 – '물결'이 원관념, '나의 마음'이 보조관념인 은유법이 사용되었다. (○ / ×)

21. 길은 한 줄기 구겨진 넥타이처럼 풀어져 – '길'을 '넥타이'에 직접 비유하고 있다. (○ / ×)

22. 까마득한 날에 / 하늘이 처음 열리고 / 어디 닭 우는 소리 들렸으랴. – 의문의 형식을 활용해 독자의 판단을 유도하고 있다. (○ / ×)

23. 삼백예순 날 하냥 섭섭해 우옵내다. – 점층법을 통해서 문장의 뜻을 강하게 표현하고 있다. (○ / ×)

24. 돌담에 속삭이는 햇발같이 / 풀 아래 웃음짓는 샘물같이 – 의인법, 직유법, 대조법을 사용하여 표현하였다. (○ / ×)

25. 눈은 살아 있다. / 떨어진 눈은 살아 있다. / 마당 위에 떨어진 눈은 살아 있다. – 특정 시구를 반복하여 의미를 강조하고 있다. (○ / ×)

26. 우리들의 사랑을 위하여서는 / 이별이 이별이 있어야 하네. – 이치에 어긋나 보이는 표현 속에 삶의 진실을 담고 있다. (○ / ×)

27. 얻는다는 것은 곧 잃는 것이다. – 반어법을 통해 의미를 강조하고 있다. (○ / ×)

28. 내가 그의 이름을 불러 주었을 때 / 그는 나에게로 와서 / 꽃이 되었다. – '꽃'은 가치가 있는 존재를 의미하는 개인적 상징이다. (○ / ×)

29. 눈 맞아 휘어진 대나무를 누가 굽었다고 하였던가 / 굽힐 절개라면 눈 속에서 푸르겠는가 – '대나무'는 절개를 상징하는 원형적 상징에 해당한다. (○ / ×)

30. 한 줄의 시(詩)는커녕 / 단 한 권의 소설도 읽은 바 없이 / 그는 한평생을 행복하게 살며/ 많은 돈을 벌었고 높은 자리에 올라 / 이처럼 훌륭한 비석을 남겼다. – 대상을 해학적으로 표현하고 있다. (○ / ×)

31. 사고(思考)할 필요가 없어요. 이미 사고(事故)가 난걸요. – 소리의 유사성을 이용해 재미있게 표현하는 언어유희를 확인할 수 있다. (○ / ×)

32. 붉은 해는 서산 마루에 걸리었다. / 사슴의 무리도 슬피 운다. – '사슴'은 화자의 감정이 이입된 객관적 상관물이다. (○ / ×)

[33~34] 다음 글을 읽고, 물음에 답하시오. (2016 중3 성취도평가)

> 들길은 마을에 들자 붉어지고
>
> 마을 골목은 들로 내려서자 푸르러진다
>
> 바람은 넘실 천 이랑* 만 이랑
>
> 이랑 이랑 햇빛이 갈라지고
>
> 보리도 허리통이 부끄럽게 드러났다
>
> 꾀꼬리는 여태 혼자 날아볼 줄 모르나니
>
> 암컷이라 쫓길 뿐
>
> 수놈이라 쫓을 뿐
>
> 황금 빛난 길이 어지럴 뿐
>
> 얇은 단장하고 아양 가득 차 있는
>
> 산봉우리야 오늘 밤 너 어디로 가버리련?
>
>
>
> * 이랑: 갈아놓은 밭의 한 두둑과 한 고랑을 아울러 이르는 말.
>
> ― 김영랑, 〈오월〉

33. 〈자료〉는 윗글을 읽고 학생들이 나눈 대화이다. 빈칸에 들어갈 말로 가장 적절한 것은?

┌─|보기|
학생 1: 난 이 시를 읽고 농촌으로 봉사 활동을 갔던 경험이 떠올랐어. 그때 땀 흘리며 일하는 농부의 모습을 가까이에서 보았는데 이 시에는 그런 모습이 드러나 있지 않은 것 같아.

학생 2: 그래? 난 할머니 댁에서 보았던 농촌 마을의 경치가 생각났어. 오월이 되어 자연이 아름답게 변화하는 모습이 '들', '이랑', '보리', '꾀꼬리' 등으로 잘 드러난 것 같아. 이렇게 보면 '얇은 단장'을 한 '산봉우리'는 (   ).

① 풍요롭고 순박한 농촌의 인심을 느끼게 해

② 농사가 시작되고 있는 농촌의 분주함을 느끼게 해

③ 은은한 빛으로 꽃과 잎이 피어 있는 산을 상상하게 해

④ 새봄에 산책로를 깔끔하게 정리한 산의 모습을 상상하게 해

⑤ 오래되고 낡은 옷을 걸친 농부의 모습을 아련하게 떠오르게 해

34. 윗글의 표현상 특징으로 적절하지 <u>않은</u> 것은?

① 유사한 어구를 반복하여 운율을 형성하고 있다.

② 문장을 질문 형식으로 종결하여 여운을 주고 있다.

③ 대상을 사람처럼 표현하여 친숙함을 드러내고 있다.

④ 감각적 표현으로 계절감을 생생하게 나타내고 있다.

⑤ 상징적 시어를 사용하여 슬픔의 정서를 드러내고 있다.

[35~37] 다음 글을 읽고, 물음에 답하시오. (2013 중3 성취도평가)

텔레비전을 끄자

㉠풀벌레 소리

어둠과 함께 방 안 가득 들어온다

[A] ┌ 어둠 속에서 들으니 벌레 소리들 환하다
    └ 별빛이 묻어 더 낭랑하다

귀뚜라미나 여치 같은 큰 울음 사이에는

너무 작아 들리지 않는 소리도 있다

㉡그 풀벌레들의 작은 귀를 생각한다

내 귀에는 들리지 않는 소리들이 드나드는

까맣고 좁은 통로들을 생각한다

㉢그 통로의 끝에 두근거리며 매달린

여린 마음들을 생각한다

발뒤꿈치처럼 두꺼운 내 귀에 부딪쳤다가

되돌아간 소리들을 생각한다

㉣브라운관이 뿜어낸 현란한 빛이

내 눈과 귀를 두껍게 채우는 동안

그 울음소리들은 수없이 나에게 왔다가

너무 단단한 벽에 놀라 되돌아갔을 것이다

하루살이들처럼 전등에 부딪쳤다가

바닥에 새카맣게 떨어졌을 것이다

크게 밤공기 들이쉬니

허파 속으로 그 소리들이 들어온다

㉤허파도 별빛이 묻어 조금은 환해진다

    – 김기택, 〈풀벌레들의 작은 귀를 생각함〉

35. 윗글에 대한 감상으로 가장 적절한 것은?

① 어린 시절 추억의 소중함을 알게 되었어.

② 곤충들의 독특한 소통 방식에 대해 이해하게 되었어.

③ 현대인이 관심을 기울이지 않는 작은 것들의 의미를 깨닫게 되었어.

④ 마음에 여유가 없을수록 휴식과 놀이가 중요하다는 것을 알게 되었어.

⑤ 바쁘다는 핑계로 사회 문제에 대해 무관심했던 나 자신을 반성하게 되었어.

36. [A]에 드러난 표현상의 특징으로 가장 적절한 것은?

① 묻고 답하는 형식을 활용해 대상을 부각하고 있다.

② 지역 방언을 활용해 시적 상황을 생생하게 표현했다.

③ 공감각적 표현을 활용하여 시의 이미지를 형상화했다.

④ 풍자의 방법을 통해 시의 주제를 효과적으로 드러냈다.

⑤ 대상을 의인화하여 시적 화자와 대상 간의 거리를 좁혔다.

37. ㉠~㉤ 중, 독자에게 불러일으키는 정서가 다른 하나는?

① ㉠   ② ㉡   ③ ㉢   ④ ㉣   ⑤ ㉤

[정답] 1. 운문 2. 서정시 3. 서사시 4. 자유시 5. 내재율, 외형률 6. 행 7. 운율 8. 외형률 9. 함축성 10. 형상화 11. ㉠ 12. ㉡ 13. ㉲ 14. ㉣ 15. ㉢ 16. ㉲ 17. ㉢ 18. ㉠ 19. ㉡ 20. × 21. ○ 22. ○ 23. × 24. × 25. ○ 26. ○ 27. × 28. ○ 29. × 30. × 31. ○ 32. ○ 33. ③ 34. ⑤ 35. ③ 36. ③ 37. ④

[해설] 13. 새파란 달빛 → 시리다: 시각의 촉각화 16. 황소의 울음 → 금빛: 청각의 시각화 20. '나의 마음'이 원관념, '물결'이 보조 관념 23. 과장법 24. 대조법이 아니라 대구법 27. 역설법 29. 관습적 상징 30. 해학이 아니라 풍자 36. 청각의 시각화 37. '텔레비전'으로 대표되는 문명에 대한 비판적 정서와 '풀벌레'로 대표되는 자연에 대한 친화적 정서를 드러내고 있는 시이다. ㉣은 문명과 관련된 것으로 부정적 정서를 불러일으키고, 나머지는 자연과 관련된 긍정적 정서를 불러일으킨다.

∵ 02 | 운문 ❷

소재와 주제

☐ **소재**
素 본디 **소** 材 재료 재
시인이 작품에서 말하고자 하는 바를 나타내기 위해 선택하는 재료
▶ 서정주의 '국화 옆에서'는 '국화'를 <u>소재</u>로 성숙한 삶의 아름다움을 노래하였다.

☐ **표상**
表 겉 **표** 象 모양 상
특정 소재가 정서를 상징적으로 나타내는 것
▶ 어두운 밤에 화자가 밝히는 '촛불'은 절망적 상황에 굴하지 않는 의지를 <u>표상</u>한다.

☐ **매개**
媒 중매 **매** 介 낄 개
특정 소재가 화자와 대상을 이어주는 사물로 작용하는 것
▶ 화자가 임에게 보내는 '꽃'은 임과 화자를 <u>매개</u>하는 역할을 한다.

☐ **환기**
喚 부를 **환** 起 일어날 기
어떤 대상이나 상황이 정서를 불러일으키는 것
▶ 토속적인 방언은 향토적 정감을 <u>환기</u>한다.

☐ **투영**
投 던질 **투** 影 그림자 영
어떤 상황이나 사태에 대한 해석, 표현 등에 심리 상태나 성격이 반영되는 것 = 투사(投 던질 투 射 쏠 사)
▶ 새가 되어 임의 곁에 머물겠다는 표현에는 화자의 소망이 <u>투영</u>되어 있다.

☐ **주제**
主 주인 **주** 題 제목 제
시인이 시 속에서 나타내고자 하는 주된 생각
▶ 이 시에서는 '청산에 살어리랏다'라는 표현을 반복하여 '청산에 살고 싶은 소망'이라는 <u>주제</u>를 강조하고 있다.

시적 화자

☐ **시적 화자**
詩 시 **시** 的 ~의 적
話 말씀 **화** 者 사람 자
시 속에서 말하는 사람 = 서정적 자아, 시적 자아 ≠ 시인
▶ '진달래꽃'을 쓴 시인은 김소월이지만, 이 시의 <u>시적 화자</u>는 임과 이별한 여인이다.

☐ **어조**
語 말씀 **어** 調 가락 조
시적 화자를 통해 드러나는 말의 가락(목소리의 특징). 대상에 대한 화자의 태도가 반영되므로 작품의 주제와 긴밀히 연관된다.
▶ 단호한 <u>어조</u>로 화자의 의지를 드러내고 있다.

☐ **정서**
情 뜻 **정** 緒 실마리 서
사람의 마음에 일어나는 여러 감정. 또는 감정을 불러일으키는 기분이나 분위기
▶ 감각적 이미지를 통해 <u>정서</u>를 구체화하고 있다.
과거와 현재를 대비하여 그리움의 <u>정서</u>를 부각한다.

☐ **태도** 態 모습 **태** 度 법도 **도**	시적 화자가 자신이 처한 상황에 대응하는 방식. 작품의 주제와 밀접히 관련된다. ▶ 현실에 대한 비판적 <u>태도</u>를 드러내고 있다. 자연물에 대해 친화적 <u>태도</u>를 보이고 있다.
☐ **관조** 觀 볼 **관** 照 비칠 **조**	개인적 삶과 관련된 것들을 고요한 마음으로 관찰하거나 비추어 보는 태도 ▶ 자신의 지난 삶을 <u>관조</u>하고 있다.
☐ **성찰** 省 살필 **성** 察 살필 **찰**	자기의 마음을 반성하고 살피는 태도 ▶ 자연의 모습에서 바람직한 삶의 태도를 <u>성찰</u>하고 있다.
☐ **달관** 達 통달할 **달** 觀 볼 **관**	사소한 사물이나 일에 얽매이지 않는, 세속을 벗어난 활달한 태도 ▶ 나그네의 모습을 통해 인생에 대한 <u>달관</u>을 표현하고 있다.
☐ **귀의** 歸 돌아갈 **귀** 依 의지할 **의**	이상적 대상(자연이나 절대자)에게로 가서 그것에 몸을 의지하는 태도 ▶ 절대자에게 <u>귀의</u>하려는 소망을 노래하고 있다.
☐ **친화** 親 친할 **친** 和 될 **화**	이상적 대상(자연)과 사이좋게 잘 어울려 지내는 태도 ▶ 자연 속에 묻혀 사는 화자는 사연 <u>친화</u>적 태도를 드러내고 있다.
☐ **회의** 懷 품을 **회** 疑 의심할 **의**	상황의 옳고 그름에 대해 의심을 품는 태도 ▶ 의문의 형식을 활용하여 현실에 대한 <u>회의</u>적 태도를 드러내고 있다.
☐ **냉소** 冷 찰 **랭** 笑 웃을 **소**	상황이 옳지 않다고 판단하고 그에 대해 비웃는 태도 ▶ 반어적 표현을 통해 <u>냉소</u>적 태도를 드러내고 있다.
☐ **자조** 自 스스로 **자** 嘲 비웃을 **조**	부정적인 상황에서도 무기력하기만 한 자신을 비웃는 태도 ▶ 화자는 자신의 비겁함과 소시민성을 <u>자조</u>하고 있다.
☐ **회한** 悔 뉘우칠 **회** 恨 한 **한**	부정적인 상황에 대한 자신의 대응을 뉘우치며 한탄하는 태도 ▶ 떠나는 임을 잡지 않은 자기 행동에 대한 회한을 드러내고 있다.

시상 전개

☐ **시상** 詩 시 **시** 想 생각 **상**	시에 담긴 시인의 생각이나 감정. 시를 지을 때 시인에게 떠오르는 느낌이나 생각 ▶ 그는 제주도 곶자왈 숲을 산보하다가 <u>시상</u>이 떠올랐다. 설의적 표현으로 <u>시상</u>을 마무리하고 있다.

21

☐ **시상 전개** 詩 시 **시** 想 생각 **상** 展 펼 **전** 開 열 **개**	시상(시인의 생각이나 감정)을 펴 나가는 방식 ▶ <u>시상 전개</u> 방식에는 시간의 흐름에 따른 구성, 공간의 이동에 따른 구성, 시선의 이동에 따른 구성, 기승전결의 구성, 수미상관의 구성 등이 있다.
☐ **순행적 흐름** 順 따를 **순** 行 갈 **행** ―	시간의 순서에 따라 시상을 전개하는 방식 = 시간의 흐름(시간적 순서) ▶ '과거→현재', '아침→저녁', '봄→여름→가을→겨울' 등과 같이 <u>순행적 흐름</u>에 따라 전개되는 시들이 많다.
☐ **역순행적 흐름** 逆 거스를 **역** 順 따를 **순** 行 갈 **행** ―	시간의 순서를 거슬러서 시상을 전개하는 방식 ▶ 현재에서 과거로 넘어가는 <u>역순행적 흐름</u>에 따라 시상을 전개하고 있다.
☐ **공간의 이동** 空 빌 **공** 間 사이 **간** ―	공간의 이동을 통해 시상을 전개하는 방식 ▶ '안→밖', '산→바다' 등 <u>공간의 이동</u>에 따라 시상을 전개하는 시들이 있다.
☐ **시선의 이동** 視 볼 **시** 線 줄 **선** ―	눈이 가는 길의 이동에 따라 시상을 전개하는 방식 ▶ 이장희의 '봄은 고양이로다'는 '고양이의 털→눈→입술→수염'을 <u>시선의 이동</u>에 따라 묘사하고 있다.
☐ **기승전결** 起 일어날 **기** 承 이을 **승** 轉 구를 **전** 結 맺을 **결**	'시상의 제시[起] → 시상의 반복·심화[承] → 시적 전환[轉] → 중심 생각·정서의 제시[結]'로 시상을 전개하는 방식 ▶ 한시(漢 한나라 **한** 詩 시 **시**)는 보통 <u>기승전결</u>의 방식으로 시상을 전개한다.
☐ **수미상관** 首 머리 **수** 尾 꼬리 **미** 相 서로 **상** 關 관계할 **관**	시의 머리(처음)와 꼬리(끝)가 서로 관련되도록(유사하거나 동일하도록) 구성하는 방식. 균형미와 안정감을 주고, 강조의 효과도 얻을 수 있다. ▶ 이 시는 첫 연과 끝 연을 대응시키는 <u>수미상관</u>의 방식으로 화자의 정서를 심화하고 있다.
☐ **선경후정** 先 먼저 **선** 景 경치 **경** 後 뒤 **후** 情 뜻 **정**	먼저 경치를 묘사하고 나중에 뜻(화자의 정서)을 표현하는 방식 ▶ 먼저 자연을 묘사한 다음 화자의 정서를 드러내는 <u>선경후정</u>은 본래 한시의 전형적인 구성 방식인데, 우리 시에서도 이 구성 방식을 많이 사용한다.
☐ **연상** 聯 연이을 **연** 想 생각 **상**	연이어 나타나는 생각의 꼬리를 좇아 시상을 전개하는 방식 ▶ 전봉건의 '피아노'는 '손가락→물고기→바다→파도'로 <u>연상</u>을 이어가며 시상을 전개하고 있다.

소통 구조

☐ **소통 구조** 疏 트일 **소** 通 통할 **통** 構 얽을 **구** 造 지을 **조**	시를 소통(커뮤니케이션)의 일종으로 보고 구조를 분석한 것. 발신자인 '시인'이 '작품'을 매개로 수신자인 '독자'와 소통하고, 여기에 '현실'이 영향을 미친다고 본다.

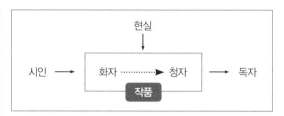

▶ 김소월의 '진달래꽃'은 시적 화자인 여인이 시적 청자인 임에게 말하는 형식을 통해 시인이 독자와 **소통**하는 **구조**를 지니고 있다.

☐ **내재적 관점**

內 안 내 在 있을 재 的 ~의 적
觀 볼 관 點 점 점

작품의 소통 구조 중에서 작품에 초점을 맞추어 작품을 감상하는 관점. 작가나 독자, 시대 상황 같은 작품 외적인 요소가 아니라 작품 자체의 내적인 요소(운율이나 심상, 시어 간의 의미 관계, 표현 방법, 형식 등)에 집중하면서 작품을 분석, 비평, 감상하는 방법 = 절대주의적 관점 = 구조론적 관점

▶ 이 시는 '겨울'의 이미지를 시각적, 촉각적 심상을 통해 구체화하고 있다. – **내재적 관점**에 따른 감상

☐ **외재적 관점**

外 바깥 외 在 있을 재 的
觀 點

작품의 소통 구조 중에서 작품 바깥에 있는 것을 기준으로 작품을 감상하는 관점. 표현론, 효용론, 반영론이 있다.

▶ 이 시에서 '겨울'은 시인이 살았던 일제 강점기를 상징한다. – **외재적 관점**에 따른 감상

☐ **표현론적 관점**

表 겉 표 現 나타날 현
論 논할 론 的 觀點

작품을 작가의 체험, 사상, 감정 등을 표현한 것으로 보고 작가를 중심으로 작품을 감상하는 방법

▶ 독립 운동을 했던 시인의 삶에 비추어 볼 때 화자가 소망하는 '봄'은 '독립'을 의미한다. – **표현론적 관점**에 따른 감상

☐ **반영론적 관점**

反 돌이킬 반 映 비칠 영
論 논할 론 的 觀點

작품을 현실의 반영이라고 보고 작품 내용을 현실과의 관계 속에서 해석하는 관점

▶ 몹시 황량한 겨울 풍경은 일제 강점기의 피폐한 현실을 표현한 것이다. – **반영론적 관점**에 따른 감상

☐ **효용론적 관점**

效 본받을 효 用 쓸 용
論 논할 론 的 觀點

작품이 독자에게 미치는 효용(교훈, 감동)을 중심으로 작품을 감상하는 관점

▶ 혹독한 겨울 속에서도 봄을 기약하는 모습을 보고 어떠한 시련에도 희망을 잃지 말아야 한다는 생각을 갖게 되었다. – **효용론적 관점**에 따른 감상

고전 운문

☐ **고대 가요**

古 예 고 代 시대 대
歌 노래 가 謠 노래 요

고대의 노래. 향가가 발생하기 이전까지의 노래를 뭉뚱그려 이르는 말이다.

▶ **고대 가요**는 입에서 입으로 전해지다가 후대에 기록되었는데, '공무도하가', '구지가', '황조가' 등이 대표적이다.

□ 향가	신라 때 발생해서 고려 초까지 향유되었던 서정시 갈래. 한자의 음과 뜻을 빌려 우리말을 표기한 향찰(鄕 시골 향 札 조각 찰)로 기록되었는데, 4구체, 8구체, 10구체의 세 종류가 있다.
鄕 고향 **향** 歌 노래 **가**	▶ 대표적인 **향가** 작품으로는 '제망매가', '처용가', '찬기파랑가', '안민가' 등이 있다.

□ 고려 가요	고려 시대 평민의 노래. 남녀 간의 사랑이나 이별, 자연에 대한 예찬 등 평민들의 소박하고 솔직한 감정을 표현하였다. = 고려 속요(俗 속될 속 謠 노래 요: 속된 노래)
高 높을 **고** 麗 고울 **려** 歌 노래 **가** 謠 노래 **요**	▶ <u>고려 가요</u>는 입에서 입으로 전해지다가 한글 창제 이후 기록되었다.

□ 경기체가	노래 끝에 '경(景) 긔 엇더하니잇고'라는 후렴구를 되풀이하는 노래. 고려 후기의 신흥 사대부들이 자신들의 학식과 체험을 노래한 귀족 문학
景 경치 **경** 幾 어찌 **기** 體 몸 **체** 歌 노래 **가**	▶ '한림별곡'은 대표적인 <u>경기체가</u> 작품이다.

□ 시조	고려 말에 생겨나서 현대에 이르기까지 창작되고 있는 노래. '세 줄, 여섯 개의 덩어리, 마흔다섯 글자', 즉 3장(초장, 중장, 종장), 6구, 45자 내외로 이루어진다.
時 때 **시** 調 가락 **조**	▶ <u>시조</u>에는 유교적 충의 사상, 자연 속에서의 삶, 남녀 간의 애정 등을 노래한 작품이 많은데, 조선 후기에는 평민들의 생활 감정을 노래한 사설시조도 등장하였다.

평(平 보통 평)시조	시조의 **기본형**. 3장, 6구, 12음보, 45자 내외로 구성
엇(旕 엇 엇)시조	평시조의 초장, 중장, 종장 중 어느 **한 구가 길어진** 시조
사설(辭 말씀 사 說 말씀 설)시조	초·중장이 **무제한으로 길어지고** 종장도 어느 정도 길어진 시조
연(聯 이을 연)시조	여러 편의 시조가 한 제목 아래 하나의 작품으로 **연결**된 것

□ 악장	조선 전기에 발생한 시가로, 궁중의 제사 의식이나 잔치에서 부르던 노래. 조선 건국 찬양, 선대 임금의 업적 찬양, 조선의 번성 기원 등의 내용을 담고 있다.
樂 노래 **악** 章 글 **장**	▶ <u>악장</u>은 목적성이 강해서 수명이 길지 못했는데, 대표적인 작품은 '용비어천가'이다.

□ 가사	3·4조 또는 4·4조를 기본으로 하는 4음보의 연속체 시가로, 산문과 운문의 중간 형태
歌 노래 **가** 辭 말 **사**	▶ 조선 전기에는 주로 양반들이 <u>가사</u>를 창작했지만, 조선 후기에는 여성들이 지은 규방 가사나 여행담을 쓴 기행 가사, 유배의 경험을 쓴 유배 가사 등도 등장한다.

□ 신체시	현대시의 시작이 된 새로운 형식의 시. 가사나 시조의 정형성에서 벗어나, 좀 더 자유로운 형식으로 개화 의식, 자주 독립 의식, 신교육, 남녀평등 사상 등을 담으려고 하였다.
新 새 **신** 體 몸 **체** 詩 시 **시**	▶ 최초의 <u>신체시</u>는 최남선의 '해에게서 소년에게'이다.

[1~9] 다음 빈칸에 알맞은 말을 〈보기〉에서 고르시오.

1. 이 시에서 봄은 화자가 소망하는 미래를 (   )한다.

2. 높이 뜬 달이 멀리 떨어져 있는 화자와 임을 (   )하고 있다.

3. 인생의 성숙기에 이른 화자가 자신의 지난 삶을(   )하고 있다.

4. 돌아가신 어머니가 신으시던 신발이 슬픔의 정서를 (   )하고 있다.

5. 화자는 부정적 현실 속에서도 무기력하기만 한 자신을 (   )하고 있다.

6. 옛 궁궐터를 방문한 화자는 망해 버린 고국에 대한 (   )을 노래하고 있다.

7. 화자는 자연 (   )적인 태도로 자연 속에 묻혀 사는 즐거움을 노래하고 있다.

8. 임에게 보내는 겨울옷에는 임의 건강을 바라는 화자의 마음이 (   )되어 있다.

9. '구름에 달 가듯이' 간다는 표현에서 현실에 연연하지 않는 (   )의 태도가 드러난다.

┌─보 기─┐

  ㉠ 표상   ㉡ 매개   ㉢ 환기   ㉣ 투영   ㉤ 성찰   ㉥ 달관

  ㉦ 귀의   ㉧ 친화   ㉨ 냉소   ㉩ 회한

[10~13] 시상 전개 방식으로 알맞은 것을 〈보기〉에서 고르시오.

10.

산은 / 구강산
보랏빛 석산

산도화 / 두어 송이
송이 버는데

봄눈 녹아 흐르는
옥 같은 / 물에

사슴은 / 암사슴
발을 씻는다.

– 박목월, 〈산도화〉

11.

이 비 그치면 / 내 마음 강나루 긴 언덕에
서러운 풀빛이 짙어오것다.

푸르른 보리밭길 맑은 하늘에
종달새만 무어라 지껄이것다.

이 비 그치면 / 시새워 벙그러질 고운 꽃밭 속
처녀애들 짝하여 새로이 서고

임 앞에 타오르는 / 향연(香煙)과 같이
땅에선 또 아지랑이 타오르것다.

– 이수복, 〈봄비〉

12.

꽃이 피네 한 잎 한 잎
한 하늘이 열리고 있네

마침내 남은 한 잎이
마지막 떨고 있는 고비

바람도 햇볕도 숨을 죽이네
나도 아려 눈을 감네.

– 이호우, 〈개화〉

13.

펄펄 나는 저 꾀꼬리 / 암수 서로 정다운데
외로운 이내 몸은 / 누구와 함께 돌아갈꼬.

– 유리왕, 〈황조가〉

보 기
㉠ 시간의 흐름에 따른 전개   ㉡ 시선의 이동에 따른 전개   ㉢ 공간의 이동에 따른 전개
㉣ 기승전결   ㉤ 수미상관   ㉥ 선경후정   ㉦ 연상

[14~20] 다음 설명이 설명이 맞으면 ○, 틀리면 ×에 표시하시오.

14. 시인은 소재를 활용해 주제를 표현한다. (○ / ×)

15. 시 속에서 말하는 사람은 시인이다. (○ / ×)

16. 시적 화자의 태도는 어조에 반영된다. (○ / ×)

17. 문학 작품의 소통 구조는 발신자인 시적 화자가 작품을 매개로 수신자인 청자와 소통하는 구조이다. (○ / ×)

18. 표현론적 관점에서는 운율이나 심상, 시어 간의 의미 관계, 표현 방법, 형식 등에 초점을 맞추어 작품을 감상한다. (○ / ×)

19. 작품이 독자에게 미치는 교훈이나 감동에 초점을 맞추어 감상했다면 내재적 관점에 따른 것이다. (○ / ×)

20. 작품의 내용을 현실과의 관계 속에서 해석하는 것은 반영론적 관점의 감상 방법이다. (○ / ×)

[21~28] 고전 운문 갈래와 특징을 바르게 연결하시오.

21. 고대 가요 •
22. 향가 •
23. 고려 가요 •
24. 경기체가 •
25. 시조 •
26. 악장 •
27. 가사 •
28. 신체시 •

• ㉠ 3장(초장, 중장, 종장), 6구, 45자
• ㉡ 궁중의 제사 의식이나 잔치에서 부르던 노래
• ㉢ 향가가 발생하기 이전까지의 노래
• ㉣ 개화 의식, 자주 독립 의식, 신교육, 남녀평등 사상
• ㉤ 한자의 음과 뜻을 빌려 표기
• ㉥ 4음보의 연속체 시가
• ㉦ 신흥 사대부들의 학식과 체험을 노래한 귀족 문학
• ㉧ 평민들의 소박하고 솔직한 감정 표현

[29~31] 다음 글을 읽고, 물음에 답하시오.   (2017 중3 성취도평가)

사랑한다는 것은

열매가 맺지 않는 과목*은 뿌리째 뽑고
그 뿌리를 썩힌 흙 속의 해충은 모조리 잡고
그리고 새 묘목을 심기 위해서
깊이 파헤쳐 내 두 손의 땀을 섞은 흙
그 흙을 깨끗하게 실하게 하는 일이다.

그리고
아무리 모진 비바람이 삼킨 어둠이어도
바위 속보다도 어두운 밤이어도
그 어둠 그 밤을 새워서 지키는 일이다.
훤한 새벽 햇살이 퍼질 때까지
그 햇살을 뚫고 마침내 새 과목이
샘물 같은 그런 빛 뿌리면서 솟을 때까지
지키는 일이다. 지켜보는 일이다.

사랑한다는 것은.

*과목(果 열매 과 木 나무 목): 과일나무

– 전봉건, 〈사랑〉

29. 윗글의 특징으로 가장 적절한 것은?

① 회상의 형식으로 감정을 고조시키고 있다.

② 하강의 이미지를 통해 역동성을 표현하고 있다.

③ 청자에게 말을 건네는 방식으로 친근감을 주고 있다.

④ 마지막 연을 첫 연과 동일하게 하여 주제를 환기하고 있다.

⑤ 먼 곳에서 가까운 곳으로 시선을 이동하여 긴장감을 조성하고 있다.

30. 〈자료〉에 나타난 두 해석의 관점을 비교한 것으로 적절한 것은?

┌**자료**┐

학생 1: 2연에서 화자는 '새 묘목'을 심기 전에 뿌리를 썩게 할 수 있는 '해충'을 잡으면서 '흙'을 깨끗하게 만들고 있어. 이걸 보니 '새 묘목'은 화자가 정성을 가지고 대하는 대상이야.

학생 2: 3연에서 화자의 모습은 태어난 지 얼마 안 된 강아지를 돌보던 내 모습과 닮았다고 생각했어. 어린 강아지가 아플 때면 밤을 새우며 곁에서 돌봐야 했거든. 그렇게 보면 이 시에서 '지키는 일'이란 소중한 대상에게 정성을 쏟는 것이야.

① 학생 1은 학생 2와 달리 사회 현실에 비추어 작품을 이해하고 있다.
② 학생 2는 학생 1과 달리 자신의 경험에 비추어 작품을 해석하고 있다.
③ 학생 2는 학생 1과 달리 작품 속에서 근거를 들어 시어의 의미를 해석하고 있다.
④ 두 학생 모두 자신의 경험에 비추어 작품을 해석하고 있다.
⑤ 두 학생 모두 작가의 생애와 관련지어 시어의 의미를 해석하고 있다.

31. 〈자료〉의 내용과 관련 있는 시어를 윗글에서 찾은 것으로 적절한 것은?

┌**자료**┐
시에서는 생명이 없는 존재를 마치 살아 있는 것처럼 표현하는 경우가 있다.

① 열매가 맺지 않는 과목　　② 흙 속의 해충
③ 비바람이 삼킨 어둠　　④ 바위 속보다도 어두운 밤
⑤ 샘물 같은 그런 빛

[정답] 1. ㉠ 2. ㉡ 3. ㉢ 4. ㉣ 5. ㉭ 6. ㉭ 7. ◎ 8. ㉣ 9. ㉺ 10. ㉡ 11. ㉣ 12. ㉠ 13. ㉽ 14. ○ 15. × 16. ○ 17. × 18. × 19. × 20. ○ 21. ㉢ 22. ㉺ 23. ◎ 24. ㉫ 25. ㉠ 26. ㉡ 27. ㉽ 28. ㉣ 29. ④ 30. ② 31. ③

[해설] 10. '산 → 산도화 → 물 → 암사슴'으로 시선이 이동하고 있다. 15. 시 속에서 말하는 사람은 시적 화자이다. 17. 문학 작품의 소통 구조는 발신자인 '시인'이 '작품'을 매개로 수신자인 '독자'와 소통하는 과정에 '현실'이 영향을 미치는 구조이다. 30. 학생1은 작품 속에서 근거를 들어 시어의 의미를 해석하고 있다. – 내재적 관점 31. 활유법

⟫ 03 산문 ❶

산문이란?

☐ **산문**
散 흩어질 산 文 글월 문

운율에 얽매이지 않는 자유로운 문장으로 표현된 문학. 시 이외의 모든 문학 작품을 일컫는다.
▶ 설화, 수필, 소설, 희곡 등이 <u>산문</u>에 해당한다.

소설의 구성

☐ **소설**
小 작을 소 說 말씀 설

현실 세계에서 있음직한 일을 작가의 상상력에 의해 새롭게 꾸며 쓴 이야기
▶ <u>소설</u>은 허구의 문학이지만 현실을 반영한다.

☐ **스토리(줄거리)**
story

시간적 순서에 따른 사건의 진술. '그 다음에는~', '그리고 또~'와 같은 방식으로 진행되며, 인과적 필연성은 중요하지 않다.
▶ <u>스토리</u>와 플롯을 혼동하는 사람이 있는데, 둘은 다른 개념이다.

☐ **플롯(구성)**
plot(構 얽을 구 成 이룰 성)

인과 관계에 중점을 둔 사건의 서술. '왜냐하면', '그 때문에'와 같은 논리에 따라 진행된다. 소설의 짜임새, 곧 소설의 구성을 일컫는 말로, 논리적인 필연성을 지닌, 인과 관계에 따른 사건의 전개 및 배열을 의미한다.
▶ 소설 <u>구성</u>에서는 사건이나 소재에 필연성을 부여하는 장치로 '암시'나 '복선'을 활용한다.
참고 암시(暗 어두울 암 示 보일 시): 뜻하는 바를 넌지시 보여주는 방법. 암시⊃복선
복선(伏 숨을 복 線 줄 선): 앞으로 일어날 **사건**에 대하여 미리 독자에게 넌지시 **암시하는** 서술 방식

☐ **평면적 구성**
平 평평할 평 面 낯 면 的 構成

평면처럼 밋밋하고 일반적인 구성. 사건이 시간적 순서에 따라 진행된다. = 순행(順 따를 순 行 갈 행)적 구성
▶ 대부분의 고전 소설은 시간의 흐름에 따라 사건이 진행되는 <u>평면적 구성</u>을 보여 준다.

☐ **입체적 구성**
立 설 립 體 몸 체 的 構成

여러 각도에서 종합적으로 완성되는 구성. 시간적 순서에 따르지 않으며, 사건의 분석 등으로 사건의 배열에 있어 시간적 역전이 나타난다. = 역순행(逆 거스를 역 順 따를 순 行 갈 행)적 구성 = 분석적 구성
▶ 이 작품은 현재와 과거를 번갈아 제시하는 <u>입체적 구성</u>을 보이고 있다.

☐ **액자식 구성**
額 이마 액 子 아들 자 式 법 식 構成

액자처럼 하나의 이야기 안에 또 하나의 이야기가 들어 있는 구성. 보통 서술자의 이야기(외부 이야기) 속에 그가 전달하는 타인의 이야기(내부 이야기)가 들어 있는 형태로 구성된다. 이런 구성의 소설을 '액자 소설'이라고 부른다.

▶ **액자식 구성**은 서술자가 핵심 이야기인 내부 이야기를 전달하는 형식이기 때문에 내부 이야기를 객관화하고 신빙성을 더해 주는 효과가 있다.

참고 내부(內 안 내 部 부분 부) 이야기: 내부의 핵심적 이야기 = 내화(內 안 내 話 이야기 화)
외부(外 바깥 외 部 부분 부) 이야기: 내부 이야기를 둘러싼 액자 = 외화(外 바깥 외 話 이야기 화)

☐ **삽화**
挿 끼울 **삽** 話 이야기 **화**

끼워 넣은 이야기
▶ 인물들의 다양한 체험을 <u>삽화</u> 형식으로 나열하고 있다.

☐ **구성 단계**
構 얽을 **구** 成 이룰 **성**
段 층계 **단** 階 섬돌 **계**

소설 속 이야기가 구성되는 차례. '발단-전개-위기-절정-결말'의 5단 구성이 가장 일반적인 형태이다.
▶ 소설의 <u>구성 단계</u>는 갈등이 고조되다가 해결되는 순서로 진행된다.

☐ **발단**
發 나타날 **발** 端 처음 **단**

작품의 처음. 인물과 배경이 제시되고 사건의 실마리가 나타난다.
▶ 사이좋은 형제가 살고 있었는데, 어느 날 형의 돈이 없어진다. – **발단**

☐ **전개**
展 펼 **전** 開 열 **개**

내용을 진전시켜 펴 나가는 단계. 사건이 진행, 발전하고 인물 간의 갈등이 드러난다. ▶ 형이 동생의 행동을 보며 의심을 품는다. – <u>전개</u>

☐ **위기**
危 위험할 **위** 機 때 **기**

위험한 시기. 사건이 새로운 국면을 맞이하면서 긴장과 갈등이 높아진다.
▶ 동생을 의심하던 형이 동생을 불러 추궁한다. – <u>위기</u>

☐ **절정**
絶 끊을 **절** 頂 꼭대기 **정**

최고조. 갈등이 최고조에 이르는 동시에 사건 해결의 실마리가 드러난다.
▶ 형의 의심과 추궁을 견디다 못한 동생이 집을 나가고 형이 동생을 찾아 나선다. – **절정**

☐ **결말**
結 맺을 **결** 末 끝 **말**

마무리. 갈등과 위기가 다 해소되고 주인공의 운명이 분명해진다. = 대단원
▶ 형과 동생이 만나 오해를 풀고 화해한 후 함께 집으로 돌아온다. – **결말**

참고 열린 **결말**: 서술자가 이야기의 **결말**을 명확하게 이야기해 주지 않는 방식. 작품의 결말을 독자의 몫으로 넘기면서 독자를 작품 속에 참여시키는 방식

소설의 요소

☐ **인물**
人 사람 **인** 物 물건 **물**

작품에 등장하는 사람 및 그 사람의 역할과 개성을 아울러 이르는 말 = 캐릭터(character)
▶ <u>인물</u>의 말과 행동을 통해 새로운 사건이 발생할 것임을 암시하고 있다.

주동(主 주인 주 動 움직일 동) 인물	작품 속에서 주인이 되어 움직이는 인물. 주인공
반동(反 반대할 반 動 움직일 동) 인물	작품 속에서 **반대로** 움직이는 인물. 주인공과 대립하는 인물
평면(平 평평할 평 面 모양 면)적 인물	평면처럼 밋밋하고 **변화가 없는** 인물. 처음부터 끝까지 성격이 변하지 않는 인물로, 고전 소설에 등장하는 대부분의 인물 유형

입체(立 설 립 體 몸 체)적 인물	입체처럼 굴곡이 많고 다양하게 보이는 인물. 작품 속에서 성격이 **변화, 발전하는** 인물로, 현대 소설에서 흔히 볼 수 있는 인물 유형
전형(典 법 전 型 모형 형)적 인물	마치 법칙처럼, 어떤 무리가 지니고 있는 특징을 가장 잘 나타내는 인물. 즉 어떤 **집단이나 계층을 대표하는** 인물
개성(個 낱 개 性 성품 성)적 인물	개인으로서의 **독자적 성격을 가진** 인물. 현대 소설에 등장하는 대부분의 인물 유형

▶ '춘향전'의 변학도는 주인공과 대립하는 **반동 인물**로, 성격이 변하지 않는 **평면적 인물**이며, 탐관오리를 대표하는 **전형적 인물**이다.

□ **인물 제시**
人物提 이끌 제 示 보일 시

작품 속에서 **인물을 보여 주는** 방법. 직접적 제시와 간접적 제시가 있다.

▶ 이 소설에서는 서술자의 서술과 인물들의 대화를 통해 **인물**이 **제시**되고 있다.

□ **직접적 제시**
直 곧을 직 接 이을 접 的 提示

인물의 특성을 직접적으로 설명하는 방법. 서술자가 인물의 성격이나 심리 상태에 대해 직접적으로 분석, 요약, 해설한다. = 해설적 방법 = 말하기 (telling)

▶ 서술자가 "그는 게으르고 파렴치하다."라고 서술하면서 인물의 성격을 **직접 제시**하고 있다.

□ **간접적 제시**
間 사이 간 接 이을 접 的 提示

인물의 특성을 간접적으로 보여 주는 방법. 서술자가 인물의 특성을 직접 말하지 않고 그들의 **대화와 행동을 보여 줌**으로써 간접적으로 드러나게 한다. = 극적(劇 연극 극 的) 방법 = 보여주기(showing)

▶ 게으르고 파렴치한 인물의 성격을 대화와 행동을 통해 **간접적**으로 **제시**하고 있다.

□ **갈등**
葛 칡 갈 藤 등나무 등

칡이나 등나무처럼 일이나 사정이 복잡하게 뒤얽혀 화합하지 못하는 상태. 작품 속 인물이 겪게 되는 대립적인 심리 상태를 의미하는데, 갈등의 원인이 어디에 있느냐에 따라 내적 갈등과 외적 갈등으로 나눌 수 있다.

▶ 시간의 흐름에 따라 **갈등**이 점점 심화되고 있다.

□ **내적 갈등**
內 안 내 的 葛藤

한 인물의 마음속에 있는 대립이 원인이 되어 일어나는 갈등

▶ 주인공은 조국을 위해 투쟁에 나서야 한다는 생각과 병든 어머님을 곁에서 보살펴야 한다는 생각으로 **내적 갈등**을 겪고 있다.

□ **외적 갈등**
外 바깥 외 的 葛藤

인물과 그를 둘러싼 외부적인 요인의 대립이 원인이 되어 생기는 갈등

개인과 개인 사이의 갈등	개인들 간의 성격이나 가치관의 대립 때문에 일어나는 갈등
개인과 사회(세계) 사이의 갈등	사회 제도나 윤리 때문에 개인이 겪게 되는 갈등
개인과 운명 사이의 갈등	개인이 자신의 타고난 운명에 의해서 겪게 되는 갈등

▶ 이 작품에서는 전후의 비참한 사회 현실에 부딪쳐 **외적 갈등**을 겪는 인물들을 그리고 있다.

□ **사건**
事 일 사 件 물건 건

작품 속에서 인물의 행동이나 서술자의 서술에 의해 구체화되는 온갖 일

▶ 이 소설은 **사건**의 진행 속도가 빠르다.

□ 장면	같은 인물이 동일한 공간 안에서 벌이는 사건의 광경
場 마당 장 面 모양 면	▶ 사건의 발생 순서에 따라 **장면**이 연결되고 있다.

□ 배경	행위와 사건이 일어나는 구체적인 정황
背 뒤 배 景 경치 경	

시간(時間)적 배경	인물이 행동하고 사건이 일어나는 시간이나 시대
공간(空間)적 배경	행동과 사건이 일어나는 자연환경이나 생활환경
자연(自然)적 배경	자연 현상이나 자연환경으로 된 배경
인위(人 사람 인 爲 할 위)적 배경	인간에 의해 만들어진 배경. 사회적 환경, 역사적 시대 등

▶ '달밤'이라는 **시간적 배경**, **자연적 배경**에 의해 고즈넉한 분위기가 조성되고 있다.

소설의 문체

□ 문체	문장 표현에 드러난 글쓴이만의 개성이나 특성
文 글월 문 體 몸 체	▶ 간결한 **문체**를 사용하여 사건 전개의 속도감을 높이고 있다. **참고** 문어체(文 글월 문 語 말씀 어 體 몸 체): 일상 담화에서는 쓰이지 않고 글에서만 쓰는 말을 사용한 문체. 고전 소설의 문체 **구어체**(口 입 구 語 말씀 어 體 몸 체): 일상적인 대화에서 쓰는 말을 그대로 문장으로 옮긴 **문체**. 현대 소설의 문체

□ 서술	서술자가 인물, 사건, 배경 등을 직접 이야기하는 방식
敍 펼 서 述 펼 술	▶ 서술자가 사건을 요약적으로 **서술**하고 있다. **참고** 자유연상(自 스스로 자 由 그릴 유 聯 이을 연 想 생각 상): **자유롭게 이어지는 생각을** 따라가며 서술하는 방법. 인물의 심리를 있는 그대로 담아내는 데 효과적이다. ▶ **자유연상** 기법을 활용하여 인물의 심리를 묘사하고 있다. **의식의 흐름**: 인간 **의식**의 무질서하고 잡다한 **흐름**을 그대로 옮겨 놓는 방법. 이야기의 논리나 정상적인 구문, 문법, 수사법 등이 무시된다. ▶ **의식의 흐름** 기법을 사용하여 인물의 욕망을 드러내고 있다.

□ 묘사	인물, 사건, 배경 등을 구체적으로 그림으로써 이미지를 생생하게 재현하는 방법
描 그릴 묘 寫 베낄 사	▶ 머리끝에서 발끝까지 인물의 차림새를 구체적으로 **묘사**하고 있다. **참고** 심리(心 마음 심 理 다스릴 리)묘사: 작중 인물의 **심리 상태**나 **심리의 변화**를 그려 내는 일 ▶ 이 작품은 여성의 **심리묘사**가 뛰어나다.

□ 대화	등장인물들이 마주 대하여 나누는 말
對 대할 대 話 말씀 화	▶ 소설에서 **대화**는 사건을 전개시키고 인물의 행동, 심리 등을 나타내는 중요한 역할을 한다. **참고** 내적 독백(內 안 내 的 ~의 적 獨 홀로 독 白 아뢸 백): 인물의 내면세계를 혼잣말 형식으로 표출한 것

[1~11] 괄호 안에서 알맞은 말을 고르시오.

1. 소설과 수필은 모두 (운문 / 산문)이다.

2. 소설은 현실이 반영된 (실제 / 허구)의 이야기이다.

3. 소설은 논리적 필연성을 지닌 (플롯 / 스토리)(으)로 구성된다.

4. 대부분의 고전 소설은 (평면적 / 입체적) 구성을 보여 준다.

5. 액자식 구성에서는 (내부 / 외부) 이야기의 서술자가 (내부 / 외부) 이야기를 전달하고 있다.

6. 소설의 구성 단계 중 (위기 / 절정)에서는 갈등이 최고조에 이르고 사건 해결의 실마리가 나타난다.

7. (닫힌 / 열린) 결말은 작품의 결말을 명확하게 서술하지 않는 방식이다.

8. 소설 속에서 주인공인 (주동 / 반동) 인물은 (주동 / 반동) 인물과 대립·갈등한다.

9. '크리스마스 캐럴'이라는 작품 속의 스크루지 영감은 구두쇠 특징을 보여 주는 (개성적 / 전형적) 인물이다.

10. 한 인물의 마음속에 있는 대립이 원인이 되어 일어나는 갈등을 (내적 / 외적) 갈등이라 고 한다.

11. 염상섭의 소설 '삼대'는 '1920년대'를 (시간적 / 공간적) 배경으로, '서울'을 (시간적 / 공 간적) 배경으로 하고 있다.

[12~15] 갈등의 양상을 바르게 연결하시오.

12. 성격이 다른 두 친구가 갈등하고 있다.　　·

13. 역마살을 타고난 인물이 거기서 벗어나기 위 ·
해 분투하고 있다.

14. 전후의 궁핍한 사회 속에서 가족의 굶주림을 ·
해결하지 못하는 가장이 고통스러워한다.

15. 한 인물이 세속적인 성공을 쫓을 것인지 자연 ·
속에서 만족하며 살 것인지 갈등하고 있다.

· ㉠ 내적 갈등

· ㉡ 개인과 개인 사이의 갈등

· ㉢ 개인과 사회 사이의 갈등

· ㉣ 개인과 운명 사이의 갈등

34

[16~19] 다음 작품에 대한 설명으로 알맞은 것을 괄호 안에서 고르시오.

16.

> 길은 지금 산허리에 걸려 있다. 밤중을 지난 무렵인지 죽은 듯이 고요한 속에서 짐승 같은 달의 숨소리가 손에 잡힐 듯이 들리며, 콩포기와 옥수수 잎새가 한층 달에 푸르게 젖었다. 산허리는 온통 메밀밭이어서 피기 시작한 꽃이 소금을 뿌린 듯이 흐뭇한 달빛에 숨이 막힐 지경이다.
>
> — 이효석, 〈메밀꽃 필 무렵〉

– (자연적 / 인위적) 배경을 그리고 있다.

17.

> 그러나 그렇다고 며느리 가야댁은 일을 덜 하지는 않았다. 그 당시만 해도 웬만한 가문의 부녀자들은 비록 굶는 한이 있더라도 손끝 하나 꼼짝하지 않는 것을 무슨 자랑처럼 여기었지마는, 그녀는 타고난 천성이 그러질 못했다. 집안 형편을 따라서 진일 마른 일 할 것 없이 닥치는 대로 해 내었다. 일을 하는 것을 조금도 부끄럽게 여긴다거나 꺼리지는 않았다. 그래서 일찍 배우지 못한 일이라도 이내 손에 익숙해졌다. 머슴이나 부엌 식구들이 도리어 송구스럽게 여길 정도로 부지런했다. 벌써 그녀는 한가한 양반의 집 맏며느리가 아니라, 흔해빠진 농사꾼의 마누라처럼 되어 갔다.
>
> — 김정한, 〈수라도〉

– 서술자가 (서술 / 묘사)을/를 통해 인물의 성격을 (직접 / 간접)적으로 제시하고 있다.

18.

> 대구에서 서울로 올라오는 차중에서 생긴 일이다. 나는 나와 마주앉은 그를 매우 흥미 있게 바라보고 또 바라보았다. 두루마기 격으로 기모노를 둘렀고, 그 안에서 옥양목 저고리가 내어 보이며, 아랫도리엔 중국식 바지를 입었다. 그것은 그네들이 흔히 입는 유지 모양으로 번질번질한 암갈색 피륙으로 지은 것이었다. 그리고 발은 감발을 하였는데 짚신을 신었고, 고부가리로 깎은 머리엔 모자도 쓰지 않았다.
>
> — 현진건, 〈고향〉

– 서술자가 (서술 / 묘사)을/를 통해 인물의 성격을 (직접 / 간접)적으로 제시하고 있다.

19.

그는 두루마기 속에 찌르고 있던 손을 빼어 모자를 쥐려다 말고 한참 동안 무엇을 망설이며 내 눈치를 보곤 하더니, 모자를 잡으려던 손으로 콧물을 닦으며 왼편 손은 사뭇 두루마기 속에서 무엇을 더듬어 찾고 있었다.

"이거 대, 대, 댁에 잘 간수해 두."

하며 종이 조각에 싼 것을 주는데, 받아서 보니 이건 흙에다 겻가루를 심은 것같이 보였다.

"......?"

내가 잠자코 의아한 낯빛으로 그를 쳐다보려니까, 그는 어느덧 오연(傲然)한 태도를 가지며 위엄 있는 음성으로,

"거 쇠똥 위에 개똥 눈 겐데 아주 며, 며, 명약이유."

한다. 나는 그의 말뜻을 바로 이해할 수 없어 어리둥절해 있으려니까,

"허어, 어떻게 귀중한 약인데 그랴!"

하며, 그 물이 도는 두 눈에 독기를 띠고 나를 노려보았다.

– 김동리, 〈화랑의 후예〉

– (심리묘사 / 행동묘사)와 대화를 통해 인물의 성격을 제시하는 (말하기 / 보여주기) 방식이 활용되었다.

[20~22] 다음 글을 읽고, 물음에 답하시오.　　　　　　　　　(2016 중3 성취도평가)

〈앞부분의 줄거리〉 주인공 '칠복'은 댐이 건설되면서 고향이 물에 잠기자 도시로 떠나지만, 그곳에 적응하지 못한 채 가진 것을 모두 잃는다. '칠복'은 저수지로 변한 마을로 돌아와 징을 치기 시작하는데, 낚시꾼들을 상대로 돈을 버는 마을 사람들은 징소리가 낚시를 방해한다고 생각하고 '칠복'을 내쫓기로 결정한다.

"강촌영감님, 부탁입니다유. 지발 쫓아내지만 마셔유. 다시는 훼방치지 않겠구면유. 이렇게 빌께유."

칠복이는 우르르 강촌영감에게로 달라붙어 어깻죽지며 팔을 붙들고 애원을 하다가는 그대로 땅에 무릎을 꿇고 비대발괄* 빌어대는 게 아닌가. 이 모습을 본 봉구와 덕칠이, 강촌영감까지도 목울대*에 모닥불이 타오르면서 시울*이 시큰시큰했다.

"안 가겠다면 덕석*몰이를 허서라도 내쫓을 꺼여!"

강촌영감은 담배연기를 허공에 토해 내며 결연히 말했다.

"봉구, 덕칠이, 팔만이 나를 내쫓지 말어. 고향에서 내쫓기면 워디로 갈 것인감. 이보게덜 내 사정 좀 봐줘!"

칠복이는 무릎을 꿇은 채 친구들의 아랫도리를 두 팔로 덥석덥석 껴안으며 통사정을 해 보았으나 그들 방울재 친구들은 도시 말이 없었다. 칠복이는 소리내어 울고 싶었으나 이를 응등물고* 참아냈다. 강촌영감의 말마따나 고향이 없어져버린 판국에 고향 사람인들 남아 있을 리 없지 않겠느냐는 생각이 들었다.

[A]
그런데 이상한 일이었다. 칠복이 자신이 참 알 수 없는 일은 때때로 그의 눈에 방울재와 방울재의 옛 사람들이 너무도 선명하게 보이면서, 그가 엉탁없이 방울재 사람들과 한데 어울려 살고 있는 환각에 정신을 가늠할 수 없게 된 거였다. 방울재를 삼킨 호수의 물도 거대한 댐도 보이지 않고 낯익은 하늘, 반갑게 맞아주는 마을 사람들만이 눈에 가득 들어오고, 그럴 때는 정월 대보름날밤 메기굿*을 할 때처럼 어깨가 들썩거리면서 겅중겅중 춤을 추고 싶어져 징을 찾아들고 나서는 거였다.

그러다가 온몸이 흠뻑 땀에 젖은 채 정신을 차리고 보면, 방울재와 낯익은 사람들은 온데간데없고 호수의 물만이 그를 삼킬 듯 넘실거리고 댐은 더욱 하늘 닿게 높아지는 듯싶었다.

(중략)

한사코 가기 싫다는 칠복이 부녀를 억지로 버스에 태워 쫓아보낸 그날 밤, 방울재 사람들은 잠을 이룰 수가 없었다. 후두둑후두둑 빗방울이 굵어지고 땅껍질 벗겨가는 소리가 드세어질 무렵, 봉구는 잠결에 아슴푸레하게 들려오는 징소리에 퍼뜩 놀라 일어나 앉았다.

"아니, 이 밤중에 무신 징소리당가?"

그는 마른기침을 토해 내고 삐그덕 방문을 열어, 송곳 하나 박을 틈도 없이 꽉 들어찬 어둠의 여기저기를 쑤석여 보았다. 어둠 속 어디선가 딸을 업은 칠복이가 휘주근하게 비에 젖은 채 바보처럼 벌쭉벌쭉 웃으면서 불쑥 나타날 것만 같았다.

그는 문을 안으로 걸어 잠그고 자리에 들어 아내의 툽상스러운 허리를 꼭 껴안고 잠을 청하려고 했으나, 땅껍질을 두드리는 빗방울 소리 사이사이로, 징소리가 쉬지 않고 큰 황소울음처럼 사납고도 구슬프게 들려왔기 때문에 잠시도 눈을 붙일 수가 없었다. 어쩌면 바람소리와도 같은 그 징소리는 바로 뒤란의 아카시아숲께에서 가깝게 들린 것 같다가도 다시 댐 쪽으로 아슴푸레 멀어져가곤 했다.

"바람소린지, 징소린지."

봉구는 벌떡 일어나 더듬더듬 담배를 찾아 성냥불을 붙였다. 그는 좀처럼 잠을 이루지 못하고 몇 번인가 누웠다 앉았다 하며 담배만 피웠다. 자꾸만 귓바퀴를 후벼파고 들려오는 징소리가 오목가슴* 깊숙이에 가시처럼 걸린 때문이었다.

* 비대발괄: 억울한 사정을 하소연하면서 간절하게 빎.
* 목울대: 목구멍의 중앙부에 있는 소리를 내는 기관
* 시울: 눈이나 입 등의 언저리
* 덕석: 멍석
* 웅등물고: '악물고'의 방언
* 메기굿: 매귀굿(埋 묻을 매 鬼 귀신 귀-). 음력 정월 2일부터 15일 사이에 농악대가 농악을 하면서 부락을 한 바퀴 돈 다음, 집집마다 들어가 지신(地神)을 달래고 복을 비는, 농촌의 민속 행사
* 오목가슴: 사람 몸에 있어서 급소의 하나로, 복장뼈 아래 한가운데 오목하게 들어간 곳

– 문순태, 〈징소리〉

20. 윗글에 드러난 갈등에 대한 설명으로 가장 적절한 것은?
① '봉구'는 '칠복'과 '강촌영감' 사이의 관계를 악화시키고 있다.
② 마을 사람들은 '칠복'이 떠나는 시기를 두고 서로 대립하고 있다.
③ '봉구'는 '칠복'이 마을을 떠나서 문제가 해결된 것에 만족하고 있다.
④ 돈에 대한 '칠복'의 욕심 때문에 마을 사람들과의 다툼이 시작되고 있다.
⑤ '강촌영감'은 '칠복'을 쫓아내려고 하면서도 한편으로는 괴로워하고 있다.

21. [A]를 근거로 할 때 '칠복'이 징을 치는 이유에 대한 해석으로 가장 적절한 것은?

　① 사라진 고향과 과거에 대한 그리움 때문에

　② 자신을 욕하는 사람들의 목소리를 듣지 않으려고

　③ 미래에 희망이 있음을 마을 사람들에게 알려 주려고

　④ 자신이 마을에서 중요한 사람이라는 것을 강조하려고

　⑤ 농사짓는 일보다 징을 치는 일이 더 중요하다고 생각해서

22. 〈자료〉를 참고할 때 작가가 윗글을 통해 말하고자 하는 바로 가장 적절한 것은?

┌─|자료|
│ **학생**: 〈징소리〉를 쓰면서 가장 고민하셨던 점은 무엇인가요?
│
│ **작가**: 제가 〈징소리〉를 쓴 1970년대에는 다수의 농민들이 고향에서 밀려나 배고프고 각박
│ 한 시간을 견뎌야 했어요. 고향으로 돌아가도 옛사람들이 떠나고 인심도 변해 버린 고향은
│ 더 이상 서로 돕고 의지할 수 있는 공동체가 아니었죠. 그래서 저는 이러한 모습을 소설에
│ 담아내려고 했습니다.

　① 근대화로 인해 발생한 세대 간의 단절을 부각하고자 하였다.

　② 징소리를 통해 전통 예술 문화의 아름다움을 그려 내고자 하였다.

　③ 사회 변화에 따라 인간관계가 비정하게 변해 가는 모습을 보여주고자 하였다.

　④ 마을 사람을 통해 시대에 맞춰 발 빠르게 변화해야 함을 드러내고자 하였다.

　⑤ 댐 건설로 수몰된 마을을 배경으로 하여 환경 파괴의 위험을 나타내고자 하였다.

[정답] 1. 산문 2. 허구 3. 플롯 4. 평면적 5. 외부, 내부 6. 절정 7. 열린 8. 주동, 반동 9. 전형적 10. 내적
11. 시간적, 공간적 12. ⓒ 13. ⓔ 14. ⓒ 15. ㉠ 16. 자연적 17. 서술, 직접 18. 묘사, 간접 19. 행동묘사, 보여
주기 20. ⑤ 21. ① 22. ③

[해설] 17. '가야댁'이라는 인물에 대해 서술자가 직접 설명하고 있다. 18. 서술자가 인물의 외양을 묘사하고
있다.

04 | 산문 ❷

소설의 서술

☐ **서술자**

敍 펼 서 述 펼 술 者 사람 자

사건이나 생각 등을 펼쳐서 이야기하는 사람. 소설 속 이야기의 전달자이다.

▶ <u>서술자</u>의 태도는 이야기의 서술에 커다란 영향을 미친다.

☐ **시점**

視 볼 시 點 점 점

서술자가 이야기를 보는(서술하는) 위치 혹은 사건을 대하는 태도

▶ <u>시점</u>은 서술자가 작품 안에 있느냐 밖에 있느냐에 따라 1인칭 시점과 3인칭 시점으로 나뉜다.

1인칭(一人稱) 시점	서술자가 '나(1인칭)'로 작품 속에 등장	1인칭 주인공 시점
		1인칭 관찰자 시점
3인칭(三人稱) 시점	서술자가 작품 밖에서 작품 속 '그들(3인칭)'의 이야기를 전달	전지적 작가 시점
		작가 관찰자 시점

☐ **1인칭 주인공 시점**

一 한 일 人 사람 인 稱 일컬 칭 主 주인 주 人 사람 인 公 귀인 공 視點

작품 속의 주인공이 자기 이야기를 직접 서술하는 시점. 작품 속의 '나' = 서술자 = 주인공. 주인공의 주관적인 생각이나 판단이 그대로 전달되기 때문에 독자의 상상력을 제한하고, 외면 세계를 객관적으로 그리는 데 한계가 있을 수 있다.

▶ 주인공인 '영수'가 자신의 어린 시절 이야기를 <u>1인칭 주인공 시점</u>으로 서술하고 있다.

☐ **1인칭 관찰자 시점**

一人稱觀 볼 관 察 살필 찰 者 사람 자 視點

작품 속의 부차적 인물이 주인공에 대해 관찰한 내용을 서술하는 시점. 작품 속의 '나' = 서술자 ≠ 주인공. 서술자는 주인공의 내면을 알 수 없으며, 관찰자인 '나'의 눈에 비친 세계만이 서술된다.

▶ 영수의 친구 철수가 영수의 어린 시절 이야기를 <u>1인칭 관찰자 시점</u>으로 서술하고 있다.

참고 믿을 수 없는 화자: 독자가 서술이나 논평을 신뢰할 수 없는 1인칭 관찰자 시점의 서술자. 보통 순진하거나 무지한 사람, 어린아이가 서술자로 설정된다. = 신빙성(信 믿을 신 憑 기댈 빙 性 성품 성) 없는 화자

☐ **전지적 작가 시점**

全 온전할 전 知 알 지 的 ~의 적 作 지을 작 家 전문가 가 視點

서술자가 마치 신(神)처럼 모든 것을 아는 위치에서 서술하는 시점. 서술자가 전지적 위치에서 인물의 심리나 동기, 감정 등은 물론 사건의 전모까지도 분석하여 서술한다.

▶ 작품 밖의 서술자가 어린 시절 영수가 했던 행동과 그 이유, 느꼈던 감정 등을 <u>전지적 작가 시점</u>으로 서술하고 있다.

참고 편집자적(編 엮을 편 輯 모을 집 者 사람 자 的 ~의 적) 논평: 서술자가 전지전능한 입장(전지적 시점)에서 이야기 속의 인물이나 사건에 대해 **자신의 판단이나 생각을 이야기**하는 것. 주로 고전 소설에서 발견할 수 있다.

▶ 서술자가 어린 영수의 슬픔에 대해 '오호, 안타깝도다.'라고 서술하고 있는데, 이것은 영수에 대한 서술자의 생각을 <u>편집자적 논평</u>으로 드러낸 것이다.

□ 작가 관찰자 시점 作家 觀察者 視點	서술자(작가)가 외부 관찰자의 위치에서 서술하는 시점. 서술자는 일체의 해설이나 평가를 배제한 채 객관적인 태도로 외부적인 사실만을 관찰하여 묘사한다. ▶ 작품 밖의 서술자가 어린 시절 영수의 행동을 **작가 관찰자 시점**에서 객관적으로 관찰하여 묘사하고 있다.

기타 산문

□ 희곡 戲 놀이 희 曲 가락 곡	연극의 대본. 연극은 모든 것을 무대에서 보여 주어야 하기 때문에 매우 압축적이고 집중적으로 구성되며, 시간적·공간적 제약이 있고, 등장인물의 수에도 제약이 따른다. ▶ **희곡**은 무대 위에서 인생을 직접적으로 보여 주기 때문에 '현재화된 인생 표현'이라고도 한다.
□ 해설 解 풀 해 說 말씀 설	연극의 제목, 때, 곳, 무대 장치나 등장인물 등을 소개하고 설명하는 희곡의 첫머리 ▶ 희곡의 **해설** 부분을 읽으면 작품의 배경과 인물 등을 파악할 수 있다.
□ 지시문 指 가리킬 지 示 보일 시 文 글월 문	막이 오른 후의 배경이나 효과, 조명, 등장인물의 행동·표정·심리 등을 지시하고 설명하는 부분 **무대(舞臺) 지시문**: 막이 오른 후의 무대 장치, 조명, 음향 효과 등을 지시하는 글 **동작(動作) 지시문**: 대화 사이에서 인물의 등장·퇴장, 동작, 표정, 말투, 분위기 등을 지시하는 글. 대화와 구분하기 위하여 (　)로 묶어서 표시한다. ▶ **동작 지시문**을 읽으면 인물의 심리를 추리하는 데 도움이 된다.
□ 대사 臺 무대 대 詞 말 사	등장인물이 무대에서 하는 말. 사건을 전개시키고 주제를 구현하는 매우 중요한 요소이다. ▶ **대사**에는 대화, 방백, 독백 등이 있다. **참고** 독백(獨 홀로 독 白 아뢸 백): 상대방 없이 **혼자** 하는 말 **방백**(傍 곁 빙 白 아뢸 백): 관객에게는 들리지만 무대 위의 **상대방에게는 들리지 않는** 것으로 약속하고 하는 대사
□ 막 幕 장막 막	무대의 장막이 오르고 내리는 사이의 한 단위로, '공간의 변화'를 표현하기 위한 방법이다. 막은 보통 몇 개의 장이 모여 이루어진다. ▶ 이 희곡은 모두 3**막**으로 이루어져 있다.
□ 장 場 마당 장	등장인물들의 등장과 퇴장으로 구분되는 단위. '시간의 경과'를 나타내는 방법으로, 막은 그대로 두고 보통 조명을 끄고 켬에 의해 표현된다. ▶ 이 희곡의 1막 2**장**에서는 10년 뒤로 시간이 흐른다.

□ **시나리오** scenario	영화의 대본. 희곡과는 달리 시간적 · 공간적 제약을 덜 받고 등장인물 수에도 제한을 받지 않는다. ▶ <u>시나리오</u>는 영화 상영을 목적으로 하는 문학이다.
□ **수필** 隨 따를 수 筆 붓 필	일정한 형식을 따르지 않고 글쓴이의 느낌이나 체험을 붓 가는 대로 쓴 글 ▶ <u>수필</u>은 누구나 자유롭게 쓸 수 있는 글이다.
□ **기행문** 紀 적을 기 行 다닐 행 文 글월 문	여행하면서 보고, 듣고, 느끼고, 겪은 것을 적은 글 ▶ <u>기행문</u>에는 글쓴이의 여정과 견문이 나타난다. **참고** 여정(旅 나그네 여 程 길 정): 여행의 과정이나 일정 견문(見 볼 견 聞 들을 문): 보거나 듣거나 하여 깨달아 얻은 지식

고전 산문

□ **설화** 說 말씀 설 話 말씀 화	한 민족 사이에서 입에서 입으로 전해져 오는 이야기를 모두 일컫는 말. 신화, 전설, 민담이 있다. ▶ <u>설화</u>는 소설 발생의 토대가 된다.
□ **신화** 神 신령 신 話 말씀 화	사회 구성원에게 신성한 것으로 여겨지는 설화. 우주의 기원, 신이나 영웅의 업적, 민족의 태곳적 역사나 설화 등이 주된 내용이 된다. ▶ 우리 <u>신화</u>에는 '단군 신화', '동명왕 신화' 등이 있다.
□ **전설** 傳 전할 전 說 말씀 설	예로부터 민간에서 전해져 내려오는 이야기로, 공동체의 내력이나 자연물의 유래, 이상한 체험 등을 소재로 한다. 이야기의 진실성을 뒷받침하는 구체적인 증거물과 관련을 맺고 형성된다. ▶ <u>전설</u>에서는 특정 지역의 바위나 고개, 연못, 특이한 지형 등을 증거물로 제시하면서 그 이야기가 실제로 있었던 일이라고 말한다.
□ **민담** 民 백성 민 譚 말씀 담	예로부터 민간에서 전해져 내려오는 이야기로, 구체성이나 사실성에 얽매이지 않는 흥미 위주의 이야기 ▶ <u>민담</u>에서는 미천한 처지에서 뜻하지 않은 행운을 만나 엄청난 소망을 두루 성취하는 인물의 이야기가 주로 그려진다.
□ **가전** 假 빌릴 가 傳 전할 전	사물이나 동물을 의인화하여 그 일대기를 전기(傳 전할 전 記 기록할 기) 형식으로 기록한 글. 교훈을 목적으로 하는데, 앞부분에서는 대상의 일대기, 뒷부분에서는 그에 대한 평가를 덧붙이고 있다. 허구적 성격을 띤 개인의 창작물로서, 설화와 소설을 잇는 역할을 한다. ▶ 대표적인 <u>가전</u>에는 술을 의인화하여 술의 폐해를 비판한 '국순전'이 있다.

□ 패관 문학 稗 피 패 官 벼슬 관 文 글월 문 學 배울 학	민간에서 떠도는 이야기를 수집하여 창의성을 더하여 정리한 문학 양식으로, 소설 발달의 토대가 된다. ▶ '패관'은 옛날 중국에서 민간에 떠도는 이야기를 모아 기록하는 일을 했던 관리이다. 우리나라에는 패관이 없었지만 입에서 입으로 전해오던 설화가 문헌에 기록되면서 이를 <u>패관 문학</u>이라고 불렀다.
□ 설 說 말씀 설	고전 수필의 하나로, 사물의 이치를 풀이한 뒤 자신의 의견을 덧붙인 글 ▶ 설은 '사실+의견'의 2단 구성으로 되어 있다.
□ 고전 소설 古 예 고 典 법 전 小 작을 소 說 말씀 설	갑오개혁(1894) 이전까지의 소설. 일대기적 구성, 권선징악의 주제, 평면적이고 전형적인 인물, 비현실적이고 우연적인 사건, 행복한 결말 등을 특징으로 한다. = 고대(古 예 고 代 시대 대) 소설 ▶ 김시습의 '금오신화'가 최초의 <u>고전 소설</u>로 인정되고 있다. 참고 일대기(一 한 일 代 시대 대 記 기록할 기)적 구성: 한 인물의 일생을 시간의 순서에 따라 서술하는 구성 방식 권선징악(勸 권할 권 善 선할 선 懲 징계할 징 惡 악할 악): 착한 일을 권장하고 악한 일을 징계함. 행복한 결말: 결말을 행복하게 끝맺는 방식
□ 전기 소설 傳 전할 전 奇 기이할 기 小說	기이한 것을 전하는 소설. 귀신과 인연을 맺거나 용궁에 가는 것과 같은 기괴하고 신기한 일을 내용으로 한다. ▶ 김시습의 '금오신화'에 실린 다섯 편의 작품은 모두 <u>전기 소설</u>이다. 참고 전기(傳 전할 전 記 기록할 기) 소설: 어떤 실존 인물의 생애와 활동을 중심으로 하여 쓴 소설 ▶ 그는 세상을 떠났지만, <u>전기 소설</u>을 통해서 그의 삶을 알 수 있다.
□ 영웅 소설 英 뛰어날 영 雄 두목 웅 小說	주인공의 영웅적 삶을 그린 소설. '영웅의 일대기' 구조를 지니고 있다. ▶ 유충렬의 영웅적 활약상을 그린 '유충렬전'이 전형적인 <u>영웅 소설</u>이다. 참고 영웅의 일대기 구조: 고귀한 혈통→비정상적 잉태 혹은 출생→탁월한 능력→어려서 버려지고 죽을 고비에 이름→구출, 양육자를 만나서 죽을 고비에서 벗어남→자라서 다시 위기에 부딪힘→위기를 투쟁으로 극복해 승리자가 됨
□ 군담 소설 軍 군사 군 談 말씀 담 小說	주인공이 전쟁을 통해서 영웅적 활약을 펼치는 소설 ▶ <u>군담 소설</u>에는 작중 인물이나 사건이 모두 허구인 창작 군담 소설과 실제 사건이나 실존 인물을 다루는 역사 군담 소설이 있다.
□ 우화 소설 寓 맡길 우 話 말씀 화 小說	의인화(擬 본뜰 의 人 사람 인 化 될 화)된 동물이나 식물 혹은 사물을 주인공으로 하여 인간의 삶을 풍자한 소설 ▶ 꿩을 의인화한 '장끼전'은 남성 중심 사회에 대한 비판과 풍자를 담고 있는 <u>우화 소설</u>이다.
□ 가정 소설 家 집 가 庭 뜰 정 小說	가정을 배경으로 가정 문제나 가족생활, 또는 가족 관계를 그린 소설 ▶ 김만중의 '사씨남정기'는 처첩 간의 갈등을 그린 <u>가정 소설</u>이다.

| 판소리계 소설 | 판소리를 바탕으로 이루어진 소설 |
| 一 界 지경 계 小 說 | ▶ '춘향전', '흥부전', '심청전'은 모두 **판소리계 소설**이다. |

| 판소리 | 광대 한 사람이 고수의 북장단에 맞추어 서사적인 이야기를 소리[창(唱 노래 부를 창)]와 말(아니리)로 엮어 몸짓(발림)을 곁들이며 공연하는, 우리나라 고유의 민속악 |

▶ 대표적인 **판소리**로는 '춘향가', '심청가', '흥부가', '적벽가', '수궁가' 등이 있다.

광대	소리(창)를 하는 사람
고수(鼓 북 고 手 사람 수)	북장단을 맞추는 사람
창(唱 부를 창)	소리
아니리	광대가 창을 하면서 사이사이에 극적인 줄거리를 엮어 나가는 말
발림	창을 하면서 하는 동작
추임새	고수 또는 청중이 내는 탄성으로, 흥을 돋우는 소리. '얼씨구', '좋다', '그렇고 말고', '어허' 등이 있다.

| 가면극 | 연기자의 일부 또는 여러 사람이 가면을 쓰고 등장해서 극적인 장면을 연출하는 연극 = 탈놀음 = 탈춤 |
| 假 빌릴 가 面 낯 면 劇 연극 극 | ▶ 대표적인 **가면극**인 '봉산탈춤'에서는 지배층의 허위의식을 비판하고 있다. |

| 인형극 | 배우 대신에 인형을 등장시켜 전개하는 연극 |
| 人 사람 인 形 모양 형 劇 연극 극 | ▶ '꼭두각시놀음'은 인형을 통해 풍자와 해학을 연출하는 **인형극**이다. |

| 신소설 | 고전 소설에 비해 새로운 소설이라는 의미로, 개화기 이후부터 이광수의 '무정'(1917)이 등장하기 전까지의 소설을 일컫는다. 봉건 질서의 타파, 개화, 계몽, 자주 독립 사상 고취 등을 주제로 다루었다. |
| 新 새 신 小 작을 소 說 말씀 설 | ▶ 이인직의 '혈의 누'에서 시작된 **신소설**은 고전 소설에서 현대 소설로 가는 다리 구실을 한다. |

[1~15] 다음 설명이 맞으면 ○, 틀리면 ×에 표시하시오.

1. 서술자는 소설 속 이야기를 객관적으로 전달하는 사람이다. (○ / ×)

2. 1인칭 시점에서는 서술자가 작품 속에 '나'로 등장한다. (○ / ×)

3. 1인칭 주인공 시점은 주인공의 주관적인 생각이나 판단을 그대로 전달할 수 있다.
   (○ / ×)

4. 신빙성 없는 화자는 주인공의 선량함을 부각하기 위해서 활용된다. (○ / ×)

5. 1인칭 관찰자 시점에서는 외부 관찰자인 서술자가 외부적인 사실을 관찰·묘사한다.
   (○ / ×)

6. 편집자적 논평은 서술자가 자신의 판단이나 생각을 직접 진술하는 것이다. (○ / ×)

7. 희곡과 시나리오는 모두 등장인물의 수에 제약이 따른다. (○ / ×)

8. 방백은 관객에게만 들리는 것으로 약속하고 하는 대사이다. (○ / ×)

9. 희곡에서 막은 등장인물의 등퇴장으로 구분되는 단위로 주로 시간의 경과를 나타낸다.
   (○ / ×)

10. 기행문은 여행의 여정과 견문, 감상을 적은 글이다. (○ / ×)

11. 설화에는 신화, 전설, 민담이 포함된다. (○ / ×)

12. 고전 소설은 일대기적 구성, 권선징악의 주제, 비현실적이고 우연적인 사건, 비극적 결말
    등을 특징으로 한다. (○ / ×)

13. 영웅의 일대기 구조는 비천한 신분의 주인공이 고난을 극복하고 승리자가 되는 과정으로
    구성된다. (○ / ×)

14. 판소리에서는 고수가 창을 하고, 광대가 북장단을 맞춘다. (○ / ×)

15. 판소리에서 아니리는 창을 하면서 하는 동작을 일컫는다. (○ / ×)

[16~18] 다음 작품의 시점을 〈보기〉에서 고르시오.

16.

> 그는 최근 일주일 동안 돈이 생긴 데가 없다. 잡힐 것도 없었고 어디서 벌이한 적도
> 없다. 그렇다고 남의 집 문 앞에 가서 밥 한술 주시오 하고 구걸한 일도 없고 남의 것을
> 훔치지도 아니하였다.
> 　그러나 그동안 굶어 죽지 아니하였다. 야위기는 하였지만 그래도 멀쩡하게 살아 있
> 다. P와 같은 인생이 이 세상에 하나도 없이 싹 치운다면 근로하는 사람이 조금은 편해
> 질는지도 모른다.

P가 소부르주아 축에 끼이는 인텔리가 아니요 노동자였더라면 그동안 거지가 되었거나 비상수단을 썼을 것이다. 그러나 그에게는 그러한 용기도 없다. 그러면서도 죽지 아니하고 살아 있다. 그렇지만 죽기보다도 더 귀찮은 일은 그를 잠시도 해방시켜 주지 아니한다.

– 채만식, 〈레디메이드 인생〉

17.

그러나 얼마 되지 않아서 나는 넋이 풀리어 기둥같이 묵묵히 서 있게 되었다. 왜냐하면 큰 닭이 한번 쪼인 앙갚음으로 호들갑스레 연거푸 쪼는 서슬에 우리 수탉은 찔끔 못하고 막 곯는다. 이걸 보고서 이번에는 점순이가 깔깔거리고 되도록 이쪽에서 많이 들으라고 웃는 것이다.

나는 보다 못하여 덤벼들어서 우리 수탉을 붙들어 가지고 도로 집으로 들어왔다. 고추장을 좀더 먹였더라면 좋았을 걸, 너무 급하게 쌈을 붙인 것이 퍽 후회가 난다. 장독께로 돌아와서 다시 턱밑에 고추장을 들이댔다. 흥분으로 말미암아 그런지 당최 먹질 않는다.

– 김유정, 〈동백꽃〉

18.

아저씨는 어른이면서도 눈 감고 기도하지 않고 우리 아이들처럼 눈을 번히 뜨고 여기저기 두리번두리번 바라봅니다. 나는 얼른 아저씨를 알아보았는데 아저씨는 나를 못 알아보았는지 내가 방그레 웃어 보여도 웃지도 않고 멀거니 보고만 있겠지요. 그래 나는 손을 흔들었지요. 그러니까 아저씨는 얼른 고개를 숙이고 말더군요. 그때에 어머니가 내가 팔 흔드는 것을 깨닫고 두 손으로 나를 붙들고 끌어당기더군요. 나는 어머니 귀에다 입을 대고,

"저기 아저씨두 왔어."

하고 속삭이니까 어머니는 흠칫하면서 내 입을 손으로 막고 막 끌어잡아다가 앞에 앉히고 고개를 누르더군요. 보니까 어머니가 또 얼굴이 홍당무처럼 빨개졌군요.

– 주요섭, 〈사랑 손님과 어머니〉

보 기
㉠ 1인칭 주인공 시점   ㉡ 1인칭 관찰자 시점
㉢ 전지적 작가 시점   ㉣ 작가 관찰자 시점

[19~28] 고전 산문 갈래와 특징을 바르게 연결하시오.

19. 신화 •
20. 전설 •
21. 민담 •
22. 가전 •
23. 패관 문학 •
24. 설 •
25. 전기 소설 •
26. 군담 소설 •
27. 우화 소설 •
28. 신소설 •

• ㉠ 민간에 떠도는 이야기를 수집하여 창의성을 더하여 정리
• ㉡ 의인화된 사물이나 동물의 일대기+그에 대한 평가
• ㉢ 우주의 기원, 신·영웅의 업적, 민족의 태곳적 역사나 설화
• ㉣ 봉건 질서의 타파, 개화, 계몽, 자주 독립 사상 고취
• ㉤ 사물의 이치를 풀이한 뒤 자신의 의견을 덧붙인 수필
• ㉥ 진실성을 뒷받침하는 구체적인 증거물을 갖춘 설화
• ㉦ 전쟁에서 펼쳐지는 영웅적 활약을 그린 소설
• ㉧ 구체성이나 사실성에 얽매이지 않는 흥미 위주의 이야기
• ㉨ 기괴하고 신기한 일을 내용으로 하는 소설
• ㉩ 의인화된 동물이나 식물을 활용한 풍자 소설

도전 문제

[29~31] 다음 글을 읽고, 물음에 답하시오. (2014 중3 성취도평가)

〈앞부분의 줄거리〉 전쟁 중 낙오된 국군 '양'과 인민군 소년 '장'은 산 속에서 마주쳐 동굴 안에서 하루를 같이 보낸다. 깜빡 잠이 든 '양'은 '장'이 자신을 공격한다고 생각하여 '장'의 얼굴에 주먹을 날리지만 '장'이 무서운 꿈을 꾸다가 자신을 쳤다는 얘기를 듣는다.

순간 양의 전신은 쭉 소름이 스쳤다. 소름은 연거푸 파상적으로 그의 전신을 스쳐갔다. 가슴에서 뭉클하고 어떤 커다란 뜨거운 덩어리가 치밀어 올랐다. / "장!"

양은 그 덩어리를 간신히 목구멍에서 삼켜 버렸다. 양은 소용돌이치는 마음을 가누며 장한테로 가까이 가서 손으로 그의 얼굴을 젓치고 장갑을 뒤집어 그것으로 고피를 닦아 주었다. / "장, 난 그것을 모르고 자네가 날……"

"아뇨, 제 잘못이죠, 퍽 놀라셨겠어요." / "아냐, 장."

[A] 양은 깡통 속에서 휴지를 꺼내 그것을 조그맣게 말아 그의 콧구멍에 찔러 주었다.

"장, 좀 더 가까이 다가앉아 불을 쬐어. 좀 있으면 날이 밝겠지."

장은 모닥불 옆에 다가와서 다리를 꺾으며 쪼그리고 앉았다. 양은 한참 동안 종이가 타는 조그만 불길을 넋 잃은 사람처럼 물끄러미 쳐다보았다. 그는 혼잣말처럼 중얼거렸다. 그 음성은 신음에 가까웠다. "정말 그들을 죽이고 싶네." / "네?"

"전쟁을 일으킨 놈들을 말이야." / 양은 일어서서 동굴 밖으로 나갔다. 희부연 하늘을 올려보고 또 흰 눈이 깔린 골짜기를 굽어보았다. 한 번 크게 숨을 내쉬었다. (중략)

둘은 눈으로 얼굴을 닦고 나서 아침을 먹었다. 장은 따뜻이 데운 통조림과 양이 끓여 낸 커피를 먹으며 퍽이나 즐거했다.

"장, 너, 저 레이션*을 모두 가져."

"아, 저걸 다 어떻게요?"

"난 한 통이면 돼. 집어넣을 수 있는 대루 가져가지 그래."

장이 갑자기 시무룩해졌다.

"이젠 헤어지게 됐군요?"

"안 만났던 것만 못하군. 코 언저리가 아프지?" / "아뇨, 괜찮아요."

식사를 끝낸 둘은 저마다 짐을 꾸렸다. / "자, 탄환을 받아."

양은 레이션 한 통을 꾸려 들고, 장은 두 통을 꾸려 메었다. 둘은 함께 동굴을 나섰다.

"장!" / "네?"

"잘 가라니 못 가라니 인사는 말기로 해. 자네는 저리로 가고 난 이리로 갈 뿐이야. 뒤도 돌아보지 마."

양은 동굴을 내려서서 눈을 헤치며 골짜기를 향해 비탈을 더듬었다.

장은 그것을 한참 보고 섰더니 저편 골짜기로 발을 옮겼다.

＊레이션: 휴대용 비상 식량

— 선우휘, 〈단독강화〉

29. 윗글에 나타난 '양'의 가치관으로 가장 적절한 것은?

① 자신과 '장'이 처한 시대 상황을 긍정적인 시각으로 바라본다.

② '장'을 배려하면서도 서로 갈 길이 다른 시대 상황을 인식하고 있다.

③ '장'을 통해 현실을 깨닫고 문제를 해결하기 위해 자신을 희생하려 한다.

④ 현실을 인식하지 못하는 '장'을 지켜보며 평화로운 미래를 설계하려 한다.

⑤ '장'에게 자본주의의 우월함을 과시하여 '장'의 생각을 적극적으로 변화시키려 한다.

30. 윗글에 나타난 서술상의 특징으로 가장 적절한 것은?

① 이야기 안 주인공이 시간의 흐름을 중심으로 사건을 전개한다.

② 이야기 안 주인공이 상대의 내면 심리를 직접적으로 묘사한다.

③ 이야기 안 서술자가 인물의 행동에 대해 직접적으로 평가한다.

④ 이야기 밖 서술자가 회상적인 어조로 자신의 경험을 들려준다.

⑤ 이야기 밖 서술자가 인물의 대화를 중심으로 사건을 전개한다.

31. [A]를 〈자료〉와 같이 희곡으로 각색하여 공연할 때, 공연 참여자의 역할로 적절하지 <u>않은</u> 것은?

┌─**자료**─────────────────────────────────────┐

㉠동굴 안. 양이 쓰러져 있는 장을 바라보고 있다. 양은 장을 오해했다는 생각이 들자, 가슴 속에서 뭉클하고 뜨거운 감정이 솟아오른다.

양: (㉡감정을 억누르며) 장!

난 그것을 모르고 자네가 날…… (장에게로 다가가 장갑으로 코피를 닦아 준다.)

장: 아뇨, 제 잘못이죠. 퍽 놀라셨겠어요.

양: 아냐, 장. (깡통 속에서 휴지를 꺼내 장의 코를 막는다.)

장, 좀 더 가까이 다가앉아 불을 쪼여. 좀 있으면 날이 밝겠지. (혼잣말처럼 중얼거리며) 정말 그들을 죽이고 싶네.

장: (깜짝 놀라며) ㉢네?

양: 전쟁을 일으킨 놈들을 말이야.

㉣양, 자리에서 일어나 바깥으로 나간다. ㉤날이 밝아 오고 있다. 골짜기를 굽어보며 숨을 크게 쉬는 양.

└───┘

① 무대 제작자: 이야기의 배경이 ㉠이니, 밀폐되고 어두운 느낌을 주도록 무대를 만든다.

② '양' 역할의 배우: ㉡에서는 내면에서 솟아오르는 '뭉클하고 뜨거운 감정'을 억누르는 연기를 한다.

③ '장' 역할의 배우: ㉢을 되묻는 어투로 표현하여, 적대적인 감정을 드러낸다.

④ 연출가: ㉣을 표현하기 위해, '양'의 위치를 이동하도록 지시한다.

⑤ 조명 감독: ㉤에서 조명을 점점 밝게 해서 동이 트는 모습을 나타낸다.

[정답] 1. × 2. ○ 3. ○ 4. × 5. × 6. ○ 7. × 8. ○ 9. × 10. ○ 11. ○ 12. × 13. × 14. × 15. × 16. ㉢ 17. ㉠ 18. ㉡ 19. ㉢ 20. ㉣ 21. ◎ 22. ㉡ 23. ㉠ 24. ㉤ 25. ㉭ 26. ㉫ 27. ㉮ 28. ㉣ 29. ② 30. ⑤ 31. ③

[해설] 1. 객관적 × 5. 작가 관찰자 시점이다. 12. 비극적 결말 ×, 행복한 결말 ○ 13. 비천한 신분 ×, 고귀한 신분 ○ 14. 광대가 창을 하고, 고수가 북장단을 맞춘다.

05 독서

서술 방식

☐ 설명
說 말씀 설 明 밝힐 명

어떤 일이나 대상의 내용을 잘 알 수 있도록 밝혀서 말하는 방식. 정의, 분류, 분석, 비교, 대조 등 여러 가지 방법을 활용한다.
▶ 이 글은 뇌의 구조에 대해 **설명**하고 있다.

☐ 정의
定 정할 정 義 뜻 의

어떤 말이나 사물의 뜻을 명백히 밝혀 규정하는 방식
▶ 학생은 주로 학교에 다니면서 공부하는 사람이다. – 학생에 대한 **정의**

☐ 분류
分 나눌 분 類 무리 류

어떤 대상들이나 생각들을 공통적인 특성을 기준으로 무리를 나누어 설명하는 방식
▶ 한국, 중국, 일본은 아시아 국가이고, 영국, 프랑스, 독일은 유럽 국가이다. – 국가에 대한 **분류**

☐ 분석
分 나눌 분 析 쪼갤 석

어떤 복잡한 하나의 덩어리를 단순한 요소나 부분들로 나누어 설명하는 방식
▶ 곤충은 머리, 가슴, 배로 되어 있다. – 곤충의 구조에 대한 **분석**

☐ 비교
比 견줄 비 較 견줄 교

둘 이상의 대상을 견주어 공통점에 초점을 맞추어 진술하는 방식
▶ 전화와 편지는 모두 대면하지 않은 대상과 의사소통하는 방식이다. – 전화와 편지의 **비교**

☐ 대조
對 대할 대 照 비칠 조

둘 이상의 대상을 견주어 차이점에 초점을 맞추어 진술하는 방식
▶ 전화는 의사소통이 동시적으로 이루어지지만, 편지는 의사소통이 시차를 두고 이루어진다. – 전화와 편지의 **대조**

☐ 예시
例 법식 예 示 보일 시

어떤 사실이나 현상에 대해 구체적인 예를 들어 설명하는 방식
▶ 조선 후기에는 문학의 대중화가 진전되었다. 사설시조, 다양한 내용의 한글 소설, 봉산탈춤을 비롯한 민속극 등이 그 예이다. – 조선 후기 문학의 대중화에 대한 **예시**

☐ 유추
類 무리 류 推 밀 추

두 개의 사물이 여러 면에서 비슷하다는 것을 근거로 다른 속성도 유사할 것이라고 추론하는 방식
▶ 토대를 확실히 다져야 튼튼한 건물을 세울 수 있듯이, 기초 지식을 확실히 익혀야 학문을 발전시킬 수 있다. – 건축에서 학문을 **유추**

☐ 서사
敍 펼 서 事 일 사

사건의 진행이나 사물의 변화 등을 시간의 흐름에 따라 풀어 이야기하는 방식. '무엇'에 관심을 갖는다.
▶ 그는 서울에서 태어났다. 초등학교 때 대구로 이사해서 고등학교 졸업 때까지 거기서 살았다. 서울에 있는 대학교에 진학하여, 대학 졸업 후 지금까지 서울에 살고 있다. – 그의 일생에 대한 **서사**

□ 과정 過 지날 과 程 길 정	일이 되어 가는 경로(經 지날 경 路 길 로)에 따라 전개하는 방식. '어떻게'에 관심을 갖는다.
	▶ 먼저 각종 야채를 잘게 썬다. 그런 다음 프라이팬에 기름을 두르고 썰어 놓은 야채를 넣고 볶는다. 소금으로 간을 하고 야채가 익을 때쯤 찬밥을 넣고 함께 볶는다. – 볶음밥을 만드는 <u>과정</u>
□ 인과 因 인할 인 果 열매 과	어떤 일의 원인(原 근원 원 因 인할 인)과 결과(結 맺을 결 果 열매 과)에 초점을 맞추어 전개하는 방식. '왜'에 관심을 갖는다.
	▶ 그는 공부를 열심히 하지 않아서 입학시험에 통과할 수 없었다. – 시험 실패의 <u>인과</u>

논증과 추론

□ 논증 論 논할 논 證 증거 증	옳고 그름에 대하여 그 이유나 근거를 들어 밝히는 방식. 명제, 논거, 추론으로 구성된다.
	▶ <u>논증</u>은 자기주장을 논리적으로 펼쳐 독자를 설득하는 방법이다.
□ 명제 命 명령 명 題 제목 제	어떤 문제에 대한 하나의 논리적 판단이나 주장을 언어 또는 기호로 표시한 것. 참과 거짓을 판단할 수 있는 내용이어야 한다.
	▶ 고래는 포유류이다./한국인은 친절하다. – 참, 거짓을 판단할 수 있는 <u>명제</u>
□ 논거 論 논할 론 據 근거 거	명제의 타당성이나 진실성을 뒷받침하기 위해 쓰이는 이유나 근거
	▶ 고래는 새끼를 낳아 젖을 먹여 기른다./한국인은 외국인의 질문에 성실하게 대답한다. – 명제를 뒷받침하는 <u>논거</u>
□ 추론 推 밀 추 論 논할 론	어떤 판단을 근거로 삼아 다른 판단을 이끌어내는 것. 연역 추론과 귀납 추론이 대표적이다. = 추리(推 밀 추 理 다스릴 리)
	▶ <u>추론</u>은 이미 알고 있는 것을 바탕으로 새로운 것을 이끌어내는 사고방식이다.

□ 연역 추론 演 펼 연 繹 풀 여 推 밀 추 論 논할 론	이미 알고 있는 일반적 사실이나 원리를 전제로 하여 개별적인 특수한 사실이나 원리를 결론으로 이끌어 내는 일
	<table><tr><td>전제(前 앞 전 提 끌 제)</td><td>그것으로부터 출발해서 결론을 얻을 수 있는 명제. 즉 근거가 되는 명제</td></tr><tr><td>결론(結 맺을 결 論 논할 론)</td><td>최종적으로 내린 판단</td></tr></table>
	▶ 모든 사람은 죽는다.(A는 B다.) → 소크라테스는 사람이다.(C는 A다.) → 그러므로 소크라테스는 죽는다.(그러므로 C는 B다.) – <u>연역 추론</u>

□ 귀납 추론 歸 돌아갈 귀 納 들일 납 推 밀 추 論 논할 론	개별적인 특수한 사실이나 원리로부터 일반적이고 보편적인 명제나 법칙을 이끌어내는 일
	▶ 한국의 까마귀는 까맣고, 일본, 미국, 유럽의 까마귀도 까맣다. 그러므로 모든 까마귀는 까맣다. – <u>귀납 추론</u>

변증법	두 개의 대립되는 개념, 즉 '정(正)'과 '반(反)'을 기본 원리로 하여 이를 서로 조화시켜서 새로운 개념인 '합(合)'을 이끌어내는 방법
辨 분별할 변 證 증거 증 法 법 법	▶ 자식을 엄하게 통제하면 개성이 위축된다(정). 그렇다고 너무 내버려두면 버릇이 없어진다(반). 그러므로 충분한 자유를 주되 적절한 훈육도 병행해야 한다(합). – **변증법**

문장과 문단

문장	사상이나 느낌을 단어로 연결하여 의사를 전달하는 최소 단위
文 글월 문 章 글 장	

중심(中 가운데 중 心 마음 심) 문장	문단의 중심 내용을 나타내는 **문장** = 소(小 작을 소)주제문
뒷받침 문장	중심 문장의 내용을 구체적으로 풀이하여 **받쳐 주는 문장**

▶ 단어가 모여 **문장**을 이루고, **문장**이 모여 문단을 이룬다.

일반적 진술	일부에 한정되지 않고 전체에 걸치는 추상적인 진술. 중심 문장의 진술 방식이다.
一 하나 일 般 가지 반 的 ~의 적 陳 베풀 진 述 펼 술	▶ 청소년은 성장한다. – **일반적 진술**

구체적 진술	실제적이고 세밀한 내용, 곧 구체적 사실의 상태를 나타내는 진술. 뒷받침 문장의 진술 방식으로, 일반적 진술을 뒷받침하는 역할을 한다.
具 갖출 구 體 몸 체 的 ~의 적 陳 베풀 진 述 펼 술	▶ 청소년은 어린이에서 성인으로 신체가 성장하고, 배움을 통해 지식이 성장하며, 세상살이의 지혜를 축적하며 인격적 성숙을 이루어 간다. – **구체적 진술**

문단	여러 개의 문장이 모여서 하나의 통일된 생각을 나타내는 글의 단위
文 글월 문 段 층계 단	▶ 문장이 모여 **문단**을 이루고, **문단**이 모여 글을 이룬다.

형식(型 모양 형 式 법 식) 문단	형식적으로 **구분**되는 문단. 첫 줄의 맨 앞 칸을 비우고 시작한다.
내용(內 안 내 容 얼굴 용) 문단	내용적으로 **구분**되는 문단. 하나 이상의 형식 문단이 모여 이루어진다.
주지(主 주인 주 旨 뜻 지) 문단	글의 주제와 **직접 관계**되는 문단 = 중심 문단
보조(補 도울 보 助 도울 조) 문단	주지 문단의 **내용을 돕기 위해** 구성된 문단 = 뒷받침 문단

순접	앞뒤 내용을 순조롭게 이음. '그리고, 그래서, 그러므로' 등의 표현이 사용된다.
順 순할 순 接 이을 접	▶ 중학교를 졸업했다. 그리고 고등학교에 진학했다. – **순접**

역접	앞뒤 내용을 상반되게 이음. '그러나, 그렇지만, 하지만' 등의 표현이 사용된다.
逆 거스릴 역 接 이을 접	▶ 중학교를 졸업했다. 그러나 아직도 초등학생처럼 보인다. – **역접**

대등/병렬	서로 견주어 비슷한 수준의 내용이나 구조를 지닌 문장(문단)들을 나란히 늘어놓음. '그리고, 또는, 혹은'이나 '첫째~, 둘째~' 등의 표현이 활용된다.
對 대할 대 等 등급 등 / 竝 나란히 병 列 벌릴 렬	▶ 나는 매콤한 떡볶이를 좋아한다. 고소한 튀김도 좋아한다. 그리고 따뜻한 만두도 좋아한다. – **대등/병렬**

☐ **전환** 轉 구를 **전** 換 바꿀 **환**	화제의 방향을 바꿈. '그런데, 한편, 그러면, 다음으로' 등의 표현이 활용된다. ▶ 많은 사람들이 사과를 즐겨 먹는다. 그런데 사과는 굉장히 힘든 과정을 거쳐 생산된다. – **전환**
☐ **첨가/보충** 添 더할 **첨** 加 더할 **가** / 補 도울 **보** 充 채울 **충**	이미 있는 것에 덧붙이거나 보태어 채움. '더구나, 게다가, 아울러, (그)뿐만 아니라' 등의 표현이 사용된다. ▶ 사과가 맛있으려면 자연 환경이 좋아야 한다. 뿐만 아니라 농부의 정성도 필요하다 – **첨가/보충**
☐ **요약** 要 요긴할 **요** 約 맺을 **약**	요점을 잡아서 간추림. '요컨대, 즉, 결국, 말하자면' 등의 표현이 이용된다. ▶ 사과는 사과나무에 열리지만 땅과 햇빛, 비 같은 자연환경이나 농부의 노력이 없으면 좋은 열 매를 맺지 못한다. 결국 사과는 자연과 인간이 협력하여 만들어낸 작품이다. – **요약**
☐ **환언** 換 바꿀 **환** 言 말씀 **언**	바꾸어 말함. '즉, 곧, 말하자면, 환언하면' 등의 표현이 활용된다. ▶ 맛있는 사과는 새콤하면서 달콤하다. 말하자면 산도와 당도의 조화가 맛있는 사과의 조건이 다. – **환언**
☐ **두괄식** 頭 머리 **두** 括 묶을 **괄** 式 법 **식**	주제문(중심 문단)이 글의 첫머리에서 내용을 묶는 구성 ▶ 글쓴이는 첫머리에서 자연을 보호해야 한다고 말한 후 그 이유를 제시하고 있다. – **두괄식**
☐ **미괄식** 尾 꼬리 **미** 括 묶을 **괄** 式 법 **식**	주제문(중심 문단)이 글의 꼬리에서 내용을 묶는 구성 ▶ 글쓴이는 자연 파괴의 부작용을 나열한 후 이를 바탕으로 자연 보호의 필요성을 주장하고 있 다. – **미괄식**
☐ **양괄식** 兩 둘 **양** 括 묶을 **괄** 式 법 **식**	주제문(중심 문단)이 글의 머리와 꼬리 두 부분에서 내용을 묶는 구성 ▶ 글쓴이는 '자연 보호의 필요성 → 자연 파괴의 부작용 → 자연 보호의 필요성'의 순서로 내용 을 전개하고 있다. – **양괄식**

글

☐ **제재** 題 제목 **제** 材 재목 **재**	글의 주제와 관련된 소재 = 중심 소재 = 중심 글감 ▶ 이 글의 **제재**는 '꽃'이다.
☐ **화제** 話 말씀 **화** 題 제목 **제**	이야깃거리. 단순한 소재는 물론 글에서 다루는 추상적인 문제까지도 아울 러 이르는 개념이다. ▶ 이 글의 **화제**는 '꽃의 아름다움'이다.
☐ **제목** 題 제목 **제** 目 눈 **목**	글을 대표하거나 내용을 보이기 위해서 붙이는 이름. 글의 간판 역할을 한다. **표제(標 표할 표 題 제목 제)** 겉에 쓰는, 대표가 되는 **제목** **부제(副 버금 부 題 제목 제)** 표제에 덧붙여 그것을 보충해 주는 **제목** ▶ 꽃의 아름다움(**표제**) 　– 아는 만큼 보인다(**부제**)

☐ **논제** 論 논할 **논** 題 제목 **제**	논의거리. 의견이나 주장을 논하는 글의 이야깃거리를 일컫는 말이다. ▶ 이 논설문에서는 먼저 **논제**를 설정한 다음 논의를 진행시키고 있다. **참고** 논점(論 논할 논 點 점 점): 논의나 논쟁 등의 **중심**이 되는 문제점 쟁점(爭 다툴 쟁 點 점 점): 서로 **다투는 중심**이 되는 점. 의견이 갈리는 부분을 이르는 말이다.
☐ **논지** 論 논할 **논** 旨 뜻 **지**	논하는 요지. 주장을 담은 글의 주제에 해당한다. ▶ 글쓴이는 이 글에서 여러 사례를 열거하며 자연 보호의 필요성이라는 **논지**를 이끌어내고 있다.
☐ **논지 전개** 論旨 展 펼 **전** 開 열 **개**	주장이나 의견을 논하는 글에서 논지를 전개하는 방식 ▶ 두 견해의 장단점을 비교한 뒤 이를 절충하는 방식으로 **논지**를 **전개**하고 있다.
☐ **주장** 主 주인 **주** 張 베풀 **장**	자기의 의견을 굳게 내세움. 또는 그런 의견 ▶ 글쓴이는 최저임금 인상이 필요하다고 **주장**하고 있다.
☐ **근거** 根 뿌리 **근** 據 근거 **거**	어떤 일이나 의논, 의견의 근본이 되는 토대나 까닭. 주장을 뒷받침하는 역할을 한다. ▶ 글쓴이는 최저임금이 최저생계비에 미치지 못한다는 점을 **근거**로 최저임금 인상을 주장하고 있다.
☐ **통념** 通 통할 **통** 念 생각 **념**	일반적으로 널리 통하는 생각. 통념을 인용하여 독자의 공감을 유도하기도 하고, 통념의 문제점을 지적하면서 새로운 견해를 제시하기도 한다. ▶ 일반적으로 언론 보도는 중립적이고 객관적이라고 생각한다. – **통념**
☐ **절충** 折 꺾을 **절** 衷 타협할 **충**	서로 다른 의견이나 관점 등을 알맞게 조절하여 잘 어울리게 하는 것 ▶ 이 글에서는 두 학자의 상반된 주장을 **절충**하여 새로운 대안을 제시하고 있다.
☐ **반박** 反 돌이킬 **반** 駁 논박할 **박**	어떤 의견, 주장 등에 반대하여 말함. ▶ 그는 질문자의 반론에 대해 객관적인 자료를 인용하여 **반박**했다. **참고** 반론(反 돌이킬 반 論 논할 론): 남의 의견이나 주장 등에 대하여 **반박하는 말** 반증(反 돌이킬 반 證 증거 증): 어떤 사실이나 주장이 옳지 아니함을 그에 반대되는 근거를 들어 증명함.
☐ **사례** 事 일 **사** 例 본보기 **례**	어떤 일이 전에 실제로 일어난 예 ▶ 이 글은 앞부분에서 **사례**를 제시하여 흥미를 유발한 다음 논의를 전개하고 있다.

[1~10] 다음 빈칸에 들어갈 알맞은 말을 넣으시오.

1. 일이나 사건의 진행, 변화를 설명하는 방법 중 (   )은/는 '무엇'에, (   )은/는 '어떻게'에, (   )은/는 '왜'에 초점을 맞춘 것이다.

2. (   )은/는 어떤 문제에 대한 하나의 논리적 판단이나 주장을 언어 또는 기호로 표시한 것으로, 참과 거짓을 판단할 수 있는 내용이어야 한다.

3. 명제의 타당성이나 진실성을 뒷받침하기 위해 쓰이는 이유나 근거를 (   )(이)라고 한다.

4. (   )은/는 두 개의 대립되는 개념을 조화시켜서 새로운 개념을 이끌어내는 방법이다.

5. (   )은/는 중심 문장의 내용을 구체적으로 풀이하여 받쳐 주는 문장이다.

6. 화제를 (   )할 때는 주로 '그런데, 한편, 그러면, 다음으로' 등의 표현이 활용된다.

7. 내용을 (   )할 때는 흔히 '요컨대, 즉, 결국, 말하자면' 등의 표현이 이용된다.

8. 대표가 되는 제목이 (   ), 거기에 덧붙여 그것을 보충해 주는 제목이 (   )이다.

9. 주장은 (   )를 통해 뒷받침되어야 한다.

10. 글쓴이들은 일반적으로 널리 통하는 생각인 (   )의 문제점을 지적하면서 새로운 견해를 제시하는 방식을 자주 활용한다.

[11~18] 다음 괄호 안에서 알맞은 말을 고르시오.

11. (분류 / 분석)은/는 어떤 대상들이나 생각들을 공통적인 특성을 기준으로 묶어서 설명하는 방식이고, (분류 / 분석)은/는 이떤 복잡한 하나의 덩어리를 단순한 요소나 부분들로 나누어 설명하는 방식이다.

12. 둘 이상의 대상을 견주면서 (공통점 / 차이점)에 초점을 맞춘 것이 비교이고, (공통점 / 차이점)에 초점을 맞춘 것이 대조이다.

13. 중심 문장은 (일반적 / 구체적) 진술로, 뒷받침 문장은 (일반적 / 구체적) 진술로 이루어진다.

14. 첫 줄의 앞 칸을 비우고 시작하는 문단은 (형식 / 내용) 문단이다.

15. 주제가 글의 첫머리에서 오는 (두괄식 / 미괄식) 구성, 글의 마무리 부분에 오는 (두괄식 / 미괄식) 구성이 대표적인 글의 구성 방식이다.

16. (제재 / 화제)는 이야깃거리로, 단순한 소재는 물론 글에서 다루는 추상적인 문제까지도
    아울러 이르는 개념이다.

17. 논설문에서는 (논제 / 논지)를 설정한 다음 (논제 / 논지)를 전개한다.

18. 많은 글들에서 서로 다른 기존의 의견들을 고찰한 다음, 이들의 장단점을 (절충 / 반박)
    하여 새로운 대안을 제시하는 방식으로 논지를 전개하고 있다.

[19~23] 다음 글에 사용된 설명 방법을 〈보기〉에서 고르시오.

19. 세포는 세포막, 세포핵, 액포 등으로 이루어져 있다.

20. 절인 배추는 미생물 활동이 억제되어 저장성이 좋아진다.

21. 관악기는 재료에 따라 목관악기와 금관악기로 나뉜다.

22. 아궁이는 방이나 솥 따위에 불을 때기 위하여 만든 구멍이다.

23. 전설은 구체적인 증거물이 있는 반면, 민담은 구체적인 증거물이 없다.

┌─ 보 기 ───┐
│ ㉠ 정의   ㉡ 분류   ㉢ 분석   ㉣ 비교   ㉤ 대조 │
│ ㉥ 예시   ㉦ 유추   ㉧ 서사   ㉨ 과정   ㉩ 인과 │
└──┘

도전 문제

24. 다음 글에 사용된 설명 방식에 대한 이해로 가장 적절한 것은?   (2016 중3 성취도평가)

> 매사냥은 매를 이용해 꿩, 토끼 같은 야생 동물을 잡는 사냥법이다. 일반적으로 사냥을
> 할 때 동물은 주인의 사냥을 돕는 보조적인 역할만 하지만, 매사냥에서 매는 주인을 대신
> 해 짐승을 잡는 사냥꾼 역할을 한다. 매사냥의 주인공은 사람이 아니라 매인 것이다.

　① 매사냥의 종류를 열거하고 기능을 분석하였다.

　② 매사냥에 관한 통계 자료와 역사적 사실을 인용하였다.

　③ 매사냥을 전승 방법에 따라 나누고 특징을 비교하였다.

　④ 매사냥의 뜻을 풀이하고 다른 사냥과의 차이점을 드러내었다.

　⑤ 매사냥이 전승되고 있는 이유와 그로 인한 결과를 밝히고 있다.

25. 다음 글의 서술 방식으로 적절한 것은? (2015 중3 성취도평가)

공연의 질을 좌우하는 중요한 요소 중 하나는 음이 지속되는 잔향 시간이다. 잔향 시간은 음 에너지가 최대인 상태에서 일백만 분의 일만큼의 에너지로 감소하는 데 걸리는 시간을 말한다. 콘서트홀 종류마다 알맞은 잔향 시간이 다르다. 오케스트라 전용 콘서트홀은 청중들이 풍성하고 웅장한 감동을 느낄 수 있도록 잔향 시간을 1.6~2.2초로 길게 설계하고, 오페라 전용 콘서트홀은 이보다는 소리가 덜 울려야 청중들이 대사를 잘 들을 수 있기 때문에 잔향 시간을 1.3~1.8초로 짧게 만든다. 예술의 전당에서, 주로 오케스트라가 공연하는 콘서트홀은 잔향 시간이 2.1초에 달하고, 오페라를 공연하는 콘서트홀은 잔향 시간이 1.3~1.5초이다.

① 구성 요소를 분석하고 그 속성을 나열하고 있다.
② 문제의 원인을 분석하고 그 결과를 서술하고 있다.
③ 생소한 개념을 풀이하고 관련 사례를 제시하고 있다.
④ 현상을 기술하고 변화의 과정을 단계별로 밝히고 있다.
⑤ 과정을 시간 순으로 나열하고 일정 기준에 따라 분류하고 있다.

26. 다음 글에 사용된 논증 방식에 대한 설명으로 가장 적절한 것은? (2016 중3 성취도평가)

그물코가 느슨하면 물고기가 그물망을 쉽게 빠져 나가서 물고기를 잡을 수 없다. 이와 마찬가지로 방송법 시행령의 규정이 '제작상 불가피한', '자연스러운 노출'처럼 모호하면 광고주들과 방송사가 법망을 쉽게 피할 수 있게 되어 간접 광고가 과도해지는 것을 막을 수 없다.

① 일반적 원리로부터 개별적 사실을 입증하였다.
② 여러 가지 사례에서 보편적인 원리를 이끌어 냈다.
③ 대상이 지닌 속성의 유사성을 판단 근거로 삼았다.
④ 주장의 주요한 내용을 다시 주장의 근거로 삼았다.
⑤ 문제를 제기하고 이에 대한 해결 방안을 제시하였다.

[27~30] 다음 글을 읽고, 물음에 답하시오.

(가) 전문가들에 따르면 2050년에 전 세계 인구는 90억 명을 넘을 것이며 그에 따라 식량 생산량도 늘려야 한다고 한다. ⓐ하지만 공산물의 생산량을 늘리듯 식량 생산량을 대폭 늘릴 수는 없다. 곡물이나 가축을 더 키우기 위한 땅과 물이 충분치 않고, 가축 생산량을 마구 늘렸을 때 온실 가스 등이 발생하기 때문이다. ⓑ이런 상황을 고려할 때 유엔 식량 농업 기구에서 곤충을 유망한 미래 식량으로 꼽은 것은 주목할 만하다. 사람들이 보통 '작고 징그럽게 생긴 동물'로 인식하는 곤충이 식량으로서는 여러 가지 장점을 갖고 있기 때문이다.

(나) 첫째, 식용 곤충은 매우 경제적인 식재료이다. ㉠누에는 태어난 지 20일 만에 몸무게가 1,000배나 늘어나고, 큰메뚜기의 경우에는 하루 만에 몸집이 2배 이상 커질 수 있다. 이처럼 곤충은 성장 속도가 놀랍도록 빠르다. 또한 식용 곤충을 키우는 데 필요한 토지는 가축 사육에 비해 상대적으로 훨씬 적으며, 필요한 노동력과 사료도 크게 절감된다.

(다) ⓒ둘째, 식용 곤충의 또 다른 장점은 영양이 매우 풍부하다는 것이다. 식용 곤충의 단백질 비율은 쇠고기, 생선과 유사하고 오메가3의 비율은 쇠고기, 돼지고기보다 높다. ⓓ게다가 식용 곤충은 건강에 좋은 리놀레산, 키토산을 비롯하여 각종 미네랄과 비타민까지 골고루 함유하고 있다.

(라) 셋째, 식용 곤충 사육은 가축 사육보다 친환경적이다. 소, 돼지 등을 기를 때 비료나 분뇨 등에서 발생하는 온실 가스는 지구 전체 온실 가스 발생량의 18% 이상을 차지한다. ⓔ반면 갈색거저리 애벌레, 귀뚜라미 등의 곤충을 기를 때 발생하는 온실 가스는 소나 돼지의 경우보다 약 100배 정도 적다.

(마) 이처럼 식용 곤충은 경제적이면서도, 영양이 풍부하고, 친환경적이기 때문에 자원의 고갈과 환경 파괴의 위기 속에서 살아가야 하는 인류에게 더할 나위 없이 좋은 미래 식량이다. 따라서 식용 곤충과 관련한 산업을 보다 활성화하고, 요리 방법을 다양하게 개발하며, 곤충에 대한 사람들의 부정적인 인식을 변화시키는 등의 노력을 더욱 적극적으로 해야 한다.

27. 윗글에 대한 설명으로 적절하지 않은 것은?

① (가)에서는 통념을 인용해 독자의 공감을 유도하고 있다.
② (나)~(라)는 대등한 관계로 병렬적으로 나열되고 있다.
③ (나)~(라)는 중심 문장인 첫 문장을 나머지 문장들이 뒷받침하고 있다.
④ (나)~(라)는 모두 예시의 방법을 사용하고 있다.
⑤ (마)에서는 글의 내용을 종합하면서 미괄식 구성을 완성하고 있다.

28. ⊙에 사용된 논증 방식으로 적절한 것은? (2017 중3 성취도평가)

① 이론을 바탕으로 가설을 검증하여 결론을 이끌어 내고 있다.

② 개별적인 사실들을 바탕으로 일반적인 결론을 도출하고 있다.

③ 일반적인 원리를 구체적인 사례에 적용하여 결론을 도출하고 있다.

④ 문제 상황을 제시하고 그것을 해결할 수 있는 방안을 도출하고 있다.

⑤ 두 대상의 유사성을 바탕으로 다른 속성의 유사성을 이끌어 내고 있다.

29. 〈자료〉 중에서 윗글의 주장을 뒷받침할 수 있는 근거로 적절하지 <u>않은</u> 것은? (2017 중3 성취도평가)

┌─│자료│─────────────────────────────────

ㄱ. 육식보다는 채식 중심의 식습관을 가진 사람이 더 건강하며 장수할 확률이 높다.
〈◎◎ 논문〉

ㄴ. 같은 양의 식량을 생산한다고 가정할 때 필요한 물의 양이 곤충은 소의 약 5분의 1, 돼지의 약 2분의 1밖에 되지 않는다.
『◇◇ 보고서』

ㄷ. 가축 사육 확대는 환경 파괴를 유발하므로 인구 증가에 따른 단백질 공급을 소, 돼지 등의 육류에만 의지할 수는 없다.
『△△ 과학』

ㄹ. 곤충은 먹이를 단백질로 전환하는 비율이 소나 돼지와 같은 가축에 비해 훨씬 높아 적은 양의 사료로 많은 양의 단백질을 만들어 낸다.
〈◎◎ 논문〉

ㅁ. 인구 증가를 고려하면 우리나라 크기의 약 100배에 해당하는 경작지가 더 필요한데 지구에는 그만한 넓이의 경작지가 더 이상 남아 있지 않다.
『□□ 보고서』

───────────────────────────────────────

① ㄱ   ② ㄴ   ③ ㄷ   ④ ㄹ   ⑤ ㅁ

30. ⓐ~ⓔ의 기능으로 적절하지 <u>않은</u> 것은?

① ⓐ: 앞과 반대되는 내용을 이어 줌.

② ⓑ: 앞 내용을 대신하여 가리킴.

③ ⓒ: 뒤에 제시된 정보의 순서를 알려 줌.

④ ⓓ: 앞에 덧붙일 내용이 있음을 보여 줌.

⑤ ⓔ: 뒤에 구체적인 사례가 나올 것을 알려 줌.

───────────────────────────────────────

[정답] 1. 서사, 과정, 인과 2. 명제 3. 논거 4. 변증법 5. 뒷받침 문장 6. 전환 7. 요약 8. 표제, 부제 9. 근거 10. 통념 11. 분류, 분석 12. 공통점, 차이점 13. 일반적, 구체적 14. 형식 15. 두괄식, 미괄식 16. 화제 17. 논제, 논지 18. 절충 19. ⓒ 20. ⓧ 21. ⓛ 22. ⓣ 23. ⓜ 24. ④ 25. ③ 26. ③ 27. ① 28. ② 29. ① 30. ⑤

[해설] 24. 정의와 대조 25. 정의와 예시 26. 유추 27. 통념(곤충은 작고 징그럽게 생긴 동물) ○, 공감 유도 × 28. 귀납 추론 30. ⓔ는 앞의 내용과 반대되는 내용을 이어 준다.

작문의 과정

☐ **연상**
聯 연이을 **연** 想 생각 **상**

하나의 관념이나 생각이 그것과 연관된 또 다른 생각이나 관념을 불러일으키는 것. 구체적인 사물이나 현상이 연상 과정을 거쳐 글의 주제가 되기도 하고 추상적이거나 일반적인 내용이 연상의 과정을 거쳐 글의 세부 내용이 되기도 한다.

▶ 새→하늘→자유/자유→하늘→새 – **연상**

[참고] **발상**(發 필 발 想 생각 상): 어떤 생각을 해냄 또는 그 생각. 일상의 삶 속에서 특정한 생각을 떠올리는 것으로, 연상과 주제 설정의 출발점이 된다.
착상(着 붙을 착 想 생각 상): 어떤 일이나 창작의 실마리가 되는 **생각이나 구상 따위를 잡음**. 또는 그 생각이나 구상
착안(着 붙을 착 眼 눈 안): 어떤 일을 주의하여 봄. 또는 어떤 문제를 해결하기 위한 실마리를 잡음.

☐ **일반화**
一 하나 **일** 般 가지 **반**
化 될 **화**

일부에 한정되던 것이 전체에 걸치는 것으로 보편화됨. 구체적 사물이나 대상에서 일반적·보편적 의미를 뽑아 연상하는 과정이다.

▶ 촛불 → 불 – **일반화**

☐ **추상화**
抽 뽑을 **추** 象 모양 **상**
化 될 **화**

구체적이고 감각적인 것이 비감각적이고 관념적인 것이 됨. 구체적 사물이나 대상에서 관념적·추상적 의미를 추출·연상하는 과정이다.

▶ 불 → 열망 – **추상화**

☐ **구체화**
具 갖출 **구** 體 몸 **체**
化 될 **화**

구체적인 것으로 만듦. 일반적·추상적인 생각을 구체화하는 방향으로 연상하면 글의 세부 내용을 마련할 수 있다.

▶ 열망 → 불 → 촛불 – **구체화**

☐ **구상**
構 얽을 **구** 想 생각 **상**

글의 핵심이 될 내용이나 표현 형식 등에 대해서 미리 생각해 보는 작업 = 글쓰기 계획 ▶ 동아리 활동 활성화에 대한 글을 쓰려고 **구상**하였다.

☐ **글감**

글의 내용이 되는 재료 = 소재
▶ 글을 쓸 때에는 목적에 맞는 **글감**을 선택해야 한다.

☐ **자료**
資 바탕 **자** 料 헤아릴 **료**

글쓰기의 바탕이 되는 재료
▶ 주제를 뒷받침하는 통계 **자료**, 문헌 **자료** 등을 수집하여 활용 방안을 마련하였다.

☐ **글쓰기 전략**
一戰 싸움 **전** 略 다스릴 **략**

효과적인 내용 전달을 위해 글쓴이가 고안한 방법. 내용 선정이나 조직, 표현에 있어서 글쓴이가 선택한 방법을 이르는 개념이다.
▶ 글쓴이는 권위 있는 전문가의 말을 인용해 신뢰성을 높이는 **글쓰기 전략**을 사용하고 있다.

□ 개요 概 대개 개 要 요긴할 요	글의 대체적인 윤곽 혹은 얼개로, 글을 쓰기 위한 설계도라고 할 수 있다. ▶ **개요**에서는 상위 항목이 하위 항목을 포괄해야 하고, 대응되는 항목은 내용상 짝을 이루어야 한다.
□ 초고 草 풀 초 稿 원고 고	풀처럼 거친 원고. 글쓰기 계획에 따라 일차적으로 완성된 글, 즉 고쳐쓰기를 거치지 않은 원고를 이르는 말이다. ▶ 완성된 **초고**는 고쳐 쓰기를 통해 다듬어야 한다.
□ 고쳐쓰기	초고를 좀 더 완결된 글로 만들기 위하여 다듬는 과정. 통일성, 완결성, 일관성을 기준으로 단어, 문장, 문단, 글 수준에서 내용을 검토한 후, 불필요하거나 불분명한 내용은 삭제하고, 부족하거나 빠져 있는 내용은 추가하며, 필요한 경우에는 내용을 재구성하기도 한다. = 퇴고(推 밀 퇴 敲 두드릴 고) ▶ 문장 수준의 **고쳐 쓰기**에서는 문장의 뜻이 분명하고 어법에 맞는지, 문장 호응이 올바르고 길이가 적당한지 등을 검토한다.

여러 가지 작문

□ 설명문 說 말씀 설 明 밝힐 명 文 글월 문	독자의 이해를 목적으로 어떤 사항에 대해 객관적·논리적으로 설명한 글. 보통 '머리말–본문–맺음말'의 3단 구성으로 이루어진다. ▶ 이 글은 뇌의 구조에 대해 설명하고 있는 **설명문**이다.
□ 기사문 記 기록할 기 事 일 사 文 글월 문	실제 사건이나 상황을 알려 주는 글로, 신문이나 잡지, 방송 등에 보도할 목적으로 쓰인다. 육하원칙(六 여섯 륙 何 어찌 하 原 근원 원 則 법칙 칙: 누가, 언제, 어디서, 무엇을, 어떻게, 왜)에 따라 작성된다. ▶ 이 글은 전라북도에서 발생한 조류독감에 관한 **기사문**이다.
□ 논설문 論 논할 론 說 말씀 설 文 글월 문	어떤 문제에 대한 주장을 논리적으로 증명하여 독자를 설득하는 글. 보통 '서론–본론–결론'의 형식으로 구성된다. ▶ 이 글은 기부의 필요성을 강조함으로써 독자의 기부 활동 참여를 설득하고 있는 **논설문**이다.
□ 건의문 建 세울 건 議 의논할 의 文 글월 문	어떤 문제에 대하여 개인이나 기관에 문제 해결을 요구하거나 제안하는 글. 건의를 받는 대상, 즉 독자를 잘 분석하고 작성해야 하고, 문제 상황이나 그에 대한 요구 사항이 분명하게 드러나야 한다. ▶ 학교 앞 횡단보도 설치를 제안하는 **건의문**을 구청 홈페이지에 올렸다.

□ 서간문	편지글. 멀리 떨어져 있는 상대에게 소식이나 사연, 용무를 알리거나 전하기
書글 서 簡편지 간 文글월 문	위해 일정한 격식에 따라 쓴 글. 서두(받는 사람의 호칭, 첫인사, 계절과 관련된 인사, 문안 인사, 자기 안부), 사연(편지를 쓰게 된 이유, 용건), 결미(끝인사, 날짜, 서명), 부기(추신; ps)로 구성된다. ▶ <u>서간문</u>은 요즘의 이메일이나 문자보다 훨씬 격식을 갖춘 글이다.

화법의 요소와 원리

□ 화자	말을 하는 사람, 곧 말할 내용의 생산자. 화자는 청자를 분석하여 말할 내용
話말씀 화 者사람 자	을 선정하여 표현해야 하고, 말하는 중에도 청자의 반응에 적절히 대응해야 한다. ▶ <u>화자</u>가 어떤 말하기 방식을 선택하느냐에 따라 내용의 전달 효과가 달라진다.

□ 청자	말을 듣는 사람, 곧 말해진 내용의 수용자
聽들을 청 者사람 자	▶ <u>청자</u>는 자신의 경험과 지식을 바탕으로 의미를 재구성하면서 적극적으로 정보를 수용해야 한다.

□ 전언(메시지)	화자와 청자가 주고받는 말의 내용
傳전할 전 言말씀 언	▶ <u>전언</u>에는 언어적 메시지 외에 참여자들의 관계와 관련된 정보도 담겨 있다.

□ 맥락	화법과 이어져 있는 관계나 연관, 곧 화법이 이루어지는 배경 장면을 의미한
脈줄기 맥 絡이을 락	다. 어떤 상황에서 이루어지는지, 어떤 사회·문화적 배경 속에서 이루어지는지와 관련된 것으로, 메시지의 생산과 수용에 영향을 미친다. ▶ 전언의 의미는 <u>맥락</u>에 따라 다르게 수용될 수 있다.

□ 언어적 표현	언어(말)를 사용한 표현
言말씀 언 語말씀 어 的 表겉 표 現나타날 현	▶ <u>언어적 표현</u>에서는 내용이나 상황에 맞는 어휘를 선택하여 어법에 맞게 표현하는 것이 중요하다.

□ 반언어적 표현	언어적 특성을 어느 정도 가진 표현. 언어에 수반되는 음성적 요소, 즉 억양
半반 반 言말씀 언 語말씀 어 的 表겉 표 現나타날 현	이나 어조, 성량, 속도 등으로 생각이나 느낌을 나타내는 것을 말한다. ▶ 격앙된 목소리로 꾸짖듯 말하는 것은 화자가 화가 나 있다는 메시지를 전달하는 <u>반언어적 표현</u>이다.

□ 비언어적 표현	언어적 특성을 가지지 않았지만 의사소통에 영향을 미치는 표현. 언어가 아
非아닐 비 言말씀 언 語말씀 어 的 表겉 표 現나타날 현	닌 몸짓, 표정, 시선 등으로 생각이나 느낌을 나타내는 것을 말한다. ▶ 눈을 마주치며 고개를 끄덕이는 것은 청자가 상대방의 말에 공감하고 있다는 메시지를 전달하는 <u>비언어적 표현</u>이다.

□ 공감적 듣기
共 한가지 공 感 느낌 감 的 —

상대에게 감정을 이입하여 상대의 말을 들어주는 것. 관심, 공감, 동정, 기쁨, 놀라움 등을 표현함으로써 상대로 하여금 자신의 마음을 드러내게 하고 화자와 청자의 친밀감을 높이는 방법이다.

▶ **공감적 듣기**에서는 화자가 말을 계속할 수 있도록 격려하는 "그래? 그래서?", 객관적인 입장에서 화자의 말을 요약·정리하고 반영하는 "그러니까 ~란 말이지?" 등의 말을 활용한다.

여러 가지 화법

□ 대화
對 대할 대 話 말씀 화

둘 이상의 사람이 마주 대하여 이야기를 주고받는 것

▶ **대화**를 할 때는 맥락을 고려한 말하기, 공감적 듣기의 자세가 필요하고, 협력의 원리와 공손성의 원리를 지키는 것이 중요하다.

참고 협력(協 화합할 협 力 힘 력)의 원리: 대화 참여자가 대화의 원활한 진행을 위해 지켜야 하는 원리. 대화의 목적과 흐름에 맞게 말을 해야 한다는 내용이다.

① 양(量 헤아릴 양)의 격률(格 격식 격率 제한 률)	대화의 목적에 **필요한 양만큼의 정보**를 제공해야 한다.
② 질(質 바탕 질)의 격률	타당한 근거를 들어 **진실 혹은 사실만**을 말해야 한다.
③ 관련성(關 관계할 관 聯 연이을 련性 성품 성)의 격률	대화의 **목적이나 주제와 관련된 것**을 말해야 한다.
④ 태도(態 모습 태 度 법도 도)의 격률	모호성이나 중의성이 있는 표현을 삼가며, 간결하고 조리 있게 말하되, 언어 예절에 맞게 말해야 한다.

공손성(恭 공손할 공 遜 겸손할 손 性 성품 성)의 원리: 상대방에게 **공손하게 말하는 원리**. 상대방과의 관계를 좋게 하기 위한 방법으로, 상대방에게 정중하지 않은 표현은 최소화하고 정중한 표현은 최대화하는 원리이다.

□ 대담
對 대할 대 談 말씀 담

마주 대하여 말하는 것으로, 대화의 일종이다. 전문적인 주제에 대해 공식적으로, 격식을 차려 나누는 대화를 가리킨다.

▶ 한반도의 통일 정책에 대한 전문가들의 **대담**이 예정되어 있다.

참고 좌담(座 자리 좌 談 말씀 담): 여러 사람이 한자리에 모여 **앉아서** 어떤 문제에 대해 **의견**을 나누는 일. '앉아서' 나누는 대담이라는 뜻이다.

□ 협상
協 화합할 협 商 장사 상

이익과 관련된 갈등을 인식한 둘 이상의 주체들이 이 갈등을 해결할 의사를 가지고 모여서 합의에 이르고자 대안을 조정·구성하는 공동 의사 결정 과정. 참여자들 모두가 만족하는 대안을 찾는 것이 목적이기 때문에 양보와 타협이 중요하다.

▶ 공무원의 증원 규모를 놓고 여당과 야당이 **협상**하고 있다.

□ 발표
發 필 발 表 겉 표

여러 사람 앞에서 자신의 생각이나 의견 또는 사실을 펼쳐 말하는 것 = 프레젠테이션(presentation)

▶ 희망 직업에 대해 친구들 앞에서 **발표**를 하였다.

강연	특정한 주제에 대하여 **청중 앞에서 강의 형식으로 말하는 것**. 해당 주제에 대한 강연자의 식견이나 경험의 전달이 주목적인 말하기이다.
講 외울 **강** 演 펼 **연**	▶ 문화센터에서 역사학자를 초청해 역사 **강연**을 개최하였다.

강의	학문이나 기술의 내용을 체계적으로 **설명하여 가르치는 것**. 강사나 교사 1인이 여러 사람을 대상으로 지식을 가르치는 말하기이다.
講 외울 **강** 義 뜻 **의**	▶ 국어 시간에 학생들이 국어 선생님의 **강의**를 듣고 있다.

토의	집단의 모든 사람이 **공동의 관심사**가 되는 문제에 대하여 가장 바람직한 해결 방안을 찾기 위해 **협동적으로 논의하는 과정**
討 칠 **토** 議 의논할 **의**	

원탁(圓 둥글 원 卓 탁자 탁) 토의	둥근 탁자에서처럼 상하의 구별이 없이 진행하는 토의. 10명 내외의 사람들이 자유로운 분위기에서 대화 형식으로 진행한다.	비공식성, 다양성, 평등성
패널(panel) 토의	서로 다른 입장을 가진 집단의 대표들이 자기 집단을 대표해서 청중 앞에서 토의하는 방식 = 배심(陪 모실 배 審 살필 심) 토의	대표성
심포지엄(symposium)	학문적인 주제를 강연식으로 발표한 뒤, 청중과 질의·응답하는 방식	전문성
포럼(forum)	어떤 문제에 관련이 있는 사람들이 공개적으로 토의하는 방식. 소수의 발표자가 의견을 제시하고 청중이 토의에 참가한다.	공개성

▶ 수능시험 개편 문제에 대하여 교육부 담당자와 교육학자, 교사, 학부모 대표를 패널로 초청하여 패널 **토의**를 개최하였다.

토론	어떤 문제에 대하여 **찬성이나 반대의 의견을 가진 사람들**이 자기의 주장이 상대방의 주장보다 더 합리적임을 입증함으로써 **상대방을 설득하는 과정**
討 칠 **토** 論 논할 **론**	

▶ 설악산 케이블카 설치에 대해 찬성하는 측과 반대하는 측이 만나 **토론**을 벌이고 있다.

[참고] **입론**(立 설 입 論 논할 론): 토론 참여자가 자신의 주장과 근거를 밝히는 것
반론(反 돌이킬 반 論 논할 론): 상대방의 주장에 대해 반박하는 것

[1~6] 다음 빈칸에 들어갈 알맞은 말을 넣으시오.

1. 구체적 사물이나 현상이 (　　　　) 과정을 통해 일반화되거나 추상화되어 글의 주제를 형성한다.

2. (　　　　)은/는 글의 대체적인 윤곽 혹은 얼개로, 글을 쓰기 위한 설계도라고 할 수 있다.

3. 풀처럼 거친 원고인 (　　　　)을/를 고쳐 쓰기 과정을 통해 다듬어야 한다.

4. 상대방의 말에 대해 관심, 공감, 동정, 기쁨, 놀라움 등을 표현하는 (　　　　)은/는 화자와 청자의 친밀감을 높이는 듣기 방법이다.

5. 상대방과의 관계를 좋게 하기 위한 대화의 원리인 (　　　　)은/는 상대방에게 정중하지 않은 표현은 최소화하고 정중한 표현은 최대화하는 원리이다.

6. (　　　　)은/는 참여자들 모두가 만족하는 대안을 찾는 것이 목적이기 때문에 양보와 타협이 중요하다.

[7~11] 작문 형식과 특징을 바르게 연결하시오.

7. 설명문 •

8. 기사문 •

9. 논설문 •

10. 건의문 •

11. 서간문 •

• ㉠ 어떤 문제에 대한 주장을 논리적으로 증명하여 독자를 설득하는 글

• ㉡ 멀리 떨어져 있는 상대에게 소식이나 사연, 용무를 알리거나 전하기 위해 일정한 격식에 따라 쓴 글

• ㉢ 독자의 이해를 목적으로 어떤 사항에 대해 객관적·논리적으로 설명한 글

• ㉣ 육하원칙(누가, 언제, 어디서, 무엇을, 어떻게, 왜)에 따라 작성하는 글

• ㉤ 어떤 문제에 대하여 개인이나 기관에 문제 해결을 요구하거나 제안하는 글

[12~17] 다음 설명에 해당하는 화법을 〈보기〉에서 고르시오.

12. 둘 이상의 사람이 마주 대하여 이야기를 주고받는다.

13. 특정한 주제에 대하여 청중 앞에서 강의 형식으로 말한다.

14. 한 사람이 여러 사람 앞에서 자신의 생각이나 의견 또는 사실을 펼쳐 말한다.

15. 집단의 모든 사람이 공동의 관심사가 되는 문제에 대하여 가장 바람직한 해결 방안을 찾기 위해 협동적으로 논의한다.

16. 이익과 관련된 갈등을 인식한 둘 이상의 주체들이 이 갈등을 해결할 의사를 가지고 모여서 합의에 이르고자 대안을 조정·구성한다.

17. 어떤 문제에 대하여 찬성이나 반대의 의견을 가진 사람들이 자기의 주장이 상대방의 주장보다 더 합리적임을 입증함으로써 상대방을 설득한다.

┌─ 보 기 ─
│ ㉠ 대화   ㉡ 협상   ㉢ 발표
│ ㉣ 강연   ㉤ 토의   ㉥ 토론
└─

[18~19] 다음 대화를 보고 괄호 안에서 알맞은 말을 고르시오.

> **지연:** 아, 민수구나. 점심은 먹었니?
>
> **민수:** (어두운 표정으로) 아, 음……
>
> **지연:** ㉠응? 무슨 일 있니? 표정이 어둡네. 기운도 없는 것 같고.
>
> **민수:** ㉡(풀죽은 목소리로) 사실은 이번 국어 시험 성적이 엉망이거든.

18. ㉠에서 지연은 (비언어적 / 반언어적) 표현을 고려하여 대화하고 있다.

19. ㉡에서 민수는 (비언어적 / 반언어적) 표현을 활용하여 대화하고 있다.

[20~23] 다음 설명에 해당하는 토의 방식을 〈보기〉에서 고르시오.

20. 10명 내외의 사람들이 자유로운 분위기에서 대화 형식으로 토의를 진행한다.

21. 학문적인 주제를 강연식으로 발표한 뒤, 청중과 질의·응답하는 방식으로 토의를 진행한다.

22. 서로 다른 입장을 가진 집단의 대표들이 자기 집단을 대표해서 청중 앞에서 토의를 진행한다.

23. 어떤 문제에 관련이 있는 소수의 발표자가 공개적으로 의견을 제시하고 청중이 참가하여 토의를 진행한다.

┌─ 보 기 ─
│ ㉠ 포럼   ㉡ 심포지엄   ㉢ 패널 토의   ㉣ 원탁 토의
└─

24. 〈자료〉는 기행문을 쓰기 위한 계획이다. ㉠~㉤에 들어갈 내용에 대한 판단으로 적절하지 않은 것은? (2013 중3 성취도평가)

┌─|자료|

〈글쓰기 계획〉

○ 도입에는 한옥 마을에 다녀온 일을 간단하게 소개하고, 본문에는 여행 정보와 보고 느낀 것을 쓰며, 마무리에는 앞의 내용을 요약하여 정리함.

도입	• 지난 토요일부터 일요일까지 부모님과 함께 한옥 마을을 다녀옴.

여행 정보	가는 길	• ㉠ _____
	숙소	• 전통 주막처럼 꾸민 숙박 시설
	식사	• 그 지역의 향토 음식을 먹음.

보고 느낀 것	전통 가옥	• 300년 된 김 참판 댁 한옥 구경 • ㉡ _____
	전통문화 체험	• ㉢ _____ • 체험이 힘들었지만 재미있었음.
	전통 음악 공연	• 공연장에서 전통 음악 공연 관람 • ㉣ _____

마무리	• ㉤ _____

① ㉠에는 공간 이동 순서에 따라 내용을 제시해야겠어.

② ㉡에는 전통 가옥을 보고 느낀 감상을 서술해야겠어.

③ ㉢에는 체험한 내용을 구체적으로 열거해야겠어.

④ ㉣에는 전통 음악을 듣고 흥겨웠던 기분을 묘사해야겠어.

⑤ ㉤에는 전통 문화의 개념을 요약하며 글을 맺어야겠어.

25. 다음은 학교 신문에 실린 기사이다. ㉠~㉤에 대한 고쳐 쓰기 방안으로 적절하지 <u>않은</u> 것은?

학교를 휩쓴 독서 열풍
― 제5회 '책사랑 독서 퀴즈 대회' 성황리에 열려 ―

우리 학교 도서관에서는 학생들이 책에 더 가깝게 다가갈 수 있도록 지난 ○월 ○일 학교 강당에서 ㉠'책사랑 독서 퀴즈 대회'를 개최했다.

대회를 앞두고 책을 좋아하는 ㉡<u>학생들 뿐만</u> 아니라 평소 책을 읽지 않던 학생들도 적극적으로 책을 읽고 독서 모임을 가지는 등 교내에 독서 분위기가 무르익었다. 대회 당일에는 ㉢<u>미리 예상했던</u> 인원보다 더 많은 학생들이 참가하였다. 학생들은 읽은 내용을 ㉣<u>잃어버리지</u> 않기 위해 메모하며 책을 읽어 왔다고 했다. 대회를 마치며 도서관 담당 ○○○ 교사는 "이제 우리 학교에도 독서 문화가 자리 잡게 ㉤<u>되었습니다.</u>"고 하였다. 이번 책사랑 독서 퀴즈 대회는 우리 학교의 독서 문화를 뿌리내리게 하는 데 기여했다는 점에서 의의를 찾을 수 있다.

3학년 ○반 ○○○ 기자

① ㉠: 문장에 주어가 없으므로 "책사랑 독서 퀴즈 대회'가 개최되었다.'로 고쳐 쓴다.
② ㉡: '뿐'이 조사로 쓰였으므로 '학생들뿐만'으로 붙여 쓴다.
③ ㉢: '미리'와 '예상(미리 생각함)'이 의미가 중복되었으므로 '미리'를 삭제한다.
④ ㉣: 기억하지 못하는 것이므로 '잊어버리지'로 고쳐 쓴다.
⑤ ㉤: 교사의 말을 직접 인용하고 있으므로 '고'를 '라고'로 고쳐 쓴다.

26. 다음 토론 참여자의 말하기 방식에 대한 평가로 적절하지 <u>않은</u> 것은?

사회자: 요즘 휴대 전화를 가진 학생들이 많아지면서 학교 내에서 여러 가지 문제가 발생하고 있어, 일과 중에는 휴대 전화를 일괄 수거해야 한다는 의견이 있습니다. 이에 대한 여러분의 찬반 의견을 듣고자 합니다. 먼저 찬성 측 입론해 주시기 바랍니다.

찬성 측: 수업 시간 중에 학생들이 무분별하게 휴대 전화를 사용하여 수업 집중력을 떨어뜨리고 주변 학생들에게도 피해를 주어 교실 내의 갈등을 일으키고 있습니다. 그러므로 학교에서 휴대 전화를 일괄 수거해야 한다고 생각합니다. 또한 신문 보도 자료에 따르면 설문 조사에서 인터넷 중독 위험군의 2배가 넘는 14%가

휴대 전화 중독 위험군으로 나타났으며, 특히 10대가 가장 높은 중독률을 보였습니다. 따라서 자제력이 부족한 청소년들의 건강을 위해서라도 학교에서만큼은 휴대 전화 사용을 제한해야 한다고 봅니다.

반대 측: 학생들은 휴대 전화로 수업 시간에 정보를 검색하기도 하고 동영상을 보거나 자료 제작 등과 같은 학습 도구로 활용하기도 합니다. 개인의 자유권을 제한하면서까지 휴대 전화 사용을 규제하는 것보다는 휴대 전화 사용 예절을 교육하여 학생이 스스로 적절하게 사용하는 습관을 키워 주는 것이 바람직하다고 봅니다. 그리고 우리 학교의 어떤 반에서는 수거한 휴대 전화를 잃어버려 곤란을 겪은 경우가 있었습니다. 이처럼 수거한 휴대 전화의 보관 문제가 갈등 요인이 될 수도 있기 때문에 휴대 전화 일괄 수거에 대해 반대합니다.

① 사회자: 논제 설정의 배경을 제시하고 있다.
② 찬성 측: 구체적 자료를 바탕으로 주장의 신뢰성을 높이고 있다.
③ 찬성 측: 예상되는 반론에 대한 대안을 밝히고 있다.
④ 반대 측: 대상의 유용성을 바탕으로 주장을 제시하고 있다.
⑤ 반대 측: 구체적 경험을 근거로 주장을 펼치고 있다.

---

07 문법 ①

언어의 종류

☐ **언어**
音 말씀 언 語 말씀 어

생각이나 느낌 등을 나타내거나 전달하는 데 쓰이는 음성이나 문자. 또는 그 것들의 체계
▶ <u>언어</u>는 인간의 의사소통 도구이다.

☐ **음성 언어**
音 소리 음 聲 소리 성
音 말씀 언 語 말씀 어

소리(음성)를 매개로 하는 언어. 입으로 말하고 귀로 들리는 말(음성)에 의해 표현되고 이해되는 언어
▶ <u>음성 언어</u>는 문자 언어와는 달리 일단 표현을 하고 난 후에는 고칠 수가 없다.

☐ **문자 언어**
文 글월 문 字 글자 자
音 말씀 언 語 말씀 어

문자를 매개로 하는 언어. 문자에 의해 표현되고 이해되는 언어
▶ 한글 창제를 계기로 우리 민족은 비로소 독자적인 <u>문자 언어</u>를 갖게 되었다.

언어의 특징

☐ **기호성**
記 기록할 기 號 이름 호
性 성품 성

언어가 기호로서 가지는 성질. 기호는 나타내고자 하는 내용과 그것을 나타 내는 형식으로 이루어지는데, 언어도 내용(의미)과 그것을 표현하는 형식(문 자나 언어)의 결합으로 이루어진다.
▶ '소나무'라는 언어 형식이 '삐죽삐죽한 잎을 가진 상록수'라는 대상(뜻)을 나타낸다. – 언어의 <u>기호성</u>

☐ **자의성**
恣 마음대로 자 意 뜻 의
性 성품 성

언어의 형식(음성)과 내용(의미) 사이의 결합이 자의적(제멋대로)인 성질. 언 어의 내용과 형식의 결합이 필연적이 아니라는 의미이다.
▶ 동일한 대상에 대해 한국인은 '새'라고 하고 미국인은 'bird'라고 하는 것은 언어의 형식과 내용 사이에 필연적 관계가 없기 때문이다. – 언어의 <u>자의성</u>

☐ **사회성**
社 모일 사 會 모일 회
性 성품 성

모든 언어는 그 언어를 사용하는 사람들 사이의 사회적 약속이므로 개인이 마음대로 바꿀 수 없다는 특성 = 불역성(不 아닐 불 易 바꿀 역 性 성품 성)
▶ 한국사람 모두가 '침대'라고 부르는 것을 나 혼자 '식탁'이라고 부를 수는 없다. – 언어의 <u>사회성</u>

☐ **역사성**
歷 지날 력 史 역사 사
性 성품 성

언어는 사회적 약속에 의해 성립된 것이지만 시대의 흐름에 따라 그 형태나 의미가 새로 생기거나 변하거나 없어지기도 한다는 특성 = 가역성(可 허락할 가 易 바꿀 역 性 성품 성)
▶ 언어는 '즈믄(1000)'처럼 사라지기도 하고, '어엿브다(가엽다 → 예쁘다)'처럼 의미가 변하기도 하며, '스마트폰'처럼 새로 생기기도 한다. – 언어의 <u>역사성</u>

□ 개방성	무한히 확장될 수 있는 언어의 특성. 언어는 한정된 음운이나 어휘를 가지고
開 열 개 放 놓을 방 性 성품 성	무한한 단어와 문장을 만들어 낼 수 있다. 또, 과거의 일을 현실처럼 묘사할 수도 있고, 미래에 대해서도 생생하게 말할 수 있으며, 상상 속의 대상이나 추상적인 관념도 표현할 수 있다. = 창조성(創 비롯할 창 造 만들 조 性 성품 성)

▶ 나는 너를 사랑한다. / 나는 예쁜 너를 사랑한다. / 나는 예쁜 너를 너무 사랑한다. / 나는 예쁜 너를 지금도 너무 사랑한다. – 언어의 **개방성**

□ 분절성	연속된 현실의 사물을 마디마디 나누어진 것으로 표현하는 성질 = 불연속성
分 나눌 분 節 마디 절 性 성품 성	(不 아닐 불 連 잇닿을 연 續 이을 속 性 성품 성)

▶ 어제와 오늘 사이에 경계가 있는 것은 아니지만 언어는 이를 나누어서 표현한다. – 언어의 **분절성**

음운

□ 음성	사람이 내는 목소리나 말소리. 구체적이고 물리적인 소리로, 발음하는 사람
音 소리 음 聲 소리 성	에 따라, 환경에 따라 다르게 실현된다.

▶ 가족끼리는 **음성**이 매우 비슷하다.

□ 음운	사람들이 같은 음이라고 생각하는, 추상적이고 관념적인 소리. 유사한 음성
音 소리 음 韻 운 운	을 하나의 문자로 실현한 것이다. 말의 뜻을 구별해 주는 가장 작은 소리의 단위로서, 그 개수와 종류는 언어마다 다르다. 크게 모음과 자음으로 나뉜다.

▶ 국어에서는 한글 자모가 **음운**이고, 영어에서는 알파벳이 **음운**이다.

□ 모음	말을 할 때 허파에서 나오는 공기의 흐름이 장애를 받지 않고 나오는 소리.
母 어미 모 音 소리 음	국어의 모음은 단모음 10개와 이중모음 11개로 구성된다.

단(單 홑 단)모음	소리를 내는 도중에 입술 모양이나 혀의 위치가 고정되어, **처음과 나중이 달라지지 않는** 모음 – ㅏ, ㅐ, ㅓ, ㅔ, ㅗ, ㅚ, ㅜ, ㅟ, ㅡ, ㅣ(10개)
이중(二 둘 이 重 거듭 중)모음	소리를 내는 도중에 입술 모양이나 혀의 위치가 바뀌어, **처음과 나중이 달라지는** 모음 – ㅑ, ㅕ, ㅛ, ㅠ, ㅒ, ㅖ, ㅘ, ㅙ, ㅝ, ㅞ, ㅢ(11개)

▶ 국어 음절의 중성에는 **모음**만 올 수 있다.

참고 국어의 모음 체계: 혀의 위치와 높이, 입술의 모양에 따라 다음과 같이 나뉜다.

혀의 위치		전설(前 앞 전 舌 혀 설)모음		후설(後 뒤 후 舌 혀 설)모음	
입술 모양		평순(平 평평할 평 脣 입술 순)모음	원순(圓 둥글 원 脣 입술 순)모음	평순모음	원순모음
혀의 높이	고(高 높을 고)모음	ㅣ	ㅟ	ㅡ	ㅜ
	중(中 가운데 중)모음	ㅔ	ㅚ	ㅓ	ㅗ
	저(低 낮을 저)모음	ㅐ		ㅏ	

자음

子 아들 자 音 소리 음

목, 입, 혀 등의 발음 기관에 의해서 장애를 받으면서 나는 소리. 국어에는 19개의 자음이 있다.

▶ 국어 <u>자음</u>의 파열음 계열(ㄱ, ㅂ, ㄷ)은 예사소리, 된소리, 거센소리의 세 갈래 대립을 통해서 서로 다른 음운을 형성하는 삼중 체계를 이루고 있다.

> 참고 국어의 자음 체계: 소리 나는 위치와 소리 내는 방법에 따라 다음과 같이 나뉜다.

소리 내는 방법	소리 나는 위치	입술소리 (양순음)	허끝소리 (치조음)	경구개음	연구개음	목청소리 (성문음)
안울림 소리	파열(破 깨뜨릴파 裂 찢을 열)음	ㅂ ㅃ ㅍ	ㄷ ㄸ ㅌ		ㄱ ㄲ ㅋ	
	파찰(破 깨뜨릴 파 擦 문지를 찰)음			ㅈ ㅉ ㅊ		
	마찰(摩 문지를 마 擦 문지를 찰)음		ㅅ ㅆ			ㅎ
울림 소리	비(鼻 코 비)음	ㅁ	ㄴ		ㅇ	
	유(流 흐를 유)음		ㄹ			

소리의 특징에 따른 자음 분류

예사소리	구강 내부 및 발음 기관의 긴장도가 낮아 **약하게 파열**되는 자음	ㅂ, ㄷ, ㄱ, ㅈ, ㅅ, ㅎ
된소리	구강 내부 및 발음 기관의 긴장도가 높아 **강하게 파열**되는 자음	ㅃ, ㄸ, ㄲ, ㅉ, ㅆ
거센소리	**숨이 거세게 나오는 자음**	ㅍ, ㅌ, ㅋ, ㅊ

울림 여부에 따른 자음 분류

울림소리	발음할 때 목청이 떨어 울리는 소리	모음 21개와 자음 ㄴ, ㄹ, ㅁ, ㅇ
안울림소리	발음할 때 목청의 떨림이 없는 소리	ㄴ, ㄹ, ㅁ, ㅇ을 제외한 자음 15개

음절

音 소리 음 節 마디 절

음운이 모여서 이루어진 소리의 덩어리. 국어의 음절은 초성, 중성, 종성으로 구성되며, 한 글자로 표현된다.

초성(初 처음 초 聲 소리 성)	음절의 구성에서 **처음 소리**인 자음
중성(中 가운데 중 聲 소리 성)	음절의 구성에서 **중간 소리**인 모음
종성(終 마칠 종 聲 소리 성)	음절의 구성에서 **마지막 소리**인 자음

▶ 물 – 하나의 <u>음절</u>, ㅁ – <u>초성</u>, ㅜ – <u>중성</u>, ㄹ – <u>종성</u>

음운 현상

音 소리 음 韻 운 운
現 나타날 현 象 모양 상

어떤 음운이 놓이는 위치나 앞뒤에 이어지는 음운에 따라 소리가 달라지는 현상. 크게 교체, 축약, 첨가, 탈락으로 묶을 수 있다.

▶ <u>음운 현상</u>은 소리의 변화이므로 표기에 반영되지 않는 경우가 많다.

교체

交 바꿀 교 替 바꿀 체

하나의 음운이 다른 음운으로 바뀌는 현상

▶ 낫[낟], 낯[낟] – 음절의 끝소리 규칙에 따른 <u>교체</u> / 먹고[먹꼬] – 된소리되기에 따른 <u>교체</u> / 신라[실라] – 자음동화에 따른 <u>교체</u> / 굳이[구지] – 구개음화에 따른 <u>교체</u>

축약

縮 줄일 축 約 묶을 약

두 형태소가 서로 만날 때, 앞뒤 형태소의 두 음운이 한 음운이나 음절로 줄어서 소리 나는 현상

▶ 눕히다[누피다], 축하[추카] – 자음 <u>축약</u> / 살리 + 어 → 살려 – 모음 <u>축약</u>

첨가

添 더할 첨 加 더할 가

일정한 환경에서 두 음운 사이에 새로운 음운이 나타나는 현상

▶ 논 + 일 → 논일[논닐] – 'ㄴ' <u>첨가</u>

□ **탈락** 脫 벗을 탈 落 떨어질 락	형태소와 형태소가 결합할 때, 어느 한 음운을 탈락시켜 발음하지 않는 현상 ▶ 가 + 았다 → 갔다 – 'ㅏ' **탈락** / 바늘 + 질 → 바느질 – 'ㄹ' **탈락**
□ **음절의 끝소리 규칙** 音 소리 음 節 마디 절 — 規 법 규 則 법칙 칙	음절의 끝소리가 'ㄱ, ㄴ, ㄷ, ㄹ, ㅁ, ㅂ, ㅇ'의 7개 자음으로만 발음되는 현상 ▶ 빗[빋], 빛[빋], 빛[빋] – 'ㅅ, ㅈ, ㅊ'이 'ㄷ'으로 발음되는 **음절의 끝소리 규칙**
□ **두음법칙** 頭 머리 두 音 소리 음 法 법 법 則 법칙 칙	단어의 첫소리에 둘 이상의 자음이나 유음 'ㄹ', 구개음화된 'ㄴ'이 오는 것을 꺼려 다른 소리로 발음되는 현상 ▶ 女子(녀자) → 여자 – 표기에 반영되는 **두음법칙**
□ **자음동화** 子 아들 자 音 소리 음 同 한가지 동 化 될 화	두 형태소가 결합할 때, 어느 한쪽이 다른 쪽을 닮거나 양쪽이 서로 닮아서 비슷하거나 같은 자음으로 바뀌는 현상

참고

비음화 (鼻 코 비 音 소리 음 化 될 화)	파열음이나 유음이 비음을 만나 **비음으로** 발음되는 현상	국물[궁물], 잡는[잠는]
유음화 (流 흐를 유 音 소리 음 化 될 화)	유음과 비음, 비음과 유음이 만날 때, 비음이 **유음으로** 바뀌어 두 소리가 같아지는 현상	칼날[칼랄], 진리[질리]

□ **구개음화** 口 입 구 蓋 덮을 개 音 소리 음 化 될 화	구개음으로 바뀌는 현상. 끝소리가 'ㄷ, ㅌ'인 형태소가 모음 'ㅣ'로 시작되는 조사나 접미사를 만나면, 'ㄷ, ㅌ' 소리가 각각 구개음 'ㅈ, ㅊ'으로 바뀌는 현상 ▶ 해돋 + 이[해도지], 같 + 이[가치] – 'ㄷ, ㅌ+ㅣ → ㅈ, ㅊ'의 **구개음화**
□ **된소리되기**	두 개의 안울림소리가 만나 뒤의 예사소리가 된소리로 바뀌는 현상 ▶ 국밥[국빱], 약국[약꾹] – 뒤의 예사소리가 된소리로 바뀐 **된소리되기**
□ **사잇소리 현상** — 現 나타날 현 象 모양 상	합성 명사를 만들 때 사잇소리가 삽입되는 현상. 앞말이 모음으로 끝날 때는 표기에도 반영하여 보통 사이시옷을 적는다.

참고 사잇소리 현상이 나타나는 경우

울림소리(앞말이 끝소리)와 안울림소리(뒷말의 첫소리)가 만날 때 뒤에 오는 안울림소리가 된소리로 바뀌어 발음되는 경우	밤 + 길[밤낄], 손 + 등[손뜽]
앞말이 모음으로 끝나고 뒷말이 'ㅁ, ㄴ'으로 시작될 때 'ㄴ' 소리가 덧나는 경우	이 + 몸(잇몸)[인몸]
뒷말이 모음 'ㅣ'나 반모음 'ㅣ(ㅑ, ㅕ, ㅛ, ㅠ)로 시작될 때 'ㄴ'이 하나 혹은 둘 덧나는 경우	나무 + 잎(나뭇잎)[나문닙]

사이시옷: 사잇소리 현상이 나타났을 때 그 표기에 사용하는 'ㅅ'의 이름

□ **모음조화** 母 어미 모 音 소리 음 造 지을 조 化 될 화	한 단어 안에 들어 있는 모음 중, 양성모음은 양성모음끼리, 음성모음은 음성모음끼리 어울리는 현상 ▶ 먹다(먹어, 먹어라, 먹었다), 막다(막아, 막아라, 막았다) – 어간과 어미의 결합에서 나타나는 모음조화 / 알록달록, 얼룩덜룩 – 의성어나 의태어에서 나타나는 **모음조화**

참고		
양성(陽 볕 양 性 성품 성)모음	밝고, 작고, 가볍고, 경쾌한 느낌을 주는 모음	ㅏ, ㅗ, ㅑ, ㅛ, ㅘ
음성(陰 그늘 음 性 성품 성)모음	어둡고, 크고, 무거운 느낌을 주는 모음	ㅓ, ㅜ, ㅕ, ㅠ, ㅔ, ㅐ, ㅝ, ㅡ, ㅣ

형태소

☐ **형태소**
形 모양 형 態 모습 태
素 본디 소

의미를 가진 가장 작은 말의 단위. 여기서 '의미'는 내용적인 의미만을 가리키는 것이 아니라 문법적인 의미까지도 함께 이르는 말이다.
▶ 나는 밥을 빨리 먹었다. → 나/는/밥/을/빨리/먹/었/다. – 8개의 <u>형태소</u>

☐ **자립형태소**
自 스스로 자 立 설 립
形態素

다른 말에 의존하지 않고 스스로 설 수 있는 형태소. 명사, 대명사, 수사, 관형사, 부사, 감탄사 등이 여기에 해당한다.
▶ <u>나</u>/는/<u>밥</u>/을/<u>빨리</u>/먹/었/다. – 3개의 <u>자립형태소</u>

☐ **의존형태소**
依 의지할 의 存 있을 존
形態素

혼자서는 쓰이지 못하고 다른 말에 의존하여 쓰이는 형태소. 어간, 어미, 접사, 조사 등이 여기에 속한다.
▶ 나/<u>는</u>/밥/<u>을</u>/빨리/<u>먹</u>/<u>었</u>/<u>다</u>. – 5개의 <u>의존형태소</u>

☐ **실질형태소**
實 열매 실 質 바탕 질
形態素

구체적인 대상이나 동작, 상태와 같은 실질적인 의미를 지닌 형태소. 모든 자립형태소와 어간이 해당된다.
▶ <u>나</u>/는/<u>밥</u>/을/<u>빨리</u>/<u>먹</u>/었/다. – 4개의 <u>실질형태소</u>

☐ **형식형태소**
形 모양 형 式 법 식
形態素

실질형태소에 붙어 말과 말 사이의 문법적 관계를 나타내는 형태소. 조사, 어미 등이 해당된다.
▶ 나/<u>는</u>/밥/<u>을</u>/빨리/먹/<u>었</u>/<u>다</u>. – 4개의 <u>형식형태소</u>

확인 문제

[1~10] 다음 괄호 안에서 알맞은 말을 고르시오.

1. 입으로 말하고 귀로 들리는 음성에 의해 표현되고 이해되는 언어를 (음성 언어 / 문자 언어), 문자에 의해 표현되고 이해되는 언어를 (음성 언어 / 문자 언어)라고 한다.

2. '밤'에서 'ㅏ'를 'ㅓ'로 바꾸면 '범'이 되고, 종성 'ㅁ'을 'ㄹ'로 바꾸면 '발'이 되어 '밤'과 전혀 다른 소리가 된다. 이처럼 말의 뜻을 구별해 주는 소리의 가장 작은 단위를 (음성 / 음운)이라고 한다.

3. 허파에서 나오는 공기의 흐름이 장애를 받지 않고 나오는 소리가 (자음 / 모음), 발음 기관에 의해서 장애를 받으면서 나는 소리가 (자음 / 모음)이다.

4. 국어의 자음 중 'ㅃ, ㄸ, ㄲ, ㅉ, ㅆ'은 (된소리 / 거센소리), 'ㅍ, ㅌ, ㅋ, ㅊ'은 (된소리 / 거센소리)로 분류된다.

5. 국어의 음운 중 모음 21개와 자음 ㄴ, ㄹ, ㅁ, ㅇ은 (울림소리 / 안울림소리), 나머지 자음들은 (울림소리 / 안울림소리)에 해당한다.

6. 의미를 가진 가장 작은 말의 단위는 (음절 / 형태소)이다.

7. 대명사, 수사, 관형사, 부사, 감탄사 등은 (자립형태소 / 의존형태소)이면서 (실질형태소 / 형식형태소)이다.

8. 의존명사는 (자립형태소 / 의존형태소)이면서 (실질형태소 / 형식형태소)이다.

9. 어간은 (자립형태소 / 의존형태소)이면서 (실질형태소 / 형식형태소)이다.

10. 조사는 (자립형태소 / 의존형태소)이면서 (실질형태소 / 형식형태소)이다.

[11~16] 다음 설명과 가장 관계 깊은 언어의 특성을 〈보기〉에서 고르시오.

11. 사람들은 문장을 무한히 만들어 낼 수 있다.

12. 무지개의 색깔을 일곱 가지로 구분하여 말한다.

13. 옛날에는 '사랑한다'라는 말이 '생각한다'라는 의미로 쓰였다.

14. '하늘'을 '땅'이라고 부르면 다른 사람들이 알아들을 수 없게 된다.

15. 사람을 영어로는 'man', 중국어로는 '人', 독일어로는 'mann'이라고 한다.

16. 밤하늘에 떠서 세상을 비춰 주는 물체를 [달]이라는 음성 형식으로 나타낸다.

┌─ 보 기 ─────────────────────────────────────┐
│   │
│ ㉠ 기호성   ㉡ 자의성   ㉢ 사회성 │
│ ㉣ 역사성   ㉤ 개방성   ㉥ 분절성 │
│   │
└──┘

[17~25] 다음 말들에 공통적으로 나타나는 음운 현상을 바르게 연결하시오.

17. 빗, 빛　　　　•　　　　　　　　　　　• ㉠ 음운의 첨가

18. 닫다, 먹다　　•　　　　　　　　　　　• ㉡ 음운의 탈락

19. 밥물, 천리　　•　　　　　　　　　　　• ㉢ 음운의 축약

20. 여자, 노인　　•　　　　　　　　　　　• ㉣ 음절의 끝소리 규칙

21. 잇몸, 밤길　　•　　　　　　　　　　　• ㉤ 구개음화

22. 낙하, 많다　　•　　　　　　　　　　　• ㉥ 자음동화

23. 해돋이, 맏이　•　　　　　　　　　　　• ㉦ 두음법칙

24. 솜이불, 들일　•　　　　　　　　　　　• ㉧ 된소리되기

25. 바느질, 소나무 •　　　　　　　　　　　• ㉨ 사잇소리 현상

[26~29] 다음 빈칸에 알맞은 숫자를 쓰시오.

26. 나는 걸음이 빠르다.

　　– 형태소 (　　　　)개, 자립형태소 (　　　　)개, 의존형태소 (　　　　)개, 실질형태소
(　　　　)개, 형식형태소 (　　　　)

27. 해가 비쭉 솟는다.

　　– 형태소 (　　　　)개, 자립형태소 (　　　　)개, 의존형태소 (　　　　)개, 실질형태소
(　　　　)개, 형식형태소 (　　　　)

28. 안개가 강에서 피어오른다.

　　– 형태소 (　　　　)개, 자립형태소 (　　　　)개, 의존형태소 (　　　　)개, 실질형태소
(　　　　)개, 형식형태소 (　　　　)

29. 아직 꽃이 피지 않았다.

　　– 형태소 (　　　　)개, 자립형태소 (　　　　)개, 의존형태소 (　　　　)개, 실질형태소
(　　　　)개, 형식형태소 (　　　　)

.

30. 〈자료〉의 ㉠에 들어갈 내용으로 가장 적절한 것은? (2017 중3 성취도평가)

┤자료├

언어의 본질에는 여러 가지가 있다. 다음 예를 살펴보자.

동생: 형, 나 마구고 먹고 싶어. 마구고 먹자.

형: 무슨 뜻이야?

동생: 고구마 말이야. 난 다른 사람이 쓰는 말은 같이 쓰기 싫어. 난 이제부터 고구마를 '마구고'라고 할래.

형: 뭐? 네 멋대로 단어를 바꾸면 안 돼.

위의 대화에서 형이 동생에게 '고구마'를 '마구고'로 바꾸면 안 된다고 하는 이유는 언어가 '(　　　　㉠　　　　)'라는 본질을 가지고 있기 때문이다.

① 사회 구성원 간의 약속이다.
② 자음과 모음으로 이루어져 있다.
③ 시간의 흐름에 따라 의미가 변한다.
④ 새로운 의미의 문장을 무한히 만들 수 있다.
⑤ 말소리와 의미의 결합에 필연적인 관계가 없다.

31. 〈자료〉의 방식으로 단모음을 분류하였을 때 ㉠에 해당하는 것은? (2017 중3 성취도평가)

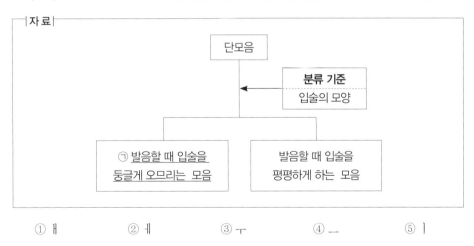

① ㅐ　　　　② ㅔ　　　　③ ㅜ　　　　④ ㅡ　　　　⑤ ㅣ

32. 〈자료〉의 ㉠~㉣의 발음에 대한 설명으로 적절하지 <u>않은</u> 것은? (2010 중3 성취도평가)

┌ 자료 ┐

전기료 부담, 이제 끝!
　　　　　　　　㉠

무서운 화재 걱정도 이제 그만!
　　　　㉡

마음 놓고 사용하는 ○○ 전기난로를 팝니다!
　　㉢　　　　　　　　　　㉣　　㉤

① ㉠: 받침 'ㅌ'은 음절의 끝에서 [ㄷ]로 발음한다.

② ㉡: 받침 'ㄱ' 뒤에 연결되는 'ㅈ'은 된소리로 발음한다.

③ ㉢: 받침 'ㅎ' 뒤에 'ㄱ'이 오면 'ㅎ'과 'ㄱ'이 합쳐져서 [ㅋ]로 발음한다.

④ ㉣: 받침 'ㄴ' 뒤에 연결되는 'ㄹ'은 [ㄴ]로 발음한다.

⑤ ㉤: 받침 'ㅂ'은 'ㄴ' 앞에서 [ㅁ]로 발음한다.

33. 〈자료〉의 원리를 적용하여 발음해야 하는 단어로 알맞은 것은? (2015 중3 성취도평가)

┌ 자료 ┐

'한류'의 발음

• 한류[한뉴] (×)

• 한류[한뉴] (○)

－'한'의 끝소리 'ㄴ'과 '류'의 첫소리 'ㄹ'이 만남.

－'ㄴ'은 비음이고 'ㄹ'은 유음임.

－'ㄴ'은 유음과 만나면 유음으로 바뀌어 소리 남.

－[할류]로 발음해야 함.

① 진리　　　　　② 협력　　　　　③ 항로

④ 백로　　　　　⑤ 남루

34. 〈자료〉의 빈칸에 들어갈 발음으로 옳은 것은? (2016 중3 성취도평가)

자료	
음운 현상	자음 축약
개념	예사소리 'ㄱ, ㄷ, ㅂ, ㅈ'과 'ㅎ'이 합해져 거센소리 'ㅋ, ㅌ, ㅍ, ㅊ'으로 바뀌는 현상
예	• 네가 오니까 참 <u>좋다</u>[조타]. • 연락이 <u>끊기지</u>( ) 않도록 해.

① [끈키지]   ② [끈이지]   ③ [끈끼지]

④ [끈기지]   ⑤ [끈히지]

[정답] 1. 음성 언어, 문자 언어 2. 음운 3. 모음, 자음 4. 된소리, 거센소리 5. 울림소리, 안울림소리 6. 형태소 7. 자립형태소, 실질형태소 8. 자립형태소, 실질형태소 9. 의존형태소, 실질형태소 10. 의존형태소, 형식형태소 11. ⑩ 12. ⑭ 13. ㉣ 14. ㉢ 15. ㉡ 16. ㉠ 17. ㉣ 18. ◎ 19. ⑭ 20. Ⓐ 21. ㉧ 22. ㉢ 23. ⑩ 24. ㉠ 25. ㉡ 26. 7, 1, 6, 3, 4 27. 6, 2, 4, 3, 3 28. 9, 2, 7, 4, 5 29. 8, 2, 6, 4, 4 30. ① 31. ③ 32. ④ 33. ① 34. ①

[해설] 8. 의존명사는 명사이므로 자립형태소, 실질형태소이다. 15. 음성 형식이 나라마다 다른 것은 언어의 의미와 내용 사이의 결합이 자의적이기 때문이다. 17. 음절의 끝소리 규칙에 따라 모두 [빋]으로 발음된다. 18. [닫따], [먹따] 19. [밤물], [철리] 20. 녀자 → 여자, 로인 → 노인 21. 이 + 몸 → 잇몸[인몸], 밤 + 길 → 밤길[밤낄] 22. [나카], [만타] 23. [해도지], [마지] 24. [솜니불], [들릴] 25. 바늘 + 질 → 바느질, 솔 + 나무 → 소나무 26. 나/는/걸/음/이/빠르/다 – **자립**: 나 – **의존**: 는, 걸, 음, 이, 빠르, 다 – **실질**: 나, 걸, 빠르 – **형식**: 는, 음, 이, 다 27. 해/가/비쭉/솟/는/다 – **자립**: 해, 비쭉 – **의존**: 가, 솟, 는, 다 – **실질**: 해, 비쭉, 솟 – **형식**: 가, 는, 다 28. 안개/가/강/에서/피/어/오르/ㄴ/다 – **자립**: 안개, 강 – **의존**: 가, 에서, 피, 어, 오르, ㄴ, 다 – **실질**: 안개, 강, 피, 오르 – **형식**: 가, 에서, 어, ㄴ, 다 29. 아직/꽃/이/피/지/않/았/다 – **자립**: 아직, 꽃 – **의존**: 이, 피, 지, 않, 았, 다 – **실질**: 아직, 꽃, 피, 않 – **형식**: 이, 지, 았, 다 30. 언어의 사회성 31. 원순모음 32. [끋], [걱쩡], [노코], [날모], [팜니다] – '난로'는 'ㄹ' 앞의 자음 'ㄴ'이 'ㄹ'로 동화된 것이다. 33. [질리]는 유음화, [혐녁], [항노], [백노], [남누]는 비음화

▷ 08 　문법 ②

단어

□ 단어
單홑단 語말씀어

뜻을 지니고 홀로 쓰일 수 있는 가장 작은 말의 단위. 분리해서 자립적으로 쓸 수 있는 말이나, 그런 말 뒤에 붙어 문법적 기능을 나타내면서 쉽게 분리되는 말을 이른다. ▶ 나/는/밥/을/빨리/먹었다. – 6개의 <u>단어</u>

□ 단일어
單홑단 – 한일
語말씀어

하나의 실질형태소로 이루어진 단어
▶ 하늘, 꽃 – 하나의 실질형태소로 이루어진 <u>단일어</u>

□ 복합어
複겹칠복 合합할합
語말씀어

둘 이상의 형태소(실질형태소 + 접사, 실질형태소 + 실질형태소)로 이루어진 단어. 파생어와 합성어로 나눌 수 있다.
▶ 걸음 – <u>복합어</u>(파생어) / 꽃밭 – <u>복합어</u>(합성어)

□ 파생어
派갈래파 生날생
語말씀어

실질형태소에 형식형태소(접사)가 붙어 이루어진 단어. '어근 + 접사(접미사)', '접사(접두사) + 어근'의 형태로 이루어진다.
▶ 맨손 – 접사 + 어근으로 이루어진 <u>파생어</u> / 바느질 – 어근 + 접사로 이루어진 <u>파생어</u>
참고 어근(語말씀 어 根 뿌리 근): 단어를 분석했을 때 실질적인 뜻을 지니고 있는 **중심 부분**
접사(接 이을 접 辭 말씀 사): 단독으로 쓰이지 않고 항상 다른 **어근이나 단어**에 붙어 어떤 뜻을 더해 주면서 새로운 단어를 만드는 부분

접두(頭 머리 두)사	어근 앞에 붙는 접사. 뒤에 오는 어근에 어떤 뜻을 덧붙여 의미를 제한하지만 품사를 바꾸지는 않는다.	한겨울 새하얗다
접미(尾 꼬리 미)사	어근 뒤에 붙는 접사. 어근의 뜻만 제한하는 것이 아니라 품사 자체를 바꾸기도 한다.	가난뱅이 지우개

□ 합성어
合합할합 成이룰성
語말씀어

실질형태소에 실질형태소가 붙어 이루어진 단어

통사(統 거느릴 통 辭 말씀 사)적 합성어	우리말의 일반적인 단어 배열법과 일치하는 방식으로 합성된 합성어 **〈통사적 합성어의 형태〉** • 명사 + 명사 • 관형사 +명사 • 주어 + 서술어 • 용언 어간 + 관형사형 어미(–는, –던, –(으)ㄴ, –(으)ㄹ) + 명사 • 용언 어간 + 연결어미(–아/–어) + 용언 어간	비 + 옷(명사 + 명사) 새 + 신랑(관형사 + 명사) 흉 + 보다(목적어 + 서술어)
비통사(非 아닐 비 統 거느릴 통 辭말씀 사)적 합성어	우리말의 일반적인 단어 배열법과 다른 방식으로 합성된 합성어 **〈비통사적 합성어의 형태〉** • 용언 어간(관형사형 어미의 생략) + 명사 • 부사 + 명사 • 용언 어간(연결어미의 생략) + 용언 어간	접 + 칼(용언 어간 + 명사) 부슬 + 비(부사 + 명사) 굳 + 세다(용언 어간 + 용언 어간)

단어의 종류

☐ 품사
品 갈래 품 詞 말 사

단어의 갈래. 단어를 기능, 형태, 의미에 따라 나누어 묶은 것이다.

체언(體 몸 체 言 말씀 언)	몸통이 되는 말. 형태가 변하지 않으며 문장 속에서 주어, 목적어 등의 중요한 역할을 한다.	명사, 대명사, 수사
용언(用 쓸 용 言 말씀 언)	변화하며 쓰이는 말. 문장의 주체를 서술하는 말로, 활용을 통해 형태가 변한다.	동사, 형용사
수식언(修 꾸밀 수 飾 꾸밀 식 言 말씀 언)	꾸며 주는 말	관형사, 부사
관계언(關 관계할 관 係 맬 계 言 말씀 언)	관계를 나타내는 말로, 실질적인 뜻은 없다.	조사
독립언(獨 홀로 독 立 설 립 言 말씀 언)	문장에 얽매이지 않고 독립적으로 쓰이는 말	감탄사

▶ 아, 나는 정말 바다를 좋아한다. – 아(독립언 – 감탄사), 나(체언 – 대명사), 는(관계언 – 조사), 정말(수식언 – 부사), 바다(체언 – 명사), 를(관계언 – 조사), 좋아한다(용언 – 동사)

☐ 명사
名 이름 명 詞 말씀 사

사람이나 사물, 현상, 개념 등의 대상의 이름을 나타내는 말

▶ 나무, 영희, 철학, 가난 – 대상의 이름을 나타내는 **명사**

참고 의존(依 의지할 의 存 있을 존)명사: 다른 말에 **의존하는** 명사. 자립성이 약해서 혼자서는 쓰이지 못한다. ▶ 그가 왔을 리 없다. 먹을 만큼 먹어라. – 수식하는 말이 필요한 **의존명사**

☐ 대명사
代 대신할 대 名 이름 명 詞 말 사

명사를 대신하는 말. 사람이나 사물, 장소 등의 이름을 대신해서 가리키는 말이다.

인칭(人 사람 인 稱 일컬을 칭)대명사	사람의 이름을 대신 일컫는 말. 가리키는 대상에 따라 1인칭, 2인칭, 3인칭 등으로 나뉜다.	나, 저, 우리(1인칭) 너, 너희, 자네(2인칭) 이, 그, 저(3인칭)
지시(指 가리킬 지 示 보일 시)대명사	사물이나 장소를 대신 가리키는 말	이것, 그것, 저것, 여기, 거기, 저기, 어디, 무엇

☐ 수사
數 셈 수 詞 말 사

명사의 수량이나 순서를 나타내는 말

▶ 아들 하나에 딸이 둘이다. – 수량을 나타내는 **수사**

☐ 동사
動 움직일 동 詞 말 사

주체의 동작이나 움직임을 나타내는 용언. 어미 결합에 제약이 거의 없다.

▶ 길을 걸었다. 자리에 앉아라. 잠을 자자. – 어미 결합에 제약이 거의 없는 **동사**

참고 불완전(不 아닐 불 完 완전할 완 全 온전할 전)동사: 보통의 동사들이 갖는 활용형을 고루 갖추지 못하고 몇 가지 형태로만 활용하는 동사

▶ 너와 더불어 살고 싶다. – '더불어'의 형태로만 활용하는 **불완전동사** '더불다'

불완전동사에는 '데리다(데리고, 데려, 데리러)', '가로다(가로되, 가론)', '달다(달라, 다오)' '다그다(다가)' 등이 있다.

☐ 형용사
形 모양 형 容 얼굴 용 詞 말 사

사물의 성질이나 상태를 나타내는 용언. 어미 결합에 제약이 있다.

▶ 너는 예쁘다. / 너는 예쁜다.(×) / 너는 예뻐라.(×) / 우리는 예쁘자.(×) – 어미 결합에 제약이 있는 **형용사**

□ **본용언** 本 근본 본 用 쓸 용 言 말씀 언	문장의 주체를 주되게 서술하면서 실질적인 뜻을 나타내는 용언. 혼자 쓰일 수 있다. ▶ 나는 어머니가 <u>보고</u> 싶다. – 실질적인 뜻을 담고 있는 **본용언**
□ **보조 용언** 補 도울 보 助 도울 조 用 쓸 용 言 말씀 언	본용언과 연결되어 그것의 뜻을 도와주는 용언. 보조적 연결어미 '–아/–어, –게, –지, –고'를 매개로 해서 본용언에 연결되며, 혼자 쓰일 수 없다. ▶ 나는 어머니가 보고 <u>싶다</u>. – 본용언을 도와주는 **보조용언**
□ **어간** 語 말씀 어 幹 줄기 간	실질적인 뜻을 가진, 용언의 몸통. 활용할 때 형태가 변하지 않는 부분이다. ▶ <u>먹</u>고, <u>먹</u>으니, <u>먹</u>어라, <u>먹</u>자 – <u>어간</u>
□ **어미** 語 말씀 어 尾 꼬리 미	용언의 꼬리 부분. 문법적인 관계를 나타내며, 활용할 때 모양이 변한다. ▶ 먹<u>고</u>, 먹<u>으니</u>, 먹<u>어라</u>, 먹<u>자</u> – <u>어미</u>

어미 참고 어말(語 말씀 어 末 끝 말)어미: 단어의 맨 뒤에 오는 어미

종결(終 마칠 종 結 맺을 결)어미	문장을 끝맺는 기능을 하는 어말어미	잠을 자<u>다</u>.(평서형 종결어미) 잠을 자<u>느냐</u>?(의문형 종결어미) 잠을 자<u>라</u>.(명령형 종결어미) 잠을 자<u>자</u>.(청유형 종결어미) 잠을 자<u>는구나</u>.(감탄형 종결어미)
연결(連 이을 연 結 맺을 결)어미	문장을 끝내지 않고 다른 단어나 문장과 연결해 주는 어말어미	밥을 먹<u>고</u> 잠을 잤다.(대등적 연결어미) 잠을 자<u>면</u> 피로가 풀린다.(종속적 연결어미) 맛있게 먹<u>어라</u>.(보조적 연결어미)
전성(轉 구를 전 成 이룰 성)어미	용언의 성질을 임시로 바꾸어 다른 품사의 기능을 수행하게 하는 어미	네 얼굴을 보<u>기</u>가 민망하다.(명사형 전성어미) 새가 나<u>는</u> 하늘을 보아라.(관형사형 전성어미)

선어말(先 먼저 선 語 말씀 어 末 끝 말)어미: 어말어미 앞에 오는 어미

높임 선어말어미	문장의 **주체를 높이는** 기능을 하는 선어말어미. '–시–'가 여기에 해당한다.
시제 선어말어미	표현하는 행위가 일어난 **시간을 나타내는** 기능을 하는 선어말어미. 과거를 나타내는 '–았–/–었–', 회상을 나타내는 '–더–', 현재를 나타내는 '–는–/–ㄴ–', 미래를 나타내는 '–겠–' 등이 있다.

▶ 선생님이 어제 오<u>시었</u>다. – 높임을 나타내는 <u>선어말어미</u> + 과거를 나타내는 <u>선어말어미</u>

□ **활용** 活 살 활 用 쓸 용	용언의 어간이나 서술격 조사(이다)에 어미가 붙어 문장의 성격을 바꾸는 일 ▶ 날이 <u>저무니</u> 기온이 떨어졌다. / 너는 참 좋은 <u>사람이구나</u>. – **활용** 참고 불규칙(不 아닐 불 規 법 규 則 법칙 칙) 활용: 용언이 활용할 때, 어간이나 어미가 바뀌는 모양이 국어의 보편적인 음운 규칙으로 설명되지 않는 활용 ▶ 밥을 <u>짓고</u>, 밥을 <u>지어</u> – 'ㅅ' **불규칙 활용** / 집에 <u>이르니</u>, 집에 <u>이르러</u> – '러' **불규칙 활용**
□ **관형사** 冠 갓 관 形 모양 형 詞 말 사	갓이 머리 위에 놓여 머리를 꾸미는 것처럼 체언 앞에 놓여 체언을 꾸며 주는 말 참고 지시(指 가리킬 지 示 보일 시)관형사: 특정한 대상을 지시하여 가리키는 관형사 수(數)관형사: 뒤에 오는 명사의 수나 양을 표시하는 관형사 ▶ <u>이</u> 꽃, <u>저런</u> 사람 – **지시관형사** / <u>한</u> 사람, <u>두</u> 번 – **수관형사**

□ 부사 副 버금 부 詞 말 사	용언 또는 다른 말 앞에 놓여 그 뜻이 분명해지도록 꾸며 주는 말 ▶ 소년은 <u>갑자기</u> 울었다. 밥을 <u>못</u> 먹겠다. <u>제발</u> 살려 주세요. <u>그리고</u> 아무도 오지 않았다. – <u>부사</u>

□ 조사 助 도울 조 詞 말 사	주로 체언에 붙어서 그 말과 다른 말의 문법적 관계를 나타내 주거나 뜻을 더해 주는 단어

격(格 격식 격)조사	체언이나 용언의 명사형에 붙어 그것으로 하여금 일정한 자격을 가지게 하는 조사	이/가(주격조사), 을/를(목적격조사), 이/가(보격조사), 이다(서술격조사), 의(관형격조사), 에(부사격조사), 야(호격조사)
접속(接 이을 접 續 이을 속) 조사	단어와 단어, 문장과 문장을 같은 자격으로 **이어주는 조사**	와/과, 고, 며
보(補 도울 보)조사	체언, 부사, 어미 등에 붙어서 **특별한 의미를 더해 주는 조사**	은/는, 도, 만, 까지, 부터, 조차

▶ 나는(보조사) 한국의(관형격조사) 국민이다(서술격조사). / 민수야(호격조사), 내가(주격조사) 서울부터(보조사) 부산까지(보조사) 사람과(접속조사) 물자를(목적격조사) 운반했다.

□ 감탄사 感 느낄 감 歎 탄식할 탄 詞 말 사	말하는 사람의 본능적인 놀람이나 느낌, 부름, 응답 등을 나타내는 말 ▶ <u>아이고</u>, 약속을 잊었구나. – <u>감탄사</u>

단어의 의미

□ 중심 의미 中 가운데 중 心 마음 심 意 뜻 의 味 맛 미	단어의 가장 기본적이고 핵심적인 의미 = 기본적 의미 ▶ 밥을 <u>먹다</u>. – 음식 따위를 입을 통하여 배 속에 들여보내다.(<u>중심 의미</u>)

□ 주변 의미 周 두루 주 邊 가장자리 변 意味	중심 의미에서 문맥에 따라 확장되어 생긴 의미 = 확장적(확장된) 의미 ▶ 겁을 <u>먹다</u>. – 어떤 마음이나 감정을 품다.(<u>주변 의미</u>)

□ 사전적 의미 辭 말 사 典 법 전 的 意味	사전에 실려 있는 어휘의 의미. 문맥의 영향을 고려하지 않은, 어휘 자체의 의미 ▶ <u>사람</u>: 생각을 하고 언어를 사용하며, 도구를 만들어 쓰고 사회를 이루어 사는 동물(<u>사전적 의미</u>)

□ 문맥적 의미 文 글월 문 脈 줄기 맥 的 意味	단어가 실제 문장에서 사용된 의미. 문맥에 의해 결정되는 의미이다. ▶ <u>사람</u>이 착하다. – 인격에서 드러나는 됨됨이나 성질(<u>문맥적 의미</u>)

□ 지시적 의미 指 가리킬 지 示 보일 시 的 意味	사람들이 보편적으로 이해하는 의미. 언어와 표현 대상 사이에 1 : 1의 대응 관계가 성립하는 객관적인 의미이다. ▶ 하늘에서 <u>별</u>이 빛난다. – 빛을 내는 천체(<u>지시적 의미</u>)

함축적 의미

含 머금을 함 蓄 쌓을 축 的 意味

지시적 의미 속에 덧붙여 느낌이나 연상을 불러일으키는 의미. 주로 문학 작품에서 쓰이는 개인적, 정서적 의미이다.

▶ 당신은 나의 별이다. – 우러러보는 대상(**함축적 의미**)

단어의 의미 관계

동의 관계

同 같을 동 義 뜻 의
關 관계할 관 係 이을 계

의미가 같은 어휘들의 관계. 동의 관계에 있는 어휘들을 '동의어'라고 한다.

▶ 나라 : 국가 – **동의 관계**

유의 관계

類 비슷할 류 義 뜻 의
關係

의미가 비슷한 어휘들의 관계. 유의 관계에 있는 어휘들을 '유의어'라고 한다.

▶ 근원 : 기원 : 연원 – **유의 관계**

다의 관계

多 많을 다 義 뜻 의
關係

한 단어에 여러 개의 의미가 결합되어 있는 관계. 중심 의미가 여러 개의 주변 의미로 확장된 결과이다.

▶ <u>눈</u>이 충혈되다. <u>눈</u>이 나쁘다. 사람 보는 <u>눈</u>이 있다. 남들의 <u>눈</u>을 의식하다. – **다의 관계**

동음이의 관계

同 같을 동 音 소리 음
異 다를 이 義 뜻 의 關係

소리는 같지만 의미가 다른 단어들의 관계. 이런 관계에 있는 단어들을 '동음이의어'라고 한다.

▶ 높은 <u>이상</u>을 품다. 기계에 <u>이상</u>이 생기다. – **동음이의 관계**

반의 관계

反 돌이킬 반 義 뜻 의
關係

의미가 반대되는 어휘들의 관계. 반의 관계에 있는 어휘들을 '반의어'라고 한다.

상보(相 서로 상 補 도울 보) 반의어	한 영역 안에서 **상호 배타적인 대립 관계**에 있는 반의어. 중간 개념이 없다.	삶 ↔ 죽음, 금속 ↔ 비금속
등급(等 무리 등 級 등급 급) 반의어	두 단어 사이에 등급성이 있어서 **중간 단계가 있는** 반의어	무겁다 ↔ 가볍다, 흰색 ↔ 검정색
방향(方 방위 방 向 향할 향) 반의어	두 단어가 **상대적 관계를 형성**하면서 의미상 대칭을 이루는 반의어	스승 ↔ 제자, 얼다 ↔ 녹다

상하 관계

上 위 상 下 아래 하
關係

한 개념이 다른 개념을 포함하거나 포함되는 관계

▶ 문학 : 시 – '문학'이 '시를 포함하는 **상하 관계**

[1~12] 다음 설명이 맞으면 ○, 틀리면 ×에 표시하시오.

1. 조사는 단어이다. (○ / ×)

2. 어미는 단어가 아니다. (○ / ×)

3. 접사가 붙는 말은 항상 원래와는 다른 품사로 파생된다. (○ / ×)

4. 합성어는 우리말의 일반적인 단어 배열법과 일치하는 방식으로만 합성된다. (○ / ×)

5. 체언은 활용을 하면서 문장의 주어, 목적어 등의 역할을 한다. (○ / ×)

6. 용언에는 동사, 형용사, 부사가 포함된다. (○ / ×)

7. '더불다, 데리다' 등은 특정한 어미와만 결합하는 불완전 동사이다. (○ / ×)

8. 형용사는 청유형이나 명령형 어미와 결합할 수 없다. (○ / ×)

9. 보조 용언은 단독으로 쓰일 수 있다. (○ / ×)

10. 용언이 활용할 때는 어간이 변화한다. (○ / ×)

11. 선어말어미는 높임과 시제를 표현한다. (○ / ×)

12. 뒤에 오는 명사의 수나 양을 표시하는 품사는 수사이다. (○ / ×)

[13~15] 다음에 해당하는 단어를 〈보기〉에서 모두 고르시오.

13. 단일어

14. 파생어

15. 합성어

┌─보 기───┐
│ ㉠ 밤공기   ㉡ 오늘   ㉢ 덧문   ㉣ 톱질   ㉤ 손발   │
│ ㉥ 돌다리   ㉦ 바다   ㉧ 멋쟁이   ㉨ 햇과일   ㉩ 소리   │
│ ㉪ 깊이   ㉫ 힘들다   ㉬ 먹다   ㉭ 샛노랗다   │
└──┘

16. 밑줄 친 말의 품사가 같은 것끼리 짝지어진 것을 모두 고르시오.

　　① <u>영수</u>는 일찍 일어났다. / <u>그</u>는 세수를 하고 있다.

　　② <u>그분</u>을 절대로 잊지 마라. / <u>여기</u>에 앉으세요.

　　③ 열 길 물속은 알아도 한 길 사람 속은 모른다. / <u>하나</u>를 보면 열을 안다.

　　④ 친구들과 운동장에서 <u>놀았다</u>. / 음식이 정말 <u>맛있었다</u>.

⑤ 먹을 <u>만큼</u> 먹어라. / 형<u>만큼</u> 크고 싶다.

⑥ <u>온갖</u> 꽃들이 피었다. / <u>예쁜</u> 꽃들이 피었다.

⑦ <u>아무</u> 음식이라도 먹자. / 그는 <u>아직</u> 돌아오지 않았다.

⑧ 그녀는 <u>매우</u> 아름답다. / 그는 <u>과연</u> 훌륭한 예술가였다.

[17~24] 어휘들의 의미 관계가 성립하도록 빈칸에 알맞은 말을 쓰시오.

17. 옷 : 의복 = 책방 : (   )

18. 달관 : 초월 = 근심 : (   )

19. 가늘다 : 굵다 = 얇다 : (   )

20. (   ) : 순간 = 통제 : 방임

21. (   ) : 드러내다 = 맑다 : 흐리다

22. 집 : 아파트 = (   ) : 버스

23. 독백 : 연극 = 추임새 : (   )

24. (   ) : 된장 = 쌀 : 막걸리

[25~31] 다음 의미 관계에 해당하는 것을 〈보기〉에서 고르시오.

25. 부모 : 자식

26. 출석 : 결석

27. 빠르다 : 느리다

28. 넓다 : 좁다

29. 판매 : 구매

30. 가르치다 : 배우다

31. 여자 : 남자

┌─ 보 기 ─┐

　㉠ 상보 반의어　　　　　㉡ 등급 반의어　　　　　㉢ 방향 반의어

32. 밑줄 친 단어 중, 〈자료〉의 ㉠의 예로 적절한 것은? (2010 중3 성취도평가)

┌ 자료 ┐

한국어의 단어는 ㉠형태가 바뀌는 단어와 형태가 바뀌지 않는 단어로 나눌 수 있다. 형태가 바뀌지 않는 단어는 다시, 의미 특성에 따라 사람이나 사물의 이름을 나타내는 단어, 수량이나 순서를 나타내는 단어, 놀람이나 부름, 대답을 나타내는 단어 등으로 나눌 수 있다.

① <u>한라산</u>에 눈이 왔다.

② <u>첫째</u>도 노력, 둘째도 노력이다.

③ 11월이 되니 바람이 매우 <u>차다</u>.

④ <u>어머나</u>! 정원 가득 꽃이 피었네.

⑤ 내 <u>취미</u>는 독서와 영화 감상이다.

33. 〈자료〉의 ㉠~㉢에 들어갈 말을 각각 한 단어로 쓰시오. (2017 중3 성취도평가)

┌ 자료 ┐

학생: 오늘 학교에서 반의 관계는 단어들의 의미가 서로 대립하는 관계라고 배웠잖아. 그럼 '아버지'와 '딸'도 반의 관계에 있는 거지?

학생2: '아버지'와 '딸'은 반의 관계가 아니야.

학생1: 왜? '남학생'과 '여학생'의 의미가 (㉠)을/를 기준으로 했을 때 대립되는 것처럼 '아버지'와 '딸'도 그렇잖아.

학생2: 하지만 '아버지'와 '딸'은 그 기준 외에 부모와 자식이라는 세대를 기준으로 했을 때도 대립되잖아. 그러니까 '아버지'와 '딸'은 반의 관계가 될 수 없어

학생1: 아, 반의 관계는 의미가 대립하는 기준의 개수가 (㉡)(이)구나. 그러면 '연필이 길다'에서 '길다'는 '(㉢)'와/과 '길이'라는 기준으로만 대립되니까 반의 관계네.

㉠: _____

㉡: _____

㉢: _____

34. 어휘의 의미 관계가 〈자료〉와 다른 것은? (2015 중3 성취도평가)

35. 〈자료〉를 참고할 때, 문맥상 바꾸어 쓸 수 있는 고유어와 한자어의 짝으로 적절하지 않은 것은? (2013 중3 성취도평가)

┌─|자료|─────────────────────────────

　우리말의 어휘에는 고유어와 한자어가 있다. 그런데 다음과 같이 하나의 고유어에 여러 개의 한자어가 대응하는 경우가 있다.

- 나는 이 마을에 오랫동안 살았다.
  → 거주(居住)했다
- 대지진이 났지만 주민들은 모두 살았다.
  → 생존(生存)했다

└─────────────────────────────────

① 우리는 합의를 보았다.
　　　　→ 도출(導出)했다
② 수상한 사람을 보면 신고하라.
　　　　→ 목격(目擊)하면
③ 사무실에서 업무를 보고 있다.
　　　　→ 수행(遂行)하고
④ 우리 집은 1년째 신문을 보고 있다.
　　　　→ 판단(判斷)하고
⑤ 원장님은 오전에만 환자를 보십니다.
　　　　→ 진찰(診察)하십니다

36. 밑줄 친 단어의 기능이 〈자료〉의 '아주', '벌써'와 <u>다른</u> 것은?　　　(2011 중3 성취도평가)

┌─|자료|─────────────────────────────────────┐
│ • 오늘 날씨가 <u>아주</u> 좋다.
│ • 기차가 <u>벌써</u> 떠났다.
└──┘

① 신발이 내 발에 <u>꼭</u> 맞다.

② 내가 너보다 훨씬 <u>더</u> 크다.

③ 우리 모두 <u>조금씩</u> 지쳐 갔다.

④ <u>몹시</u> 피곤하니 내일로 미루자.

⑤ 누구나 살다 보면 그럴 <u>수</u> 있지.

[정답] 1. ○ 2. ○ 3. × 4. × 5. × 6. × 7. ○ 8. ○ 9. × 10. × 11. ○ 12. × 13. ㉃, ㉶, ㉛, ㉤ 14. ㉢, ㉣, ㉤, ㉛, ㉠, ㉧ 15. ㉠, ㉢, ㉣, ㉤ 16. ②, ⑧ 17. 서점 18. 걱정 19. 두껍다 20. 영원 21. 숨기다(감추다) 22. 차(자동차) 23. 판소리 24. 콩 25. ㉢ 26. ㉠ 27. ㉡ 28. ㉡ 29. ㉢ 30. ㉢ 31. ㉠ 32. ③ 33. ㉠ 성별, ㉡ 하나, ㉢ 짧다 34. ② 35. ④ 36. ⑤

[해설] 3. 접미사가 붙는 말의 일부만이 품사가 바뀐다. 4. 비통사적 합성어도 있다. 5. 활용하는 것은 용언이다. 6. 부사는 용언이 아니다. 10. 어미가 변화한다. 12. 수관형사에 대한 설명이다. 16. ① 명사 / 대명사, ② 모두 대명사, ③ 관형사(수관형사) / 수사, ④ 동사 / 형용사 ⑤ 명사(의존명사) / 조사, ⑥ 관형사 / 형용사(형용사의 관형사형), ⑦ 관형사 / 부사, ⑧ 모두 부사 17~18. 유의 관계 19~21. 반의 관계 22. 상하 관계 23. 기법 : 갈래 24. 원료 : 식품 29. ㉢ 방향 반의어 → 맞선 방향을 전제로 하여 관계나 이동의 측면에서 대립을 이루는 단어 쌍이다. 방향 반의어의 전형적인 보기로는 공간적 관계의 '위/아래', '앞/뒤', 인간 관계의 '부모/자식', '남편/아내', 이동의 '가다/오다', '사다/팔다' 등이 있다. 31. ㉠ 상보 반의어 → 두 반의어가 '상호 보완적'인 관계라는 뜻으로, 두 반의어를 합치면 전체가 되는 경우를 말한다. 또한, 상보 반의어는 '살다/죽다'처럼 중간항이 없는 것이 특징이다. 32. 형태가 바뀌는 단어는 용언이다. ① 명사, ② 수사, ④ 감탄사 ⑤ 명사 34. '얻다 : 가지다'는 유의 관계이다. 35. ④는 '구독(購讀)하고'와 대응한다. 36. ⑤는 의존명사, 나머지는 모두 부사이다.

▶▶ 09 　문법 ③

☐ **어절**
語 말씀 어 節 마디 절

문장을 구성하고 있는 각각의 마디. 띄어쓰기의 단위이다.
▶ 배를 타고 바다를 건넜다. – 4개의 <u>어절</u>

☐ **구**
句 구절 구

둘 이상의 단어가 모여 절이나 문장의 일부분을 이루는 토막. 기능에 따라 명사구, 동사구, 형용사구, 관형사구, 부사구 등으로 나눌 수 있다.
▶ <u>저 학생</u>이 철수이다. – **명사구**
철수는 <u>아주 열심히</u> 공부한다. – **부사구**

☐ **절**
節 마디 절

주어와 서술어를 갖추었지만 독립해서 쓰이지 못하고 다른 문장의 한 성분으로 쓰이는 단위. 명사절, 서술절, 관형절, 부사절, 인용절 등이 있다.
▶ <u>그가 시험에 합격했음</u>이 분명하다. – **명사절**
그는 <u>책임감이 강하다</u>. – **서술절**
그가 <u>소리도 없이</u> 들어왔다. – **부사절**

☐ **문장**
文 글월 문 章 글 장

생각이나 감정을 완결된 내용의 말로 나타내는 최소 단위. 주어와 서술어를 기본으로 하여 여러 개의 문장 성분으로 이루어진다.
▶ 아기가 하늘을 바라보았다. – 주어, 목적어, 서술어로 이루어진 <u>문장</u>

☐ **문장 성분**
文 글월 문 章 글 장
成 이룰 성 分 나눌 분

문장을 구성하는 부분. 개별 단어가 단독으로, 혹은 조사나 어미와 결합하여 문장 속으로 들어가 쓰이는 것을 의미한다.

주(主 주인 주)성분	문장을 이루는 데 없어서는 안 될 필수 성분	주어, 목적어, 서술어, 보어
부속(附 붙을 부 屬 무리 속)성분	주성분에 붙어 내용을 꾸미면서 뜻을 더해 주는 문장 성분	부사어, 관형어
독립(獨 홀로 독 立 설 립)성분	문장의 다른 말과 직접적인 관계 없이 독립적인 성분	독립어

▶ 아침부터(**부속성분** – 부사어) 눈이(**주성분** – 주어) 펑펑(**부속성분** – 부사어) 내렸다(**주성분** – 서술어)

☐ **주어**
主 주인 주 語 말씀 어

문장에서 설명의 주체가 되는 성분. '무엇이'나 '누가'에 해당하는 말로, 주격 조사 '이/가'나 보조사가 붙어서 이루어진다.
▶ <u>바람이</u> 분다. – 주격조사와 결합한 <u>주어</u>
<u>나만</u> 노래한다. – 보조사와 결합한 <u>주어</u>

□ 서술어
敍 펼 서 述 펼 술
語 말씀 어

주어의 움직임, 작용, 성질, 상태 등을 설명하는 말. '어떠하다', '어찌한다', '무엇이다'에 해당하는 말로, 용언이나 '체언 + 서술격조사'로 이루어진다.

▶ 파도가 <u>출렁인다</u>. – 동사로 된 <u>서술어</u>
하늘이 <u>파랗다</u>. – 형용사로 된 <u>서술어</u>
나는 <u>학생이다</u>. – '체언 + 서술격조사'로 된 <u>서술어</u>

참고 서술어의 자릿수: 문장의 기본 구조를 이루기 위해 서술어가 필수적으로 요구하는 문장 성분의 수. 서술어에 따라 필수 문장 성분의 수가 달라지고, 이는 결국 문장의 구조를 결정하는 요인이 된다.

▶ 집이 (매우) <u>작다</u>. – 주어만 필수적으로 요구하는 <u>한 자리 서술어</u>
아이가 (멋진) 그림을 <u>그린다</u>. – 주어와 목적어를 필수적으로 요구하는 <u>두 자리 서술어</u>
엄마가 (예쁜) 도시락을 나에게 <u>주었다</u>. – 주어, 목적어, 부사어를 필수적으로 요구하는 <u>세 자리 서술어</u>

□ 목적어
目 눈 목 的 과녁 적
語 말씀 어

타동사를 도와주는 성분으로, 문장에서 '무엇을', '누구를'에 해당하는 말. 목적격조사 '을/를'이나 보조사가 붙어서 이루어진다.

▶ 아이는 <u>엄마를</u> 좋아한다. – 목적격조사와 결합한 <u>목적어</u>
나는 국어도 좋아한다. – 보조사와 결합한 <u>목적어</u>

참고

자(自 스스로 자)동사	동사가 나타내는 동작이나 작용이 주어에만 미치는 동사. 목적어를 취하지 않는다.	팽이가 <u>돈다</u>.
타(他 남 타)동사	동사가 나타내는 동작이나 작용이 다른 대상에 미치는 동사. 동작의 대상인 목적어를 필요로 한다.	아이가 인형을 <u>안았다</u>.

□ 보어
補 도울 보 語 말씀 어

주어와 서술어만으로는 뜻이 완전하지 못한 문장에서, 그 불완전한 곳을 보충하여 뜻을 완전하게 하는 문장 성분. '되다, 아니다' 앞에 오는 '무엇이', '누가'에 해당하는 말로, 보격조사 '이/가'가 붙어서 이루어진다.

▶ 나는 <u>학생이</u> 아니다. 나는 <u>학생이</u> 되었다. – <u>보어</u>

□ 관형어
冠 갓 관 形 모양 형
語 말씀 어

마치 갓을 씌운 것처럼 체언 앞에서 체언을 꾸며 주는 성분. 관형사가 그대로 관형어가 되거나, 관형격조사 '의'나 관형사형 어미 '-ㄴ, -는, -ㄹ'이 붙어서 이루어진다.

▶ 어머니가 <u>새</u> 신발을 사 주셨다. – 관형사로 된 <u>관형어</u>
학자가 <u>바람의</u> 세기를 측정했다. – 관형격 조사와 결합한 <u>관형어</u>
나는 <u>작은</u> 소원이 있다. – 관형사형 어미와 결합한 <u>관형어</u>

□ 부사어
副 버금 부 詞 말 사
語 말씀 어

주로 용언을 꾸미거나, 다른 부사를 꾸며 주는 문장 성분. 모든 부사, 체언에 부사격조사('에/에게/에서', '와/과', '보다', '부터', '까지' 따위)가 붙은 말 등이 부사어의 역할을 한다.

▶ <u>아무튼</u> 그 사람을 <u>다시</u> 보게 되었다. – 부사로 된 <u>부사어</u>
나는 <u>시골에</u> 산다. – 체언에 부사격조사가 결합한 <u>부사어</u>

□ 독립어 獨 홀로 독 效 설 립 語 말씀 어	문장에서 다른 말과 직접적으로 관계를 맺지 않고 독립적으로 쓰이는 성분. 감탄사나 제시어, 접속부사, '체언 + 호격조사' 등이 독립어로 쓰인다. ▶ <u>아</u>, 이 일을 어찌하리오. – 감탄사로 된 **독립어** <u>행복</u>, 그것은 모든 인간의 소망이다. – 제시어로 된 **독립어** 비가 내렸다. <u>그러나</u> 가뭄 해소에는 턱없이 부족했다. – 접속부사로 된 **독립어** <u>영희야</u>, 밥 먹어라. – 호격조사와 결합한 **독립어**

문장 구성

□ 홑문장	주어와 서술어의 관계가 한 번만 이루어진 문장 ▶ <u>연주자가</u> 무대에서 관객에게 인사를 <u>했다</u>. – 주어와 서술어의 관계가 한 번뿐인 **홑문장**

□ 겹문장	주어와 서술어의 관계가 두 번 이상 맺어진 문장. '안은문장'과 '이어진문장'이 있다. ▶ <u>연주자가</u> 박수를 <u>치는</u> 관객에게 인사를 <u>했다</u>. / <u>연주자가</u> <u>일어섰고</u>, <u>관객이</u> 박수를 <u>쳤다</u>. – 주어와 서술어의 관계가 두 번 맺어진 **겹문장**

□ 이어진문장	둘 이상의 홑문장이 연결어미에 의해 **나란히 연결된** 문장

대등하게 이어진문장	두 문장이 **동등한 자격**으로 이어진 문장	영희는 공부하고 철수는 잤다. 그는 고향을 그리워했지만 다시는 고향에 가지 못했다.
종속적으로 이어진문장	앞 문장이 뒤 문장에 대해 **종속적으로 이어진 문장**	비가 와서 그들은 행사를 취소했다. 언니는 어머니를 도우려고 부엌에 들어갔다.

□ 안은문장	한 문장이 그 속에 다른 문장을 한 성분으로 안은 겹문장 ▶ <u>형사가</u> 그가 도둑임을 <u>밝혀냈다</u>. – '그가 도둑이다.'라는 문장을 목적어로 안고 있는 **안은문장**

□ 안긴문장	안은문장 속에 한 성분으로 안겨 있는 문장

명사절로 안긴문장	안은문장 속에서 **명사적으로 쓰여서** 주어, 목적어, 부사어 등의 역할을 하는 안긴문장	비로소 <u>그가 갔음을</u> 알았다. 아무도 <u>그가 불행하기를</u> 바라지 않는다. <u>그가 성공하느냐가</u> 우리의 관심사이다.
서술절로 안긴문장	안은문장 속에서 **서술어의 역할**을 하는 안긴문장	그는 <u>겁이 많다</u>.
관형절로 안긴문장	안은문장 속에서 체언을 꾸미는 **관형어의 역할**을 하는 안긴문장	<u>바람이 부는</u> 거리에 서 있었다.
부사절로 안긴문장	안은문장 속에서 **부사어의 역할**을 하는 안긴문장	어머니는 <u>아버지와 달리</u> 아들을 나무라지 않았다.
인용절로 안긴문장	홑문장이 **인용의 형태**로 안은문장 속에 들어간 안긴문장	그는 "<u>그때는 정말 부끄러웠다</u>."라고 말했다. 그는 <u>그때는 정말 부끄러웠다고</u> 말했다.

☐ 높임 표현
ー表겉 **표** 現나타날 **현**

문장의 주체나 객체, 대화의 상대방을 **높이거나 낮추는** 방식. 높이는 대상에 따라 주체 높임법, 객체 높임법, 상대 높임법 등으로 나눌 수 있다.
▶ 어머니께서 이 물건을 주셨습니다. – 주체(어머니)와 대화 상대방을 높이는 **높임 표현**

☐ 주체 높임법
主주인 **주** 體몸 **체** ー

문장의 주체(주어)를 높이는 방법. 높임의 선어말어미 '–시–', 조사 '께서', 접미사 '–님', '진지, 드시다' 같은 높임말 등을 통해 실현된다.
▶ 할아버지께서 진지를 드신다. – 주체(할아버지)를 높이는 **주체 높임법**
참고 간접(間 사이 간 接 이을 접)높임법: 주체를 간접적으로 높이는 방법. 주체와 관련된 대상(신체 부분, 소유물, 생각 등)을 높임으로써 주체를 높이는 방식이다.
▶ 할아버지께서는 귀가 밝으시다. – 할아버지와 관련된 대상인 귀를 높임으로써 할아버지를 높이는 **간접 높임법**

☐ 객체 높임법
客손 **객** 體몸 **체** ー

동작의 대상인 객체(목적어, 또는 격조사가 붙은 부사어)를 높이는 방법. 높임의 뜻을 지닌 동사나 명사, 조사 등에 의해 실현된다.
▶ 학생이 모르는 문제를 선생님께 여쭈었다. – 객체인 선생님을 '께', '여쭈다'를 통해 높이는 **객체 높임법**
나는 할머니를 모시고 병원에 갔다. – 객체인 할머니를 '모시다'를 통해 높이는 **객체 높임법**

☐ 상대 높임법
相서로 **상** 對대할 **대** ー

말 듣는 이를 높이거나 낮추는 방법. 일정한 종결어미와 높임의 조사 '요' 등에 의해 실현된다.
▶ 그가 갔다. 그가 갔네. 그가 갔습니다. – 격식을 차려서 듣는 이를 높이거나 낮추는 **상대 높임법** / 그가 갔어. 그가 갔어요. – 격식을 덜 차리면서 듣는 이를 높이거나 낮추는 **상대 높임법**

☐ 능동/피동
能능할 **능** 動움직일 **동** /
被입을 **피** 動움직일 **동**

문장의 주체가 제 힘으로 하는 동작인가 아닌가에 따라 분류한 문장 표현

능동	주어가 **제 힘으로** 행하는 동작을 나타낸다.	형사가 범인을 쫓았다. 새로운 사실을 밝혔다.
피동	**남의 행동을 입어서** 행해지는 동작을 나타낸다. 어근에 피동접미사(–이–, –히–, –리–, –기–)를 붙이거나 능동사의 어간에 '–아/–어지다'를 결합시켜 나타낸다.	범인이 형사에게 **쫓겼다.** 새로운 사실이 **밝혀졌다.**

☐ 주동/사동
主주인 **주** 動움직일 **동** /
使부릴 **사** 動움직일 **동**

문장의 주체가 스스로 하는 동작인가 아닌가에 따라 분류한 문장 표현

주동	문장의 주체가 **스스로 행하는** 동작을 나타낸다.	관객이 웃었다.
사동	문장의 주체가 **남에게 행동이나 동작을 하게 함**을 나타낸다. 어근에 사동접미사(–이–, –히–, –리–, –기–, –우–, –구–, –추–)를 붙이거나 주동사의 어간에 '–게 하다'를 결합시켜 나타낸다.	그가 관객을 웃겼다. 그가 관객을 웃게 했다.

☐ 부정 표현
否아닐 **부** 定정할 **정**
表겉 **표** 現나타날 **현**

부정의 의미를 나타내는 문장 표현. 부정 내용에 따라 '안' 부정문과 '못' 부정문으로 나뉜다.
▶ 나는 밥을 안 먹는다. – 주체의 의지에 의한 부정을 나타내는 '안' **부정문**
나는 밥을 먹지 못한다. – 능력이나 외부 원인에 의한 부정을 나타내는 '못' **부정문**

짧은 부정문	짧은 형식의 부정 표현. '안(아니) / 못 + 용언'로 나타난다.	안 먹는다 못 먹는다
긴 부정문	긴 형식의 부정 표현. '용언의 어간 + −지 않다(아니하다) / −지 못하다'로 나타난다.	먹지 않는다 먹지 못한다

☐ **안 부정문**

주체(동작주)의 의지에 의한 부정(의지 부정)

▶ 나는 그를 <u>안</u> 만났다. − 의지를 가지고 그를 만나지 않았음을 표현한 <u>안 부정문</u>

☐ **못 부정문**

능력이나 외부의 원인에 의한 불가능(능력 부정)

▶ 나는 그를 <u>못</u> 만났다. − 그를 만나는 것이 불가능했음을 표현한 <u>못 부정문</u>

☐ **명령/청유 부정문**

命 목숨 명 令 하여금 령 /
請 부를 청 遊 꾈 유 −

동사 어간에 '−지 말다'를 붙여서 나타낸다.

▶ 시끄럽게 떠들<u>지 마라</u>. − <u>명령 부정문</u>
시끄럽게 떠들<u>지 말자</u>. − <u>청유 부정문</u>

☐ **중의적 표현**

重 거듭 중 義 뜻 의 的
表 겉 표 現 나타날 현

하나의 단어나 문장이 여러 가지 의미로 해석되는 표현

▶ 저 배를 봐. − 동음이의어(과일인지, 운송수단인지, 인체인지 불분명)에 의한 <u>중의적 표현</u>
<u>예쁜</u> 학생의 동생을 만났다. − 수식어('예쁜'이 '학생'을 꾸미는지 '동생'을 꾸미는지 불분명)에 의한 <u>중의적 표현</u>
영희와 철수는 선생님을 찾아뵈었다. − 접속어('영희'와 '철수'가 각각 찾아뵈었는지, 둘이 함께 찾아뵈었는지 불분명)에 의한 <u>중의적 표현</u>

발화와 담화

☐ **발화**

發 필 발 話 말씀 화

일정한 상황 속에서 문장 단위로 실현된 말. 말하는 이, 듣는 이, 장면에 따라 구체적인 의미가 결정되는 현실적인 언어 행위를 가리키는 말이다.

▶ 말의 의미는 <u>발화</u> 상황을 고려하여 판단해야 한다.

☐ **직접적인 발화**

直 곧을 직 接 이을 접 的
− 發話

문장 유형과 발화 의도가 일치하는 발화

▶ 내 앞으로 와라. − 명령형 문장으로 명령의 의도를 전달하는 <u>직접적인 발화</u>

☐ **간접적인 발화**

間 사이 간 接 이을 접 的
− 發話

문장 유형과 발화 의도가 일치하지 않는 발화

▶ 내 앞으로 올래? − 의문형 문장으로 명령의 의도를 전달하는 <u>간접적인 발화</u>

☐ **담화**

談 말씀 담 話 말씀 화

발화들이 모여서 이루어진 통일체. 현실적인 의사소통 행위를 일컫는 말이다.

▶ 개별적인 발화들이 모여 <u>담화</u>를 형성한다.

확인 문제

[1~10] 다음 설명이 맞으면 ○, 틀리면 ✕에 표시하시오.

1. 문장에서 띄어쓰기의 단위는 음절이다. (○ / ✕)

2. 주격 조사 '이/가'가 붙은 말만이 주어가 될 수 있다. (○ / ✕)

3. 형용사나 동사도 관형어가 될 수 있다. (○ / ✕)

4. '아버지께서 회사에 가셨어요.'에는 주체 높임법과 상대 높임법이 사용되었다. (○ / ✕)

5. '선생님께 선물을 드렸다.'에서 높임의 대상은 문장의 주체이다. (○ / ✕)

6. '선생님, 따님이 정말 귀엽습니다.'에서는 간접적인 방식을 활용해 선생님을 높이고 있다.
(○ / ✕)

7. '나는 바쁩니다.'는 말 듣는 이를 높이고 있다. (○ / ✕)

8. '나는 거기 안 간다.'는 능력이나 외부의 원인에 의한 불가능을 나타낸다. (○ / ✕)

9. 청유문과 명령문의 부정은 '-지 말다'를 활용해 나타낸다. (○ / ✕)

10. 창문을 닫아 달라는 의도로 "춥지 않니?"라고 말했다면 간접적인 발화이다. (○ / ✕)

[11~20] 밑줄 친 말들의 문장 성분을 쓰시오.

11. <u>나는</u> 중학교 <u>학생이다</u>.

12. 뽕밭이 <u>바다가</u> <u>되었다</u>.

13. <u>영희만</u> <u>학교에</u> 오너라.

14. <u>내년에도</u> <u>또</u> 놀러 오렴.

15. <u>우와</u>, 제가 <u>아빠만큼</u> 컸어요.

16. 그에게 <u>뜻밖의</u> <u>소식을</u> 들었다.

17. <u>할머니께서</u> 감자도 쪄 주셨다.

18. 이번 시험에는 <u>합격자가</u> <u>많구나</u>.

19. 점원은 새로운 <u>제품만</u> 추천하였다.

20. 이번 대회는 우리 <u>학교에서</u> <u>우승을</u> 차지했다.

[21~30] 밑줄 친 서술어의 자릿수를 쓰시오.

21. 소녀는 예쁘게 <u>생겼다</u>.

22. 화단에 아름다운 꽃이 <u>피었다</u>.

23. 영국의 날씨는 한국과 <u>다르다</u>.

24. 그 소년이 무지개를 <u>바라보았다</u>.

25. 아지랑이가 모락모락 <u>피어올랐다</u>.

26. 내 동생은 거짓말쟁이가 <u>아니다</u>.

27. 학생들이 도서관에서 책을 <u>읽는다</u>.

28. 영수는 그 편지를 우체통에 <u>넣었다</u>.

29. 순이는 예쁜 선물을 친구에게 <u>주었다</u>.

30. 그 사람은 자기 직업을 천직으로 <u>여겼다</u>.

[31~40] 다음 문장에 해당하는 것을 〈보기〉에서 고르시오.

31. 나는 영화를 보았다.

32. 벼락이 치고 비가 내린다.

33. 가을이 오니 낙엽이 진다.

34. 강이 깊어서 건너기 어렵다.

35. 수하는 성격이 항상 밝았다.

36. 형이 방에서 음악을 듣는다.

37. 나는 우리 편이 이기기를 바랐다.

38. 그는 아무도 모르게 눈물을 닦았다.

39. 그분은 학생들에게 존경받는 선생님이다.

40. 아버지는 늘 정의는 이긴다고 말씀하셨다.

┌ 보 기 ┐
ㄱ 홑문장   ㄴ 대등하게 이어진문장
ㄷ 종속적으로 이어진문장   ㄹ 명사절을 안은문장
ㅁ 서술절을 안은문장   ㅂ 관형절을 안은문장
ㅅ 부사절을 안은문장   ㅇ 인용절을 안은문장

41. 〈자료〉의 질문에 대한 답으로 옳은 것은? (2016 중3 성취도평가)

> **자료**
>
> 문장 성분에는 주성분과 부속성분이 있어요. 주성분은 문장을 이루는 데 꼭 필요한 성분을 말합니다. 다음 문장의 ㉠~㉤ 중 주성분은 무엇일까요?
>
> <u>그</u> <u>나무가</u> <u>창문</u> <u>밖으로</u> <u>얼핏</u> 보였다.
> ㉠   ㉡   ㉢   ㉣   ㉤

① ㉠   ② ㉡   ③ ㉢   ④ ㉣   ⑤ ㉤

42. 〈자료〉의 ㉠~㉤ 중 ⓐ에 해당하는 것은? (2015 중3 성취도평가)

> **자료**
>
> <u>막내가</u> <u>중학생이</u> <u>되자,</u> <u>삼촌도</u> <u>무척이나</u> 즐거워하셨다.
> ㉠   ㉡   ㉢   ㉣   ㉤

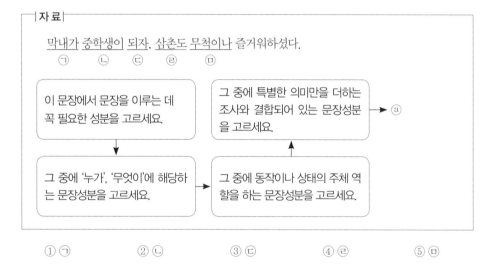

① ㉠   ② ㉡   ③ ㉢   ④ ㉣   ⑤ ㉤

43. 〈자료〉의 ㉠을 참조하여 ㉡을 알맞게 바꾼 것은? (2014 중3 성취도평가)

> **자료**
>
> 안은문장은 그 속에 다른 문장을 절의 형식으로 안고 있는 것을 말하고, 안긴문장은 안겨 있는 절을 말한다. 안긴문장은 문장 속의 역할에 따라 명사절, 서술절, 관형절, 부사절, 인용절로 구분할 수 있다. 그중 부사절은 안긴문장이 부사어와 같이 주로 용언을 꾸미는 역할을 한다. 부사절은 부사 형성 접사 '-이'가 붙어서 되는 경우가 있다.
>
> ㉠: 아이는 예쁘다. / 꽃과 같다. → 아이는 꽃과 같이 예쁘다.
>
> ㉡: 그들이 돌아왔다. / 소리가 없다. → _____

① 그들이 소리 없이 돌아왔다.

② 소리가 없는 그들이 돌아왔다.

③ 그들이 돌아왔고 소리가 없었다.

④ 소리가 없어서 그들이 돌아왔다.

⑤ 소리가 없으며 그들이 돌아왔다.

44. 〈자료〉의 문장과 같이 중의적으로 해석되는 것은? (2014 중3 성취도평가)

┌─**자료**─────────────────────────────────────┐

나는 그와 민우를 만났다.

→ 이 문장은 '민우를 만난 사람이 나와 그이다.', '내가 만난 사람이 그와 민우이다.' 등 여러
　가지로 해석되는 중의성이 있다.

└──┘

① 민우는 준수와 닮았다.

② 민우는 영희와 사촌이다.

③ 민우는 영희와 취미가 같다.

④ 민우는 준수와 영희를 도왔다.

⑤ 민우는 준희와 결혼을 하였다.

45. 〈자료〉를 바탕으로 이해한 ㉠의 예로 적절하지 않은 것은? (2014 중3 성취도평가)

┌─**자료**─────────────────────────────────────┐

㉠피동 표현은 주어가 다른 힘에 의해 어떤 행동을 당한 것을 나타내는 표현으로, 스스로 한
것이 아니라 남에 의해 그렇게 되었다는 것을 강조한다. 동사의 어간에 피동 접미사 '-이-,
-히-, -리-, -기-'가 붙어서 만들어진다.

└──┘

① 합의의 결과가 <u>보이다</u>.

② 친구에게 손해를 <u>보이다</u>.

③ 이야기의 결말이 <u>보이다</u>.

④ 벽에 걸려 있는 시계가 <u>보이다</u>.

⑤ 멀리 건물 사이로 하늘이 <u>보이다</u>.

46. 〈자료〉에서 설명한 ㉠과 같은 표현의 문장은? (2013 중3 성취도평가)

자 료
사동 표현은 ㉠과 같이 주어가, 다른 대상에게 어떤 행동을 하도록 시키는 것을 나타낸다. ㉠어머니가 아이에게 밥을 먹이셨다.

① 형이 동생에게 옷을 입혔다.

② 투수가 포수에게 공을 던졌다.

③ 그는 친구에게 소설책을 주었다.

④ 언니가 부모님께 선물을 보냈다.

⑤ 영희가 친구들에게 성금을 걷었다.

[정답] 1. × 2. × 3. ○ 4. ○ 5. × 6. ○ 7. ○ 8. × 9. ○ 10. ○ 11. 주어, 서술어 12. 보어, 서술어 13. 주어, 부사어 14. 부사어, 부사어 15. 독립어, 부사어 16. 관형어, 목적어 17. 주어, 목적어 18. 주어, 서술어 19. 관형어, 목적어 20. 주어, 목적어 21. 두 자리 서술어 22. 한 자리 서술어 23. 두 자리 서술어 24. 두 자리 서술어 25. 한 자리 서술어 26. 두 자리 서술어 27. 두 자리 서술어 28. 세 자리 서술어 29. 세 자리 서술어 30. 세 자리 서술어 31. ㉠ 32. ㉡ 33. ㉢ 34. ㉢ 35. ㉤ 36. ㉠ 37. ㉣ 38. ㉦ 39. ㉥ 40. ㉧ 41. ② 42. ④ 43. ① 44. ④ 45. ② 46. ①

[해설] 2. 보조사가 붙은 말도 주어가 될 수 있다. 4. 주체인 '아버지'와 말 듣는 이(상대)를 높이고 있다. 5. 객체인 '선생님'을 높이고 있다. 6. '따님'이라고 표현함으로써 '선생님'을 간접적으로 높이고 있다. 20. '에서'는 단체를 나타내는 명사 뒤에 붙어 앞말이 주어임을 나타내는 격조사이다. 21. ~이 ~게 생겼다. 22. ~이 피었다. 23. ~이 ~과 다르다. 24. ~이 ~을 바라보았다. 25. ~이 피어올랐다. 26. ~이 ~가 아니다. 27. ~이 ~을 읽는다. 28. ~이 ~을 ~에 넣었다. 29. ~이 ~을 ~에게 주었다. 30. ~이 ~을 ~으로 여겼다. 35. 성격이 항상 밝았다 – 서술절 37. 우리 편이 이기기– 명사절 38. 아무도 모르게 – 부사절 39. (그분은) 학생들에게 존경받는 – 관형절 40. 정의는 이긴다 – 인용절 42. ㉠, ㉡, ㉢, ㉣ → ㉠, ㉡, ㉣ → ㉠, ㉣ → ㉣ 45. ②는 사동 표현이다.

II

한자어

⫸ 10 | 가 ~ 관

가(假) - 가짜/임시

☐ **가명**
假 거짓 가 名 이름 명

실제의 이름이 아닌 가짜 이름
▶ 그는 본명을 숨기고 **가명**을 쓰고 다녔다.

☐ **가정**
假 임시 가 定 정할 정

사실이 아니거나, 사실인지 아닌지 분명하지 않은 것을 임시로 인정함.
▶ 후보는 6월 초에 선거가 실시된다는 **가정** 아래 준비를 해 왔다.

☐ **가설**
假 임시 가 說 말씀 설

❶ 어떤 사실을 설명하거나 어떤 이론 체계를 연역하기 위하여 설정한 가정
❷ 사회 조사나 연구에서, 주어진 연구 문제에 대한 예측적 해답
▶ **가설**을 설정하다. **가설**을 검증하다.

가(加) - 더하다

☐ **가세**
加 더할 가 勢 형세 세

힘을 보태거나 거듦.
▶ 시위는 시민들의 **가세**로 양상이 변하였다.

☐ **가담**
加 더할 가 擔 멜 담

같은 편이 되어 일을 함께 하거나 도움.
▶ 범죄에 대한 **가담** 정도에 따라 처벌이 결정될 것이다.

☐ **가해자**
加 더할 가 害 해할 해
者 사람 자

다른 사람의 생명이나 신체, 재산, 명예 따위에 해를 끼친 사람
▶ 경찰은 사고를 내고 도망간 **가해자**를 쫓고 있다.
↔ 피해자(被 입을 피 害 해할 해 者 사람 자): 자신의 생명이나 신체, 재산, 명예 따위에 침해 또는 위협을 받은 사람
▶ 온 국민이 사건 **피해자**의 아픔에 공감했다.

가(可) - 옳다/허락하다

☐ **가부**
可 옳을 가 否 아닐 부

옳고 그름. 찬성과 반대
▶ 그 말의 **가부**를 밝히기 위해 노력했다. 투표로 **가부**를 결정합시다.

☐ **불가**
不 아닐 불 可 옳을 가

옳지 않음. 가능하지 않음.
▶ 청탁을 통해 공공기관에 취업하는 것은 **불가**하다. 연소자 입장 **불가** 영화를 상영하고 있다.

☐ **가용**
可 옳을 가 用 쓸 용

사용할 수 있음.
▶ **가용** 자원을 최대한 활용하자.

□ **가변적**	바꿀 수 있거나 바뀔 수 있는. 또는 그런 것
可 옳을 **가** 變 변할 **변**	▶ 상황이 **가변적**이니 잘 지켜보도록 하자.
的 ~의 **적**	

각(角) - 뿔

| □ **두각** | (짐승의 머리에 있는 뿔 ➡) 뛰어난 학식이나 재능 |
| 頭 머리 **두** 角 뿔 **각** | ▶ 그는 미술에 **두각**을 나타냈다. |

| □ **각축** | (짐승의 뿔을 잡으려고 다투는 것 ➡) 서로 이기려고 다투며 덤벼듦. |
| 角 뿔 **각** 逐 쫓을 **축** | ▶ 4개의 팀이 우승을 놓고 **각축**을 벌였다. |

각(刻) - 새기다/모질다

| □ **각인** | (도장을 새김. ➡) 머릿속에 새겨 넣어 깊이 기억됨. 또는 그 기억 |
| 刻 새길 **각** 印 도장 **인** | ▶ 어릴 적 고향의 풍경은 머릿속에 깊이 **각인**되어 있다. |

□ **부각하다**	❶ 어떤 사물을 특징지어 두드러지게 나타내다.
浮 뜰 **부** 刻 새길 **각** ㅡ	▶ 이 작품에서는 방황하는 청소년들의 모습을 **부각하여** 드러냈다.
	❷ 주목받는 사람, 사물, 문제 따위로 나타나다.
	▶ 서울은 아시아의 중심지로 **부각되고** 있다.

| □ **각박하다** | 인정이 없고 삭막하다. |
| 刻 모질 **각** 薄 엷을 **박** ㅡ | ▶ 흉년이 겹친 탓에 인심이 **각박하여** 하루 한 끼 얻어먹을 수 있으면 다행이었다. |

각(却) - 물리치다/물러나다

| □ **망각** | 어떤 사실을 잊어버림. |
| 忘 잊을 **망** 却 물리칠 **각** | ▶ 그는 자신이 해야 할 일도 **망각**한 채 우두커니 서 있었다. |

| □ **퇴각** | 뒤로 물러감. |
| 退 물러날 **퇴** 却 물리칠 **각** | ▶ 전군에 **퇴각** 명령이 떨어졌다. |

□ **각설**	말이나 글 따위에서, 이제까지 다루던 내용을 그만두고 화제를 다른 쪽으로
却 물리칠 **각** 說 말씀 **설**	돌림. = 차설(且 또 차 說 말씀 설)
	▶ 자, **각설**하고 어디 당신의 계획이나 들어 봅시다.

간(看) - 보다

□ 간파
看 볼 간 破 깨뜨릴 파

속내를 꿰뚫어 알아차림.
▶ 적의 음모를 <u>간파</u>하고 있으니 염려 마십시오.

□ 간과
看 볼 간 過 지날 과

큰 관심 없이 대강 보아 넘김.
▶ 그분이 우리 단체에 꾸준히 기부해 오셨다는 사실을 <u>간과</u>해서는 안 됩니다.

□ 간주
看 볼 간 做 지을 주

상태, 모양, 성질 따위가 그와 같다고 봄. 또는 그렇다고 여김.
▶ 주민들은 그를 배신자로 <u>간주</u>하고 경계하기 시작했다.

개(介) - 사이에 끼다

□ 매개
媒 중매 매 介 낄 개

둘 사이에서 양편의 관계를 맺어 줌.
▶ 말라리아는 모기를 <u>매개</u>로 하여 전염된다.

□ 개입
介 낄 개 入 들 입

자신과 직접적인 관계가 없는 일에 끼어듦.
▶ 양가의 <u>개입</u>으로 부부 사이가 더 나빠졌다.

□ 중개
仲 버금 중 介 낄 개

제삼자로서 두 당사자 사이에 서서 일을 주선함.
▶ 아버지는 집을 팔려는 사람과 사려는 사람을 <u>중개</u>하는 일을 하신다.
주의 중계(中 가운데 중 繼 이을 계): 중간에서 이어 줌. 현장 실황을 방송국이 전파를 이용해 대중에게 널리 내보냄.
▶ 우리나라 축구 대표팀의 경기 <u>중계</u>로 인해 거리가 한산해졌다.

격(激) - 심하다/빠르다

□ 격동
激 격할 격 動 움직일 동

❶ 정세 따위가 급격하게 움직임.
▶ 그분은 <u>격동</u>의 현대사를 고스란히 체험하셨다.
❷ 감정 따위가 몹시 흥분하여 어떤 충동이 느껴짐. 또는 그렇게 느낌.
▶ 40년 만에 만나게 된 이산가족들은 <u>격동</u>에 못 이겨 울음부터 터트렸다.

□ 격랑
激 격할 격 浪 물결 랑

(거센 파도 ➡) 모질고 어려운 시련
▶ 아버지는 <u>격랑</u>의 시대를 헤쳐 오신 분이다.

□ 격렬하다
激 격할 격 烈 매울 렬 —

말이나 행동이 세차고 사납다.
▶ 그의 제안은 <u>격렬</u>한 반대에 부딪혔다.

□ 격앙
激 격할 격 昂 오를 앙

기운이나 감정 따위가 격렬히 일어나 높아짐.
▶ 철수는 상기된 볼을 씰룩거리며 <u>격앙</u>된 목소리로 소리쳤다.

고(告) - 고하다/알리다

☐ **고별**
告 고할 고 別 나눌 별

같이 있던 사람과 헤어지면서 작별을 알림.
▶ 배웅 나온 친지들에게 **고별**인사를 했다.

☐ **부고**
訃 부고 부 告 고할 고

사람의 죽음을 알림. 또는 그런 글
▶ 그는 아버지의 **부고**를 받자마자 고향으로 달려왔다.

☐ **선전포고**
宣 베풀 선 戰 싸움 전
布 펼 포 告 고할 고

한 나라가 다른 나라에 대하여 전쟁을 시작한다는 것을 공식적으로 알림.
▶ 일본은 **선전포고**도 없이 진주만을 공격하였다.

공(共) - 한가지/같이

☐ **공범**
共 한가지 공 犯 범할 범

범죄를 같이 저지른 사람
▶ 수사 과정에서 두 사람이 **공범**임이 밝혀졌다.

☐ **공유**
共 한가지 공 有 가질 유

두 사람 이상이 한 물건을 공동으로 소유함.
▶ 마을 사람들이 그 땅을 **공유**하고 있다.
[주의] 공유(公 공평할 공 有 가질 유): 국가나 지방 자치 단체의 소유
▶ 그 땅의 절반은 사유이고, 나머지 절반은 **공유**이다.

☐ **공감**
共 한가지 공 感 느낄 감

남의 감정, 의견, 주장 따위에 대하여 자기도 그렇다고 느낌. 또는 그렇게 느끼는 기분
▶ 모금의 취지에 **공감**한 많은 사람들이 성금 모금에 동참하였다.

공(恐) - 두렵다

☐ **가공하다**
可 옳을 가 恐 두려울 공 ─

두려워하거나 놀랄 만하다.
▶ 새로운 무기는 **가공할** 만한 위력을 지녔다.

☐ **공황**
恐 두려울 공
慌 어리둥절할 황

두려움이나 공포로 갑자기 생기는 심리적 불안 상태
▶ 주가 폭락으로 인해 주식 투자자들이 **공황** 상태에 빠졌다.

☐ **공처가**
恐 두려울 공 妻 아내 처
家 사람 가

아내에게 눌려 지내는 남편
▶ 아내가 무서워서 집에 일찍 들어가는 것을 보니 그는 영락없는 **공처가**이다.

과(過) - 지나다/넘다

□ 과언
過 지날 과 言 말씀 언

지나치게 말을 함. 또는 그 말
▶ 그는 세계 제일의 피아니스트라고 해도 **과언**이 아니다.

□ 과민
過 지날 과 敏 민첩할 민

감각이나 감정이 지나치게 예민함.
▶ 그는 남들의 평가에 **과민**한 반응을 보였다.

□ 과도기
過 넘을 과 渡 건널 도
期 기간 기

한 상태에서 다른 새로운 상태로 옮아가거나 바뀌어 가는 도중의 시기
▶ 신소설은 고전 소설이 현대 소설로 넘어가는 **과도기**에 해당하는 소설이다.

□ 과반수
過 넘을 과 半 반 반
數 셈 수

절반이 넘는 수
▶ **과반수**의 찬성으로 안건이 통과되었다.

관(觀) - 보다

□ 비관
悲 슬플 비 觀 볼 관

인생을 어둡게만 보아 슬프고 절망스럽게 여김. 앞날의 일이 잘 안될 것으로 봄.
▶ 지금의 상황을 **비관**하여 포기하려는 사람도 있지만, 실제로는 낙관적인 측면도 없지 않다.

□ 관념
觀 볼 관 念 생각 념

❶ 어떤 사물이나 현상에 관한 견해나 생각
▶ 이 식당의 종업원들은 위생 **관념**이 철저하지 못하다.
❷ 현실에 의하지 않은 추상적이고 이론적인 생각
▶ 그의 철학은 현실과 동떨어진 **관념**의 유희에 지나지 않는다.

□ 세계관
世 인간 세 界 지경 계
觀 볼 관

세계와 인간의 관계 및 인생의 의의나 가치에 대한 통일적인 관점
▶ 청소년기는 **세계관**이 형성되는 중요한 시기이다.

관(貫) - 꿰다/뚫다

□ 관철
貫 뚫을 관 徹 통할 철

어려움을 뚫고 나아가 목적을 기어이 이룸.
▶ 노조는 요구 사항을 **관철**하기 위해 파업을 벌이기로 결의했다.

□ 관통
貫 꿸 관 通 통할 통

꿰뚫어서 통함. 처음부터 끝까지 일관함.
▶ 한반도를 남북으로 **관통**하는 도로가 건설되었다.

□ 시종일관
始 비로소 시 終 마칠 종
一 한 일 貫 꿸 관

처음부터 끝까지 한결같음.
▶ 그는 **시종일관** 책임을 회피하는 발언을 했다.

[1~10] 다음 풀이에 해당하는 단어를 〈보기〉에서 고르시오.

1. 뒤로 물러감.

2. 모질고 어려운 시련

3. 속내를 꿰뚫어 알아차림.

4. 옳지 않음. 가능하지 않음.

5. 실제의 이름이 아닌 가짜 이름

6. 감각이나 감정이 지나치게 예민함.

7. 자신과 직접적인 관계가 없는 일에 끼어듦.

8. 같이 있던 사람과 헤어지면서 작별을 알림.

9. 어려움을 뚫고 나아가 목적을 기어이 이룸.

10. 다른 사람의 생명이나 신체, 재산, 명예 따위에 해를 끼친 사람

┌─ 보 기 ──────────────────────────────────┐
│ ㉠ 가명   ㉡ 관철   ㉢ 불가   ㉣ 퇴각   ㉤ 간파 │
│ ㉥ 개입   ㉦ 격랑   ㉧ 고별   ㉨ 과민   ㉩ 가해자 │
└──────────────────────────────────────┘

[11~20] 다음 빈칸에 들어갈 알맞은 단어를 〈보기〉에서 고르시오.

11. 최악의 상황을 (   )하고 대책을 세우자.

12. (   )하는 국제 정세에 기민하게 대응해야 한다.

13. 광고는 생산자를 소비자와 (   )하는 역할을 한다.

14. 연구자들이 관찰과 실험을 통해 (   )을/를 검증하였다.

15. 그는 한국 최고의 코미디언이라 해도 (   )이/가 아니다.

16. 헌법 개정안은 국민 투표에 부쳐 (   )을/를 물어야 한다.

17. 중국 시장을 놓고 세계 여러 나라가 (   )을/를 벌이고 있다.

18. 장점이 많은 사람인데도 단점만 (   )되는 것 같아 안타깝다.

19. 경찰은 아버지의 범행을 적극적으로 도운 딸을 (   )(으)로 지목했다.

20. 어려서부터 글쓰기에 (   )을/를 나타냈던 언니는 문예창작과에 진학했다.

┌─ 보 기 ──────────────────────────────────┐
│ ㉠ 가설   ㉡ 가정   ㉢ 가부   ㉣ 부각   ㉤ 두각 │
│ ㉥ 각축   ㉦ 매개   ㉧ 격동   ㉨ 공범   ㉩ 과언 │
└──────────────────────────────────────┘

[21~31] 밑줄 친 단어의 쓰임이 문맥에 맞으면 ◯, 맞지 않으면 ✕에 표시하시오.

21. 화가 난 그는 <u>시종일관</u> 말을 멈추었다. (◯ / ✕)

22. 핵무기는 <u>가공할</u> 파괴력을 지니고 있다. (◯ / ✕)

23. <u>과반수가</u> 넘는 사람들이 개헌에 찬성했다. (◯ / ✕)

24. 그는 젊은 시절에 독립운동에 <u>가담</u>하였다. (◯ / ✕)

25. <u>가용</u> 자원이 한정되어 있으므로 아껴 써야 한다. (◯ / ✕)

26. 부동산 <u>중계</u> 수수료가 지나치게 높다는 비판이 있다. (◯ / ✕)

27. 상황이 너무나 <u>가변적</u>이어서 잠시도 눈을 뗄 수가 없다. (◯ / ✕)

28. 사람들이 많은 곳에 가면 <u>공항</u> 장애 증상이 나타나곤 한다. (◯ / ✕)

29. 전후의 <u>과도기</u>를 거치면서 사회적 혼란은 점차 가라앉기 시작했다. (◯ / ✕)

30. 병원 측의 불성실한 태도에 <u>격앙된</u> 환자 가족들이 경찰 수사를 강력히 요구하였다.
    (◯ / ✕)

31. 불우이웃 성금이 많이 걷힌 것을 보니 세상인심은 여전히 <u>각박하다</u>는 생각이 든다.
    (◯ / ✕)

[32~36] 밑줄 친 말과 바꾸어 쓰기에 가장 적절한 말을 고르시오.

32.
> 과거와 원한에만 파묻혀 살 수는 없다. 이제는 <u>잊을</u> 때이다.

① 개입할   ② 각인할   ③ 간과할
④ 부각할   ⑤ 망각할

33.
> 사람들은 그를 위험한 인물로 <u>간주하고</u> 있다.

① 생각하고   ② 짐작하고   ③ 의심하고
④ 비난하고   ⑤ 경계하고

34.
> 총탄이 가슴을 <u>관통했다.</u>

① 때렸다   ② 스쳤다   ③ 맞혔다
④ 노렸다   ⑤ 꿰뚫었다

35.

> 가장 <u>심하게</u> 반대한 사람은 그의 늙은 부모였다.

① 과감하게 ② 온건하게 ③ 신중하게

④ 격렬하게 ⑤ 담대하게

36.

> 여성 단체까지 힘을 <u>보태</u> 여성 비하 발언을 일삼는 정치인에게 사과를 촉구하였다.

① 가입하여 ② 가세하여 ③ 첨가하여

④ 보충하여 ⑤ 참석하여

도전 문제

37. 다음 중 ㉠, ㉡에 들어갈 말이 순서대로 바르게 나열된 것은?

> 동물들을 그릴 때 정면, 측면, 윗면 가운데 어느 면이 제일 먼저 떠오르는가? 먼저 말을 그려 보자. 말은 일반적으로 옆에서 본 이미지가 가장 먼저 떠오른다. 물고기는 어떤가? 그것도 옆에서 본 이미지이다. 도마뱀을 그려 본다면? 위에서 본 이미지가 제일 먼저 떠오를 것이다. 이런 것들이 우리의 머릿속에 (㉠)된 (㉡)인 이미지 면이다.

	㉠	㉡		㉠	㉡
①	각성	감각적	②	부각	보편적
③	각인	전형적	④	주입	함축적
⑤	포힘	인상적			

[38~40] 다음 글을 읽고, 물음에 답하시오.　　　　　　　　(2009 중3 성취도평가 응용)

> (가) ㉠<u>공유 자원이란 그 자원을 공유하고 있는 사람은 누구나 사용할 수 있지만, 그 양이 한정되어 있어서 누군가 먼저 쓰면 다른 사람은 사용에 제한을 받게 되는 자원을 말한다.</u> 예를 들어 어떤 마을이 공동으로 소유하고 있는 땅에 석유가 매장되어 있다면, 마을 사람들은 누구나 그 석유를 쓸 수 있다. 그러나 어떤 사람이 석유를 마음대로 퍼 간다면 다른 사람들이 쓸 석유가 모자랄 수도 있다. 그때 이 석유를 마을 사람들의 공유 자원이라고 한다.

ⓛ그런데 이 공유 자원을 사용하는 데에는 문제가 따른다. 어느 작은 마을을 상상해 보자. 이 마을의 중요한 경제활동은 양을 기르는 일이다. 마을의 많은 사람들은 양을 길러서 양털을 팔아 생활을 하고 있다. 양들은 대부분의 시간을 마을 공유지인 마을 주변의 초지에서 풀을 뜯어 먹으면서 보낸다. 마을 주민이라면 누구든지 이 초지에서 자신의 양을 먹일 수 있다. 초지의 풀이 풍부하고 양의 숫자가 적다면 아무런 문제가 없다.

그러나 시간이 흘러 마을의 인구가 증가하고 양의 숫자가 증가하면서 문제가 발생한다. 양의 숫자가 늘어나면 한 사람이 자신의 양에게 풀을 먹이는 행위가 다른 사람들이 양을 먹일 수 있는 기회를 제한하게 된다. 즉 다른 사람들이 자신의 양에게 풀을 많이 먹일수록 자연스럽게 나의 양들이 먹을 풀이 줄게 되는 것이다. ⓒ사람들은 더 이상 여유롭게 자신의 양들에게 풀을 먹일 수 없게 된다.

이제 이 마을의 비극이 시작된다. 사람들은 앞다투어 자신의 양에게 풀을 먹이려 들고, 그 결과 애초에 면적이 제한되어 있던 초지는 점점 황무지가 되어 갈 것이다. 결국 양을 기를 수도, 양털을 팔 수도 없는 비극적인 상황이 벌어지고 만다. ⓔ공유 자원을 사용하면서 생길 수 있는 이러한 문제를 '공유 자원의 비극'이라고 한다.

ⓜ이런 공유 자원의 비극을 막을 수 있는 방법은 공유 자원을 개별 소유하는 것이다. 이 마을 같은 경우 마을의 공유지였던 초지를 각자 구획을 나누어 개인이 소유하도록 한다면 초지의 과잉 사용을 막을 수 있다. 사람들은 초지가 공유 자원이었을 때에는 누구나 거저 사용할 수 있기 때문에 각자 소유할 수 있는 양의 숫자를 조절하지 않지만, 초지가 개인 소유가 되면 스스로 양의 숫자를 조절하게 되고 공유 자원의 비극도 막을 수 있게 된다.

(나) (가)의 타당성을 평가하는 글

(가)는 바닷속을 옮겨 다니는 물고기나 땅 밑을 흘러 다니는 지하수처럼 개별적으로 소유하기 힘든 공유 자원도 있다는 점을 ([A])하고 있다. 이런 경우, '공유 자원의 비극'을 막기 위해서는 ([B]) 등처럼 자원의 이용을 적절히 규제하는 것도 고려해 보아야 한다.

38. (가)의 성격을 고려할 때, ⓒ∼ⓔ 중 중심 내용으로 가장 적절한 것은?

① ⓒ　　　　② ⓛ　　　　③ ⓒ　　　　④ ⓔ　　　　⑤ ⓜ

39. [A]에 들어갈 말로 가장 적절한 것은?

① 간파　　② 포착　　③ 간과　　④ 강조　　⑤ 곡해

40. 다음 〈보기〉 중 [B]에 들어갈 사례로 적절한 것을 모두 고르면?

보기

ⓐ 공유 자원인 꽃게의 어획량을 국가별로 할당하는 것

ⓑ 공유 자원인 계곡물을 자유롭게 끌어다 쓸 수 있도록 허용하는 것

ⓒ 공유 자원인 마을의 공터를 개인에게 나누어 주고 각자 자유롭게 경작하도록 하는 것

ⓓ 공유 자원인 무료 운영 휴양림의 하루 입장객 수를 제한하는 것

ⓔ 공유 자원인 밥과 반찬을 급식 시간에 먹고 싶은 만큼 가져다 먹을 수 있도록 하는 것

---

① ⓐ, ⓒ   ② ⓐ, ⓓ   ③ ⓑ, ⓒ

④ ⓑ, ⓔ   ⑤ ⓓ, ⓔ

[정답] 1. ㉣ 2. ㉠ 3. ㉥ 4. ㉢ 5. ㉠ 6. ㉨ 7. ㉡ 8. ㉤ 9. ㉢ 10. ㉧ 11. ㉢ 12. ㉤ 13. ㉟ 14. ㉠ 15. ㉨ 16. ㉢ 17. ㉤ 18. ㉣ 19. ㉨ 20. ㉥ 21. × 22. ○ 23. × 24. ○ 25. ○ 26. × 27. ○ 28. × 29. ○ 30. ○ 31. × 32. ⑤ 33. ① 34. ⑤ 35. ④ 36. ② 37. ③ 38. ⑤ 39. ③ 40. ②

[해설] 21. 시종일관 → 갑자기 23. 과반수 → 반수 26. 중계 → 중개 28. 공항 → 공황 31. 각박하다 → 따뜻하다 39. (가)는 공유 자원의 개별 소유를 문제 해결 방안으로 제시하고 있다. 그러나 (나)는 공유 자원 중에는 개별 소유기 불가능한 것도 있음을 지적하면서 (가)가 이 점을 '충분히 고려하지 않았다고(=간과했다고)' 비판하고 있다. 40. [B] 다음에 이어지는 '자원의 이용을 적절히 규제하는 것'에 해당하는 예를 찾아야 한다.

구(求) - 구하다

□ 추구
追 쫓을 추 求 구할 구

목적을 이룰 때까지 뒤좇아 구함.
▶ 기업은 영리 **추구**를 목적으로 한다.

□ 갈구
渴 목마를 갈 求 구할 구

간절히 바라며 구함.
▶ 그는 민족의 독립을 **갈구**하였다.

□ 구혼
求 구할 구 婚 혼인할 혼

결혼할 상대자를 구함. 결혼을 청함.
▶ 그는 신문에 **구혼** 광고를 냈다. 그녀는 그의 **구혼**을 받아들였다.

□ 구인난
求 구할 구 人 사람 인
難 어려울 난

일할 사람을 구하기 어려움. 또는 그런 상태
▶ 요사이 중소기업들은 **구인난**에 허덕이고 있다.

구(久) - 오래다

□ 유구하다
悠 멀 유 久 오랠 구 ―

지나온 시간이 아득하게 오래다.
▶ 우리 민족은 **유구**한 역사 속에 찬란한 문화를 꽃피워 왔다.

□ 영구
永 길 영 久 오랠 구

어떤 상태가 시간상으로 무한히 이어짐. ≒ 항구(恒 항상 항 久 오랠 구)
▶ 문화재청은 새로 발굴한 문화재를 **영구** 보존하기로 결정하였다.

□ 지구력
持 가질 지 久 오랠 구
力 힘 력

어떤 일을 오래 하거나 버티는 힘
▶ 공부든 운동이든 예술이든 **지구력**이 강한 사람이 성공한다.

규(糾) - 살피다/나무라다

□ 규탄
糾 살필 규 彈 힐책할 탄

잘못이나 옳지 못한 일을 잡아내어 따지고 나무람.
▶ 시민들은 광장에 모여 관계 당국이 약속을 어겼음을 **규탄**하였다.

□ 규명
糾 살필 규 明 밝힐 명

어떤 사실을 자세히 따져서 바로 밝힘.
▶ 주민들은 사건의 진상 **규명**을 촉구하였다.
주의 **구명**(究 연구할 구 明 밝힐 명): 사물의 본질, 원인 따위를 깊이 연구하여 밝힘.
▶ 그 문제의 **구명**에서 무엇보다도 중요한 것은 객관적인 자료의 뒷받침이다.

극(極) - 다하다/한계

☐ **극한**
極 다할 **극** 限 한할 **한**

궁극의 한계. 사물이 진행하여 도달할 수 있는 최후의 단계나 지점

▶ 슬픔이 **극한**에 이르렀다.

주의 극한(極 다할 극 寒 찰 한): 몹시 심하여서 **견디기 어려운 추위**

▶ 긴 겨울 **극한**을 견디어 내고 마침내 새싹들이 돋기 시작했다.

☐ **극형**
極 다할 **극** 刑 형벌 **형**

가장 무거운 형벌

▶ 살인자를 **극형**에 처해야 한다는 여론이 들끓고 있다.

☐ **극단적**
極 다할 **극** 端 끝 **단**
的 ~의 **적**

❶ 길이나 일의 진행이 끝까지 미쳐 더 나아갈 데가 없는. 또는 그런 것

▶ 그는 **극단적** 상황에 몰려 어찔할 바를 몰랐다.

❷ 중용을 잃고 한쪽으로 크게 치우치는. 또는 그런 것

▶ 너의 말은 너무 **극단적**이다.

근(近) - 가깝다

☐ **근황**
近 가까울 **근** 況 상황 **황**

요즈음의 상황

▶ 오랜만에 만난 친구에게 **근황**을 물었다.

☐ **근시안적**
近 가까울 **근** 視 볼 **시**
眼 눈 **안** 的 ~의 **적**

앞날의 일이나 사물 전체를 보지 못하고 눈앞의 부분적인 현상에만 사로잡히는. 또는 그런 것

▶ 이번에 발표된 대책은 **근시안적**이라는 비판을 받고 있다.

☐ **전근대적**
前 앞 **전** 近 가까울 **근**
代 시대 **대** 的 ~의 **적**

근대 이전의 색채를 벗어나지 못한. 또는 그런 것

▶ 우리나라에는 아직도 남존여비의 **전근대적** 관념이 뿌리 깊게 남아 있다.

금(禁) - 금지하다

☐ **엄금**
嚴 엄할 **엄** 禁 금할 **금**

엄하게 금지함.

▶ 위험 시설이므로 출입을 **엄금**합니다.

참고 금지(禁 금할 금 止 그칠 지): 법이나 규칙이나 명령 따위로 어떤 행위를 **하지 못하도록 함.**

▶ 미술관에서는 촬영을 **금지**하고 있다.

☐ **금단**
禁 금할 **금** 斷 끊을 **단**

어떤 행위를 하지 못하도록 금함. 어떤 구역에 드나들지 못하도록 막음.

▶ 출입 금지 팻말이 없었음에도 불구하고 그 곳은 **금단**의 구역처럼 느껴졌다.

담배를 끊은 아버지가 **금단** 현상으로 고생하고 계시다.

☐ **금기**
禁 금할 **금** 忌 꺼릴 **기**

❶ 마음에 꺼려서 하지 않거나 피함.
▶ 우리들 사이에는 서로의 점수를 묻지 않는다는 <u>금기</u>가 있었다.
❷ 어떤 사회에서 부정한 것이라고 생각되는 것에 대한 접촉을 신앙적인 차원에서 금하는 풍습
▶ 회교도들은 돼지고기가 <u>금기</u>라서 먹을 수 없다.

급(急) - 급하다

☐ **급랭**
急 급할 **급** 冷 찰 **랭**

급속히 얼리거나 식힘.
▶ 잡은 고기를 <u>급랭</u>하여 보관하였다.

☐ **급락**
急 급할 **급** 落 떨어질 **락**

물가나 시세 따위가 갑자기 떨어짐.
▶ 부동산 경기의 침체로 집값이 <u>급락</u>하고 있다.
↔ **급등**(急 급할 급 騰 오를 등): 물가나 시세 따위가 갑자기 **오름**.
▶ 주택 가격 <u>급등</u>으로 집 없는 서민들이 고통을 겪고 있다.

☐ **급습**
急 급할 **급** 襲 엄습할 **습**

갑자기 공격함. 또는 그런 공격
▶ 방심하고 있다가 적으로부터 <u>급습</u>을 당했다.

☐ **급선무**
急 급할 **급** 先 먼저 **선**
務 힘쓸 **무**

무엇보다도 먼저 서둘러 해야 할 일
▶ 수학 성적을 중간 이상으로 올리는 것이 <u>급선무</u>이다.

기(棄) - 버리다/그만두다

☐ **유기**
遺 남길 **유** 棄 버릴 **기**

내다 버림.
▶ 휴가철이면 반려견을 <u>유기</u>하는 사람들이 늘어난다.

☐ **폐기**
廢 폐할 **폐** 棄 버릴 **기**

못 쓰게 된 것을 버림. 조약, 법령, 약속 따위를 무효로 함.
▶ 위원회는 시설물의 유지·보수보다는 <u>폐기</u>를 건의하였다.
상대국이 일방적으로 조약의 <u>폐기</u>를 통보해 왔다.

☐ **방기**
放 놓을 **방** 棄 버릴 **기**

어떤 책임과 의무 따위를 내버리고 돌보지 않음.
▶ 학생회장 선거에 기권하는 것은 우리의 권리와 의무를 <u>방기</u>하는 것이다.

☐ **기권**
棄 버릴 **기** 權 권리 **권**

투표, 의결, 경기 등에 참가할 수 있는 권리를 스스로 포기하고 행사하지 아니함.
▶ 그는 부상이 심해서 경기에 <u>기권</u>을 할 수밖에 없었다.

기(旣) - 이미

☐ **기존**
旣 이미 **기** 存 있을 **존**

이미 존재함.
▶ 신제품은 <u>기존</u> 제품보다 훨씬 싸면서도 성능이 뛰어나다.

☐ **기정사실**
旣 이미 **기** 定 정할 **정**
事 일 **사** 實 열매 **실**

이미 결정되어 있는 사실
▶ 가족들은 그의 합격을 <u>기정사실</u>로 받아들이고 있었다.

☐ **기득권**
旣 이미 **기** 得 얻을 **득**
權 권리 **권**

이미 차지한 권리
▶ 그는 사장으로서의 <u>기득권</u>을 포기하기로 마음먹었다.

☐ **기시감**
旣 이미 **기** 視 볼 **시**
感 느낄 **감**

한 번도 경험한 일이 없는 상황이나 장면이 언제, 어디에선가 이미 경험한 것처럼 친숙하게 느껴지는 일 ≒ 데자뷰(deja vu)
▶ 이렇게 그와 마주앉고 보니 묘한 <u>기시감</u>이 느껴졌다.

기(忌) - 꺼리다/시기하다

☐ **시기**
猜 시기할 **시** 忌 꺼릴 **기**

남이 잘되는 것을 샘하여 미워함.
▶ 동료들은 초고속으로 승진한 그를 부러워하면서 한편으로는 <u>시기</u>했다.

☐ **기피**
忌 꺼릴 **기** 避 피할 **피**

꺼리거나 싫어하여 피함.
▶ 남녀를 막론하고 결혼을 <u>기피</u>하는 풍조가 확산되고 있다.

☐ **기탄없이**
忌 꺼릴 **기** 憚 꺼릴 **탄** ―

어려움이나 거리낌이 없이
▶ 원하는 바를 <u>기탄없이</u> 말씀해 주십시오.

농(濃) - 짙다

☐ **농축**
濃 짙을 **농** 縮 줄일 **축**

액체를 진하게 또는 바짝 졸임.
▶ 여러 약재를 <u>농축</u>하여 진액을 만들었다.

☐ **농후하다**
濃 짙을 **농** 厚 두터울 **후** ―

맛, 빛깔, 성분 따위가 매우 짙다. 어떤 경향이나 기색 따위가 뚜렷하다.
▶ 개에게 단백질이 <u>농후</u>한 사료를 주었다.
그 단체는 종교적인 색채가 <u>농후</u>하다.

☐ **농염**
濃 짙을 **농** 艶 고을 **염**

한껏 무르익은 아름다움
▶ 그녀는 30대의 <u>농염</u>한 아름다움을 지니고 있었다.

다(多) - 많다

□ **다발**
多 많을 다 發 일어날 발

많이 발생함.
▶ 사고 다발 지역

□ **다사다난**
多 많을 다 事 일 사
多 많을 다 難 어려울 난

여러 가지 일도 많고 어려움이나 탈도 많음.
▶ 다사다난했던 한 해가 저물고 있다.

□ **다도해**
多 많을 다 島 섬 도
海 바다 해

많은 섬이 흩어져 있는 바다 위의 구역
▶ 방학 중에 부모님과 다도해 관광을 다녀왔다.

□ **공사다망**
公 공평할 공 私 사사로울 사
多 많을 다 忙 바쁠 망

공적·사적인 일 따위로 매우 바쁨.
▶ 공사다망하신 중에도 틈을 내어 이렇게 찾아주셔서 감사합니다.

□ **파다하다**
播 뿌릴 파 多 많을 다 ―

소문 따위가 널리 퍼져 있다.
▶ 내일 아침이면 소문이 파다하게 퍼질 것이다.

단(斷) - 끊다

□ **단절**
斷 끊을 단 絶 끊을 절

유대나 연관 관계를 끊음. 흐름이 연속되지 아니함.
▶ 그는 외부 세계와 단절된 채 살고 있다. 전통이 단절되다.

□ **단언**
斷 끊을 단 言 말씀 언

주저하지 아니하고 딱 잘라 말함.
▶ 둘 중 어느 쪽이 옳은지를 단언하기는 어렵다.

□ **무단**
無 없을 무 斷 끊을 단

사전에 허락이 없음. 또는 아무 사유가 없음.
▶ 건널목을 무단으로 횡단하면 안 된다. 무단가출. 무단결석
주의 무단(武 무인 무 斷 끊을 단): 무력이나 억압을 써서 강제로 행함.
▶ 농성 중인 학생들이 총장실을 무단으로 점거하였다.
일제의 문화 정치는 무단 정치보다 더 가혹했다.

단(單) - 혼자

□ **단독**
單 홑 단 獨 홀로 독

단 한 사람. 단 하나
▶ 그는 그 사건을 단독으로 처리하였다.
요즘은 아파트를 떠나 단독 주택에서 사는 사람들이 늘고 있다.

□ 단세포

單 홑 단 細 가늘 세
胞 세포 포

하나의 개체가 한 개의 세포로 이루어진 것

▶ 짚신벌레, 아메바 등이 대표적인 **단세포**생물이다.

↔ 다세포(多 많을 다 細 가늘 세 胞 세포 포): 한 생물체 안에 여러 개의 세포가 있는 것

▶ **다세포** 생물은 체세포 분열을 통해 생장과 손상된 조직의 재생이 이루어진다.

□ 단도직입

單 홑 단 刀 칼 도
直 곧을 직 入 들 입

(혼자서 칼 한 자루를 들고 적진으로 곧장 쳐들어감. ➡) 여러 말을 늘어놓지 아니하고 바로 요점이나 본문제를 중심적으로 말함.

▶ 여러 말 할 것 없이 **단도직입**으로 묻겠다.

달(達) - 통달하다

□ 통달

通 통할 통 達 통달할 달

사물의 이치나 지식, 기술 따위를 훤히 알거나 아주 능란하게 함.

▶ 그 사람은 천문, 지리에 관해서는 모든 것을 **통달**했다.

□ 달인

達 통달할 달 人 사람 인

학문이나 기예에 통달하여 남달리 뛰어난 역량을 가진 사람

▶ 영어의 **달인**이 되는 것이 나의 목표이다.

□ 달변

達 통달할 달 辯 말씀 변

능숙하여 막힘이 없는 말

▶ 그는 **달변**으로 나를 설득하였다.

↔ 눌변(訥 말더듬거릴 눌 辯 말씀 변): 서툴게 더듬거리는 말솜씨

▶ 비록 **눌변**이었지만 그 학생의 말은 진실하여 우리의 가슴에 와 닿았다.

[1~10] 다음 풀이에 해당하는 단어를 〈보기〉에서 고르시오.

1. 이미 존재함.

2. 궁극의 한계

3. 이미 차지한 권리

4. 한껏 무르익은 아름다움

5. 마음에 꺼려서 하지 않거나 피함.

6. 물가나 시세 따위가 갑자기 오름.

7. 남이 잘되는 것을 샘하여 미워함.

8. 무엇보다도 먼저 서둘러 해야 할 일

9. 사전에 연락이나 허락이 없음.

10. 잘못을 들추어내어 따지고 나무람.

┌─ 보 기 ─┐

⊙ 규탄   ⓛ 극한   ⓒ 금기   ⓔ 급등   ⓜ 급선무

ⓗ 기득권   ⓢ 기존   ⓞ 시기   ⓩ 농염   ⓧ 무단

[11~20] 다음 빈칸에 들어갈 알맞은 단어를 〈보기〉에서 고르시오.

11. 이 주스는 사과를 (   )하여 만든 것이다.

12. 빙 돌려 말하지 말고 (   )(으)로 말해 주십시오.

13. 우리는 (   )했던 여정을 무사히 마치고 집으로 돌아왔다.

14. 여기는 사고가 (   )하는 곳이니 조심해서 운전해야 한다.

15. 가스 보관소 입구에 화기 (   )(이)라는 팻말이 붙어 있었다.

16. 양파 값이 (   )하여 양파 재배 농가들이 어려움을 겪고 있다.

17. 그는 한식은 물론 일식, 중식, 양식까지 모든 요리에 (   )했다.

18. (   )하시겠지만 혼자 사시는 노인들을 잊지 말고 살펴 주십시오.

19. 두 후보자 모두 마음에 들지 않으므로 이번 선거에서는 (   )을/를 하겠다.

20. 그 회사는 숙련된 노동자들이 한꺼번에 퇴사한 후 한동안 (   )을/를 겪었다.

┌─ 보 기 ─┐

⊙ 구인난   ⓛ 엄금   ⓒ 급락   ⓔ 기권   ⓜ 농축

ⓗ 다발   ⓢ 통달   ⓞ 공사다망   ⓩ 다사다난   ⓧ 단도직입

[21~30] 밑줄 친 단어의 쓰임이 문맥에 맞으면 ○, 맞지 않으면 ×에 표시하시오.

21. 노사가 <u>극단적으로</u> 대치하고 있다. (○ / ×)

22. 선생님께 30년 전의 <u>근황</u>을 여쭈었다. (○ / ×)

23. 그가 하는 짓을 보면 사기성이 <u>농후하다</u>. (○ / ×)

24. 그가 도망쳤다는 유언비어가 <u>파다하게</u> 퍼졌다. (○ / ×)

25. 이 광경은 처음이 아닌 것 같은 <u>기시감</u>이 든다. (○ / ×)

26. 언론은 그가 선거에 출마하는 것을 <u>기정사실</u>로 다루고 있었다. (○ / ×)

27. 비록 말주변이 없어 <u>달변</u>이지만 진심만은 알아주시기 바랍니다. (○ / ×)

28. 그는 대인 공포증이 있어서 처음 만나는 사람과도 <u>기탄없이</u> 이야기한다. (○ / ×)

29. 20년, 30년 후의 변화된 도시 모습까지 고려하는 <u>근시안적인</u> 행정이 필요하다. (○ / ×)

30. 노동자를 하인 다루듯 하는 일부 <u>전근대적인</u> 기업주들이 노사 갈등을 일으키고 있다.
(○ / ×)

[31~36] 밑줄 친 말과 바꾸어 쓰기에 가장 적절한 말을 고르시오.

31.
> 정부에서는 대책 위원회를 만들어 사고 원인을 <u>규명하기로</u> 결정하였다.

① 없애기로　　② 밝히기로　　③ 고치기로　　④ 감추기로　　⑤ 뒤집기로

32.
> 자신들이 낳은 아기를 <u>내다 버린</u> 비정한 부부가 체포되었다.

① 포기한　　② 폐기한　　③ 유기한　　④ 투기한　　⑤ 방기한

33.
> 우리는 오랜 세월 동안 조국의 독립을 <u>간절히 원하였다</u>.

① 촉구하였다　② 추구하였다　③ 요구하였다　④ 탐구하였다　⑤ 갈구하였다

34.
> 경기가 하강 국면으로 접어들자 기업들이 투자를 <u>꺼리고</u> 있다.

① 연기하고　　② 중단하고　　③ 기피하고　　④ 금지하고　　⑤ 염원하고

35.
> 세월이 많이 흐르면서 나는 옛 친구와 교우 관계가 <u>단절되었다</u>.

① 생겼다　　② 끊겼다　　③ 이어졌다　　④ 멀어졌다　　⑤ 튼튼해졌다

36.
> 우리는 <u>유구한</u> 전통을 보전해야 한다.

① 오랜　　② 많은　　③ 독특한　　④ 아름다운　　⑤ 자랑스러운

[37~39] 다음 글을 읽고, 물음에 답하시오.

(가) '만지지 마시오.'라는 푯말을 보면 그 전시물을 더 만지고 싶어진다. 하지 말라고 하면 이상하게 더 하고 싶어지는 것이 사람 마음이다. ㉠금지된 것은 왜 더 하고 싶어지는 걸까? 그리고 외부로부터의 강압적 지시는 왜 어기고 싶은 걸까?

(나) ○○대학에서는 화장실에 낙서를 금지하는 경고문을 붙였다. 하나는 '낙서 엄금!'이라는 강력한 경고문이었으며, 다른 하나는 '낙서를 하지 마세요.'라는 부드러운 어조의 경고문이었다. 두 경우를 비교했더니 강력한 금지 문구 밑에 오히려 더 낙서가 많았다. 이처럼 사람들은 외부의 압력이 강력할수록 도리어 금지된 행동을 더 많이 하는 경향이 있다.

(다) 인간은 자신과 주변 세계를 자신이 통제하려는 욕구를 가지고 있다. 그래서 외부에서 자신의 행동을 통제하려 하면 강력히 반발한다. 강하게 금지 당할수록 반발심은 더욱 커진다. 경고문이 없다면 낙서를 하지 않았을 사람들까지 반발하게 한다.

(라) 이런 심리는 어릴 때부터 나타난다. 발달심리학자 코찬스카는 아이의 어머니로 하여금 아이에게 두 가지 사항을 지시하게 하는 실험을 하였다. 첫째, 선반 위에 놓인 장난감을 만지지 말 것. 둘째, 바닥에 어질러진 장난감들을 깨끗이 치울 것. 그 결과 어머니의 지시가 강압적일수록 아이는 선반 위의 장난감을 더 많이 만지고, 장난감 치우는 일을 더 쉽게 포기한다는 사실을 알게 되었다. 반면 규칙을 지켜야 하는 이유를 아이가 이해할 수 있도록 설명해 줄 때 아이는 자신을 더 잘 통제한다는 사실도 알게 되었다.

(마) 인간에게 하지 말라는 금지는 너무나 매력적인 것이다. 내버려 두면 하지 않을 일도 하지 말라고 하면 오히려 한 번 더 돌아보게 된다. 꼭 지켜야 할 규칙이라면, 그리고 그것이 중요하다면, 하지 말라는 무조건적인 강압만으로는 불충분하다. 일방적으로 강요하기보다는 규칙 자체의 필요성을 이해하게 해야 한다. 이해가 되면 자발적으로 규칙을 따르게 되기 때문이다. 이는 하지 말라는 것만 강요하는 사회, 지나치게 억압적인 사회에서는 어려운 일이다.

37. 단락별 중심 내용을 바르게 나타낸 것은? (2008 중3 성취도평가)

① (가): 금지의 내용을 담은 푯말은 없는 것이 낫다.

② (나): ○○대학에서는 경고가 강력할수록 사람들이 낙서를 더 많이 했다.

③ (다): 외부에서 통제를 가하면 사람들은 스스로 통제하는 능력을 잃어버린다.

④ (라): 아이들은 강압적인 지시보다 설명을 들을 때 규칙을 더 잘 지킨다.

⑤ (마): 인간의 자유가 보장되는 사회에서는 규칙이 잘 지켜진다.

38. 윗글과 〈보기〉를 비교한 내용으로 적절하지 <u>않은</u> 것은? (2008 중3 성취도평가 응용)

> **보 기**
>
> 자녀의 게임 중독을 치료하려면 게임을 못하게 하기보다 자제력을 길러주는 것이 좋다. 그러나 스스로 통제하지 못하는 아이라면 일정 기간 동안 게임은 물론 컴퓨터 사용을 아예 금지하는 것도 고려해 보아야 한다. 처음에는 불안, 초조, 분노 등의 금단 증세가 나타날 수 있지만, 힘든 고비를 넘기면 서서히 정상을 회복한다.

① 윗글과 〈보기〉는 모두 자제력을 중시하고 있다.

② 윗글과 〈보기〉는 모두 금지의 강도를 문제 삼고 있다.

③ 윗글과 달리 〈보기〉는 강압적 통제의 필요성을 인정하고 있다.

④ 윗글은 일반적 경우에, 〈보기〉는 특수한 경우에 초점을 맞추고 있다.

⑤ 윗글은 반발을, 〈보기〉는 금단 증세를 금지의 부작용으로 제시하고 있다.

39. 밑줄 친 말이 ㉠의 의미를 담고 있지 <u>않은</u> 것은?

① 여학생 기숙사는 <u>금남</u>의 구역이다.

② 그는 수도원에서 <u>금욕적인</u> 생활을 하고 있다.

③ 아버지는 새해를 맞으면서 <u>금연</u>을 선언하셨다.

④ 어족 자원을 보호하기 위해서 <u>금어기</u>를 설정하고 있다.

⑤ 진실만을 쓰라는 말은 글 쓰는 자가 명심해야 할 <u>금언</u>이다.

[정답] 1. ④ 2. ㉡ 3. ㉥ 4. ㉗ 5. ㉢ 6. ㉣ 7. ◎ 8. ㉤ 9. ㉘ 10. ㉠ 11. ㉦ 12. ㉻ 13. ㉛ 14. ㉧ 15. ㉢ 16. ㉣ 17. ㉮ 18. ◎ 19. ㉣ 20. ㉠ 21. ○ 22. × 23. ○ 24. ○ 25. ○ 26. ○ 27. × 28. × 29. × 30. ○ 31. ② 32. ③ 33. ⑤ 34. ③ 35. ② 36. ① 37. ④ 38. ② 39. ⑤

[해설] 27. 달변 → 눌변 32. ⑤ '내버리고 아예 돌아보지 아니하다.'라는 의미로, 주로 권리나 책임과 관련해서 사용하는 말이다. 37. 중심 내용은 일반적 진술이어야 한다. ①, ②는 구체적 사례에 대한 진술로 적절하지 않고 ③, ⑤는 단락의 내용과 거리가 있다. 39. ① 금남(禁男): 남자의 출입이나 접근을 금함. ② 금욕적(禁慾的)인: 욕구나 욕망을 억제하고 금하는 ③ 금연(禁煙): 담배를 피우는 것을 금함. ④ 금어기(禁漁期): 고기잡이를 금지하는 기간 ⑤ 금언(金言): 삶에 본보기가 될 만한 귀중한 내용을 담고 있는 짧막한 어구

12 | 답~려

답(踏) - 밟다

□ **답사**
踏 밟을 답 查 조사할 사

현장에 직접 가서 보고 조사함.
▶ 어제 경복궁으로 **답사**를 다녀왔다.

□ **답보**
踏 밟을 답 步 걸음 보

상태가 나아가지 못하고 한자리에 머무름. = 제자리걸음
▶ 경제 성장률이 **답보** 상태에 머물고 있다.

□ **답습**
踏 밟을 답 襲 인습할 습

예로부터 해 오던 방식이나 수법을 좇아 그대로 행함.
▶ 전통의 창조적 계승과 무조건적인 **답습**은 구별되어야 한다.

대(對) - 대하다

□ **대면**
對 대할 대 面 낯 면

서로 얼굴을 마주 보고 대함.
▶ 두 사람은 처음으로 **대면**했지만 편안한 느낌이 들었다.

□ **응대**
應 응할 응 對 대할 대

부름이나 물음 또는 요구 따위에 응하여 상대함.
▶ 그 사람은 몇 번을 거듭해서 물어도 한 마디도 **응대**하지 않았다.
주의 대응(對 대할 대 應 응할 응): 어떤 일이나 사태에 맞추어 태도나 행동을 취함. 어떤 두 대상이 주어진 어떤 관계에 의하여 서로 짝이 되는 일
▶ 화재가 발생하면 신속하게 **대응**해야 한다. A와 B는 **대응** 관계를 이루고 있다.

□ **적대**
敵 대적할 적 對 대할 대

상대를 적으로 대함. 또는 적과 같이 대함. 마주 대하여 버팀.
▶ 정부는 우리나라에 대한 **적대** 행위 중단을 상대국에 요구하였다.

대(代) - 대신하다

□ **대체**
代 대신할 대 替 바꿀 체

대신할 만한 것으로 바꿈.
▶ 선생님이 중간고사를 보고서로 **대체**하겠다고 말씀하셨다.

□ **대안**
代 대신할 대 案 안건 안

어떤 안(案)을 대신하는 안
▶ 저의 생각에 동의하지 않는다면 **대안**을 말씀해 주십시오.

□ **대변인**
代 대신할 대 辯 말씀 변
人 사람 인

어떤 사람이나 단체를 대신하여 의견이나 태도를 밝혀 말하는 사람
▶ 청와대 **대변인**이 대통령의 입장을 발표하였다.

122

도(到) - 이르다

□ 도처
到 이를 도 處 곳 처

이르는 곳. 여러 곳. 가는 곳마다
▶ 도처에 위험이 도사리고 있으니 항상 조심해야 한다.

□ 도래
到 이를 도 來 올 래

어떤 시기나 기회가 닥쳐옴.
▶ 이 시는 민주주의의 도래에 대한 열망을 노래하고 있다.
주의 도래(渡 건널 도 來 올 래): ① 물을 건너서 옴. ▶ 우포늪에 철새가 도래하였다.
② 외부에서 전해져 들어옴. ▶ 서구 문물이 도래하여 우리 생활에 영향을 끼쳤다.

□ 쇄도
殺 빠를 쇄 / 죽일 살
到 이를 도

전화, 주문 따위가 한꺼번에 빠르고 세차게 몰려듦. 어떤 곳을 향하여 세차게 달려듦.
▶ 세계적인 문학상을 수상한 작가에게 인터뷰 요청이 쇄도하였다.
공격수가 문전으로 쇄도하면서 공을 골문으로 차 넣었다.

도(導) - 이끌다

□ 주도
主 주인 주 導 이끌 도

주동적인 처지가 되어 이끎.
▶ 최근 서비스 요금 인상이 물가 상승을 주도하고 있다.

□ 도출
導 이끌 도 出 날 출

판단이나 결론 따위를 이끌어 냄.
▶ 협상이 계속 진행되었지만 결론 도출은 매우 어려울 것이다.

□ 도화선
導 이끌 도 火 불 화
線 줄 선

폭약이 터지도록 불을 붙이는 심지. 사건이 일어나게 된 직접적인 원인
▶ 인부가 도화선에 불을 붙였다.
사소한 오해가 싸움의 도화선이 되었다.

도(倒) - 넘어지다

□ 도산
倒 넘어질 도 産 재산 산

재산을 모두 잃고 망함.
▶ 그는 무리하게 사업을 확장하다가 도산하였다.

□ 압도
壓 누를 압 倒 넘어질 도

눌러서 넘어뜨림. 훨씬 뛰어난 힘이나 재주로 남을 눌러 꼼짝 못 하게 함.
▶ 그는 뛰어난 연기력으로 관객을 압도했다.
참고 압도적(壓 누를 압 倒 넘어질 도 的 ~의 적): 훨씬 뛰어난 힘이나 재주로 남을 눌러 꼼짝 못 하게 하는. 또는 그런 것
▶ 그는 국민들의 압도적 지지로 대통령에 당선되었다.

□ 매도
罵 꾸짖을 매 倒 넘어질 도

심하게 욕하며 나무람. 심하게 나쁜 쪽으로 몰아세움.
▶ 사람들은 나를 기회주의자라고 매도하였다.

도(徒) - 무리

☐ **공학도**
工 장인 **공** 學 배울 **학** 徒 —

공학을 전문적으로 배우고 연구하는 사람

▶ 대학생인 형은 전자공학을 전공하는 **공학도**이다.

☐ **광신도**
狂 미칠 **광** 信 믿을 **신** 徒 —

이성을 잃고 무비판적으로 종교를 믿는 사람

▶ 길거리에서 세상의 종말을 외치는 **광신도**를 보았다.

☐ **폭도**
暴 사나울 **폭** 徒 무리 **도**

폭동을 일으키거나 폭동에 가담한 사람

▶ 군대를 투입하여 **폭도**를 소탕하였다.

독(獨) - 홀로

☐ **독점**
獨 홀로 **독** 占 점령할 **점**

다른 사람과 나누어 가져야 할 것을 혼자서 모두 차지함. = 독차지(獨 — —)

▶ 우리 회사에서 생산한 부품이 대기업에 **독점** 공급되고 있다.

☐ **독단**
獨 홀로 **독** 斷 끊을 **단**

남과 상의하지도 않고 혼자서 판단하거나 결정함.

▶ 사장은 직원들의 의견을 듣지 않고 **독단**으로 일을 처리했다.

☐ **독선**
獨 홀로 **독** 善 착할 **선**

자기 혼자만이 옳다고 믿고 행동함.

▶ 다른 사람의 비판을 무시하는 **독선**이 정치인으로서 그가 지닌 치명적 약점이다.

☐ **독보적**
獨 홀로 **독** 步 걸음 **보** 的 —

남이 감히 따를 수 없을 정도로 홀로 뛰어남. 또는 그런 것

▶ 우리나라는 반도체 산업에서 **독보적** 위치에 있다.

둔(鈍) - 둔하다

☐ **둔감**
鈍 둔할 **둔** 感 느낄 **감**

무딘 감정이나 감각. 감정이나 감각이 무딤.

▶ 유행에 **둔감**한 그녀의 옷차림은 친구들의 지적을 받곤 한다.

↔ 민감(敏 민첩할 **민** 感 느낄 **감**): 예민한 감각. 반응이 날카롭고 빠름.

▶ 청소년의 경우 언어적인 면보다는 시각적인 면에 더 **민감**하게 반응한다.

☐ **둔재**
鈍 둔할 **둔** 才 재주 **재**

둔한 재주. 또는 재주가 둔한 사람

▶ 그는 **둔재** 소리를 들었지만, 꾸준히 노력한 끝에 시험에 합격했다.

☐ **둔각**
鈍 둔할 **둔** 角 각도 **각**

(둔한 각 ➡) 90도보다는 크고 180도보다는 작은 각

▶ 제시된 **둔각** 삼각형의 넓이를 구하시오.

참고 직각(直 곧을 **직** 角 각도 **각**): (곧은 각 ➡) 두 직선이 만나서 이루는 90도의 각
예각(銳 날카로울 **예** 角 각도 **각**): (날카로운 각 ➡) 직각보다 작은 각

124

☐ **둔화**

鈍 둔할 **둔** 化 될 **화**

변하거나 움직이는 속도가 느리고 무디어짐.

▶ 최근 들어 우리나라 인구 증가율이 <u>둔화</u>되고 있다.

득(得) - 얻다

☐ **득세**

得 얻을 **득** 勢 형세 **세**

세력을 얻음. 형세가 유리해짐.

▶ 일제 강점기에는 친일파들이 <u>득세</u>하였다.

↔ **실세(失** 잃을 **실 勢** 형세 세): 세력을 잃음.

▶ 정약용은 <u>실세</u>한 남인 가문의 후예였는데, 정조가 그의 재능을 알아보았다.

☐ **득의**

得 얻을 **득** 意 뜻 **의**

일이 뜻대로 이루어져 만족해하거나 뽐냄. 또는 그런 태도

▶ 일이 계획대로 돌아가자 그는 <u>득의</u>의 미소를 지었다.

참고 득의만만(得 얻을 득 意 뜻 의 滿 찰 만 滿 찰 만)하다: 뜻한 것을 이루어 **뽐내는** 기색이 가득하다. ▶ 적장의 항복을 받아낸 장군은 <u>득의만만한</u> 표정을 짓고 있었다.

☐ **납득**

納 들일 **납** 得 얻을 **득**

다른 사람의 말이나 행동, 형편 따위를 잘 알아서 긍정하고 이해함.

▶ 그는 간혹 <u>납득</u>이 안 가는 행동을 한다.

☐ **체득**

體 몸 **체** 得 얻을 **득**

몸소 체험하여 알게 됨.

▶ 머리로만 아는 것보다는 실제 경험을 통한 <u>체득</u>이 더 중요하다.

라(羅) - 벌이다

☐ **망라**

網 그물 **망** 羅 벌일 **라**

(물고기나 새를 잡는 그물 ➡) 널리 받아들여 모두 포함함.

▶ 이번 공연은 인기 있는 아이돌 그룹을 <u>망라</u>하고 있다.

☐ **나열**

羅 벌일 **라** 列 벌일 **열**

죽 벌여 놓음. 또는 죽 벌여 있음.

▶ 글감의 <u>나열</u>만으로 좋은 글이 되는 것은 아니다.

락(落) - 떨어지다

☐ **전락**

轉 구를 **전** 落 떨어질 **락**

아래로 굴러 떨어짐. 나쁜 상태나 타락한 상태에 빠짐.

▶ 명문가의 자손인 그가 사기꾼으로 <u>전락</u>하고 말았다.

☐ **낙담**

落 떨어질 **락** 膽 쓸개 **담**

(간이 떨어지는 듯함. ➡) 바라던 일이 뜻대로 되지 않아 마음이 몹시 상함.

▶ 시험에 떨어진 그는 <u>낙담</u>이 이만저만이 아니었다.

☐ **낙후**

落 떨어질 **락** 後 뒤 **후**

기술이나 문화, 생활 따위의 수준이 일정한 기준에 미치지 못하고 뒤떨어짐.

▶ 공업의 <u>낙후</u>로 이 지역은 크게 발달하지 못하였다.

람(濫) - 넘치다

☐ **범람**
氾 넘칠 **범** 濫 넘칠 **람**

큰물이 흘러넘침. 바람직하지 못한 것들이 마구 쏟아져 돌아다님.
▶ 홍수로 인한 하천의 <u>범람</u>을 막기 위해 제방을 쌓았다.
불량 식품의 <u>범람</u>으로 국민의 건강이 크게 위협받고 있다.

☐ **남발**
濫 넘칠 **람** 發 필 **발**

법령이나 지폐, 증서 따위를 마구 공포하거나 발행함. 어떤 말이나 행동 따위를 자꾸 함부로 함.
▶ 원화의 <u>남발</u>로 환율이 크게 올랐다. 후보들은 지키지도 못할 공약을 <u>남발</u>하였다.

☐ **남용**
濫 넘칠 **람** 用 쓸 **용**

일정한 기준이나 한도를 넘어서 함부로 씀. 권리나 권한 따위를 본래의 목적이나 범위를 벗어나 함부로 행사함. ▶ 약물을 <u>남용</u>하면 건강을 해칠 우려가 있다.
권력의 <u>남용</u>과 부정을 막을 수 있는 제도적 장치가 필요하다.
주의 오용(誤 그릇할 오 用 쓸 용): 잘못 사용함. ▶ 약물 <u>오용</u>으로 부작용이 생겼다.
과용(過 지날 과 用 쓸 용): 정도에 지나치게 씀. ▶ 그는 수면제 <u>과용</u>으로 사망하였다.

랭(冷) - 차다

☐ **냉정하다**
冷 찰 **랭** 靜 고요할 **정** —

생각이나 행동이 감정에 좌우되지 않고 침착하다. ▶ 지금은 <u>냉정해야</u> 한다.
주의 냉정(冷 찰 냉 情 뜻 정)하다: 태도가 정다운 맛이 없고 차갑다.
▶ 그는 나의 호의를 <u>냉정하게</u> 뿌리쳤다.

☐ **냉철하다**
冷 찰 **랭** 徹 통할 **철** —

생각이나 판단 따위가 감정에 치우치지 않고 침착하며 사리에 밝다.
▶ 강 선생님은 사적으로 만나면 더없이 따뜻하지만, 공적인 일을 처리할 때는 <u>냉철하기</u> 그지없다.

☐ **냉혹하다**
冷 찰 **랭** 酷 심할 **혹** —

차갑고 혹독하다.
▶ 시인은 일제 강점하의 <u>냉혹한</u> 현실로 인해 고통스러워했다.

☐ **냉대**
冷 찰 **랭** 待 대접할 **대**

정성을 들이지 않고 아무렇게나 하는 대접 = 푸대접
▶ 집에 찾아온 손님을 <u>냉대</u>하지 않는 것이 우리 민족의 전통이다.

려(勵) - 힘쓰다

☐ **격려**
激 격할 **격** 勵 힘쓸 **려**

용기나 의욕이 솟아나도록 북돋아 줌.
▶ 선배는 시험을 앞두고 불안해하는 나를 따뜻하게 <u>격려</u>해 주었다.

☐ **장려**
獎 장려할 **장** 勵 힘쓸 **려**

좋은 일에 힘쓰도록 북돋아 줌.
▶ 정부에서 출산 <u>장려</u> 정책을 발표하였다.

☐ **독려**
督 감독할 **독** 勵 힘쓸 **려**

감독하며 격려함.
▶ 감독이 선수들을 잘 <u>독려</u>하여 역전에 성공하였다.

[1~10] 다음 풀이에 해당하는 단어를 〈보기〉에서 고르시오.

1. 가는 곳마다

2. 세력을 얻음.

3. 재주가 둔한 사람

4. 혼자서 모두 차지함.

5. 어떤 안을 대신하는 안

6. 자기 혼자만이 옳다고 믿고 행동함.

7. 정성을 들이지 않고 아무렇게나 하는 대접

8. 상태가 나아가지 못하고 한자리에 머무름.

9. 남과 상의하지도 않고 혼자서 판단하거나 결정함.

10. 권리나 권한 따위를 본래의 목적이나 범위를 벗어나 함부로 행사함.

┌─ 보 기 ┐
| ㉠ 답보 | ㉡ 대안 | ㉢ 도처 | ㉣ 독점 | ㉤ 독단 |
| ㉥ 독선 | ㉦ 둔재 | ㉧ 득세 | ㉨ 남용 | ㉩ 냉대 |

[11~20] 다음 빈칸에 들어갈 알맞은 단어를 〈보기〉에서 고르시오.

11. 얼마 전부터 내가 모임을 (   )하게 되었다.

12. 그는 나를 배척하지만 나는 아무런 (   ) 감정도 없다.

13. 무원칙한 징계의 (   )은/는 감정적인 반발만 가져올 뿐이다.

14. 기업들의 (   )이/가 속출하면서 대량 실업 사태가 발생했다.

15. 이 책은 남북한 언어에 관련된 모든 주제들을 (   )하고 있나.

16. 정보화 시대가 (   )하면서 정보의 불평등 문제가 대두되었다.

17. 비폭력 시위에 참가한 사람들을 (   )(으)로 몰아서는 안 된다.

18. 양반들한테 농토를 빼앗긴 농민들은 소작인으로 (   )하고 말았다.

19. 아무리 (   )한 사람이라도 그 정도 변화라면 눈치 챌 수밖에 없다.

20. 그 정치인은 언론이 자신을 철새 정치인으로 (   )하고 있다고 말했다.

┌─ 보 기 ┐
| ㉠ 적대 | ㉡ 주도 | ㉢ 도산 | ㉣ 매도 | ㉤ 폭도 |
| ㉥ 도래 | ㉦ 둔감 | ㉧ 망라 | ㉨ 전락 | ㉩ 남발 |

[21~30] 밑줄 친 단어의 쓰임이 문맥에 맞으면 ○, 맞지 않으면 ×에 표시하시오.

21. 그가 그린 웹툰의 수준은 <u>독보적이다</u>. (○ / ×)

22. 왕자의 피살이 전쟁의 <u>도화선</u>이 되었다. (○ / ×)

23. 시험에 떨어졌지만 그다지 <u>낙담하지는</u> 않았다. (○ / ×)

24. 문의 전화가 <u>쇄도해서</u> 업무가 마비될 지경이다. (○ / ×)

25. 새 법안은 불과 2표의 <u>압도적인</u> 차이로 통과되었다. (○ / ×)

26. 연말이 되자 불우이웃을 돕는 선행이 <u>범람하고</u> 있다. (○ / ×)

27. 여행에 앞서 여행지에 관한 정보를 인터넷을 통해 <u>답사했다</u>. (○ / ×)

28. 이전의 잘못된 방식을 <u>답습하여</u> 새로운 변화를 이끌어 내었다. (○ / ×)

29. 올림픽 진출이 좌절된 대표팀 선수들의 표정은 <u>득의만만하였다</u>. (○ / ×)

30. 경기 후반부로 갈수록 피로가 누적된 선수들의 움직임이 <u>둔화되었다</u>. (○ / ×)

[31~34] 밑줄 친 말과 바꾸어 쓰기에 가장 적절한 말을 고르시오.

31.
| 국민적 합의를 <u>이끌어내는</u> 일이 무엇보다 중요하다. |

① 추출하는   ② 도출하는   ③ 유인하는
④ 환기하는   ⑤ 집약하는

32.
| 싸우는 것보다 참는 것이 낫다는 것을 <u>경험으로 알았다</u>. |

① 습득하였다   ② 납득하였다   ③ 획득하였다
④ 취득하였다   ⑤ 체득하였다

33.
| 그 놀이동산은 <u>낙후된</u> 시설로 운영되고 있다. |

① 다양한   ② 발전된   ③ 뒤떨어진
④ 이름 없는   ⑤ 인기 없는

34.
| 저축을 <u>권유하는</u> 공익 광고를 만들었다. |

① 독려하는   ② 격려하는   ③ 장려하는
④ 염려하는   ⑤ 배려하는

[35~36] 밑줄 친 말의 의미가 <u>다른</u> 것을 고르시오.

35. ① 아버지를 <u>대</u>신하여 아들이 왔다.

② 그는 내 질문에 <u>대</u>답하지 않았다.

③ 그녀를 <u>대</u>면하자마자 첫눈에 반했다.

④ 학생들은 중간고사 <u>대</u>비에 온 힘을 쏟았다.

⑤ 아르바이트를 시작하기에 앞서 고객 응<u>대</u> 방법부터 배웠다.

36. ① 그는 과로로 졸<u>도</u>한 적이 있다.

② 동학군은 외세 타<u>도</u>를 주장했다.

③ 그는 뛰어난 연기력으로 관객을 압<u>도</u>했다.

④ 지금 상황은 목적이 수단과 전<u>도</u>된 느낌을 준다.

⑤ 행사를 공개적으로 하여 일반인의 참여를 유<u>도</u>하였다.

[37~40] 다음 글을 읽고, 물음에 답하시오.

얼마 전 어느 대학에서 문학을 지망하는 학생들과 이야기를 하게 됐다.

그런데 진지한 표정의 꽤 잘생긴 학생이 집안의 기대와 자신이 하고 싶어 하는 일 사이의 갈등을 토로하면서 거듭 ㉠'저희 집'이라고 자신이 살고 있는 집을 칭하는 게 아닌가. 나는 자꾸 그 말이 신경 쓰여 정작 그 학생의 고민에 대해서는 제대로 듣지도 못했다.

'우리 집'이란 말은 초등학교에 들어가면 '어머니', '아버지' 다음에 배우는 기초적인 낱말이다. 나는 아직 '저희 집'이란 낱말을 배우지 못했다. 그래서 어디서 그런 말을 알게 됐는지 물어보니 거기 모인 사람들 대부분이 '우리 집'이란 말보다는 '저희 집'이라고 하는 게 겸손한 표현이 아니냐고 되묻는 것이었다.

돌아오는 길에 택시 안에서 라디오를 듣는데, 외교 문제 전문가라는 분이 나와서, '우리나라'를 칭하기를 ㉡'저희 나라'라 하는 게 아닌가. 나는 또 '저희 나라'라는 말에 신경을 쓰느라, 한반도의 정세 변화는 한반도를 둘러싼 열강의 치열한 경쟁과 자기 이익 확보라는 틀 안에서 생각하지 않으면 안 된다는 그의 ⓐ냉철한 논지에 공감할 틈이 없었다. '저희 나라'라는 말은 우리나라 안에서 우리나라 사람끼리 할 말은 결코 아니다. 남의 나라에 가서 그래 봐야 얕보일 뿐이다.

(ⓑ) '저희'라는 말은 어디에나 넘치고 있었다. '저희 회사, 저희 축구의 수준, 저희 문화계……'. 알 만한 사람들, 배울 만큼 배운 사람들은 저마다 '저희'를 앞세워 겸손을 실천하는 데 앞장서고 있었다. 태도는 보기 좋아도 그 말들은 들을 때마다 민망했다.

요즘 왜들 이렇게 겸손하지? 그걸 생각하면서 앉아 있는데 어느 보험회사 사원이 전화를 해왔다. 내 이름을 한자로 어떻게 쓰는지 알려 달라는 것이었다. 내가 이름을 부르자 그는 ㉢"네, 성 자, 석 자, 제 자를 쓰시는군요." 하는 게 아닌가.

성과 이름을 한 자씩 부르면서 '자'를 붙이는 건 자신의 아버지를 호칭하는 것이니 그의 말대로라면 나는 마흔도 안 된 나이에 보험회사에 다니는 장성한 아들을 둔 꼴이 돼 버렸다. 전혀 고맙지 않았다.

– 성석제, 〈막무가내 겸손〉

37. 글쓴이의 의도를 가장 적절히 설명한 것은?　　　　　　　　(2007 중3 성취도평가)

① 글쓴이는 한국어의 문제점을 지적하기 위해서 이 글을 썼다.

② 글쓴이는 우리말의 아름다움을 알리기 위해서 이 글을 썼다.

③ 글쓴이는 언어관과 세계관을 연결 짓기 위해서 이 글을 썼다.

④ 글쓴이는 언어에 대한 소중함을 심어 주기 위해서 이 글을 썼다.

⑤ 글쓴이는 잘못된 언어 표현에 대한 경각심을 심어주기 위해서 이 글을 썼다.

38. ㉠～㉢에서 '아닌가'의 공통된 표현의 효과로 가장 알맞은 것은? (2007 중3 성취도평가)

① 이중 부정을 통해 강한 긍정의 의지를 보여준다.

② 감탄문을 통해 세상에 몰입하는 태도를 표출한다.

③ 의문문을 통해 현실에 대한 자신의 무지함을 보여준다.

④ 자기 생각과 맞지 않는 현실에 대한 불쾌감을 드러낸다.

⑤ 자신과 현실의 갈등을 억지로 화해시키려는 의도를 드러낸다.

39. ⓐ의 의미로 적절한 것은?

① 차갑고 혹독하다.

② 태도나 행동이 냉정하고 엄하다.

③ 태도가 정다운 맛이 없고 차갑다.

④ 어떤 대상에 흥미나 관심을 보이지 않는 데가 있다.

⑤ 생각이나 판단 따위가 감정에 치우치지 않고 침착하며 사리에 밝다.

40. ⓑ에 들어갈 말로 가장 적절한 것은? (2007 중3 성취도평가)

① 하물며 ② 그러니까 ③ 왜냐하면

④ 그러고 보니 ⑤ 미루어 짐작하건대

[정답] 1. ㉢ 2. ㉤ 3. ㉪ 4. ㉣ 5. ㉡ 6. ㉥ 7. ㉦ 8. ㉧ 9. ㉩ 10. ㉧ 11. ㉡ 12. ㉠ 13. ㉧ 14. ㉢ 15. ㉤ 16. ㉥ 17. ㉨ 18. ㉧ 19. ㉪ 20. ㉣ 21. ○ 22. ○ 23. ○ 24. ○ 25. × 26. × 27. × 28. × 29. × 30. ○ 31. ② 32. ⑤ 33. ③ 34. ③ 35. ① 36. ⑤ 37. ⑤ 38. ④ 39. ⑤ 40. ④

[해설] 25. 불과 2표 차이라면 '압도적'이라고 말할 수 없다. 26. '범람'은 바람직하지 못한 대상과 관련하여 쓰는 말이다. 27. '답사'는 직접 가는 행동을 포함하고 있다. 34. 좋은 일에 힘쓰도록 권하는 것이므로 '장려'가 적절하다. 35. ① 代(대신할 대), 나머지는 對(대할 대) 36. ⑤ 導(인도할 도), 나머지는 倒(넘어질 도) 39. ⓐ 냉철(冷徹)하다 ① 냉혹(冷酷)하다 ② 냉엄(冷嚴)하다 ③ 냉정(冷情)하다 ④ 냉담(冷淡)하다

력(力) - 힘/힘쓰다

☐ **역부족**

力 힘 력 不 아닐 부
足 넉넉할 족

힘이나 기량 따위가 모자람.

▶ 우리 팀은 최선을 다했지만 상대팀을 이기기에는 **역부족**이었다.

☐ **역작**

力 힘 력 作 지을 작

온 힘을 기울여 작품을 만듦. 또는 그 작품

▶ 이 작품은 금세기 최고의 **역작**이라는 극찬을 받았다.

☐ **역점**

力 힘 력 點 점 점

힘과 정성을 기울이거나 쏟는 점

▶ 정부는 물가 안정에 **역점**을 두고 정책을 펴고 있다.

렬(劣) - 못하다

☐ **열세**

劣 못할 렬 勢 형세 세

상대편보다 힘이나 세력이 약함. 또는 그 힘이나 세력

▶ 경기가 진행될수록 우리 팀이 **열세**에 몰렸다.

↔ 우세(優 뛰어날 우 勢 형세 세): 상대편보다 힘이나 세력이 **강함**. 또는 그 힘이나 세력

▶ 금리가 내릴 것이라는 전망이 **우세**했다.

☐ **열등**

劣 못할 렬 等 등급 등

보통의 수준이나 등급보다 낮음. 또는 그런 등급

▶ 공부 좀 못한다고 **열등** 인간 취급하는 네가 진정한 **열등** 인간이다.

↔ 우등(優 뛰어날 우 等 등급 등): 보통의 수준이나 등급보다 **우수함**. 또는 그런 등급

▶ 그는 1년 내내 우리 반에서 **우등**을 놓치지 않았다.

☐ **열악하다**

劣 못할 렬 惡 나쁠 악 —

품질이나 능력, 시설 따위가 매우 떨어지고 나쁘다.

▶ 노동자들의 임금은 낮았고, 노동 시간은 길었으며, 작업 환경은 극히 **열악하였다**.

☐ **용렬하다**

庸 떳떳할 용 劣 못할 렬 —

사람이 변변하지 못하고 졸렬하다.

▶ 그는 매사에 하는 행동이 **용렬하기** 짝이 없다.

주의 용렬(勇 날랠 용 烈 매울 렬)하다: 용맹스럽고 장렬하다.

▶ 항우는 매우 **용렬한** 장수였다.

로(露) - 이슬/드러나다

☐ **노천**

露 드러날 로 天 하늘 천

사방, 상하를 덮거나 가리지 아니한 곳 = 한데

▶ 피란민들은 **노천**에서 밥을 지어 먹었다.

☐ **폭로** 暴 사나울 **폭** 露 드러날 **로**	알려지지 않았거나 감춰져 있던 나쁜 일이나 음모 따위가 널리 알려져 드러남. ▶ 정치인의 비리를 **폭로**하는 기사가 신문에 실렸다.
☐ **노골적** 露 드러날 **로** 骨 뼈 **골** 的 ~의 **적**	숨김없이 모두를 있는 그대로 드러내는. 또는 그런 것 ▶ 그는 나를 **노골적**으로 무시하는 투로 말했다.

루(累) - 여러/포개다

☐ **누적** 累 포갤 **루** 積 쌓을 **적**	포개어 여러 번 쌓음. 또는 포개져 여러 번 쌓임. ▶ 사장의 오만한 행동에 직원들의 불만이 **누적**되었다. **주의** 축적(蓄 쌓을 축 積 쌓을 적): 지식, 경험, 자금 따위를 모아서 쌓음. '누적'은 '시간이 지남에 따라 자연히 쌓이는 것'이고, '축적'은 '의지를 가지고 모으는 것'이다. ▶ 지식, 경험, 자금, 기술 등은 우리의 노력에 따라 **축적**될 수 있다.
☐ **연루** 連 잇닿을 **련** 累 포갤 **루**	남이 저지른 범죄에 연관됨. ▶ 황 상무는 각종 비리에 **연루**된 혐의로 구속되었다.
☐ **누진적** 累 포갤 **루** 進 나아갈 **진** 的 ~의 **적**	가격, 수량 따위가 더하여 감에 따라 상대적으로 그에 대한 비율이 점점 높아지는. 또는 그런 것 ▶ 전기세는 사용량에 따라 **누진적**으로 부과된다.

루(漏) - 새다

☐ **누락** 漏 샐 **루** 落 떨어질 **락**	마땅히 기입되어야 할 것이 기록에서 빠짐. 또는 그렇게 되게 함. ▶ 상 받는 사람 명단에서 내 이름이 **누락**된 것은 사무 착오였다.
☐ **누설** 漏 샐 **루** 泄 샐 **설**	❶ 기체나 액체 따위가 밖으로 새어 나감. 또는 그렇게 함. – 누출(漏 샐 루 出 날 출) ▶ 방사능의 **누설**로 일대가 크게 오염되었다. ❷ 비밀이 밖으로 새어 나감. 또는 그렇게 함. ▶ 사장은 직원들이 회사 기밀을 외부로 **누설**하지 못하도록 하는 방안을 찾고 있다.
☐ **탈루** 脫 벗을 **탈** 漏 샐 **루**	밖으로 빼내 새게 함. ▶ 가짜 세금 계산서로 세금을 **탈루**한 기업인이 적발되었다.
☐ **자격루** 自 스스로 **자** 擊 칠 **격** 漏 샐 **루**	물이 흐르는 것을 이용해 스스로 소리를 내어 시간을 알리게 만든 물시계 ▶ **자격루**는 1434년(세종 16년)에 장영실이 왕명을 받아 만든 물시계로, 국보 제229호이다.

류(流) - 흐르다

□ 유입

流 흐를 류 入 들 입

❶ 액체나 기체, 열 따위가 어떤 곳으로 흘러듦.

▶ 생활하수나 산업 폐수의 <u>유입</u>으로 강이 오염되고 있다.

❷ 돈·물품, 문화·지식·사상, 병원균 따위가 들어옴.

▶ 그 무렵 우리나라에 서구의 사상이 <u>유입</u>되었다.

❸ 사람이 어떤 곳으로 모여듦.

▶ 최근에는 제주도로 인구가 많이 <u>유입</u>되고 있다.

□ 유동적

流 흐를 류 動 움직일 동
的 ~의 적

끊임없이 흘러 움직이는. 또는 그런 것

▶ 기상청은 북상하는 태풍의 진로가 <u>유동적</u>이라고 예보했다.

□ 역류

逆 거스를 역 流 흐를 류

물이 거슬러 흐름. 흐름을 거슬러 올라감.

▶ 하수 시설이 제대로 되어 있지 않아서 장마가 지자 하수구에서 물이 <u>역류</u>하였다.
정부의 정책 발표가 끝나자마자 시대에 <u>역류</u>하는 정책이라는 비난이 쏟아졌다.

□ 유언비어

流 흐를 류 言 말씀 언
蜚 날 비 語 말씀 어

아무 근거 없이 널리 퍼진 소문

▶ A와 B가 사귄다는 <u>유언비어</u>가 친구들 사이에서 돌고 있다.

리(裏) - 속

□ 표리

表 겉 표 裏 속 리

물체의 겉과 속 또는 안과 밖. 겉으로 드러나는 언행과 속으로 가지는 생각

▶ 명색이 지식인이라는 사람이 그렇게 <u>표리</u>가 달라서야 되겠습니까?

□ 이면

裏 속 리 面 낯 면

뒷면. 겉으로 드러나지 않는 내부의 속사정. 물체의 속이나 안

▶ 수표 <u>이면</u>에 전화번호와 이름을 적어 주세요.
사건 자체보다도 <u>이면</u>의 이야기가 더 재미있다.

□ 뇌리

腦 골 뇌 裏 속 리

머릿속. 사람의 의식이나 기억, 생각 따위가 들어 있는 영역

▶ 그의 마지막 모습이 <u>뇌리</u>에 깊이 박혀 잊히지 않았다.

리(離) - 떠나다

□ 격리

隔 사이뜰 격 離 떠날 리

❶ 다른 것과 통하지 못하도록 따로 떼어놓거나 사이를 막음.

▶ 범죄자는 일정 기간 사회로부터 <u>격리</u>되었다.

❷ 전염병 환자나 면역성이 없는 환자를 다른 곳으로 떼어놓음.

▶ 메르스 환자들을 다른 병동에 <u>격리</u> 수용하였다.

분리	서로 나뉘어 떨어짐. 또는 그렇게 되게 함.
分 나눌 분 離 떠날 리	▶ 바닷물을 증발시키면 소금을 <u>분리</u>할 수 있다.

참고 분류(分 나눌 분 類 무리 류): 종류에 따라서 가름.

▶ 재활용품을 내놓을 때는 종이, 플라스틱, 유리 등 종류별로 <u>분류</u>하여야 한다.

괴리	서로 어그러져 동떨어짐.
乖 어그러질 괴 離 떠날 리	▶ 그는 이상과 현실의 <u>괴리</u>로 괴로워했다.

이탈	어떤 범위나 대열 따위에서 떨어져 나오거나 떨어져 나감.
離 떠날 리 脫 벗을 탈	▶ 부대를 <u>이탈</u>한 군인들은 군법에 따라 처벌을 받는다.

막(莫) - 없다

막강	더할 수 없이 강함.
莫 없을 막 强 강할 강	▶ 그의 말은 추종자들에게 <u>막강</u>한 영향력을 행사한다.

막역하다	허물이 없이 아주 친하다.
莫 없을 막 逆 거스를 역 —	▶ 이 친구와 나는 아주 <u>막역</u>한 사이이다.

주의 막연(漠 넓을 막 然 그럴 연)하다: 갈피를 잡을 수 없게 **아득하다.** 뚜렷하지 못하고 **어렴풋하다.**

▶ 앞으로 살아갈 길이 <u>막연</u>했다. 우리는 그의 말에 <u>막연</u>한 기대를 품고 있었다.

막상막하	더 낫고 더 못함의 차이가 거의 없음.
莫 없을 막 上 위 상 莫 없을 막 下 아래 하	▶ 결승에 오른 두 선수의 실력은 <u>막상막하</u>이다.

만(滿) - 차다

충만	한껏 차서 가득함.
充 채울 충 滿 찰 만	▶ 가정에 건강과 행복이 <u>충만</u>하시기를 빕니다.

만끽	❶ 충분히 만족할 만큼 느끼고 즐김.
滿 찰 만 喫 먹을 끽	▶ 그는 도시를 떠나 전원생활을 <u>만끽</u>하고 있다.
	❷ 음식을 마음껏 먹고 마심.
	▶ 이번에 전주에 가서 그곳의 음식들을 <u>만끽</u>하고 왔다.

포만감	넘치도록 가득 차 있는 느낌
飽 배부를 포 滿 찰 만 感 느낄 감	▶ 점심 식사 후에는 <u>포만감</u> 때문인지 졸음이 쏟아진다.

망(妄) - 망령되다/헛되다

☐ **망상**
妄 망령될 **망** 想 생각 **상**

이치에 맞지 아니한 망령된 생각을 함. 또는 그 생각
▶ 그는 세계를 지배하겠다는 **망상**에 사로잡혀 있다.

참고 과대망상(誇 자랑할 과 大 클 대 妄 망령될 망 想 생각 상): 사실보다 과장하여 터무니없는 헛된 생각을 하는 증상
▶ 그는 자신이 매력적이어서 누구라도 유혹할 수 있다는 **과대망상**에 사로잡혀 있다.

☐ **망언**
妄 망령될 **망** 言 말씀 **언**

이치나 사리에 맞지 아니하고 망령되게 말함. 또는 그 말
▶ 일본은 아직도 독도가 일본 땅이라는 **망언**을 일삼고 있다.

☐ **망발**
妄 망령될 **망** 發 필 **발**

망령이나 실수로 그릇된 말이나 행동을 함. 또는 그 말이나 행동
▶ 타고난 품위와 의연함으로 **망발**은 하지 않았겠지만 어딘지 모르게 찜찜한 느낌이 들었다.

망(忙) - 바쁘다

☐ **황망**
慌 어리둥절할 **황**
忙 바쁠 **망**

마음이 몹시 급하여 당황하고 허둥지둥하는 면이 있음.
▶ 그는 선생님의 급작스러운 방문에 **황망**해하며 어색한 인사를 하였다.

☐ **망중한**
忙 바쁠 **망** 中 가운데 **중**
閑 한가할 **한**

바쁜 가운데 잠깐 얻어 낸 틈
▶ 그는 가족들과 바닷가에서 **망중한**을 즐기고 있다.

매(埋) - 묻다

☐ **매립**
埋 묻을 **매** 立 설 **립**

우묵한 땅이나 하천, 바다 등을 돌이나 흙 따위로 채움.
▶ 호수 일부를 흙으로 **매립**하여 유원지로 만들었다.

☐ **매복**
埋 묻을 **매** 伏 엎드릴 **복**

상대편의 동태를 살피거나 불시에 공격하려고 일정한 곳에 몰래 숨어 있음.
▶ 골짜기를 지날 때는 적의 **매복**에 주의해야 한다.

☐ **매장**
埋 묻을 **매** 葬 장사지낼 **장**

❶ 시체나 뼈를 땅에 묻음.
▶ 요즘은 **매장**보다 화장(火 불 화 葬 장사지낼 장) 비율이 높다.
❷ 못된 짓을 한 사람을 사회에서 활동하지 못하게 하거나 집단에서 버림받게 함을 비유적으로 이름.
▶ 권력을 남용해서 못된 짓을 하는 놈들은 이 사회에서 **매장**시켜야 한다.

☐ **매몰**
埋 묻을 **매** 沒 빠질 **몰**

보이지 아니하게 파묻히거나 파묻음.
▶ 지진으로 무너진 집에 사람이 **매몰**되었다.

면(免) - 벗어나다

☐ 면책

免 벗어날 **면** 責 꾸짖을 **책**

책임이나 책망을 면함.

▶ 책임자만큼은 <u>면책</u>이 불가능하다.

☐ 사면

赦 용서할 **사** 免 벗어날 **면**

죄를 용서하여 형벌을 면제함.

▶ 대통령은 국민 화합 차원에서 생계형 범법자를 <u>사면</u>하였다.

☐ 면죄부

免 벗어날 **면** 罪 허물 **죄**
符 증표 **부**

책임이나 죄를 없애 주는 조치나 일을 비유적으로 이르는 말

▶ 이번 선거 결과가 국정 농단에 대한 국민들의 <u>면죄부</u>라고 생각하면 오산이다.

☐ 면역

免 벗어날 **면** 疫 전염병 **역**

❶ 사람이나 동물의 몸안에 들어온 항원에 대하여 항체가 만들어져서 같은 항원이 침입하여도 두 번 다시 발병하지 않도록 저항력을 가지는 일

▶ 분만 후, 처음 수일간 분비되는 초유(初乳)에는 백혈구 등의 <u>면역</u> 물질이 많이 들어 있다.

❷ 같은 일이 되풀이됨에 따라 그것에 무디어지거나 무감각해짐을 비유적으로 이르는 말

▶ 나는 힘든 일을 많이 겪다 보니 웬만한 고통에는 <u>면역</u>이 되었다.

멸(滅) - 멸하다

☐ 멸족

滅 멸할 **멸** 族 겨레 **족**

한 가족이나 종족을 멸하여 없앰. 또는 한 가족이나 종족이 망하여 없어짐.

▶ 그의 집안은 역모에 연루되어 <u>멸족</u>의 화를 당하였다.

☐ 괴멸

壞 무너질 **괴** 滅 멸할 **멸**

조직이나 체계 따위가 모조리 파괴되어 멸망함.

▶ 아군은 총공세를 펼쳐 적을 <u>괴멸</u>시켰다.

☐ 인멸

湮 묻힐 **인** 滅 멸할 **멸**

자취도 없이 모두 없어짐. 또는 그렇게 없앰.

▶ 판사는 증거 <u>인멸</u>의 위험이 있다는 이유로 구속 영장을 발부하였다

☐ 지리멸렬

支 가를 **지** 離 떠날 **리**
滅 멸할 **멸** 裂 찢을 **렬**

이리저리 흩어지고 찢기어 갈피를 잡을 수 없음.

▶ 우리 선수단은 경기마다 패배하자 <u>지리멸렬</u>한 상태에 빠졌다.

[1~10] 다음 풀이에 해당하는 단어를 〈보기〉에서 고르시오.

1. 머릿속

2. 밖으로 빼내 새게 함.

3. 책임이나 책망을 면함.

4. 서로 어그러져 동떨어짐.

5. 온 힘을 기울여 만든 작품

6. 바쁜 가운데 잠깐 얻어 낸 틈

7. 죄를 용서하여 형벌을 면제함.

8. 아무 근거 없이 널리 퍼진 소문

9. 이치에 맞지 아니한 망령된 생각

10. 사방, 상하를 덮거나 가리지 아니한 곳

┌보 기┐
| ㉠ 역작 | ㉡ 노천 | ㉢ 탈루 | ㉣ 유언비어 | ㉤ 뇌리 |
| ㉥ 괴리 | ㉦ 망상 | ㉧ 망중한 | ㉨ 사면 | ㉩ 면책 |

[11~20] 다음 빈칸에 들어갈 알맞은 단어를 〈보기〉에서 고르시오.

11. 지휘부를 폭격한 것이 적의 (   )(으)로 이어졌다.

12. 피해자와 합의했다고 (   ) 이/가 주어지는 것은 아니다.

13. 일당들은 증거를 (   )하기 위해 관련 서류를 불태웠다.

14. 그는 집에서 독립한 후 자유를 (   )하고 있다고 말했다.

15. 그는 (   )이/가 서로 다른 사람이므로 믿어서는 안 된다.

16. 그는 초대 손님 명단에서 (   )된 사람은 없는지 살펴보았다.

17. 1등을 따라잡으려고 최선을 다했으나 (   )(으)로 2위에 머물렀다.

18. 파렴치한 범인들에 대한 분노로 온몸의 피가 (   )하는 느낌이었다.

19. 정부의 경제 정책은 양질의 일자리를 창출하는 데 (   )을/를 두고 있다.

20. 정부는 위안부 문제와 관련하여 (   ) 합의는 없었다고 말했지만 사실이 아니었다.

┌보 기┐
| ㉠ 누락 | ㉡ 역류 | ㉢ 역점 | ㉣ 역부족 | ㉤ 표리 |
| ㉥ 이면 | ㉦ 만끽 | ㉧ 괴멸 | ㉨ 인멸 | ㉩ 면죄부 |

[21~30] 밑줄 친 단어의 쓰임이 문맥에 맞으면 ○, 맞지 않으면 ×에 표시하시오.

21. 상황이 너무 급박해서 막상막하 서둘렀다. (○ / ×)

22. 이익에 비례하는 누진적 조세 부담 체계가 필요하다. (○ / ×)

23. 상대방에게 속마음을 너무 노골적으로 드러내지는 말아라. (○ / ×)

24. 참여자들의 의견이 하나로 모이면서 논의가 <u>지리멸렬해졌다</u>. (○ / ×)

25. 우리 팀의 <u>열세</u>가 확실해지자 우승 축하연 준비에 착수하였다. (○ / ×)

26. 그와 나는 서로에 대해 모르는 것이 없을 정도로 <u>막연한</u> 사이이다. (○ / ×)

27. 상황이 너무나 <u>유동적이어서</u> 어떻게 대비해야 할지 갈피를 잡을 수 없었다. (○ / ×)

28. 사랑하는 사람과 이별하고 홀로 밤을 지새우는 내 신세가 <u>황망하게</u> 느껴졌다. (○ / ×)

29. 아직도 많은 노동자들이 <u>열악한</u> 노동 환경 속에서 장시간 노동에 시달리고 있다. (○ / ×)

30. 아녀자도 나라를 위해 나서는 판에 대장부가 <u>용렬하게</u> 자기 안위만 챙길 수 있겠는가.
(○ / ×)

[31~32] 밑줄 친 말의 의미가 <u>다른</u> 것을 고르시오.

31. ① 장부에 <u>누락</u>된 항목이 많다.
② 유조선이 좌초하여 기름이 바다에 <u>누출</u>되었다.
③ 그는 각종 비리에 <u>연루</u>되어 3년간 도피 생활을 했다.
④ 제방의 <u>누수</u> 방지를 위하여 제방 뒷면에 흙을 쌓았다.
⑤ 인사 검증 과정에서 세금을 <u>탈루</u>한 적이 있음이 드러났다.

32. ① 그녀는 나를 보자 경망스럽게 호들갑을 떨었다.
② 너무 바쁜 나머지 그와의 약속을 <u>망각</u>하고 있었다.
③ 그런 실례를 범하다니 아무래도 내가 <u>망령</u>이 난 모양이다.
④ 귀한 손님 앞에서 이런 추태를 보이다니 <u>망발</u>도 이만저만이 아니다.
⑤ 그는 자신의 독재가 애국충정에서 비롯되었다는 <u>망언</u>을 일삼고 있다.

[33~37] 밑줄 친 말과 바꾸어 쓰기에 가장 적절한 말을 고르시오.

33. | 건물이 붕괴되면서 입주민이 긴물 너미에 <u>파묻혔다</u>. |
|---|

① 매설되었다 ② 매립되었다 ③ 매장되었다 ④ 매복되었다 ⑤ 매몰되었다

34. | 마음이 기쁨으로 <u>가득했다</u>. |
|---|

① 충분했다 ② 충만했다 ③ 충족했다 ④ 충실했다 ⑤ 충당했다

35. | 외국인 주식 자금이 국내에 <u>들어왔다</u>. |
|---|

① 수입되었다 ② 납입되었다 ③ 유입되었다 ④ 구입되었다 ⑤ 출입되었다

36. 가수는 피로가 <u>누적되어</u> 공연을 취소하기로 하였다.

① 쌓여　　② 풀려　　③ 생겨　　④ 가셔　　⑤ 지나쳐

37. 회사 기밀이 <u>새어 나가지</u> 않도록 철저히 감시하였다.

① 배출되지　　② 추출되지　　③ 은폐되지　　④ 누설되지　　⑤ 발각되지

도전 문제

[38~40] 다음 글을 읽고, 물음에 답하시오.　　　　　　(2008 중3 성취도평가)

　　아메리카 인디언 족인 콰키우틀 족에게는 '포틀래치(potlatch)'라는 관습이 있었다. 예를 들자면 이렇다. 한 추장이 있는데, 그는 사람들로부터 가장 위대한 추장이라는 찬사를 받고 싶었다. 그래서 그는 자신의 월등한 지위를 ㉠과시하기 위해 다른 마을 사람들을 초대하여 포틀래치를 연다. 사람들을 초대해 놓고 추장은 대뜸 이렇게 말한다.

　　"나는 세상에서 가장 위대한 추장이다. 이제부터 너희들에게 선물을 나눠 줄 텐데, 그 양이 얼마나 되는지 한번 헤아려 보라. 아마 일생 동안 헤아려도 다 못할 것이다."

　　그 거만한 말투에 자존심이 상한 사람들이 그에게 야유를 보내면, 추장의 곁에 서 있던 부하들이 초대한 손님들을 위협한다.

　　"입 다물어, 이 야만인들아! 조용히 하지 않으면 우뚝 솟은 산맥과 같으신 우리 추장님께서 돈벼락을 내려서 너희들을 파묻어 버릴 것이다."

　　그리고 나서 추장과 그의 부하들은 손님들에게 ㉡선사할 재물들을 솜씨 좋게 쌓아 올린다. 그들이 거들먹거리며 손님들에게 선물할 많은 귀중품들을 자랑하는 동안, 초대된 사람들은 무뚝뚝한 표정으로 그 광경을 바라본다. 비록 주최 측의 선물이 별게 없다고 ㉢조롱하긴 해도, 관습에 따라 그들은 받은 선물을 모두 싣고 자기 마을로 돌아간다.

　　포틀래치에 초대됐던 이웃 마을 사람들, 특히 추장들은 그 추장에 대해 복수를 다짐한다. 그 복수란 자기들이 받은 선물보다 더 많은 선물을 준비하여 나눠 주는 것이다. 복수를 준비하기 위해서는 몇몇 사람의 힘만으로는 안 되고 온 마을 사람들이 힘을 모아야 한다. 그래서 온 마을 사람들이 사냥과 농작물 재배에 참여하게 되는 것이다.

위대한 추장이라는 ㉣과대망상에 빠져 재물을 뿌려대는 이 풍습이 이상하게 보이긴 해도, 포틀래치는 그 나름의 가치가 있었다. 존경심을 얻기 위한 경쟁을 통해 마을의 생산 능력이 비약적으로 증가한다. 그보다 중요한 점은 마을 간에 벌어지는 빈부의 ㉤격차가 이 어처구니없는 풍습을 통해 해소된다는 것이다.

38. 윗글을 읽고 추론할 수 있는 내용이 <u>아닌</u> 것은?

① 콰키우틀 족은 관습을 중요시하는 부족이다.

② 콰키우틀 족은 여러 개의 마을로 구성된 부족이다.

③ 추장은 다른 마을 사람들에게서도 존경을 받고 싶었다.

④ 포틀래치에 초대된 이웃 마을 사람들은 불쾌함을 느꼈다.

⑤ 콰키우틀 족은 군사력을 바탕으로 성장의 발판을 마련한다.

39. 문맥상 ㉠~㉤의 밑줄 친 낱말을 대신할 말로 적절하지 <u>않은</u> 것은?

① ㉠: 과시 → 자랑   ② ㉡: 선사 → 배급   ③ ㉢: 조롱 → 야유

④ ㉣: 과대망상 → 자아도취   ⑤ ㉤: 격차 → 차이

40. 윗글의 전개 방식을 바르게 설명한 것은?

① 여러 부족의 관습을 나열하고 있다.

② 두 개의 사례를 비교하여 서로의 장단점을 논했다.

③ 자신의 주장을 설득시키기 위해 일화를 먼저 제시했다.

④ 구체적인 사례를 이야기하고 그것의 의의를 설명했다.

⑤ 영웅의 일대기적 구성에 따라 인물의 일생을 전개했다.

[정답] 1. ㉤ 2. ㉢ 3. ㉠ 4. ㉲ 5. ㉠ 6. ◎ 7. ㊀ 8. ㉣ 9. ㊁ 10. ㉡ 11. ◎ 12. ㊊ 13. ㊀ 14. ㊁ 15. ㉤ 16. ㉠ 17. ㉣ 18. ㉡ 19. ㉢ 20. ㉲ 21. × 22. ○ 23. ○ 24. × 25. × 26. × 27. ○ 28. × 29. ○ 30. ○ 31. ③ 32. ② 33. ⑤ 34. ② 35. ③ 36. ① 37. ④ 38. ⑤ 39. ② 40. ④

[해설] 24. 의견이 하나로 모였으므로 '지리멸렬'은 어울리지 않는다. 25. 열세 → 우세 26. 막연한 → 막역한 28. 황망하게 → 처량하게 31. ③ 累(포갤 루), 나머지는 漏(샐 루) 32. ② 忘(잊을 망), 나머지는 妄(망령될 망) 33. ① 매설(埋設): 지뢰, 수도관 따위가 땅속에 파묻혀 설치됨. 34. ⑤ 충당(充當): 모자라는 것을 채워 메움. 39. ㉡ 선사(膳賜: 존경, 친근, 애정의 뜻을 나타내기 위하여 남에게 선물을 줌.) ≠ 배급(配給: 나누어 줌.)

14 명~방

명(名) - 이름/이름나다

□ **무기명**
無 없을 무 記 기록할 기
名 이름 명

이름을 적지 않음. ▶ 회장 선거는 <u>무기명</u> 투표로 실시한다.

참고 익명(匿 숨길 익 名 이름 명): 이름을 숨김. 또는 숨긴 이름이나 그 대신 쓰는 이름
▶ 상사의 비리를 <u>익명</u>으로 제보하였다.

□ **명명**
命 명령할 명 名 이름 명

사람, 사물, 사건 등의 대상에 이름을 지어 붙임.
▶ 해군은 새로 만든 배의 이름을 '장보고'라고 <u>명명</u>하였다.

□ **오명**
汚 더러울 오 名 이름 명

더러워진 이름이나 명예
▶ 그는 범죄자의 아들이라는 <u>오명</u>을 벗기 위해 노력하였다.

□ **명문**
名 이름 명 文 글월 문

뛰어나게 잘 지은 글 ▶ 그의 글은 당대의 <u>명문</u>으로 이름나 있다.

참고 명문(名 이름 명 門 문벌 문): 이름 있는 문벌. 훌륭한 집안. 이름난 좋은 학교
▶ <u>명문</u>가의 자제인 그는 <u>명문</u> 대학에 다니고 있다.

명(明) - 밝다

□ **선명**
鮮 고울 선 明 밝을 명

산뜻하고 뚜렷하여 다른 것과 혼동되지 않음.
▶ 어린 시절의 기억이 너무도 <u>선명</u>하다.

□ **자명하다**
自 스스로 자 明 밝을 명 —

설명하거나 증명하지 아니하여도 저절로 알 만큼 명백하다.
▶ 공부를 안 하던 그가 시험에 떨어지는 것은 <u>자명한</u> 일이다.

□ **명시적**
明 밝을 명 示 보일 시 的 —

내용이나 뜻을 분명하게 드러내 보이는. 또는 그런 것
▶ 그는 자신의 입장을 <u>명시적</u>으로 밝히지 않은 채 시간만 끌고 있다.

모(謨) - 꾀/꾀하다

□ **도모**
圖 꾀할 도 謀 꾀할 모

어떤 일을 이루기 위하여 대책과 방법을 꾀함.
▶ 우리 부서는 부원들 간의 친목 <u>도모</u>를 위해 주말에 야유회를 가기로 했다.

□ **모면**
謀 꾀할 모 免 면할 면

어떤 일이나 책임을 꾀를 써서 벗어남.
▶ 그는 재빨리 병풍 뒤에 숨어서 발각될 위기를 <u>모면</u>했다.

□ **모략**
謀 꾀할 모 略 약탈할 략

사실을 왜곡하거나 속임수를 써 남을 해롭게 함. 또는 그런 일 = 계략(計略)
▶ 누군가의 <u>모략</u>으로 그는 매우 어려운 처지에 놓이게 되었다.

몰(沒) - 빠지다/다하다

☐ **몰두**
沒 빠질 **몰** 頭 머리 **두**

어떤 일에 온 정신을 다 기울여 열중함.
▶ 김 교수는 휴식도 잊은 채 연구에 **몰두**하였다.

☐ **몰상식**
沒 빠질 **몰** 常 항상 **항**
識 알 **식**

상식이 전혀 없음.
▶ 공연장에서 떠들고 웃는 **몰상식**한 행동을 하면 강제로 퇴장을 당한다.

☐ **몰염치**
沒 빠질 **몰** 廉 살필 **염**
恥 부끄러울 **치**

염치가 없음. 체면을 생각하거나 부끄러움을 아는 마음이 없음.
▶ 입으로는 잘못했다고 말했지만 그의 표정이나 태도는 너무나 뻔뻔스럽고 **몰염치**했다.

무(無) - 없다

☐ **무제한**
無 없을 **무** 制 절제할 **제**
限 한정 **한**

제한이 없음.
▶ 데이터를 **무제한**으로 사용할 수 있는 요금제는 매우 비싸다.

☐ **무의탁**
無 없을 **무** 依 의지할 **의**
託 부탁할 **탁**

몸이나 마음을 의지하여 맡길 곳이 없는 상태
▶ 노인종합복지관에서는 **무의탁** 노인들을 돌보는 가정봉사원 파견 사업을 실시하고 있다.

☐ **무작위**
無 없을 **무** 作 지을 **작**
爲 할 **위**

일부러 꾸미거나 뜻을 더하지 아니함. 통계의 표본 추출에서, 일어날 수 있는 모든 일이 동등한 확률로 발생하게 함.
▶ 선생님은 **무작위**로 다섯 명을 선정하여 발표하게 하였다.

☐ **전무후무**
前 앞 **전** 無 없을 **무**
後 뒤 **후** 無 없을 **무**

이전에도 없었고 앞으로도 있을 수 없음.
▶ 그 선수는 올림픽 5연패라는 **전무후무**한 기록을 세웠다.

묵(黙) - 잠잠하다

☐ **묵인**
黙 잠잠할 **묵** 認 인정할 **인**

모르는 체하고 하려는 대로 내버려 둠으로써 슬며시 인정함.
▶ 상급자의 **묵인** 아래 하급자들이 부정을 저질렀다.

☐ **묵살**
黙 잠잠할 **묵** 殺 죽일 **살**

의견이나 제안 따위를 듣고도 못 들은 척함.
▶ 대표는 나의 의견을 **묵살**했다.

☐ **묵과**
黙 잠잠할 **묵** 過 지날 **과**

잘못을 알고도 모르는 체하고 그대로 넘김.
▶ 우리는 시민의 권리를 짓밟는 이번 조치를 도저히 **묵과**할 수 없다.

묵비권	수사 기관의 조사나 공판의 심문에서 자기에게 불리한 진술을 거부할 수 있
默 秘 숨길 비 權 권리 권	는 권리 ▶ 뇌물 수뢰 혐의를 받고 있는 정치인이 검찰 수사에서 **묵비권**을 행사하고 있다.

묵시적	직접적으로 말이나 행동으로 드러내지 않고 은연중에 뜻을 나타내 보이는.
默 잠잠할 묵 示 보일 시 的—	또는 그런 것
	▶ 중학생 시절까지는 열심히 놀자는 것이 부모님과 나의 **묵시적** 합의이다.

미(未) - 아니다

미비	아직 다 갖추지 못한 상태에 있음.
未 아닐 미 備 갖출 비	▶ 쇼핑센터 공사장에서 안전시설의 **미비**로 대형 사고가 발생하였다.

미납	내야 할 것을 정해진 기간이 지나도록 아직 내지 않았거나 내지 못함.
未 아닐 미 納 들일 납	▶ 전기 요금이 **미납**되어 전기 공급이 중단되었다.

미증유	지금까지 한 번도 있어 본 적이 없음.
未 曾 일찍 증 有 있을 유	▶ 한국전쟁은 **미증유**의 민족적 수난이었다.

미연에	어떤 일이 아직 일어나지 않은 때에
未 아닐 미 然 그럴 연 —	▶ 그는 사소한 실수로 일어날지 모를 큰 사고를 **미연**에 방지하고자 조치를 취했다.

미(迷) - 미혹하다

미혹	무엇에 홀려 정신을 차리지 못함. 정신이 헷갈리어 갈팡질팡 헤맴.
迷 미혹할 미 惑 미혹할 혹	▶ 사람들이 어리석은 생각에 **미혹**되었다. 그는 오랜 **미혹**에서 벗어났다.

미궁	(들어가면 나올 길을 쉽게 찾을 수 없게 되어 있는 곳 ➡) 사건, 문제 따위가
迷 미혹할 미 宮 집 궁	얽혀서 쉽게 해결하지 못하게 된 상태 ▶ 어린이 실종 사건이 **미궁**에 빠졌다.

혼미	의식이 흐림. 정세 따위가 분명하지 아니하고 불안정함.
昏 어두울 혼 迷 미혹할 미	▶ 교통사고 환자는 출혈이 많아서 정신이 **혼미**해졌다.
	지금 무엇보다 급한 일은 **혼미**한 정국을 안정시키는 것이다.

미(微) - 작다

미동	아주 조금 움직임.
微 작을 미 動 움직일 동	▶ 의식을 잃은 환자는 **미동**도 없었다.

☐ **기미** 幾 몇 기 微 작을 미	어떤 일을 알아차릴 수 있는 눈치 = 낌새 ▶ 그들의 움직임에서 수상한 **기미**를 느꼈다.

☐ **미시적** 微 작을 미 視 볼 시 的 ~의 적	❶ 사람의 감각으로 직접 식별할 수 없을 만큼 몹시 작은 현상에 관한. 또는 그런 것 ▶ 과학자는 원자의 운동이라는 **미시적** 현상을 연구하고 있다. ❷ 사물이나 현상을 개별적으로 포착하여 분석하는. 또는 그런 것 ▶ 그 단체는 어려운 개인을 돕는 것에 초점을 맞추면서 복지 문제에 **미시적**으로 접근하고 있다. ↔ **거시적(巨** 클 거 **視** 볼 시 **的** ~의 적)**: ① 사람의 감각으로 식별할 수 있을 정도의. 또는 그런 것 ▶ 일반적인 물체의 운동은 **거시적**인 현상으로 분류된다. ② 사물이나 현상을 전체적으로 분석·파악하는. 또는 그런 것 ▶ 너무 눈앞의 일만 챙기지 말고 사태를 **거시적**으로 보고 훗날에 대비하도록 하여라.

☐ **미온적** 微 작을 미 溫 따뜻할 온 的 ―	태도가 미적지근한. 또는 그런 것 ▶ 우리의 제안이 마음에 들지 않았는지 그쪽의 반응이 매우 **미온적**이다.

박(博) - 넓다

☐ **박식** 博 넓을 박 識 알 식	지식이 넓고 아는 것이 많음. ▶ 나는 식물에 그만큼 **박식**하고 애정이 깊은 분을 본 적이 없다.

☐ **박학다식** 博 넓을 박 學 배울 학 多 많을 다 識 알 식	학식이 넓고 아는 것이 많음. ▶ 여러 분야의 책을 많이 읽으면 **박학다식**한 사람이 될 수 있다.

☐ **해박하다** 該 갖출 해 博 넓을 박 ―	여러 방면으로 학식이 넓다. ▶ 그 문제를 해결하려면 법률 상식에 **해박한** 사람의 도움이 필요하다.

박(薄) - 엷다

☐ **박약** 薄 엷을 박 弱 약할 약	의지나 체력 따위가 굳세지 못하고 여림. 불충분하거나 모자란 데가 있음. ▶ 그는 제 힘으로 살아가려는 의지가 **박약**하다. 그의 주장은 이론적 근거가 **박약**하다.

☐ **박빙** 薄 엷을 박 氷 얼음 빙	(얇게 살짝 언 얼음 ➡) 근소한 차이 ▶ 이번 시합에서는 우리 팀이 **박빙**의 우위를 지켜 가고 있다.

☐ **천박** 淺 얕을 천 薄 엷을 박	학문이나 생각 따위가 얕거나, 말이나 행동 따위가 상스러움. ▶ 무엇이든 돈으로 다 살 수 있다고 보는 것은 매우 **천박**한 생각이다.

반(反) - 돌이키다/반대하다

☐ **반목**
反 돌이킬 **반** 目 눈 **목**

서로서로 시기하고 미워함.
▶ 이웃 간의 <u>반목</u>과 갈등으로 마을의 분위기가 좋지 않다.

☐ **반문**
反 돌이킬 **반** 問 물을 **문**

물음에 대답하지 아니하고 되받아 물음. 또는 그 물음
▶ 그는 묻는 말에는 대답하지 않고 오히려 무엇이 문제인지 <u>반문</u>하였다.

☐ **위반**
違 어긋날 **위** 反 돌이킬 **반**

법률, 명령, 약속 따위를 지키지 않고 어김.
▶ 교통 법규를 <u>위반</u>하면 벌금을 내야 한다.

발(拔) - 뽑다

☐ **발췌**
拔 뽑을 **발** 萃 모을 **췌**

책, 글 따위에서 필요하거나 중요한 부분을 가려 뽑아냄. 또는 그런 내용
▶ 책이 너무 두꺼우니까 우리가 다루려는 문제와 관련된 부분만 <u>발췌</u>하여 읽읍시다.

☐ **발군**
拔 뽑을 **발** 群 무리 **군**

여럿 가운데에서 특별히 뛰어남.
▶ 소희는 오디션에서 <u>발군</u>의 성적으로 일등을 차지했다.

☐ **기발하다**
奇 기이할 **기** 拔 뽑을 **발** ―

유달리 재치가 뛰어나다. 진기하게 빼어나다.
▶ 그의 말은 언제나 <u>기발하고</u> 참신했다. 발명품 전시장에는 독특하고 <u>기발한</u> 물건이 많았다.

방(傍) - 곁

☐ **방관**
傍 곁 **방** 觀 볼 **관**

어떤 일에 직접 나서서 관여하지 않고 곁에서 보기만 함.
▶ 이 사태를 더 이상 <u>방관</u>할 수만은 없다.

☐ **방증**
傍 곁 **방** 證 증거 **증**

사실을 직접 증명할 수 있는 증거가 되지는 않지만, 주변의 상황을 밝힘으로 써 간접적으로 증명에 도움을 줌. 또는 그 증거
▶ 그의 눈물은 그가 그녀에게 애정을 품고 있었다는 사실을 <u>방증</u>하는 것이다.
참고 반증(反 돌이킬 반 證 증거 증): 어떤 사실이나 주장이 옳지 아니함을 그에 반대되는 근거를 들어 증명함. 또는 그런 증거
▶ 그 사실을 뒤집을 만한 <u>반증</u>을 찾아야 한다.

☐ **방청**
傍 곁 **방** 聽 들을 **청**

정식 성원이 아니거나 직접적인 관계가 없는 사람이 회의, 토론, 연설, 공판, 공개 방송 따위에 참석하여 들음.
▶ 많은 사람이 그의 재판을 <u>방청</u>하러 왔다.
참고 방청객(傍 곁 방 聽 들을 청 客 손 객): 방청하는 사람

[1~10] 다음 풀이에 해당하는 단어를 〈보기〉에서 고르시오.

1. 염치가 없음.

2. 아주 조금 움직임.

3. 상식이 전혀 없음.

4. 더러워진 이름이나 명예

5. 서로서로 시기하고 미워함.

6. 여럿 가운데에서 특별히 뛰어남.

7. 무엇에 홀려 정신을 차리지 못함.

8. 어떤 일을 알아차릴 수 있는 눈치

9. 지금까지 한 번도 있어 본 적이 없음.

10. 사실을 왜곡하거나 속임수를 써 남을 해롭게 하는 일

┌─ 보 기 ┐
| ㉠ 오명 | ㉡ 모략 | ㉢ 몰상식 | ㉣ 몰염치 | ㉤ 미증유 |
| ㉥ 미혹 | ㉦ 미동 | ㉧ 기미 | ㉨ 반목 | ㉩ 발군 |

[11~18] 다음 빈칸에 들어갈 알맞은 단어를 〈보기〉에서 고르시오.

11. 회사는 가까스로 파산을 (   )하였다.

12. 다시 봐도 그 글은 참으로 (   )이다.

13. 사장은 직원들의 정당한 요구를 (   )하였다.

14. 경제적 어려움에서 벗어날 길을 (   )하였다.

15. 여야의 극한 대립으로 정국이 다시 (   )해졌다.

16. 불법 영업을 (   )해 주는 대가로 뇌물을 받았다.

17. 목격자나 단서가 나타나지 않아 사건이 (   )에 빠졌다.

18. 그는 야생화에 관해서 모르는 것이 없을 정도로 (   )한 사람이다.

┌─ 보 기 ┐
| ㉠ 명문 | ㉡ 도모 | ㉢ 모면 | ㉣ 묵인 | ㉤ 묵살 |
| ㉥ 미혹 | ㉦ 미궁 | ㉧ 혼미 | ㉨ 박식 | ㉩ 박약 |

[19~25] 밑줄 친 단어의 쓰임이 문맥에 맞으면 ○, 맞지 않으면 ×에 표시하시오.

19. 시설에서는 <u>무의탁</u> 노인들을 수용하여 돌보고 있다. (○ / ×)

20. 대부분의 기업은 <u>미온적</u>이고 진취적인 인재를 원한다. (○ / ×)

21. 그들은 청년들을 <u>무작위</u>로 차출해서 전쟁터로 끌고 갔다. (○ / ×)

22. 그가 쉰 한숨은 그가 비로소 안도하였음을 <u>반증하는</u> 것이었다. (○ / ×)

23. 지진 피해를 <u>미연</u>에 방지하기 위해 지진 대비 훈련을 실시하였다. (○ / ×)

24. 우리 팀은 상대팀과 끝까지 <u>박빙</u>의 승부를 벌이다 크게 패하였다. (○ / ×)

25. 그는 한국 선수로는 두 번째로 메이저 대회에서 우승하는 <u>전무후무한</u> 기록을 세웠다.
(○ / ×)

[26~29] 괄호 안에서 문맥에 맞는 말을 고르시오.

26. 그는 컴퓨터에 (기발한 / 해박한) 사람이다.

27. 사건의 진상을 (명시적 / 묵시적)으로 밝혀 주십시오.

28. 악행을 일삼는 그를 마을 사람들이 외면하는 것은 (선명한 / 자명한) 일이었다.

29. 개인적 이익에 연연하기보다는 사회 전체의 이익을 고려하는 (거시적 / 미시적) 안목이
필요하다.

[30~32] 밑줄 친 말과 바꾸어 쓰기에 가장 적절한 말을 고르시오.

30. | 질문의 내용을 이해할 수 없어서 그에게 <u>되물었다</u>. |

① 문의하였다   ② 질문하였다   ③ 질의하였다
④ 반문하였다   ⑤ 반박하였다

31. | 너는 규율을 <u>어겼으니</u> 더 이상 이곳에서 살 수 없다. |

① 위반했으니   ② 배반했으니   ③ 배신했으니
④ 거역했으니   ⑤ 항거했으니

32. | 한국사 교과서에서 삼국 시대와 관련된 내용만 <u>뽑아</u> 공부하였다. |

① 선발하여   ② 발굴하여   ③ 발견하여
④ 발탁하여   ⑤ 발췌하여

33. ① 대회 준비가 <u>미</u>흡해서 걱정이다.

② <u>미</u>납된 공과금을 한꺼번에 납부하였다.

③ 나는 한때 어리석은 생각에 <u>미</u>혹되었다.

④ 이번에 발견된 <u>미</u>비점들을 개선해야 한다.

⑤ 신입 사원은 여전히 회사 일에 <u>미</u>숙하다.

34. ① 그는 독서를 많이 해서 <u>박</u>학다식하다.

② 그녀는 제법 멋을 부렸지만 천<u>박</u>해 보인다.

③ 그의 웃음소리는 가볍고 경<u>박</u>하게 느껴졌다.

④ 그가 이번 선거에서 당선될 가능성은 희<u>박</u>하다.

⑤ 교사는 <u>박</u>봉을 털어서 가난한 제자를 도왔다.

도전 문제

35. ㉠, ㉡에 들어갈 말이 순서대로 바르게 짝지어진 것은? (2013 중3 성취도평가 응용)

> '나비 박사'라고 불린 석주명은 일제 강점기에 전국 방방곡곡을 다니며 오직 우리나라의 나비 연구에 (㉠)하였다. 그가 생각한 생물학은 조선의 연구자가 이 땅의 생물을 직접 연구하여 조선의 독특한 생물의 모습을 왜곡하지 않고 밝히는 것이었다. 그는 20여 년 동안 75만 마리에 이르는 조선의 나비를 채집하여 연구하였고, 이후 그의 학문적 업적은 '조선적 생물학'으로 (㉡)되었다.

① 몰입, 지명   ② 몰입, 임명   ③ 몰두, 명명

④ 몰두, 명령   ⑤ 골몰, 해명

　　학급에서 발생하는 괴롭힘 상황에 대한 전통적인 접근 방법은 '가해자-피해자 모델'이다. 이 모델에서는 가해자와 피해자의 개인적인 특성 때문에 괴롭힘 상황이 발생한다고 본다. 개인의 특성이 원인이기 때문에 문제의 해결에서도 개인적인 처방이 중시된다. 예를 들어, 가해자는 ⓐ선도하고 피해자는 치유 프로그램에 참여하도록 한다.

　　하지만 '가해자-피해자 모델'로는 괴롭힘 상황을 근본적으로 해결하지 못한다. 왜냐하면 이 모델은 괴롭힘 상황에서 방관자의 역할을 고려하지 못하기 때문이다. 학급에서 일어난 괴롭힘 상황에는 가해자와 피해자뿐만 아니라 방관자가 존재한다. 방관자는 침묵하거나 모르는 척하는데, 이런 행동은 가해자를 소극적으로 ⓑ지지하게 되는 것이다.

[A]　　만약 ⓒ방관만 하던 친구들이 적극적으로 나선다면 괴롭힘을 멈출 수 있다. 피해자는 보호를 받게 되고 가해자는 자기의 행동을 되돌아볼 수 있게 된다. 반면 방관자가 무관심하게 대하거나 알면서도 모르는 척한다면 괴롭힘은 지속된다. 따라서 방관자의 역할이야말로 학급의 괴롭힘 상황을 해결할 때 가장 주목해야 할 부분이다.

　　㉠이러한 방관자의 역할을 이해하고 학급 내 괴롭힘 상황을 근본적으로 해결하기 위한 새로운 모델이 '가해자-피해자-방관자 모델'이다. 이 모델에서는 방관하는 행동이 바로 괴롭힘 상황을 유지하게 만드는 근본적인 원인이라고 생각한다. ㉡즉 괴롭힘 상황에서 방관자는 단순한 제3자가 아니라 가해자와 마찬가지의 책임이 있다고 보는 것이다.

　　㉢그렇다고 이 모델에서 방관자를 가해자와 동일하게 처벌하자는 것은 아니다. 대신 방관자가 피해자를 돕는 행동을 할 수 있도록 학급 환경 자체를 변화시켜야 함을 강조한다. 예를 들어, 괴롭힘 상황이 발생했을 때 학급의 모든 구성원은 이 상황을 인지하고 역할극이나 회의를 통해 문제의 심각성을 공유해야 한다. ㉣또한 돕고 싶지만 두려움 때문에 방관만 하던 소극적인 학생들은 피해자를 적극적으로 도울 수 있도록 심리적, 물리적으로 지원받아야 한다. ㉤그러면서 학생들은 방관하는 행동이 문제임을 깨닫게 되고, 앞으로는 누군가가 괴롭힘을 당할 때 방관하지 않고 나서서 피해자를 도우려는 태도를 지니게 된다. 이러한 학급 환경에서는 더 이상 괴롭힘이 발생하지 않거나 가끔 발생하더라도 오래 ⓓ지속되지 않는 것이다.

　　이 모델에 따르면, 학급의 괴롭힘 상황을 가해자와 피해자 사이의 문제로만 여기고 '나는 저 문제에 끼어들지 않겠다.' 또는 '나는 남을 괴롭히지 않으니까 괜찮아.'라고 회피하는 태도는 가해자를 돕는 것이나 마찬가지이다. 이 새로운 모델은 방관자였던 학생들이 피해자를 돕는 행동을 할 수 있는 학급 환경이 조성될 때 학급에서 친구를 괴롭히는 일이 ⓔ근절될 수 있음을 보여 준다.

36. [A]의 타당성을 높이기 위한 방법으로 가장 적절한 것은? (2013 중3 성취도평가)

① 피해자 치유 프로그램이 성공적이었음을 보여 주는 통계 자료를 제시한다.

② 아무도 말리지 않아 계속 괴롭혀도 된다고 생각했다는 가해자 면담 자료를 인용한다.

③ 가해자에 대한 강력한 처벌을 통해 학급 내 괴롭힘 문제를 해결한 사례를 제시한다.

④ 피해자가 가해자를 용서했더니 학급 내의 괴롭힘이 줄어들었다는 보고서의 자료를 인용한다.

⑤ 학교 폭력의 가해자가 피해자로 바뀌고, 피해자가 가해자로 바뀌기도 하는 실제 사례를 추가한다.

37. ㉠~㉤을 문맥에 맞게 바꾸어 쓸 때 적절한 것은? (2013 중3 성취도평가)

① ㉠ → 저러한   ② ㉡ → 다시 말해   ③ ㉢ → 그렇다면

④ ㉣ → 만약   ⑤ ㉤ → 그럼에도

38. ⓐ~ⓔ의 뜻풀이로 적절하지 <u>않은</u> 것은?

① ⓐ: 앞장서서 이끌거나 안내함.

② ⓑ: 어떤 사람이나 단체의 주의·정책·의견 따위에 찬동하여 이를 위하여 힘을 씀.

③ ⓒ: 어떤 일에 직접 나서서 관여하지 않고 곁에서 보기만 함.

④ ⓓ: 어떤 상태가 오래 계속됨. 또는 어떤 상태를 오래 계속함.

⑤ ⓔ: 다시 살아날 수 없도록 아주 뿌리째 없애 버림.

[정답] 1. ㉣ 2. ⓐ 3. ㉢ 4. ㉠ 5. ㉻ 6. ㉼ 7. ㉽ 8. ㉾ 9. ㉤ 10. ㉡ 11. ㉢ 12. ㉠ 13. ㉤ 14. ㉡ 15. ㉺ 16. ㉣ 17. ⓐ 18. ㉻ 19. ○ 20. × 21. ○ 22. × 23. ○ 24. × 25. × 26. 해박한 27. 명시적 28. 자명한 29. 거시적 30. ④ 31. ① 32. ⑤ 33. ③ 34. ① 35. ③ 36. ② 37. ② 38. ①

[해설] 22. 반승 → 방승 24. '박빙의 승부'와 '크게 패하였다'는 어울리지 않는다. 25. '두 번째'와 '전무후무'는 어울리지 않는다. 30. ④ 반문(反問): 상대의 물음에 대답하지 않고 도리어 상대에게 물음. ① 문의(問議): 물어서 의논함. ② 질문(質問): 모르거나 의심나는 점을 물어 대답을 구함. ③ 질의(質疑): 의문이 있거나 모르는 점을 물어 밝힘. ⑤ 반박(反駁): 남의 의견이나 주장에 반대하여 논박함. 31. ① 위반(違反): 법이나 약속 따위를 어기거나 지키지 않음. ② 배반(背反): 믿음을 지켜야 할 대상을 등지고 저버림. ③ 배신(背信): 어떤 대상에 대하여 믿음과 의리를 저버림. ④ 거역(拒逆): 윗사람의 뜻이나 지시, 또는 초월적인 힘 등을 따르지 않고 거스름. ⑤ 항거(抗拒): 옳지 않은 것에 순종하지 않고 맞서서 반항함. 32. ⑤ 발췌(拔萃): 책이나 글 등에서 필요하다고 생각하는 부분만을 가려서 뽑음. ① 선발(選拔): 여럿 가운데에서 어떤 대상을 가려서 뽑음. ② 발굴(發掘): 세상에 알려지지 않았던 것을 찾아냄. ③ 발견(發見): 미처 보지 못했던 사물이나 알려지지 않은 사실을 찾아냄. ④ 발탁(拔擢): 여러 사람 가운데서 쓸 사람을 뽑음. 33. ③ 迷(미혹할 미), 나머지는 未(아닐 미) 34. ① 博(넓을 박), 나머지는 薄(엷을 박) 36. 방관 혹은 방관자의 역할과 관련된 설명을 뒷받침하는 내용이 적절하다. 38. ⓐ선도(善導)는 '올바르고 좋은 길로 이끎.'이라는 의미의 단어이다. ①은 ⓐ와 동음이의 관계에 있는 '선도(先導)'의 뜻풀이이다.

15 | 배~사

배(輩) - 무리

☐ **불량배**
不 아닐 **불** 良 어질 **량**
輩 무리 **배**

행실이나 성품이 나쁜 사람들의 무리
▶ **불량배**와 어울려 다니지 마라.

☐ **연배**
年 해 **년** 輩 무리 **배**

어떤 범위에 속하는 나이. 또는 그런 나이의 사람
▶ 그와 나는 같은 **연배**이지만 생각이 너무 다르다.

☐ **배출**
輩 무리 **배** 出 날 **출**

인재가 계속하여 나옴.
▶ 이 학교에서 수많은 인재가 **배출**되었다.
> **참고** 배출(排 밀칠 배 出 날 출): 주로 불필요한 물질을 안에서 밖으로 밀어 내보냄. = 배설(排泄)
▶ 폐수를 함부로 하천에 **배출**한 업체가 적발되었다.

배(排) - 밀다

☐ **배격**
排 밀 **배** 擊 칠 **격**

어떤 사상, 의견, 물건 따위를 물리침.
▶ 자기 생각과 다르다고 해서 무조건 **배격**하는 건 옳지 않다.

☐ **배척**
排 밀 **배** 斥 물리칠 **척**

따돌리거나 거부하여 밀어 내침.
▶ 그는 반대파에게 **배척**을 당했다.

☐ **배타적**
排 밀 **배** 他 남 **타** 的

남을 배척하는. 또는 그런 것
▶ 그는 정권을 **배타적**으로 독점하려는 음모를 꾸미고 있다.

범(汎) - 넓다

☐ **대범하다**
大 클 **대** 汎 넓을 **범** ─

성격이나 태도가 사소한 것에 얽매이지 않으며 너그럽다.
▶ 그는 직원들의 작은 실수에 대해서는 **대범한** 태도를 보였다.

☐ **범세계적**
汎 넓을 **범** 世 세상 **세**
界 지경 **계** 的 ~의 **적**

널리 온 세계에 다 관계되는. 또는 그런 것
▶ 국제연합은 **범세계적**인 조직이다.

☐ **범신론**
汎 넓을 **범** 神 신령 **신**
論 논할 **론**

자연과 신의 대립을 인정하지 않고, 세계의 모든 것을 신이라고 생각하는 입장
▶ **범신론**은 신을 초월적 존재로 생각하는 유신론으로부터 무신론이라는 비난을 받는다.

복(腹) - 배/속마음

□ 심복

心 마음 심 腹 배 복

썩 긴하여 없어서는 안 될 사물. 마음 놓고 부리거나 일을 맡길 수 있는 사람

▶ 그는 **심복**을 시켜서 적의 비밀을 알아 오게 했다.

□ 복안

腹 배 복 案 생각 안

겉으로 드러내지 아니하고 마음속에 품고 있는 생각이나 계획

▶ 그 방법에 반대하다니, 무슨 **복안**이라도 있습니까?

□ 포복절도

抱 안을 포 腹 배 복
絶 끊을 절 倒 넘어질 도

배를 그러안고 넘어질 정도로 몹시 웃음.

▶ 인기 코미디 프로그램을 시청하면서 우리 가족 모두가 **포복절도**하였다.

복(伏) - 엎드리다/숨다

□ 애걸복걸

哀 슬플 애 乞 빌 걸
伏 엎드릴 복 乞 빌 걸

소원 따위를 들어 달라고 애처롭게 사정하며 간절히 빎.

▶ 강도에게 제발 살려만 달라고 **애걸복걸**하였다.

□ 잠복

潛 잠길 잠 伏 숨을 복

❶ 드러나지 않게 숨음.

▶ 경찰들이 용의자의 집 앞에서 **잠복**하고 있다.

❷ 병에 감염되어 있으나 증상이 겉으로 나타나지 않음.

▶ 광견병은 **잠복** 기간이 대개 2~6주 정도이다.

□ 복병

伏 숨을 복 兵 병사 병

❶ 적을 기습하기 위하여 적이 지날 만한 길목에 군사를 숨김. 또는 그 군사

▶ 계곡에 매복해 있던 **복병**들이 일제히 공격을 시작하였다.

❷ 예상하지 못한 뜻밖의 경쟁 상대나 장애물을 비유적으로 이르는 말

▶ 우리 팀은 예선에서 **복병**을 만나 고전을 면치 못했다.

부(副) - 다음(버금)/곁따르다

□ 부차적

副 버금 부 次 버금 차 的

주된 것이 아니라 그것에 곁딸린. 또는 그런 것

▶ 우리에게 가장 중요한 것은 꿈의 실현이며, 경제적 이익은 **부차적**인 것이다.

□ 부작용

副 버금 부 作 지을 작
用 쓸 용

어떤 일에 부수적으로 일어나는 바람직하지 못한 일

▶ 개발에 따른 **부작용**을 최소화해야 한다. 그 약의 **부작용**으로 온몸에 반점이 생겼다.

참고 반작용(反 돌이킬 반 作 지을 작 用 쓸 용): 어떤 움직임에 대하여 그것을 거스르는 반대의 움직임이 생겨남. 또는 그 움직임

▶ 이 운동은 부패한 성직자들에 대한 **반작용**으로 일어났다.

□ **부시장**	시 행정 기관에서 시장 다음가는 직위. 또는 그 직위에 있는 사람
副 버금 **부 市** 저자 **시** **長** 어른 **장**	▶ 화재 현장에 **부시장**이 방문하였다.

□ **부응**	어떤 요구나 기대 따위에 좇아서 응함.
副 버금 **부 應** 응할 **응**	▶ 그 가수는 팬들의 기대에 **부응**하기 위해 열심히 앨범을 준비했다.
	참고 호응(呼 부를 호 應 응할 응): 부름이나 호소 따위에 대답하거나 응함.
	▶ 그의 연설은 대중의 뜨거운 **호응**을 불러일으켰다.

부(否) - 아니다

□ **부인**	어떤 내용이나 사실을 옳거나 그러하다고 인정하지 아니함.
否 아닐 **부 認** 인정할 **인**	▶ 그 아이는 물건을 훔친 적이 없다고 **부인**하였다.

□ **부결**	의논한 안건을 받아들이지 아니하기로 결정함. 또는 그런 결정
否 아닐 **부 決** 결단할 **결**	▶ 그 안건은 과반수의 찬성을 얻지 못하여 **부결**되었다.

□ **여부**	❶ 그러함과 그러하지 아니함. ▶ CCTV 영상을 통해 사실 **여부**부터 확인합시다.
與 더불 **여 否** 아닐 **부**	❷ 틀리거나 의심할 여지 ▶ 암, 그렇고말고. 당연하지. **여부**가 있나.

분(奮) - 떨치다

□ **분발**	가라앉은 마음과 힘을 떨쳐 일으킴.
奮 떨칠 **분 發** 필 **발**	▶ 우리 팀은 노장 선수들의 **분발**로 우승을 차지했다.

□ **분투**	있는 힘을 다하여 싸우거나 노력함.
奮 떨칠 **분 鬪** 싸울 **투**	▶ 외국의 장신 선수들을 맞아 잘 싸운 우리 농구 팀의 **분투**에 박수를 보낸다.
	참고 고군분투(孤 외로울 고 軍 군사 군 奮 떨칠 분 鬪 싸울 투): 전장에서 구원병이 없이 고립된 군사나 군대가 많은 수의 적군과 맞서 훌륭하게 잘 싸움. 적은 인원이나 약한 힘으로 남의 도움을 받지 아니하고 힘에 벅찬 일을 잘 해냄을 비유적으로 이르는 말
	▶ 삼촌은 지방 도시에서 서점을 창업하기 위해 **고군분투**하고 있다.

불(不) - 아니다

□ **불굴**	온갖 어려움에도 굽히지 아니함.
不 아닐 **불 屈** 굽힐 **굴**	▶ 그는 **불굴**의 의지로 시련을 극복하였다.

□ **불후**	(썩지 아니함. ➡) 영원토록 변하거나 없어지지 아니함.
不 아닐 **불 朽** 썩을 **후**	▶ 그의 그림은 **불후**의 명작으로 평가받는다.

불가피하다

不 아닐 **불** 可 허락할 **가**
避 피할 **피** ―

피할 수 없다.

▶ 정치의 개혁이 **불가피하다**.

불가결

不 아닐 **불** 可 허락할 **가**
缺 없을 **결**

없어서는 아니 됨. 꼭 있어야 함.

▶ 물은 모든 생명체에게 **불가결**한 요소이다.

부지불식간

不 아닐 **부** 知 알 **지** 不 아닐 **불**
識 알 **식** 間 사이 **간**

생각하지도 못하고 알지도 못하는 사이

▶ 그는 선생님이 쳐다볼 때마다 **부지불식간**에 고개를 숙였다.

비(非) - 아니다

비리

非 아닐 **비** 理 이치 **리**

올바른 이치나 도리에서 어그러짐.

▶ 공직자들이 **비리**를 저지르지 않도록 감시하는 것이 중요하다.

비상

非 아닐 **비** 常 일정할 **상**

❶ 뜻밖의 긴급한 사태. 또는 이에 대응하기 위하여 신속히 내려지는 명령

▶ 폭설로 인해 도로에 **비상**이 걸렸다.

❷ 예사롭지 아니함. ▶ 각 정당은 그 사건에 **비상**한 관심을 가지고 지켜보고 있다.

❸ 평범하지 아니하고 뛰어남. ▶ 아이의 그림 솜씨가 **비상**하다.

참고 비범(非 아닐 비 凡 무릇 범)하다: 보통 수준보다 훨씬 뛰어나다.

▶ 나는 그가 **비범**한 인물임을 한눈에 알아보았다.

비현실적

非 아닐 **비** 現 나타날 **현**
實 열매 **실** 的 ~의 **적**

현실과는 동떨어진. 또는 그런 것

▶ 너의 말은 너무나 **비현실적**이고 허황되다.

비주류

非 아닐 **비** 主 주인 **주**
流 흐를 **류**

사상이나 학술 따위의 중심에서 벗어난 갈래. 조직이나 단체 따위의 내부에서 소수파 ▶ 김 의원은 당내에서 **비주류**에 속한다.

비일비재

非 아닐 **비** 一 한 **일**
非 아닐 **비** 再 둘 **재**

어떤 현상이나 일이 한두 번이나 한둘이 아니고 많음.

▶ 층간 소음 문제로 인한 아파트 주민 간의 다툼이 **비일비재**하게 일어나고 있다.

비(卑) - 낮다

비천하다

卑 낮을 **비** 賤 천할 **천** ―

지위나 신분이 낮고 천하다.

▶ 조선시대에는 **비천한** 신분의 사람이 출세하는 것이 거의 불가능했다.

□ **비하**	업신여겨 낮춤.
卑 낮을 **비** 下 아래 **하**	▶ 이 영화는 흑인을 <u>비하</u>하고 있다.

□ **비속어**	격이 낮고 속된 말 ▶ 청소년들이 <u>비속어</u>를 일상어처럼 사용해서 문제가 된다.
卑 낮을 **비** 俗 저속할 **속** 語 말씀 **어**	**참고** 은어(隱 숨을 은 語 말씀 어): 어떤 계층이나 부류의 사람들이 다른 사람들이 알아듣지 못하도록 자기네 구성원들끼리만 빈번하게 사용하는 말 ▶ 청소년들의 <u>은어</u>는 이해하기 어렵다.

사(似) - 닮다/비슷하다

□ **유사**	서로 비슷함.
類 무리 **류** 似 닮을 **사**	▶ <u>유사</u>한 사건들이 연일 꼬리에 꼬리를 물고 발생했다.

□ **사이비**	겉으로 보기에는 비슷하나 속은 완전히 다름. 또는 그런 것
似 而 말이을 **이** 非 아닐 **비**	▶ <u>사이비</u> 종교에 속지 않도록 주의해야 한다.

□ **비몽사몽**	완전히 잠이 들지도 잠에서 깨어나지도 않은 어렴풋한 상태
非 아닐 **비** 夢 꿈 **몽** 似夢	▶ 그는 새벽녘이 될 때까지 <u>비몽사몽</u> 중에 누워 있었다.

사(使) - 시키다

□ **사명**	맡겨진 임무
使 시킬 **사** 命 명령 **명**	▶ 그는 맡은 바 <u>사명</u>을 다하겠다고 말했다.

□ **사주**	남을 부추겨 좋지 않은 일을 시킴.
使 시킬 **사** 嗾 부추길 **주**	▶ 그는 적의 <u>사주</u>를 받아 내부의 기밀을 염탐했다.

□ **노사**	노동자와 사용자
勞 일할 **노** 使 시킬 **사**	▶ <u>노사</u>는 밤샘 협상 끝에 합의에 이르렀다.

사(事) - 일

□ **다반사**	(차를 마시고 밥을 먹는 일 ➡) 일상에서 늘 일어나 대수롭지 않은 일. = 예삿
茶 차 **다** 飯 밥 **반** 事 일 **사**	일. 일상다반사(日常茶飯事) ▶ 그는 늦잠을 자서 지각하는 일이 <u>다반사</u>였다.

□ **사세**	일이 되어 가는 형세 ▶ 녀석은 <u>사세</u>가 불리한 것을 알아차리고 도망쳤다.
事 일 **사** 勢 형세 **세**	**참고** 사세(社 모일 사 勢 형세 세): 회사의 사업이 뻗어 나가는 기세. 또는 회사의 세력 ▶ 신제품의 성공으로 <u>사세</u>가 확장되었다.

□ **사사건건**	해당되는 모든 일 또는 온갖 사건(에). 모든 일마다. 매사에
事事 일 **사** 件件 물건 **건**	▶ 엄마는 내가 하는 일에 <u>사사건건</u> 간섭한다.

[1~10] 다음 풀이에 해당하는 단어를 〈보기〉에서 고르시오.

1. 맡겨진 임무

2. 업신여겨 낮춤.

3. 일이 되어 가는 형세

4. 보통 있는 예사로운 일

5. 따돌리거나 거부하여 밀어 내침.

6. 예상하지 못한 뜻밖의 경쟁 상대

7. 있는 힘을 다하여 싸우거나 노력함.

8. 영원토록 변하거나 없어지지 아니함.

9. 겉으로는 비슷하나 속은 완전히 다름.

10. 겉으로 드러내지 아니하고 마음속으로만 하는 생각

┌ 보 기 ┐
| ㉠ 복안 | ㉡ 배척 | ㉢ 복병 | ㉣ 분투 | ㉤ 불후 |
| ㉥ 비하 | ㉦ 사이비 | ㉧ 사명 | ㉨ 다반사 | ㉩ 사세 |

[11~18] 다음 빈칸에 들어갈 알맞은 단어를 〈보기〉에서 고르시오.

11. 이 고장에서는 많은 학자가 (   )되었다.

12. 그는 부하들에게 집단 폭력을 (   )한 혐의로 구속되었다.

13. 그는 자신의 (   )한 신분을 평생의 한으로 여기며 살았다.

14. ㄱ는 집으로 돌아왔다가 (   )해 있던 형사들에게 붙잡혔나.

15. 사치와 낭비를 (   )하고 절약을 생활화하자는 것이 우리의 주장이다.

16. 그는 일제의 회유에도 불구하고 (   )의 의지로 독립 운동에 헌신하였다.

17. 사장은 직원들에게 매출 목표 달성을 위해 한층 더 (   )할 것을 당부하였다.

18. 신임 사장은 회사를 장악하기 위해 중요한 자리를 모두 자신의 (   )들로 교체했다.

┌ 보 기 ┐
| ㉠ 배격 | ㉡ 배출 | ㉢ 심복 | ㉣ 연배 | ㉤ 잠복 |
| ㉥ 굴복 | ㉦ 분발 | ㉧ 불굴 | ㉨ 비천 | ㉩ 사주 |

19. 개인주의는 <u>배타적</u> 이기주의와는 다르다. (○ / ✕)

20. 이런 일은 처음 들어볼 정도로 <u>비일비재</u>하다. (○ / ✕)

21. 그분과 나는 스무 살이나 차이가 나는 <u>연배</u>이다. (○ / ✕)

22. 그는 <u>부지불식간</u>에 일어난 일에 적잖이 당황하였다. (○ / ✕)

23. 소심한 성격을 핑계로 <u>대범하게</u> 웅크리고만 있을 수는 없었다. (○ / ✕)

24. 김 의원은 당 소속 의원 과반을 이끄는 당내 <u>비주류</u>의 수장이다. (○ / ✕)

25. 공연한 생각들로 인해 밤새 잠자리에서 <u>비몽사몽</u>의 경지를 헤맸다. (○ / ✕)

[26~29] 괄호 안에서 문맥에 맞는 말을 고르시오.

26. 산업 발달은 공해라는 (부작용 / 반작용)을 낳았다.

27. 김치는 한국인의 식탁에서 (불가결 / 불가피)한 요소이다.

28. 이번 행사에 대한 사람들의 (부응 / 호응)이 예상보다 높다.

29. 흥분한 손님은 (은어 / 비속어)를 써 가면서 종업원을 몰아붙였다.

[30~33] 밑줄 친 말의 의미가 <u>다른</u> 것을 고르시오.

30. ① 그들은 3년 동안 저항하다 결국 항<u>복</u>을 결정하였다.

　② 의사에게 아이의 목숨만은 살려 달라고 애걸<u>복</u>걸하였다.

　③ 이 작품은 앞부분에서 주인공의 죽음에 대해 <u>복</u>선을 깔고 있다.

　④ 내가 한 실수를 재미있게 이야기해 주자 친구들이 포<u>복</u>절도하였다.

　⑤ 과일 소비가 줄었는데 수입 과일이라는 <u>복</u>병까지 나타나 과수 농가의 시름이 깊다.

31. ① 피의자는 며칠 전에 한 말을 <u>부</u>인했다.

　② 그들은 둘이 연인 사이라는 소문을 강하게 <u>부</u>정했다.

　③ 우리는 적에게 항복하기를 거<u>부</u>한 채 끝까지 싸웠다.

　④ 회사에서 제시한 임금안의 <u>부</u>결로 총파업이 결정되었다.

　⑤ 음식을 먹는다는 것이 중요했지 무엇을 먹는가는 <u>부</u>차적인 문제였다.

32. ① 기자가 공직자의 <u>비</u>리를 고발하는 기사를 썼다.

　② 영웅 소설의 주인공들은 <u>비</u>범한 능력을 보여 준다.

　③ 갑작스러운 대규모 정전으로 한전에 <u>비</u>상이 걸렸다.

　④ 그는 다른 사람을 모함하는 <u>비</u>열한 방법으로 승진을 했다.

⑤ 당시에는 산을 뚫어 터널을 만든다는 것이 비현실적으로 느껴졌다.

33. ① '눕히다'는 '눕다'의 사동 표현이다.

② 두 사람은 형제처럼 외모가 유사하다.

③ 시위의 자유는 보장하되 폭력 행사는 막아야 한다.

④ 노사 협상이 결렬되면서 노조는 파업에 돌입하였다.

⑤ 인류가 정확히 언제부터 불을 사용했는지는 아직 알 수 없다.

도전 문제

34. 밑줄 친 ㉠~㉤ 중, 문맥에 어울리지 않는 것은?

어느 출판사에 근무하는 A 씨. 사내에서 잡지 만들기의 달인이라고 ㉠칭송되던 A 씨는 특히 젊은이를 대상으로 한 잡지를 차례로 만들어 내면서 낡은 체질의 회사를 개혁해 젊은이들의 ㉡호응을 얻는 출판사로 바꾸어 놓았다. 그러던 중 A 씨는 경영진에게 무리하게 부탁하여 젊은층을 겨냥한 새로운 잡지를 창간했다. 그러나 이 잡지는 완전히 실패하여 회사에 ㉢막대한 손실을 입혔다. 당연히 사내에서는 A 씨에 대한 책임 추궁 문제가 ㉣대두하였다. A 씨로서는 이제까지의 잡지가 성공을 거두었고, 현재 그 잡지들이 회사의 주요 매출원이 되어 회사의 기초를 이루었다는 자부심이 있었다. 그러나 사장은 A 씨에게 퇴직을 요구했다.

회사는 항상 미래를 내다본다. 즉 미래에 도움이 되는 사람을 원한다. 그러므로 중장년 샐러리맨이 과거의 실적이나 공로에 기대서는 곤란하다. 회사나 제3자는 당신이 생각하는 만큼 당신의 과거를 중요하게 여기지 않는다. 회사가 평가하는 것은 당신이 앞으로 회사에 도움이 될 가능성이 있는지의 ㉤가부이다.

① ㉠   ② ㉡   ③ ㉢   ④ ㉣   ⑤ ㉤

[35~38] 다음 글을 읽고, 물음에 답하시오.

(가) 우리의 부모들은 자식들이 아무리 나이를 먹어도 자기 품에서 풀어 놓지 않습니다. ⓐ매사에 자식이 자기의 뜻대로 움직이기를 바랄 뿐만 아니라 철저히 간섭을 합니다. 대학 입시장에 부모가 따라가는 것은 어느 틈에 일상적인 일이 되어 버렸습니다. 어이없는 일이지만 이제는 대학원 입시에 따라오는 어머니도 있습니다. 심지어 직장 취업 시험 현장에서 커피를 끓여 가지고 자식을 기다리고 있는 어머니를 보는 일도 드물지 않다고 합니다. ㉠도대체 자식들을 언제까지 따라다녀야 부모들이 마음을 놓을지 모르겠습니다. 결혼을 하고 나서도 사정은 다르지 않습니다. 부모는 집을 사 주어야 하고, 김치를 담가 주어야 하며, 손주를 키워 주어야 합니다.

어른이 없습니다. 우리의 부모들은 이상하게도 자식을 어른으로 만들지 않으려고 합니다. 자식들도 그렇습니다. 부모 그늘에서 ⓑ안주할 뿐 스스로 자기 세계를 이룩하려는 적극성을 보이지 않습니다. ㉡그들은 처음엔 부모의 기대에 부응하려 하지만 마침내 부모의 그늘을 벗어나고 맙니다. 세상은 점점 (A)어른 아닌 부모와 (B)어른이 되지 못하는 자식들만의 모듬살이*가 됩니다.

(나) '헬리콥터 맘'이란 자녀 주변을 맴돌며 간섭을 멈추지 않는 과잉보호형 엄마를 가리키는 ⓒ신조어. 이들은 등교 시간, 학원 강의 시간에 맞춰 자녀들을 데려다 주고 데려오는 것은 기본이고, 중·고등학교에서 의무적으로 해야 하는 봉사 활동도 대신 해 준다. 이것도 자녀의 대학 입학과 동시에 막을 내릴 것 같지만 그렇지 않다. ㉢대학 생활, 졸업 후 직장 선택까지 엄마의 개입은 끊이지 않는다. 심지어 자녀가 취업한 뒤에 연봉 협상, 부서 발령이 자식에게 불리하면 회사에 가서 따지는 엄마도 있다.

전문가들은 헬리콥터 맘이 늘어나는 원인이 상대적으로 부유해진 경제력, 줄어든 자녀 수, 부모의 고학력 때문이라고 설명한다. 과거에는 자녀가 여럿이고 생업에 종사하다 보면 아이를 돌볼 시간이 부족했지만 요즘에는 풍족해진 시간과 돈을 한두 명의 자녀에게 쏟아 붓다 보니 이런 현상이 나타난다는 것이다. ㉣게다가 부모가 고학력일수록 자녀의 교육에 대한 관심이 높아져 간섭이 심해진다고 한다.

그러나 그릇된 사랑은 자녀의 미래에 ⓓ악영향을 미칠 수 있다. 부모의 '영원한 물주' 노릇이 자녀의 경제관념을 ⓔ왜곡하고, 성인이 되어서도 부모에게 손을 벌리는 것을 당연하게 생각하는 '캥거루족'의 뿌리가 되기 때문이다. ㉤이들은 대학을 나와 결혼을 하고 집을 마련할 때까지 부모의 도움을 요구한다. 여성부의 '청소년 의식조사'에서 청소년의 93퍼센트가 대학 학자금 전액을, 87퍼센트가 결혼 비용을, 74퍼센트가 주택 구입 비용이나 전세 자금을 부모가 책임져야 한다고 응답한 것으로 나타났다.

* 모듬살이: 사람들이 어울려서 살아가는 공동생활

35. ㉠~㉤ 중, 각 문단의 내용과 어울리지 <u>않는</u> 것은? (2009 중3 성취도평가)

① ㉠   ② ㉡   ③ ㉢   ④ ㉣   ⑤ ㉤

36. (가), (나)에 대한 설명으로 적절한 것은?

① (가), (나)는 같은 문제를 다루고 있지만 말하고자 하는 바가 다르다.

② (가), (나)는 모두 구체적 통계 자료를 제시하면서 내용을 뒷받침하고 있다.

③ (가)는 정보 제공을, (나)는 설득을 목적으로 하는 글이다.

④ (가)는 현상의 긍정적 측면을, (나)는 부정적 측면을 부각하고 있다.

⑤ (가)는 문제 상황을 보여 주는 데 초점을 맞추고 있고, (나)는 문제의 원인까지 분석하고 있다.

37. (A), (B)에 대응하는 표현을 (나)에서 찾아 쓰시오. (2009 중3 성취도평가 응용)

38. ⓐ~ⓔ와 바꾸어 쓰기에 적절한 것은?

① ⓐ → 사사건건   ② ⓑ → 휴식할   ③ ⓒ → 비속어

④ ⓓ → 부작용   ⑤ ⓔ → 수정하고

[정답] 1. ◎ 2. ㉥ 3. ㉧ 4. ㉧ 5. ㉡ 6. ㉢ 7. ㉣ 8. ㉤ 9. ㉦ 10. ㉠ 11. ㉡ 12. ㉧ 13. ㉧ 14. ㉤ 15. ㉠ 16. ◎ 17. ㉦ 18. ㉢ 19. ○ 20. × 21. × 22. ○ 23. × 24. × 25. ○ 26. 부작용 27. 불가결 28. 호응 29. 비속어 30. ④ 31. ⑤ 32. ④ 33. ② 34. ⑤ 35. ② 36. ⑤ 37. (A) 헬리콥터 맘, (B) 캥거루족 38. ①

[해설] 24. 과반을 이끈다면 '주류'로 볼 수 있다. 30. ④ 腹(배 복), 나머지는 伏(엎드릴 복) 31. ⑤ 副(버금 부), 나머지는 否(아닐 부) 32. ④ 卑(낮을 비), 나머지는 非(아닐 비) 33. ② 似(닮을 사), 나머지는 使(시킬 사) 34. 가부(옳고 그름, 찬성과 반대) → 여부(그러함과 그러하지 아니함)

상(相) - 서로

☐ **상충**
相 서로 **상** 衝 부딪힐 **충**

맞지 아니하고 서로 어긋남.
▶ 우리의 이익에 **상충**되는 제안은 받아들일 수 없다.

☐ **상쇄**
相 서로 **상** 殺 덜 **쇄** / 죽일 **살**

상반되는 것이 서로 영향을 주어 효과가 없어짐. 셈을 서로 비김.
▶ 그는 과거의 불미스러웠던 일을 **상쇄**하는 마음으로 자원봉사 활동에 참여했다.

☐ **일맥상통**
一 한 **일** 脈 줄기 **맥**
相 서로 **상** 通 통할 **통**

사고방식, 상태, 성질 따위가 서로 통하거나 비슷해짐.
▶ 우리는 성 평등을 적극 지지한다는 면에서 **일맥상통**한다.

상(常) - 항상/일정하다

☐ **상설**
常 항상 **상** 設 베풀 **설**

언제든지 이용할 수 있도록 설비와 시설을 갖추어 둠.
▶ 어머니는 백화점 대신 **상설** 할인 매장을 주로 이용하신다.

☐ **상습적**
常 항상 **상** 習 익힐 **습**
的 ~의 **적**

좋지 않은 일을 버릇처럼 하는. 또는 그런 것
▶ **상습적**으로 물건을 훔치던 직원이 주인에게 발각되었다.

☐ **상투적**
常 항상 **상** 套 씌울 / 버릇 **투**
的 ~의 **적**

늘 써서 버릇이 되다시피 한. 또는 그런 것
▶ 그런 **상투적** 표현만으로는 훌륭한 시를 지을 수 없다.

성(性) - 성질

☐ **보편성**
普 넓을 **보** 遍 두루 **편**
性 성질 **성**

모든 것에 두루 미치거나 통하는 성질
▶ 그가 보여 준 행동은 한국인의 **보편성**과는 매우 동떨어진 것이었다.
↔ 특수성(特 특별할 **특** 殊 다를 **수** 性 성질 **성**): 사물의 독특하고 두드러진 성질
▶ 우리나라는 대륙과 해양을 잇는 지역적인 **특수성**을 지니고 있다.

☐ **개연성**
蓋 대개 **개** 然 그럴 **연**
性 성질 **성**

절대적으로 확실하지 않으나 아마 그럴 것이라고 생각되는 성질
▶ 이 교통사고는 운전자의 부주의로 일어났을 **개연성**이 높다.

당위성

當 마땅 당 爲 할 위
性 성질 성

마땅히 그렇게 하거나 되어야 할 성질
▶ 모든 사람이 모임에 참석해야 할 **당위성**이 있습니까?

타성

惰 게으를 타 性 성질 성

오래되어 굳어진 좋지 않은 버릇. 오랫동안 변화나 새로움을 꾀하지 않아 나
태하게 굳어진 습성
▶ 정부 정책에 무조건 반대하는 것이 야당의 역할이라는 **타성**에서 벗어나야 한다.

수(受) - 받다

수용

受 받을 수 容 받아들일 용

어떠한 것을 받아들임.
▶ 우리는 그들의 제안을 **수용**하기로 했다.
참고 수용(收 거둘 수 容 받아들일 용): 특정한 부류의 사람이나 물품을 일정한 장소나 시설에
한데 모아 넣음. ▶ 이 극장은 **수용** 인원이 얼마 되지 않는다.

인수

引 끌 인 受 받을 수

물건이나 권리를 건네받음.
▶ 그가 회사의 경영권을 **인수**하였다.

감수

甘 달 감 受 받을 수

책망이나 괴로움 따위를 달갑게 받아들임.
▶ 그 일을 위해서라면 어떠한 비난이라도 **감수**하겠다.

수(守) - 지키다

고수

固 굳을 고 守 지킬 수

차지한 물건이나 형세 따위를 굳게 지킴.
▶ 그 밴드의 신곡이 무려 5주 동안 음원 차트 1위를 **고수**하였다.

보수

保 지킬 보 守 지킬 수

새로운 것이나 변화를 적극적으로 받아들이기보다는 전통적인 것을 옹호하
며 유지하려 함.
▶ 국회에서는 **보수** 정당과 진보 정당이 대립하고 있다.
↔ 진보(進 나아갈 진 步 걸음 보): ① 정도나 수준이 나아지거나 높아짐.
▶ 과학 기술의 **진보**로 물질적 풍요를 이룰 수 있었다.
② 역사 발전의 합법칙성에 따라 사회의 변화나 발전을 추구함.
▶ 기성세대의 보수 성향과 달리 젊은이들은 **진보** 성향을 지니고 있다.

수전노

守 지킬 수 錢 돈 전 奴 종 노

돈을 모을 줄만 알아 한번 손에 들어간 것은 도무지 쓰지 않는 사람
▶ **수전노**라고 비난 받았던 그가 사실은 남몰래 불우 이웃을 돕고 있었다.

수문장

守 지킬 수 門 문 문
將 장수 장

각 궁궐이나 성의 문을 지키던 무관 벼슬
▶ 축구에서는 골키퍼를 **수문장**에 비유하곤 한다.

숙(熟) - 익다/여물다

☐ **숙성**
熟 익을 숙 成 이룰 성

충분히 이루어짐. 효소나 미생물의 작용에 의하여 발효된 것이 잘 익음.
▶ 김치는 **숙성** 기간을 거치면 감칠맛이 난다.

☐ **숙달**
熟 익을 숙 達 통달할 달

어떤 기술이나 지식 따위에 익숙하게 통달함.
▶ 훈련에 앞서 **숙달**된 조교가 시범을 보였다.

☐ **심사숙고**
深 깊을 심 思 생각 사
熟 익을 숙 考 생각할 고

깊이 잘 생각함.
▶ 운영위원들은 **심사숙고** 끝에 참여하기로 결정을 내렸다.

시(示) - 보이다 / 지시하다

☐ **시사**
示 보일 시 唆 부추길 사

어떤 것을 미리 간접적으로 표현해 줌.
▶ 그 보도는 우리나라의 척박한 교육 현실을 **시사**하고 있다.
참고 시사(時 때 시 事 일 사): 그 당시에 일어난 여러 가지 사회적 사건
▶ 그는 뉴스를 보지 않아서 **시사**에 어둡다.

☐ **시위**
示 보일 시 威 위엄 위

위력이나 기세를 떨쳐 보임. 시위운동(많은 사람이 공공연하게 의사를 표시하여 집회나 행진을 하며 위력을 나타내는 일)
▶ 그녀는 **시위**라도 하듯이 누워 있었다. 그는 폭력 **시위**를 주도한 혐의로 경찰에 체포되었다.

☐ **과시**
誇 자랑할 과 示 보일 시

자랑하여 보임.
▶ 이번 공연이 우리 문화의 우수성을 **과시**하는 계기가 되었다.

시(視) - 보다

☐ **무시**
無 없을 무 視 볼 시

❶ 사물의 존재 의의나 가치를 알아주지 아니함.
▶ 신호등을 **무시**하고 길을 건너다 사고가 났다.
❷ 사람을 깔보거나 업신여김. ▶ 사람을 그렇게 **무시**하면 못쓴다.
참고 좌시(坐 앉을 좌 視 볼 시): 참견하지 아니하고 앉아서 보기만 함.
▶ 정국의 혼란에 대해 **좌시**하고 있을 수만은 없다.

☐ **멸시**
蔑 업신여길 멸 視 볼 시

업신여기거나 하찮게 여겨 깔봄.
▶ 가진 것이 없다는 이유로 사람을 **멸시**해서는 안 된다.

☐ **백안시**
白 흰 백 眼 눈 안 視 볼 시

남을 업신여기거나 무시하는 태도로 흘겨봄. (◀ 중국 진나라 때 죽림칠현의 한 사람인 완적이 반갑지 않은 손님은 백안(白眼)으로 대하고 반가운 손님은 청안(靑眼)으로 대한 데서 유래)
▶ 무죄 판결을 받았지만 사람들은 여전히 그를 **백안시**하였다.

☐ **경시** 輕 가벼울 **경** 視 볼 **시**	대수롭지 않게 보거나 업신여김. ▶ 현대 사회는 생명의 가치를 <u>경시</u>하는 풍조가 만연되어 있다.
☐ **도외시** 度 법도 **도** 外 바깥 **외** 視 볼 **시**	상관하지 아니하거나 무시함. ▶ 그의 계획은 현실을 <u>도외시</u>한 공상일 뿐이다.
☐ **가시적** 可 허락할 **가** 視 볼 **시** 的	눈으로 볼 수 있는. 또는 그런 것 ▶ 모두 <u>가시적</u>인 성과를 내기 위해 최선을 다하였다.

안(安) - 편안하다

☐ **안일** 安 편안할 **안** 逸 편안할 **일**	편안하고 한가로움. 무엇을 쉽고 편안하게 생각하여 관심을 적게 두는 태도 ▶ 그는 <u>안일</u>과 나태에 젖은 생활을 청산하기로 결심했다.
☐ **안이하다** 安 편안할 **안** 易 쉬울 **이** —	너무 쉽게 여기는 태도나 경향이 있다. ▶ 너는 이번 일을 너무 <u>안이하게</u> 생각하는 것 같다.
☐ **안주** 安 편안할 **안** 住 살 **주**	❶ 한곳에 자리를 잡고 편안히 삶. ▶ 오랫동안 떠돌다 보니 이제는 <u>안주</u>하고 싶다. ❷ 더 나아지고자 하지 않고 현재의 상황이나 처지에 만족함. ▶ 현실에 <u>안주</u>하면 발전이 없다.

암(暗) - 어둡다

☐ **암담하다** 暗 어두울 **암** 澹 맑을 **담** —	어두컴컴하고 쓸쓸하다. 희망이 없고 절망적이다. ▶ 친구들이 가 버리고 혼자 남은 나는 <u>암담한</u> 심정이 되었다.
☐ **암묵적** 暗 어두울 **암** 黙 잠잠할 **묵** 的 ~의 **적**	자기의 의사를 밖으로 나타내지 아니한. 또는 그런 것 ▶ 저녁을 사 주는 상사의 행동은 야근을 하라는 <u>암묵적</u> 강요처럼 느껴졌다.
☐ **암암리** 暗暗 어두울 **암** 裡 속 **리**	남이 모르는 사이 ▶ 그 계획은 <u>암암리</u>에 추진되어서 아무도 눈치를 채지 못했다.

약(躍) - 뛰다

☐ **약진** 躍 뛸 **약** 進 나아갈 **진**	❶ 몸을 위로 솟구침. ▶ 높이뛰기 선수가 높이 <u>도약</u>하여 장대를 뛰어넘었다. ❷ 더 높은 단계로 발전함. ▶ 이번 축제는 우리 도시가 명품 관광지로 <u>도약</u>할 수 있는 계기가 될 것이다.

□ 비약	(나는 듯이 높이 뛰어오름. ➡) ❶ 말이나 생각 따위가 그 차례나 단계를 따르
飛 날 비 躍 뛸 약	지 아니하고 건너뜀.

▶ 그 회사는 창사 10년 만에 재계 순위 7위에 오르는 <u>비약</u>을 이루었다.

❷ 지위나 수준이 갑자기 빠른 속도로 높아지거나 향상됨.

▶ 작년에 비해 자동차 수출이 <u>비약</u>적으로 늘었다.

□ 도약	(힘차게 앞으로 뛰어나감. ➡) 빠르게 발전하거나 진보함.
跳 뛸 도 躍 뛸 약	▶ 전 국민이 한마음으로 노력한 결과 선진국으로 <u>약진</u>하게 되었다.

여(餘) - 남다

□ 여담	이야기하는 과정에서 본 줄거리와 관계없이 흥미로 하는 딴 이야기
餘 남을 여 談 말씀 담	▶ 모두 바쁜 사람이니 <u>여담</u>은 그만두고 빨리 용건을 말하시오.

□ 여파	(큰 물결이 지나간 뒤에 일어나는 잔물결 ➡) 어떤 일이 끝난 뒤에 남아 미치
餘 남을 여 波 물결 파	는 영향 ▶ 석유 파동의 <u>여파</u>로 물가가 크게 올랐다.

□ 여념	어떤 일에 대하여 생각하고 있는 것 이외의 다른 생각
餘 남을 여 念 생각 념	▶ 아들은 중학생이 되더니 공부에 <u>여념</u>이 없다.

□ 여력	어떤 일에 주력하고 아직 남아 있는 힘
餘 남을 여 力 힘 력	▶ 먼저 자신이 건강해야 남을 돌볼 <u>여력</u>도 생긴다.

역(逆) - 거스르다

□ 역행	보통의 방향과 반대 방향으로 거슬러 나아감. 일정한 방향, 순서, 체계 따위
逆 거스를 역 行 다닐 행	를 바꾸어 행함.

▶ 비판적 지식인을 탄압하는 것은 시대의 흐름에 <u>역행</u>하는 행위이다.

□ 역풍	❶ 배가 가는 반대쪽으로 부는 바람 ▶ <u>역풍</u>이 불어 항해가 순조롭지 않다.
逆 거스를 역 風 바람 풍	❷ 일이 뜻한 바대로 순조롭게 진행되지 못하고 어려움을 겪음.

▶ 그는 거듭된 막말로 인해 유권자들의 외면이라는 정치적 <u>역풍</u>을 맞았다.

□ 역이용	어떤 목적을 위하여 쓰던 사물이나 일을 그 반대의 목적에 이용함.
逆 거스를 역 利 이로울 리 用 쓸 용	▶ 그는 상대의 공격을 <u>역이용</u>하여 전세를 뒤집었다.

□ 역효과	기대하였던 바와는 정반대가 되는 효과
逆 거스를 역 效 본받을 효 果 열매 과	▶ 위로한다고 했던 말이 <u>역효과</u>를 내어 상대편을 더 화나게 만들었다.

확인 문제

[1~10] 다음 풀이에 해당하는 단어를 〈보기〉에서 고르시오.

1. 자랑하여 보임.

2. 익숙하게 통달함.

3. 빠르게 발전하거나 진보함.

4. 어떤 일이 끝난 뒤에 남아 미치는 영향

5. 기대하였던 바와는 정반대가 되는 효과

6. 어떤 일에 주력하고 아직 남아 있는 힘

7. 책망이나 괴로움 따위를 달갑게 받아들임.

8. 본 줄거리와 관계없이 흥미로 하는 딴 이야기

9. 언제든지 이용할 수 있도록 설비와 시설을 갖추어 둠.

10. 일이 뜻한 바대로 순조롭게 진행되지 못하고 어려움을 겪음.

보 기				
㉠ 상설	㉡ 감수	㉢ 숙달	㉣ 과시	㉤ 약진
㉥ 여담	㉦ 여력	㉧ 여파	㉨ 역풍	㉩ 역효과

[11~18] 다음 빈칸에 들어갈 알맞은 단어를 〈보기〉에서 고르시오.

11. 물품에 하자가 많아서 (   )을/를 거부했다.

12. 어머니는 잔칫상을 준비하느라고 (   )이/가 없었다.

13. 두 나라 간의 이해관계의 (   )(으)로 전쟁이 일어났다.

14. 교육부 장관의 말은 수능 시험의 개편을 (   )하고 있었다.

15. 우리 영화계는 기존 흥행작들의 성공 공식만을 답습하는 (   )에 젖어 있다.

16. (   )(이)라는 주위 사람들의 비난에도 불구하고 그는 돈을 모으는 데만 집중하였다.

17. 해경은 중국 어선이 우리 바다에서 불법적으로 조업하는 것을 막는 바다의 (   ) 이다.

18. 지금 불우 이웃을 돕는다 하더라도 자식을 버린 젊은 날의 잘못이 (   )되는 것은 아니다.

보 기				
㉠ 상충	㉡ 상쇄	㉢ 타성	㉣ 인수	㉤ 고수
㉥ 수문장	㉦ 수전노	㉧ 시사	㉨ 시위	㉩ 여념

[19~26] 밑줄 친 단어의 쓰임이 문맥에 맞으면 ○, 맞지 않으면 ✕에 표시하시오.

19. 그는 여성을 <u>좌시하는</u> 발언을 했다. (○ / ✕)

20. 상대방은 그의 침묵을 <u>암묵적</u> 동의로 간주하였다. (○ / ✕)

21. 열심히 노력했지만 <u>가시적인</u> 성과를 내지는 못했다. (○ / ✕)

22. 실직을 하고 나자 하루아침에 생계가 <u>암담하게</u> 되었다. (○ / ✕)

23. 그 일은 모든 구성원이 알아차릴 수 있도록 <u>암암리에</u> 추진되었다. (○ / ✕)

24. 서양 문화를 떠받들고 우리 고유문화를 <u>경시하는</u> 사람들이 있다. (○ / ✕)

25. 대학 입학 원서를 쓸 때는 지원 대학과 학과를 <u>심사숙고하여</u> 결정해야 한다. (○ / ✕)

26. 그는 조용한 것을 좋아하고 나는 떠들썩한 것을 좋아한다는 점에서 <u>일맥상통한다</u>.
(○ / ✕)

[27~33] 괄호 안에서 문맥에 맞는 말을 고르시오.

27. 그는 (상습적 / 상투적)으로 지각을 했다.

28. 그의 말은 현실을 (도외시 / 백안시)한 것이다.

29. 화재는 전기 누전으로 인해 일어났을 (개연성 / 당위성)이 높다.

30. 눈이 많이 오는 지역이라는 (보편성 / 특수성)을 살려 스키장을 건설하였다.

31. 젊은이들은 사회의 변화나 발전을 추구하는 (진보 / 보수) 성향을 지니기 쉽다.

32. 문제를 진단하고 해법을 제시할 때에는 논리의 (도약 / 비약)이 있어서는 안 된다.

33. 그는 잘못을 저지르고도 그 순간만 모면하면 된다는 (안이 / 안일)한 생각을 가지고 있다.

[34~36] 밑줄 친 말과 바꾸어 쓰기에 가장 적절한 말을 고르시오.

34.
> 김치를 며칠 동안 밖에 두어 <u>익혀</u> 먹었다.

① 성장시켜 ② 성숙시켜 ③ 숙성시켜
④ 숙달시켜 ⑤ 발달시켜

35.
> 그의 말투는 상대방을 <u>멸시하는</u> 듯 거칠어져 있었다.

① 겁내는 ② 꺼리는 ③ 깔보는
④ 피하는 ⑤ 싫어하는

36.
> 그 선수는 세계 랭킹 1위 자리를 3년 동안 <u>지켰다</u>.

① 보호했다   ② 수비했다   ③ 간직했다

④ 고수했다   ⑤ 관찰했다

[37~38] 밑줄 친 말의 의미가 <u>다른</u> 것을 고르시오.

37. ① 그는 <u>항상</u> 열심히 공부하는 학생이었다.

② 우리가 아는 대표적인 <u>상</u>록수는 소나무이다.

③ 교통사고의 가능성은 우리 모두에게 <u>상</u>존한다.

④ 양국 정상은 <u>상</u>호 관심사에 대해 의견을 교환하였다.

⑤ 교양 있는 사람은 일상생활에서 품위 있는 말을 <u>상</u>용한다.

38. ① 참가 신청은 내일부터 선착순으로 접<u>수</u>한다.

② 그것은 정당한 요구이므로 즉시 <u>수</u>락되어야 한다.

③ 반품 및 교환은 물품 <u>수</u>령 후 7일 안에만 가능하다.

④ 그는 남이 이끄는 대로 따라가는 <u>수</u>동적인 인물이다.

⑤ 3만 명을 <u>수</u>용할 수 있는 종합 운동장을 건설하였다.

[39~41] 다음 글을 읽고, 물음에 답하시오.

우리나라는 2천여 년 전부터 성씨를 쓰기 시작했는데, 그것은 중국 문화의 영향 때문이었다. 신라의 왕실에서는 6세기 중반 경부터 중국식 성씨 체계를 ⓐ인용해서 사용했는데, 고려 건국 이후에는 지방까지 ⓑ전염되어 널리 쓰이기 시작했다.

중국에서 제도를 빌려 왔지만 우리의 성씨 제도는 그들과 달리 성(姓)과 본관(本貫)으로 구성되어 있다. 중국에서는 성씨가 같으면 동족이지만, 우리는 원칙적으로 성씨가 같아도 본관이 다르면 남남이다. 따라서 성씨 그 자체보다도 본관에 더 중요한 의미가 있다.

본관이란 그 성씨의 시조나 조상이 살던 지역이다. 태조 왕건은 각 지역의 호족들에게 그들이 기반을 둔 지역을 본관으로 하는 토성(土姓)*을 나눠 주었는데, 이것이 본관이 확산되어 본격적으로 쓰인 계기가 되었다. 조선의 건국과 함께 행정 구획이 큰 고을을 중심으로 정비되자, 이 과정에서 본관이 바뀌는 경우가 생겼다. 또한, 크고 작은 지역을 기반으로 한 여러 본관들이 더 크고 강한 세력을 지닌 본관으로 ⓒ유입되는 현상이 일어나기도 했다.

본관의 변화는 행정 구획의 개편에서 비롯되기도 했지만, 신분 상승을 위한 선택의 결과로 나타나기도 했다. 양반에도 높낮이가 있다고 생각했던 조선 왕조에서 가문의 품격을 따지는 중요한 조건 중 하나가 성과 본관이 무엇이며, 어떤 조상을 두었는가 하는 것이었다. 그에 따라 이름난 조상을 두지 못했던 본관의 후손들이 기존의 이름 있는 큰 성씨에 끼어들기 위해 본관을 바꾸는 경우가 생겼던 것이다.

이러한 역사적 과정을 살펴볼 때, 성씨와 본관은 생성, 소멸 및 다양한 변화를 겪어왔음을 알 수 있다. 많은 사람들이 그들과 혈연적으로 아무런 관계가 없는 성씨를 선택하거나 본관을 바꿈으로써 현재의 성씨와 본관을 가지게 되었다. ㉠이것으로 보아 성씨와 본관은 우리가 일반적으로 생각하듯이 반드시 혈연관계를 바탕으로 형성된 것만은 아니다.

그럼에도 불구하고, 아직까지 성씨와 본관에 기반을 둔 ⓓ강직한 혈연 의식이 우리 사회 곳곳에서 강하게 작용하고 있다. 성씨와 본관에 대한 잘못된 이해는 혈연 의식을 ⓔ조절하여 논리적 사고와 이성적 판단을 흐리게 할 수 있다. 물론 이 혈연 의식이 동성(同姓) 간의 친목을 도모하고 조상을 숭상하는 차원에만 머문다면 문제가 되지 않겠지만, 지나치면 배타적 혈연주의나 윤리적 갈등과 같은 부작용이 생기기도 한다. 성씨와 본관을 맹목적인 애착의 대상으로 볼 것이 아니라 역사적인 산물로 보아야 한다.

＊토성(土姓): 일정한 지역에 근거를 두고 있는 지배 집단의 성씨

39. 윗글의 내용에 대한 이해로 적절하지 <u>않은</u> 것은? (2010 중3 성취도평가)

① 중국과 달리 우리나라에서는 본관이 성씨보다 중요했다.

② 본관은 성씨의 시조나 조상이 살던 지역명에서 유래하였다.

③ 고려 태조가 호족들에게 토성을 나눠 주면서 본관이 확산되었다.

④ 조선 시대 이후 본관의 확산과 변화는 행정 체제의 개편 때문이었다.

⑤ 맹목적인 혈연 의식은 성씨와 본관에 대한 잘못된 이해에서 비롯되기도 한다.

40. ㉠의 내용을 뒷받침하기에 적절하지 <u>않은</u> 사례는? (2010 중3 성취도평가)

① 성씨와 본관을 새로 만들어 쓰는 것을 허용한 법

② 성씨와 본관이 같은 친족 간의 결혼을 금지하는 관습

③ 본관들이 점점 통합되어 그 수가 줄어든 역사적 사실

④ 다수가 쓰는 성씨를 선택하여 성씨와 본관을 정하는 귀화 외국인

⑤ 주로 주인의 성씨와 본관을 따라 자신의 성씨와 본관을 정한 조선 후기 천민층

41. ⓐ~ⓔ를 문맥에 맞게 고쳐 쓴 것은?

① ⓐ → 활용해서　　② ⓑ → 이전되어　　③ ⓒ → 수입되는

④ ⓓ → 완고한　　⑤ ⓔ → 조율하여

[정답] 1. ㉣ 2. ㉢ 3. ㉤ 4. ㉥ 5. ㉥ 6. ㉦ 7. ㉡ 8. ㉮ 9. ㉠ 10. ㉳ 11. ㉣ 12. ㉳ 13. ㉠ 14. ㉥ 15. ㉢ 16. ㉦ 17. ㉮ 18. ㉡ 19. ✕ 20. ○ 21. ○ 22. ○ 23. ✕ 24. ○ 25. ○ 26. ✕ 27. 상습적 28. 도외시 29. 개연성 30. 특수성 31. 진보 32. 비약 33. 안이 34. ③ 35. ③ 36. ④ 37. ④ 38. ⑤ 39. ④ 40. ② 41. ④

[해설] 37. ④ 相(서로 상), 나머지는 常(항상 상) ③ 상존: 언제나 존재함. ⑤ 상용: 일상적으로 씀. 38. ⑤ 收(거둘 수), 나머지는 受(받을 수) ② 수락: 요구를 받아들임. ④ 수동적: 스스로 움직이지 않고 다른 것의 작용을 받아 움직임. 39. 확산과 변화 → 변화 40. ② 성씨와 본관이 혈연관계를 바탕으로 형성된다고 보았기 때문에 나타난 관습 41. ⓐ → 수용해서, ⓑ → 확산되어, ⓒ → 편입되는(이미 짜인 한 동아리나 대열 따위에 끼어 들어감.), ⓓ 완고한(융통성이 없이 올곧고 고집이 세다.), ⓔ → 조장하여(바람직하지 않은 일을 더 심해지도록 부추기다.)

17 | 요~인

요(要) - 중요하다

□ 요지
要 중요할 요 旨 뜻 지

말이나 글 따위에서 핵심이 되는 중요한 내용
▶ 당신 말의 <u>요지</u>는 무엇입니까?

□ 요긴하다
要 중요할 요 緊 긴할 긴 ―

꼭 필요하고 중요하다. = 긴요(緊要)하다
▶ 이 돈은 잘 간수해 두었다가 <u>요긴한</u> 데 써라.

□ 요충지
要 중요할 요 衝 찌를 충
地 땅 지

❶ 지세가 작전하기에 유리하게 되어 있어 군사적으로 아주 중요한 곳
▶ 장군은 병력을 나누어 <u>요충지</u>를 지키게 하였다.
❷ 교통이나 상업의 측면에서 중요한 위치에 있어 핵심적인 역할을 하는 장소
▶ 대전광역시는 경부선·호남선 및 경부고속도로·호남고속도로지선과 여러 국도가 교차하는 교통의 <u>요충지</u>이다.

용(用) - 쓰다

□ 통용
通 통할 통 用 쓸 용

❶ 일반적으로 두루 씀.
▶ 이때부터 화폐가 <u>통용</u>되었다.
❷ 서로 넘나들어 두루 쓰임.
▶ 한자에는 형태는 달라도 같은 뜻으로 <u>통용</u>되는 것들이 많다.

□ 용례
用 쓸 용 例 법식 례

쓰고 있는 예. 쓰임을 보여 주는 예
▶ 처음 보는 단어라도 그 <u>용례</u>를 보면 의미를 어느 정도 짐작할 수 있다.

□ 전용
轉 구를 전 用 쓸 용

예정되어 있는 곳에 쓰지 아니하고 다른 데로 돌려서 씀.
▶ 시장은 예산에서 지급된 활동비를 사적인 생활비로 <u>전용</u>하였다.
참고 전용(專 오로지 전 用 쓸 용): 혼자서만 씀. 한가지 목적으로만 씀.
▶ 교사 <u>전용</u> 식당 / 버스 <u>전용</u> 차선 / 한글 <u>전용</u> 운동

용(容) - 얼굴 / 받아들이다

□ 용납
容 받아들일 용 納 들일 납

너그러운 마음으로 남의 말이나 행동을 받아들임.
▶ 그런 무례한 행동은 도저히 <u>용납</u>할 수 없다.

□ 용인
容 받아들일 용 認 인정할 인

용납하여 인정함.
▶ 세금 인상을 <u>용인</u>할 수밖에 없었다.

□ 포용 包 감쌀 포 容 받아들일 용	남을 너그럽게 감싸 주거나 받아들임. ▶ 그는 사람을 **포용**하는 힘이 많을 뿐 아니라 의지가 뛰어나고 절개가 굳었다.
□ 용의자 容疑 의심할 의 者 사람 자	범죄를 저지른 것으로 의심받는 사람 ▶ 경찰이 살인 사건의 **용의자**를 조사하고 있다.

원(元) - 으뜸/처음

□ 복원 復 회복할 복 元 으뜸 원	원래대로 회복함. ▶ 지진으로 파괴된 건물들을 **복원**하려면 몇 달은 걸릴 것이다.
□ 원조 元 으뜸 원 祖 할아버지 조	첫 대의 조상. 어떤 일을 처음으로 시작한 사람. 어떤 사물이나 물건의 시작으로 인정되는 사물이나 물건 ▶ 음식점들은 서로 자기네가 **원조**라고 주장하고 있다. 우리의 장이 일본으로 건너가 미소라는 일본 된장의 **원조**가 되었다. **참고** 원조(援 도울 원 助 도울 조): 물품이나 돈 따위로 도와줌. ▶ 우리나라는 **원조**를 받는 나라에서 **원조**를 주는 나라로 탈바꿈하였다.
□ 원로 元 으뜸 원 老 늙을 로	한 가지 일에 오래 종사하여 경험과 공로가 많은 사람 ▶ 문단의 **원로**로 대접받는 분의 말씀인 만큼 새겨들어야 한다.

위(位) - 자리

□ 지위 地 땅 지 位 자리 위	개인의 사회적 신분에 따르는 위치나 자리. 어떤 사물이 있는 자리나 위치 ▶ 그는 오로지 실력만으로 높은 **지위**에 올랐다. 그들은 합법적인 단체로서의 **지위**를 인정받기 위해 투쟁했다.
□ 위계 位 자리 위 階 층계 계	지위나 계층 따위의 등급 ▶ 군대에서는 **위계**가 분명하다.
□ 위상 位 자리 위 相 모양 상	어떤 사물이 다른 사물과의 관계 속에서 가지는 위치나 상태 ▶ 이번 일로 국제 사회에서 우리나라의 **위상**이 한층 높아졌다.

위(威) - 위엄 있다

□ 위력 威 위엄 위 力 힘 력	상대를 압도할 만큼 강력함. 또는 그런 힘 ▶ 대자연의 **위력** 앞에서 인간은 연약한 존재일 뿐이다.

□ 위용	점잖고 엄숙하며 위엄이 있는 모양이나 모습
威 위엄 위 容 얼굴 용	▶ 국군의 날 행사에서 우리 군의 <u>위용</u>을 과시하였다.

□ 위풍당당	풍채나 기세가 위엄 있고 당당함.
威 위엄 위 風 기세 풍 堂堂 당당할 당	▶ 사업가로 성공한 그는 <u>위풍당당</u>한 모습으로 고향에 돌아왔다.

위(違) - 어기다/어긋나다

□ 위배	법률, 명령, 약속 따위를 지키지 않고 어김. = 위반(違 어긋날 위 反 돌이킬 반)
違 어긋날 위 背 배반할 배	▶ 계약을 <u>위배</u>할 경우에는 배상하기로 약속하였다.

□ 위헌	법률 또는 명령, 규칙, 처분 따위가 헌법의 조항이나 정신에 위배되는 일
違 어긋날 위 憲 법 헌	▶ 헌법재판소에서 그 법의 <u>위헌</u> 여부를 심사하고 있다.

□ 위화감	조화되지 아니하는 어설픈 느낌
違 어긋날 위 和 될 화 感 느낄 감	▶ 사회 계층 간에 <u>위화감</u>을 조성하는 호화 주택이나 과소비를 규제해야 한다.

□ 비위	법에 어긋남. 또는 그런 일 ▶ <u>비위</u>를 저지른 공무원이 파면되었다.
非 아닐 비 違 어긋날 위	**참고** 비위(脾 지라 비 胃 위장 위): 지라와 위장 →) 무엇을 좋아하거나 싫어하는 성미. 아니꼽고 싫은 일을 대하여 견디어 내는 힘. ▶ 나는 <u>비위</u>가 좋아 뭐든 잘 먹는다. 그는 <u>비위</u>가 틀렸지만 꾹 참았다.

위(委) - 맡기다

□ 위임	어떤 일을 다른 사람에게 책임 지워 맡김. 또는 그 책임
委 맡길 위 任 맡길 임	▶ 기업주는 기업의 경영을 전문 경영인에게 <u>위임</u>하였다.

□ 위탁	남에게 사물이나 사람의 책임을 맡겨 부탁함.
委 맡길 위 託 부탁할 탁	▶ 그녀는 재산을 은행에 <u>위탁</u>하여 관리한다.

□ 위촉	어떤 일을 남에게 부탁하여 맡게 함.
委 맡길 위 囑 부탁할 촉	▶ 그 가수는 금연 홍보 대사로 <u>위촉</u>되었다.

유(有) - 있다

□ 초유	처음으로 있음.
初 처음 초 有 있을 유	▶ 우리는 대통령 탄핵이라는 <u>초유</u>의 사태를 겪었다.

□ 유력 有 있을 유 力 힘 력	세력이나 재산이 있음. 가능성이 많음. ▶ 그는 이 지방의 <u>유력</u> 인사 가운데 한 사람이다. 그가 우승 후보로 <u>유력</u>하다.
□ 점유 占 점령할 점 有 있을 유	물건이나 영역, 지위 따위를 차지함. ▶ 다른 사람의 땅에 허락도 없이 건물을 짓는 것은 불법 <u>점유</u>에 해당한다.
□ 유사시 有 있을 유 事 일 사 時 때 시	급하거나 예사롭지 않은 일이 일어날 때 ▶ 지진 등의 <u>유사시</u>에 대비해서 대피 훈련을 실시하고 있다.
□ 유권자 有 있을 유 權 권리 권 者 사람 자	선거할 권리를 가진 사람 = 선거인(選 뽑을 선 舉 들 거 人 사람 인) ▶ 국회의원 노릇을 제대로 하지 않은 이들은 이번 선거에서 <u>유권자</u>의 심판을 받을 것이다.

의(依) - 의지하다

□ 의거 依 의지할 의 據 근거 거	❶ 어떤 사실이나 원리 따위에 근거함. ▶ 그는 자료에 <u>의거</u>하여 주장을 펼쳤다. ❷ 어떤 힘을 빌려 의지함. ▶ 아무리 억울해도 폭력적 수단에 <u>의거</u>해서는 안 된다. [참고] 의거(義 옳을 의 舉 들 거): 정의를 위하여 개인이나 집단이 의로운 일을 도모함. ▶ 일제에 항거하는 <u>의거</u>가 잇따라 일어났다.
□ 의뢰 依 의지할 의 賴 의뢰할 뢰	남에게 부탁함. ▶ 작가에게 원고 집필을 <u>의뢰</u>하였다.

의(意) - 뜻

□ 의도 意 뜻 의 圖 그림 도	무엇을 하고자 하는 생각이나 계획. 또는 무엇을 하려고 꾀함. ▶ 나는 나쁜 <u>의도</u>로 그런 것은 아니다.
□ 의중 意 뜻 의 中 가운데 중	겉으로 드러나지 않는 마음속 ▶ 어르신의 <u>의중</u>을 헤아리기는 쉽지 않았다.
□ 자의 自 스스로 자 意 뜻 의	자기의 생각이나 의견 ▶ 그 학교에 지원한 것은 <u>자의</u>가 아니었다.
□ 임의 任 맡길 임 意 뜻 의	❶ 일정한 기준이나 원칙 없이 하고 싶은 대로 함. ▶ 그 중요한 일을 <u>임의</u>로 처리할 수는 없다. ❷ 대상이나 장소 따위를 일정하게 정하지 아니함. ▶ 다음 달 <u>임의</u>의 장소에서 회담을 갖기로 합의했다.

이(異) - 다르다

☐ **이견**
異 다를 **이** 見 볼 **견**

어떠한 의견에 대한 **다른** 의견. 또는 서로 **다른** 의견
▶ 그를 도와주자는 데는 **이견**이 없다.

☐ **이방인**
異 다를 **이** 邦 나라 **방**
人 사람 **인**

다른 나라에서 온 사람
▶ 모두들 나를 **이방인** 대하듯 이상한 눈으로 쳐다보았다.

☐ **이국적**
異 다를 **이** 國 나라 **국**
的 ~의 **적**

자기 나라가 아닌 **다른** 나라에 특징적인. 또는 그런 것
▶ 여행지의 **이국적**인 풍경에 마음을 빼앗겼다.

☐ **이례적**
異 다를 **이** 例 법식 **례** 的

보통의 경우와 **다른** 특이한. 또는 그런 것
▶ 구속 영장을 세 번이나 청구한다는 것은 매우 **이례적**인 일이다.

인(認) - 인정하다/알다

☐ **인증**
認 인정할 **인** 證 증거 **증**

어떠한 문서나 행위가 정당한 절차로 이루어졌다는 것을 공적 기관이 증명함.
▶ 부모님께서 재배한 농작물이 유기농 **인증**을 획득하였다.

☐ **인지도**
認 인정할 **인** 知 알 **지**
度 법식 **도**

어떤 사람이나 물건을 알아보는 정도
▶ 학교의 **인지도**를 높이기 위해 홍보 영상을 제작하였다.

☐ **시인**
是 옳을 **시** 認 인정할 **인**

어떤 내용이나 사실이 옳거나 그러하다고 인정함.
▶ 잘못을 **시인**한다면 더 이상 죄를 추궁하지는 않겠다.

인(引) - 끌다/당기다

☐ **유인**
誘 꾈 **유** 引 끌 **인**

주의나 흥미를 일으켜 꾀어냄.
▶ 낚시꾼은 미끼로 물고기를 **유인**해 잡는다.

☐ **인상**
引 끌 **인** 上 위 **상**

물건 따위를 끌어올림. 물건값, 봉급, 요금 따위를 올림.
▶ 노사 합의로 임금 **인상**이 결정되었다.
↔ **인하**(引 끌 인 下 아래 하): 물건 따위를 끌어내림. 가격 따위를 낮춤.
▶ 소비자들이 보험료 **인하**를 요구하고 있다.

☐ **견인**
牽 이끌 **견** 引 끌 **인**

끌어서 당김.
▶ 주차 금지 구역에 주차한 차량을 **견인**하였다.

[1~10] 다음 풀이에 해당하는 단어를 〈보기〉에서 고르시오.

1. 마음속

2. 쓰고 있는 예

3. 법에 어긋나는 일

4. 위엄찬 모양이나 모습

5. 다른 나라에서 온 사람

6. 지위나 계층 따위의 등급

7. 선거할 권리를 가진 사람

8. 군사적으로 아주 중요한 곳

9. 무엇을 하고자 하는 생각이나 계획

10. 어떤 사람이나 물건을 알아보는 정도

┌─ 보 기 ─
│ ㉠ 용례   ㉡ 위계   ㉢ 위용   ㉣ 비위   ㉤ 의중
│ ㉥ 의도   ㉦ 유권자   ㉧ 이방인   ㉨ 인지도   ㉩ 요충지
└─

[11~17] 다음 빈칸에 들어갈 알맞은 단어를 〈보기〉에서 고르시오.

11. 그 공무원은 뇌물 수뢰 사실을 (　　　　　)하였다.

12. 회계 관련 업무를 외부 회계사에게 (　　　　　)하였다.

13. 양편의 (　　　　　)을/를 좁히지 못해서 협상이 결렬되었다.

14. 자동차 시장이 수입 자동차에 상당 부분 (　　　　　)되었다.

15. 어머니는 무항생제 (　　　　　) 마크가 붙은 달걀만을 구입한다.

16. 그 선수는 한국 스포츠의 (　　　　　)을/를 높이는 데 기여하였다.

17. 저자의 허락 없이 책의 내용을 바꾸는 것은 계약을 (　　　　　)하는 것이다.

┌─ 보 기 ─
│ ㉠ 위상   ㉡ 위계   ㉢ 위배   ㉣ 위탁   ㉤ 원조
│ ㉥ 점유   ㉦ 이견   ㉧ 인증   ㉨ 용인   ㉩ 시인
└─

[18~24] 밑줄 친 단어의 쓰임이 문맥에 맞으면 ○, 맞지 않으면 ×에 표시하시오.

18. 훼손된 문화재의 <u>복원</u>이 시급하다. (○ / ×)

19. 학교 재단 측은 최 씨를 객원 교수로 <u>위촉</u>하였다. (○ / ×)

20. 장군은 병사들의 호위를 받으면서 <u>위풍당당하게</u> 행진했다. (○ / ×)

21. 어머니는 집안일이 한가한 <u>유사시</u>에는 게임을 즐기곤 하신다. (○ / ×)

22. 아버지는 외국으로 나가시면서 큰형에게 가정사 일체를 <u>위임</u>하셨다. (○ / ×)

23. 집 뒤편에는 마을에서 오직 그 집만 <u>통용</u>하는 방앗간이 하나 있었다. (○ / ×)

24. 집안이 너무 지저분해서 쓰레기나 각종 잡동사니 같은 <u>요긴한</u> 물건들을 정리하여 버렸다. (○ / ×)

[25~30] 괄호 안에서 문맥에 맞는 말을 고르시오.

25. 전문의에게 아들의 진료를 (의거 / 의뢰)하였다.

26. 언론에서는 그를 (유력 / 위력)한 우승 후보로 거론하고 있다.

27. 대장은 적을 계곡에 (견인 / 유인)한 다음에 기습하기로 결정했다.

28. 항상 수다스럽던 그의 침묵은 (이국적 / 이례적)이라고 할 수 있다.

29. 그는 명확한 목표가 있어서 (임의 / 자의)로 회사를 그만 둔 것이다.

30. 30년 넘게 연기를 한 그는 이제 (원로 / 원조) 배우로 대접받고 있다.

[31~32] 밑줄 친 말의 의미가 <u>다른</u> 것을 고르시오.

31. ① 구시대의 악습을 <u>용인</u>할 수는 없다.

　　② 경찰이 살인사건의 <u>용</u>의자를 수배하였다.

　　③ 그는 아무리 작은 실수도 <u>용납</u>하지 않았다.

　　④ 그는 남을 너그럽게 <u>포용</u>할 줄 아는 사람이다.

　　⑤ 예산이 본래 책정되었던 항목에서 다른 목적으로 <u>전용</u>되었다.

32. ① 그는 자신이 원하던 지<u>위</u>를 차지했다.

　　② 그는 교통 법규 <u>위</u>반으로 벌금을 내게 되었다.

　　③ <u>위</u>법한 행위가 나쁜 것이지 사람이 나쁜 것은 아니다.

　　④ 법률이 헌법의 조항이나 정신에 위배되면 <u>위</u>헌 판정을 받는다.

　　⑤ 계약을 파기할 때는 계약금의 2배를 <u>위</u>약금으로 물어주어야 한다.

[33~34] 다음 글을 읽고, 물음에 답하시오.

> 얼음이 녹아 먹을 것이 사라져 배를 곯는 북극곰. 사막화와 가뭄으로 검게 타들어 가고 있는 아프리카의 뜨거운 땅. 인간이 지구의 주인을 자처하며 생활의 편리함을 위해 에너지를 마구 사용한 결과가 비극적인 부메랑이 되어 돌아왔다. 기후 변화 여파는 더 이상 텔레비전 속 먼 나라 이야기가 아니다. 100년 만에 찾아온 2011년 9월 중순의 폭염은 우리에게 ㉠초유의 정전 사태를 안겨 주지 않았던가.
>
> 이러한 사태의 원인은 에너지 과잉 소비에 있다. 사람들은 여전히 전기를 비용만 지불하면 마음껏 써도 된다고 생각하며 낭비하고 있다. 에너지 절약을 위한 다각적인 실천은 지구 환경 보호를 위해서만이 아니라 국가 경제를 위해서도 중요하다. 사용하지 않는 플러그 뽑기, 대중교통 이용하기, 일회용품 적게 쓰기 등과 같은 개인적인 실천과 더불어 국가적 차원에서의 구체적이고 실효성 있는 에너지 절약 대책 마련이 시급하다.

33. 윗글의 중심 내용을 다음과 같이 정리할 때 빈 칸에 알맞은 말은?

에너지 절약의 (   )

① 현실성
② 보편성
③ 필요성
④ 실효성
⑤ 유용성

34. ㉠의 뜻풀이로 가장 적절한 것은?

① 보잘것없는
② 예상하지 못한
③ 처음으로 있는
④ 항상 되풀이되는
⑤ 한계를 뛰어넘는

(가) 사람은 이상한 동물이다. 이 세상에 자기와 똑같은 사람이 존재하는 것도 끔찍하게 여기지만, 자기와 다른 사람을 반기지도 않는다. 자기와 비슷한 사람을 만나면 차이를 찾으려 애쓰고, 자기와 다른 사람을 만나면 자기와 같지 않다고 문제를 제기한다. 이와 같은 인간의 ⓐ이중성은 어디서 비롯된 것일까? 그것은 한마디로, 남에 비해 자기가 우월하다는 점을 확인하면서 스스로 만족해하는 인간의 ⓑ고결한 속성에서 비롯된 것이 아니겠는가. 인간의 이런 속성은 ⓒ필연적으로 차이를 차별의 근거로 삼는다.

(나) 이성(理性)에 눈뜬 사람은 나와 다른 사람, 나와 다른 문화를 만날 때 서로의 장점을 주고받으려고 노력한다. 또 어제의 나보다 오늘의 내가, 오늘의 나보다 내일의 내가 더 성숙하기를 기대하며 자신의 내면과 대화하고 싸운다. 그러나 이성에 눈뜨지 못한 사람은 자기완성이나 성숙을 위해 노력하는 대신 남과 자신을 비교하고 스스로 우월하다는 점을 확인하기 위해 애쓴다. 어제도 오늘도 내일도 남보다 내가 더 낫다는 점을 확인하려고 의식적·무의식적으로 남과 끊임없이 견준다.

(다) 자기 성숙을 위해 내면과 대화하지 않는 사람에게 스스로 우월하다고 믿게 해 주는 것은 그가 가진 물건이며, 그가 속한 집단이다. 소유물과 소속 집단은 인간 내면의 가치나 이성의 성숙과는 무관하다는 공통점을 갖는다. 물신(物神)이 지배하는 사회에서 사람들은 인간의 내면적 가치에 별 관심을 기울이지 않는다. 오직 '____㉠____'에만 관심을 두고 서로 비교하면서 경쟁한다.

(라) 옛말에 "곳간에서 인심난다."라고 했지만, 그 말은 오늘날엔 통하지 않는다. 옛날에 비해 곳간에 재물이 차 있는 게 분명한데 사람들은 여유 있는 인심을 보이기는커녕 더 ⓓ야박해졌다. 미래에 대한 불안 심리가 하나의 요인이겠지만, 경쟁의식이 더 심하게 작용하기 때문이다.

(마) 오늘도 사람들은 텔레비전 화면을 통해 "부자 되세요!", "대한민국 1퍼센트" 따위의 광고를 무심코 바라보고 있다. 남보다 많이 소유하면서 만족해하는 인간의 속성을 겨냥하고 있는 이런 광고에 대해 거부감이나 ㉡위화감을 느끼지 않는다. 그만큼 이 사회의 물신은 가히 ⓔ위력적이다.

35. 윗글의 ㉠에 들어갈 말로 가장 적절한 것은? (2006 중3 성취도평가)

① 어디에 살고 있는가　　　　② 어떤 직업을 가졌는가

③ 얼마나 수입이 많은가　　　　④ 무엇을 소유하고 있는가

⑤ 얼마나 외모가 뛰어난가

36. 문맥을 고려하여 밑줄 친 ㉡의 의미를 바르게 파악한 것은?

① 거부당하는 느낌

② 강제로 빼앗긴 느낌

③ 억누름을 당하는 느낌

④ 잘 어울려 조화되기 어려운 느낌

⑤ 위로를 받아 마음이 차분해진 느낌

37. (가)~(마)에 대한 설명으로 옳지 않은 것은?

① (가): 일반적 현상으로부터 화제를 이끌어 내고 있다.

② (나): 대조의 방법으로 논의를 전개하고 있다.

③ (다): 보충 설명으로 논의를 심화하고 있다.

④ (라): 속담을 인용하여 새로운 문제를 제기하고 있다.

⑤ (마): 광고를 예로 들어 현실을 비판하고 있다.

38. ⓐ~ⓔ 중, 문맥에 어울리지 않는 것은?

① ⓐ ② ⓑ ③ ⓒ ④ ⓓ ⑤ ⓔ

[정답] 1. ㉤ 2. ㉠ 3. ㉣ 4. ㉢ 5. ㉧ 6. ㉡ 7. ㉦ 8. ㉩ 9. ㉥ 10. ㉨ 11. ㉩ 12. ㉣ 13. ㉦ 14. ㉥ 15. ㉧ 16. ㉠ 17. ㉢ 18. ○ 19. ○ 20. ○ 21. × 22. ○ 23. × 24. × 25. 의뢰 26. 유력 27. 유인 28. 이례적 29. 자의 30. 원로 31. ⑤ 32. ① 33. ③ 34. ③ 35. ④ 36. ④ 37. ④ 38. ②

[해설] 23. 통용 → 전용 24. '쓰레기'나 '잡동사니'와 '요긴한'은 어울리지 않는다. 31. ⑤ 用(쓸 용), 나머지는 容(받아들일 용) 32. ① 位(자리 위), 나머지는 違(어긋날 위) 37. (라)는 속담을 인용하고 있지만, 새로운 문제를 제기하고 있지는 않다. 38. 문맥으로 보아 인간의 속성에 대해 비판적인 시각을 드러내는 단어가 적절하다. '저급한' 정도가 어울린다.

➤ 18 │ 자~조

자(自) - 스스로

☐ **자생**
自 스스로 자 生 날 생

❶ 자기 자신의 힘만으로 살아감.
▶ 무조건 도와주기만 하면 **자생** 능력을 떨어뜨릴 수 있다.
❷ 저절로 나서 자람.
▶ 이 지역에서 **자생**하는 꽃들을 채집하였다.

☐ **자급자족**
自 스스로 자 給 줄 급
自 스스로 자 足 족할 족

필요한 물자를 스스로 생산하여 충당함.
▶ 그는 농사를 지으며 웬만한 것들은 **자급자족**하고 있다.
참고 자급(自 스스로 자 給 줄 급): 자기에게 필요한 물자를 스스로 마련함.
▶ 식량 **자급**을 위하여 버려진 땅을 개간하였다.
자족(自 스스로 자 足 족할 족): **스스로** 넉넉함을 느낌. 필요한 물건을 자기 **스스로** 충족시킴.
▶ 그는 주어진 상황에 **자족**하며 살고 있다.

☐ **자긍심**
自 스스로 자 矜 자랑할 긍
心 마음 심

스스로에게 긍지를 가지는 마음
▶ 어머니는 교사라는 직업에 대해 **자긍심**을 갖고 있다.

잔(殘) - 남다

☐ **잔재**
殘 남을 잔 滓 찌꺼기 재

쓰고 남은 찌꺼기. 과거의 낡은 사고방식이나 생활양식의 찌꺼기
▶ 더 늦기 전에 권위주의의 **잔재**를 청산해야 한다.

☐ **잔류**
殘 남을 잔 留 머무를 류

뒤에 처져 남아 있음.
▶ 대부분의 의원들이 탈당하는 상황에서도 서 의원은 당에 **잔류**할 것을 선언했다.

☐ **잔여**
殘 남을 잔 餘 남을 여

남아 있음. 또는 그런 나머지
▶ 비리 의혹을 받고 있는 사장은 **잔여** 임기를 채우지 못하고 자리에서 물러났다.

장(掌) - 손바닥/맡다

☐ **관장**
管 주관할 관 掌 손바닥 장

일을 맡아서 주관함.
▶ 그는 오랫동안 학교의 모든 행사를 **관장**해 왔다.

☐ **장악**
掌 손바닥 장 握 쥘 악

(손안에 잡아 쥠. ➡) 무엇을 마음대로 할 수 있게 됨.
▶ 보수파가 정권을 **장악**하고, 주요 관직을 독점하였다.

☐ **박장대소**

拍 칠 **박** 掌 손바닥 **장**
大 클 **대** 笑 웃음 **소**

손뼉을 치며 크게 웃음.

▶ 사회자의 재치 있는 말에 방청석에서 **박장대소**가 터졌다.

재(再) - 다시

☐ **재현**

再 다시 **재** 現 나타날 **현**

다시 나타남. 또는 다시 나타냄.

▶ 백여 년 전의 농촌을 **재현**한 마을에 관광객이 줄을 이었다.

참고 재연(再 다시 재 演 펼 연): ① 연극이나 영화 따위를 다시 상연하거나 상영함.

▶ 그는 작년에 했던 그 연극을 **재연**하려고 준비하고 있다.

② 한 번 하였던 행위나 일을 **되풀이함**.

▶ 이와 같은 사태의 **재연**을 막으려면 제도 정비가 필수적이다.

☐ **재건**

再 다시 **재** 建 세울 **건**

다시 일으켜 세움.

▶ 전쟁이 끝난 뒤에 도시의 **재건**이 이루어졌다.

☐ **재고**

再 다시 **재** 考 생각할 **고**

어떤 일이나 문제 따위에 대하여 다시 생각함.

▶ 그 계획에 대해 **재고**해 달라는 요청을 받았다.

재(在) - 있다

☐ **재고**

在 있을 **재** 庫 창고 **고**

창고 따위에 쌓여 있음. 재고품(在庫品: 창고에 있는 물건)

▶ **재고**가 너무 많아 생산을 중단할 수밖에 없었다.

☐ **재야**

在 있을 **재** 野 들 **야**

(초야에 파묻혀 있음. ➡) 공직에 나아가지 아니하고 민간에 있음. 일정한 정치 세력이 제도적 정치 조직에 들어가지 못하는 처지에 있음.

▶ **재야** 지도자를 만나 조언을 구했다. **재야** 단체가 주도하는 반정부 시위가 벌어졌다.

☐ **산재**

散 흩을 **산** 在 있을 **재**

여기저기 흩어져 있음.

▶ 일제 강점기에 우리의 애국 청년들은 중국 대륙에 **산재**하여 독립운동을 벌였다.

참고 편재(偏 치우칠 편 在 있을 재): 한곳에 **치우쳐 있음**.

▶ 부의 **편재**가 사회적 문제로 대두하고 있다.

☐ **잠재**

潛 잠길 **잠** 在 있을 **재**

겉으로 드러나지 않고 속에 잠겨 있거나 숨어 있음.

▶ 청소년들이 **잠재** 능력을 발휘할 수 있도록 이끌어야 한다.

재(載) - 싣다

☐ **기재**

記 기록할 **기** 載 실을 **재**

문서 따위에 기록하여 실음.

▶ 지원서에 **기재**된 내용이 사실과 다를 경우에는 합격이 취소됩니다.

☐ **탑재**

搭 탈 **탑** 載 실을 **재**

배, 비행기, 차 따위에 물건을 실음.

▶ 보급품을 **탑재**한 트럭이 부대를 향해 출발했다.

☐ **게재**

揭 걸 **게** 載 실을 **재**

글이나 그림 따위를 신문이나 잡지 따위에 실음.

▶ 그의 칼럼을 일주일에 한 번 신문에 **게재**하기로 했다.

[참고] 계제(階 층계 계 梯 사다리 제): (사다리 →) 일이 되어 가는 순서나 절차. 어떤 일을 할 수 있게 된 형편이나 기회

▶ 이것저것 가릴 **계제**가 아니다.

저(底) - 밑

☐ **저변**

底 밑 **저** 邊 가장자리 **변**

어떤 대상의 아래를 이루는 부분. 한 분야의 밑바탕을 이루는 부분

▶ 바둑 기사가 주인공인 드라마가 바둑 인구의 **저변**을 늘리는 데 기여했다.

☐ **저력**

底 밑 **저** 力 힘 **력**

속에 간직하고 있는 든든한 힘

▶ 나는 우리 민족의 **저력**을 믿는다.

☐ **저의**

底 밑 **저** 意 뜻 **의**

겉으로 드러나지 아니한, 속에 품은 생각

▶ 갑자기 친절하게 구는 **저의**가 의심스러웠다.

적(跡) - 자취

☐ **족적**

足 발 **족** 跡 자취 **적**

발자취. 지내온 일의 자취

▶ 신채호 선생은 독립운동가이자 교육자, 언론인, 역사학자로서 그 **족적**을 뚜렷이 남겼다.

☐ **필적**

筆 붓 **필** 跡 자취 **적**

글씨의 모양이나 솜씨

▶ **필적**을 대조해 보니 이 편지는 위조된 것이 분명하다.

[참고] 필적(匹 짝 필 敵 대적할 적): 능력이나 세력이 엇비슷하여 서로 맞섬.

▶ 지금까지 그의 작품에 **필적**할 만한 작품은 나오지 않았다.

☐ **잠적**

潛 잠길 **잠** 跡 자취 **적**

종적을 아주 숨김.

▶ 회사가 부도나자 사장이 **잠적**해 버렸다.

적(的) - ~의/~의 것

☐ **가급적**

可 허락할 **가** 及 미칠 **급**
的 ~의 **적**

할 수 있는 것. 또는 형편이 닿는 것/할 수 있는 대로. 또는 형편이 닿는 대로

▶ 주말에는 **가급적**이면 가족과 함께 지내려고 한다.

가급적 많이 도와주시기 바랍니다.

□ 포괄적	일정한 대상이나 현상 따위를 어떤 범위나 한계 안에 모두 끌어넣는. 또는 그
包 쌀 포 括 묶을 괄 的	런 것 ▶ 내용이 너무 **포괄적**이다.

□ 급진적	변화나 발전의 속도가 급하게 이루어지는. 또는 그런 것
急 급할 급 進 나아갈 진 的	목적이나 이상 따위를 급히 실현하고자 하는. 또는 그런 것
	▶ 과학 기술의 **급진적** 발달이 경제의 발전을 이끌었다. 그는 **급진적**인 종교 개혁가이다.
	참고 점진적(漸 점점 점 進 나아갈 진 的-): 조금씩 앞으로 나아가는. 또는 그런 것
	▶ 문제가 **점진적**으로 개선되고 있다.

□ 거국적	온 나라에서 국민이 모두 하는. 또는 그런 것
擧 들 거 國 나라 국 的	▶ 푸른 숲 가꾸기 운동을 **거국적**으로 전개했다.

□ 파행적	일이나 계획 따위가 순조롭지 못하고 이상하게 진행되어 가는. 또는 그런 것
跛 절름발이 파 行 다닐 행 的	▶ 여야의 극한 대립으로 국회가 **파행적**으로 운영되고 있다.

전(全) - 온전하다 / 모두

□ 온전하다	❶ 변화되지 않고 본바탕 그대로 고스란하다.
穩 편안할 온 全 온전할 전 —	▶ 아들은 전쟁터에서 **온전한** 몸으로 살아 돌아왔다.
	❷ 잘못된 것이 없이 바르거나 옳다. ▶ 정신이 **온전하다**면 그런 짓을 하지 않을 것이다.

□ 전권	맡겨진 일을 책임지고 처리할 수 있는 일체의 권한
全 온전할 전 權 권리 권	▶ 축구 협회는 감독에게 대표팀 운영의 **전권**을 부여하였다.

□ 전모	전체의 모습. 또는 전체의 내용
全 온전할 전 貌 모양 모	▶ 경찰은 아직 사건의 **전모**를 파악하지 못하고 있다.

□ 전천후	어떠한 기상 조건에두 제 기능을 다할 수 있음.
全 온전할 전 天 하늘 천 候 기후 후	▶ **전천후** 경기장이 건설되면 눈비가 심하게 내려도 경기를 할 수 있다.
	참고 악천후(惡 나쁠 악 天 하늘 천 候 기후 후): 몹시 나쁜 날씨
	▶ **악천후**로 비행기 운항이 중단되었다.

절(絶) - 끊다

□ 근절	다시 살아날 수 없도록 아주 뿌리째 없애 버림.
根 뿌리 근 絶 끊을 절	▶ 정부는 부동산 투기를 **근절**하기 위해 대책을 마련하였다.

□ 두절	교통이나 통신 따위가 막히거나 끊어짐.
杜 막을 두 絶 끊을 절	▶ 그가 외국으로 나간 후 연락이 **두절**되었다.

□ **절교**

絶 끊을 **절** 交 사귈 **교**

서로의 교제를 끊음.

▶ 친구의 일방적인 **절교** 선언에 당황하였다.

정(正) - 바르다

□ **정도**

正 바를 **정** 道 길 **도**

올바른 길. 또는 정당한 도리

▶ **정도**에서 벗어나지 않도록 조심해야 한다.

□ **정곡**

正 바를 **정** 鵠 과녁 **곡**

과녁의 한가운데가 되는 점. 가장 중요한 요점 또는 핵심

▶ 그의 말이 **정곡**을 찔렀다.

□ **엄정**

嚴 엄할 **엄** 正 바를 **정**

엄격하고 바름. 날카롭고 공정함.

▶ 수상 작품은 **엄정**한 심사를 거쳐 선정되었다.

제(提) - 끌다

□ **제기**

提 끌 **제** 起 일어날 **기**

의견이나 문제를 내어놓음. 소송을 일으킴.

▶ 그의 말에 의문을 **제기**하였다. 소유권 반환 소송을 **제기**하였다.

□ **제고**

提 끌 **제** 高 높을 **고**

수준이나 정도를 쳐들어 높임.

▶ 회사의 이미지를 **제고**하기 위해 텔레비전 광고를 계획하고 있다.

□ **제휴**

提 끌 **제** 携 이끌 **휴**

행동을 함께하기 위하여 서로 붙들어 도와줌.

▶ 우리 회사는 외국 회사와 **제휴**하여 신제품을 개발하고 있다.

조(潮) - 흐름

□ **풍조**

風 바람 **풍** 潮 흐름 **조**

(바람에 따라 흐르는 조수 ➡) 시대에 따라 변하는 세태. 세상의 추세나 시대의 경향에 따른 흐름 ▶ 결혼을 기피하는 **풍조**가 만연하고 있다.

참고 사조(思 생각 사 潮 흐름 조): 한 시대의 일반적인 사상의 흐름
▶ 낭만주의에 반기를 든 새로운 문예 **사조**가 나타났다.

□ **퇴조**

退 물러날 **퇴** 潮 흐름 **조**

기운, 세력 따위가 줄어듦.

▶ 개혁의 분위기가 **퇴조**하고 있는 느낌이다.

□ **최고조**

最 가장 **최** 高 높을 **고**
潮 흐름 **조**

어떤 분위기나 감정 따위가 가장 높은 정도에 이른 상태

▶ 사람들의 흥분이 **최고조**에 달해 마침내 싸움으로 번졌다.

[1~10] 다음 풀이에 해당하는 단어를 〈보기〉에서 고르시오.

1. 발자취

2. 올바른 길

3. 저절로 나서 자람.

4. 의견이나 문제를 내어놓음.

5. 가장 중요한 요점 또는 핵심

6. 한 분야의 밑바탕을 이루는 부분

7. 행동을 함께하기 위하여 서로 붙들어 도와줌.

8. 과거의 낡은 사고방식이나 생활양식의 찌꺼기

9. 맡겨진 일을 책임지고 처리할 수 있는 일체의 권한

10. 어떤 분위기나 감정 따위가 가장 높은 정도에 이른 상태

┌ 보 기 ┐
| ㉠ 자생 | ㉡ 잔재 | ㉢ 전권 | ㉣ 저변 | ㉤ 족적 |
| ㉥ 정곡 | ㉦ 정도 | ㉧ 제기 | ㉨ 제휴 | ㉩ 최고조 |

[11~19] 다음 빈칸에 들어갈 알맞은 단어를 〈보기〉에서 고르시오.

11. 사장이 아니라 전무가 회사의 실권을 (   )하고 있다.

12. 퇴각하던 본진은 후방에 (   )하고 있던 병력과 합류하였다.

13. 그 연극은 현대 사회에 만연한 불신 (   )을/를 풍자하고 있다.

14. 귀성열차의 좌석 예매 현황을 확인해 보니 (   ) 좌석 수가 0이었다.

15. 문인 협회는 문학 인구의 (   ) 확대를 위해 노력할 것을 결의하였다.

16. 우리 선수가 중국 선수와의 대결에서 (   )을/를 발휘하여 승리하였다.

17. 혐의가 밝혀지는 자에 대해서는 모두 법에 따라 (   )하게 처리할 방침이다.

18. 오랜 세월이 흐른 뒤에야 사건의 (   )을/를 어렴풋이나마 파악할 수 있었다.

19. 그가 직장을 그만두고 (   )한 이후 그의 소식을 아는 사람은 아무도 없었다.

┌ 보 기 ┐
| ㉠ 잔여 | ㉡ 잔류 | ㉢ 장악 | ㉣ 관장 | ㉤ 잠적 |
| ㉥ 저력 | ㉦ 저변 | ㉧ 엄정 | ㉨ 전모 | ㉩ 풍조 |

[20~28] 밑줄 친 단어의 쓰임이 문맥에 맞으면 ○, 맞지 않으면 ✕에 표시하시오.

20. 재판이 절차에 따라 <u>파행적으로</u> 진행되었다. (○ / ✕)

21. 다리를 다친 탓에 아이의 걸음이 <u>온전하지</u> 못했다. (○ / ✕)

22. 아이의 귀여운 모습을 보고 조용히 <u>박장대소</u>하였다. (○ / ✕)

23. 비가 오면 경기를 치를 수 없는 <u>전천후</u> 경기장이 많다. (○ / ✕)

24. 왜 갑자기 선물 공세를 펼치는지 그들의 <u>저의</u>를 모르겠다. (○ / ✕)

25. 활기찬 응원 덕분에 경기장의 분위기가 한층 더 <u>퇴조되었다</u>. (○ / ✕)

26. 서울시에서는 서울 시민이 참여하는 시민 체육대회를 <u>거국적</u>으로 열었다. (○ / ✕)

27. 친구는 나보다 훨씬 공부를 잘해서 나의 실력은 친구의 실력에 <u>필적할</u> 만하다. (○ / ✕)

28. 정치 위기를 슬기롭게 극복하는 모습을 보며 한국인으로서 <u>자긍심</u>을 갖게 되었다.
    (○ / ✕)

[29~34] 괄호 안에서 문맥에 맞는 말을 고르시오.

29. 그는 자신의 처지에 (자급 / 자족)하며 살고 있다.

30. 부정부패를 (근절 / 두절)하기 위해 노력해야 한다.

31. 그의 논문은 유명 학회지에 (게재 / 계제)될 예정이다.

32. 지지자들이 전국 곳곳에 (산재 / 편재)해서 활동하였다.

33. 그 일의 결과는 너무나 뻔해서 (재고 / 제고)의 여지도 없다.

34. 그의 생각은 오랜 세월 동안 (급진적 / 점진적)으로 변화하였다.

[35~38] 밑줄 친 말의 의미가 다른 것을 고르시오.

35. ① 그는 출소한 지 사흘 만에 <u>재</u>범하였다.

    ② 회사의 <u>재</u>건을 위하여 모든 사원이 노력했다.

    ③ 연말의 수요를 충당하기에는 <u>재</u>고가 부족하다

    ④ 더 큰 사고가 <u>재</u>발하기 전에 안전 점검을 해야 한다.

    ⑤ 오랜 투병 끝에 암을 이겨 낸 그는 <u>재</u>생의 기쁨을 느꼈다.

36. ① 나는 인간의 잠<u>재</u> 가능성을 믿는다.

    ② 그 잠수함에는 미사일이 탑<u>재</u>되었다.

    ③ 졸업생과 <u>재</u>학생이 함께 교가를 불렀다.

    ④ <u>재</u>미 동포가 초청하여 미국을 방문하였다.

    ⑤ <u>재</u>야의 인물들 중에서 나라를 위해 일할 인재를 찾았다.

37. ① 세상에 완전한 사람은 없다.

② 검은 구름이 도시 전체를 뒤덮었다.

③ 그녀의 일행은 전국을 돌며 공연하고 있었다.

④ 두 나라의 갈등은 전면전으로 치닫고 있었다.

⑤ 배는 파도를 가르며 힘차게 전진하고 있었다.

38. ① 그는 자신의 죄를 인정하였다.

② 여행이 예정보다 길어질 것 같았다.

③ 하필 우리가 방문한 날이 식당의 정기 휴일이었다.

④ 그는 학위를 딴 뒤 미국에 정착하기로 결심하였다.

⑤ 판사는 법률에 따라 공정하게 재판하려고 노력했다.

[39~42] 다음 글을 읽고, 물음에 답하시오.

남태평양 남서부에 있는 파푸아뉴기니는 세계에서 두 번째로 큰 섬인 뉴기니의 동쪽 절반을 차지하고 있는 나라이다. 파푸아뉴기니에는 800여 부족이 700여 종의 다양한 언어를 사용하며 살고 있다. 그리고 이들 중 상당수는 아직도 사냥과 채집을 하며 정글 깊숙한 곳에 흩어져 산다.

㉠각 부족들은 각자 다른 풍습과 문화를 가지고 있기 때문에 서로 갈등을 겪는 경우가 많았다. 파푸아뉴기니 정부는 2년마다 전 부족이 참가하는 대규모 축제를 조직하게 되었는데, 이것이 바로 싱싱 축제이다. 이때 '싱싱'이란 전통 춤과 노래를 일컫는 말이다.

이 축제는 독립 기념일인 9월 16일을 전후해 수도인 포트모르즈비에서 열린다. 축제에는 전국의 모든 부족들이 참여하며, 이 기간에 사람들은 모든 일을 접어 두고 오직 축제에만 온 정열을 쏟는다.

싱싱 축제의 주요 행사는 싱싱 경연 대회이다. 싱싱 경연 대회에 참가한 여러 부족들은 온갖 치장을 한다. 남자들은 풀과 나무, 꽃에서 추출한 안료를 이용해 얼굴에 강렬한 색을 칠하고, 각종 새들의 깃털로 장식도 한다. 이렇게 화려하게 꾸미고 난 후, 사람들은 전통에 따라 화살이나 나무로 만든 칼을 들고 춤을 추며 그들만의 신을 불러내는 다양한 의식을 행한다. 이 의식에는 다른 부족으로부터 자신의 부족을 지키려고 했던 사람들의 심리가 반영되어 있다.

싱싱 축제의 또 다른 행사는 포트모르즈비의 엘라 해변에서 열리는 '히리 모알레'이다. '히리 모알레'란 '행복한 무역'이라는 뜻으로, 교역을 무사히 마치고 돌아오는 남자들을 환영하기 위해 여자들이 춤추고 노래하던 풍습을 (㉡)한 것이다. 이 행사에서 여자들은 춤과 노래로 남자들 못지않은 열정을 과시한다.

이처럼 다양한 행사로 치러지는 싱싱 축제는 파푸아뉴기니 사람들의 열정으로 가득 차 있다. 이 축제는 각 부족이 그들의 전통과 힘을 과시하는 장(場)인 동시에, 다른 여러 부족들과 하나로 뭉치는 화합의 장이기도 하다.

39. 윗글을 읽고 알 수 있는 사실이 <u>아닌</u> 것은?
①'싱싱'이라는 말의 의미
② 싱싱 축제가 열리는 시기와 장소
③ 싱싱 축제의 주요 행사
④ 싱싱 축제의 변모 양상
⑤ 싱싱 축제의 의의

40. 윗글의 내용과 일치하지 <u>않는</u> 것은? (2010 중3 성취도평가)

① 싱싱 축제에는 전국의 부족들이 참여한다.

② 파푸아뉴기니는 남태평양에 있는 섬나라이다.

③ 싱싱은 각 부족의 종교 의식과도 관련이 있다.

④ 히리 모알레는 교역을 무사히 마치고 돌아오길 기원하는 행사이다.

⑤ 싱싱 경연 대회에서 각 부족은 전통적인 방식으로 자신들의 힘을 과시한다.

41. 윗글의 통일성을 위해 ㉠ 부분을 보완하고자 할 때, 그 보완 방향으로 가장 적절한 것은?

(2010 중3 성취도평가)

① 싱싱의 의미를 설명하는 내용을 삭제한다.

② 각 부족의 채집과 사냥 생활에 대한 내용으로 바꾼다.

③ 각 부족의 다양한 풍습과 문화에는 무엇이 있었는지 덧붙인다.

④ 풍습이 다양하기 때문에 축제도 다양했다는 내용으로 교체한다.

⑤ 부족 간의 갈등을 해결하기 위해 축제가 시작되었다는 내용을 추가한다.

42. 문맥상 ㉡에 들어가기에 적절한 말은?

① 개발　　② 비판　　③ 재연　　④ 조작　　⑤ 인증

[정답] 1. ⓛ 2. ⓢ 3. ㉠ 4. ⓞ 5. ⓗ 6. ㉣ 7. ㉤ 8. ㉡ 9. ㉢ 10. ㉥ 11. ㉢ 12. ㉡ 13. ㉤ 14. ㉠ 15. ⓢ 16. ⓗ 17. ⓞ 18. ㉥ 19. ⓛ 20. × 21. ○ 22. × 23. × 24. ○ 25. × 26. × 27. × 28. ○ 29. 자족 30. 근절 31. 게재 32. 산재 33. 재고 34. 점진적 35. ③ 36. ② 37. ⑤ 38. ⑤ 39. ④ 40. ④ 41. ⑤ 42. ③

[해설] 35. ③ 在(있을 재), 나머지는 再(다시 재) 36. ② 載(실을 재), 나머지는 在(있을 재) 37. ⑤ 前(앞 전), 나머지는 全(온전할 전) 38. ⑤ 正(바를 정), 나머지는 定(정할 정) 40. ④ '교역을 무사히 마치고 돌아오는 남자들을 환영하는' 풍습과 관련된다. 41. 부족 간의 갈등과 축제를 연결하는 내용이 필요하다.

▶ 19 ┃ 즉~치

즉(卽) - 곧

□ 즉각
卽 곧 **즉** 刻 때 **각**

당장에 곧. 일이 일어나는 그 순간 바로
▶ 피해자의 동의 없이 이루어진 정부 간의 합의는 **즉각** 폐기되어야 한다.
참고 즉각적(卽 곧 즉 刻 때 각 的 ~의 적): 당장에 곧 하는. 또는 그런 것
▶ 그는 성격이 급하고 단순해서 다른 사람의 말에 **즉각적**으로 반응한다.

□ 즉효
卽 곧 **즉** 效 본받을 **효**

곧 반응을 보이는 (약 따위의) **효험**. 어떤 일에 바로 나타나는 좋은 반응
▶ 기침을 멈추게 하는 데는 이 방법이 **즉효**이다.

□ 즉흥적
卽 곧 **즉** 興 일어날 **흥** 的

그 자리에서 일어나는 감흥이나 기분에 따라 하는. 또는 그런 것
▶ 기분이 좋아진 그는 피아노 앞에 앉아 **즉흥적**인 연주를 시작했다.

지(持) - 가지다

□ 지속
持 가질 **지** 續 이을 **속**

어떤 상태가 끊이지 않고 오래 계속됨. 또는 어떤 상태를 오래 계속함.
▶ 당분간 따뜻한 날씨가 **지속**될 것으로 전망된다.

□ 지론
持 가질 **지** 論 논할 **론**

늘 지니고 있거나 굳게 내세우는 생각이나 이론
▶ 아이들은 시골에서 자연과 벗하며 자라야 한다는 것이 그의 **지론**이다.

□ 견지
堅 굳을 **견** 持 가질 **지**

어떤 견해나 입장 따위를 굳게 지니거나 지킴.
▶ 그는 우리들의 제안에 대해 반대 입장을 **견지**하고 있다.
참고 견지(見 볼 견 地 땅 지): 어떤 사물이나 현상을 판단하거나 관찰하는 입장
▶ 정부는 인도적 **견지**에서 대북 식량 지원을 결정했다.

지(指) - 가리키다/손가락

□ 지목
指 가리킬 **지** 目 눈 **목**

사람이나 사물이 어떠하다고 가리켜 정함.
▶ 선생님은 나를 발표자로 **지목**하셨다.

□ 지향
指 가리킬 **지** 向 향할 **향**

작정하거나 지정한 방향으로 나아감. 또는 그 방향
▶ 그는 길을 잃고 **지향** 없이 헤매었다.
참고 지향(志 뜻 지 向 향할 향): 어떤 목표에 뜻이 쏠리어 향함. 또는 그 방향이나 그쪽으로 쏠리는 의지
▶ 대한민국 정부는 평화 통일을 **지향**한다.
지양(止 그칠 지 揚 날릴 양): 더 높은 단계로 오르기 위하여 어떠한 것을 하지 아니함.
▶ 남북한 사이의 언어 이질화를 **지양**해야 한다.

굴지

屈 굽힐 **굴** **指** 손가락 **지**

여럿 가운데에서 손가락을 꼽아 셀 만큼 뛰어남.

▶ 그는 국내 **굴지**의 대기업에 입사하였다.

지(遲) - 더디다

지연

遲 더딜 **지** **延** 늘일 **연**

무슨 일을 더디게 끌어 시간을 늦춤. 또는 시간이 늦추어짐.

▶ 생산 **지연**으로 제품 공급에 차질이 발생하였다.

참고 순연(順 따를 순 延 늘일 연): 정해진 시간이나 날짜를 차례로 늦춤.

▶ 오늘 경기는 폭우로 **순연**되어 모레 오전에 열린다.

지체

遲 더딜 **지** **滯** 막힐 **체**

어떤 일의 진행이나 시간 따위를 질질 끌거나 늦춤

▶ 사고 소식을 듣고는 잠시도 **지체**하지 않고 바로 현장으로 달려갔다.

지지부진

遲遲 더딜 **지** **不** 아닐 **부**
進 나아갈 **진**

매우 더디어서 일 따위가 잘 진척되지 아니함.

▶ 겨울이 오기 전에 끝내려던 공사가 **지지부진**하게 진행되더니 해를 넘기고 말았다.

지(至) - 이르다 / 지극하다

지천

至 이를 **지** **賤** 천할 **천**

(더할 나위 없이 천함. ➡) 매우 흔함.

▶ 봄이 오면 마을 뒷산에는 산나물이 **지천**이다.

지난하다

至 이를 **지** **難** 어려울 **난** ─

지극히 어렵다.

▶ 어머니는 오 남매를 홀로 키우시며 **지난한** 세월을 살아오셨다.

답지

遝 모일 **답** **至** 이를 **지**

한군데로 몰려들거나 몰려옴.

▶ 방송국에 불우이웃 돕기 성금이 **답지**하였다.

진(盡) - 다하다

진력

盡 다할 **진** **力** 힘 **력**

있는 힘을 다함. 또는 낼 수 있는 모든 힘 ▶ 그 일이라면 **진력**을 다해 돕겠습니다.

참고 진력(盡 다할 진 力 힘 력)나다: 오랫동안 또는 여러 번 하여 힘이 다 빠지고 싫증이 나다.

▶ 나는 도시 생활이 **진력나서** 산으로 갔다.

미진하다

未 아닐 **미** **盡** 다할 **진** ─

아직 다하지 못하다.

▶ 협의를 마무리하고도 뭔가 **미진한** 느낌이 들었다.

무궁무진

無 없을 **무** **窮** 다할 **궁**
無 없을 **무** **盡** 다할 **진**

끝이 없고 다함이 없음. ▶ 우리는 할 말이 **무궁무진**하게 많았다.

참고 무진장(無 없을 무 盡 다할 진 藏 감출 장): 다함이 없이 굉장히 많음.

▶ 강가에는 자갈돌이 **무진장**으로 깔려 있었다.

책(責) - 꾸짖다

□ 질책
叱 꾸짖을 **질** 責 꾸짖을 **책**

잘못을 꾸짖어 나무람.
▶ 아버지는 제멋대로 행동하는 동생을 호되게 **질책**하셨다.
참고 힐책(詰 꾸짖을 힐 責 꾸짖을 책): 잘못된 점을 따져 나무람.
▶ 서장은 왜 사건 보고가 늦어졌느냐고 부하들을 **힐책**하였다.

□ 책망
責 꾸짖을 **책** 望 바랄 **망**

잘못을 꾸짖거나 나무라며 못마땅하게 여김.
▶ 나는 선생님의 **책망**이 떨어지지 않을까 불안하였다.
참고 자책(自 스스로 자 責 꾸짖을 책): 자신의 결함이나 잘못에 대하여 스스로 깊이 뉘우치고 자신을 책망함.
▶ 그는 자신의 비겁한 행동을 **자책**했다.

□ 죄책감
罪 허물 **죄** 責 꾸짖을 **책**
感 느낄 **감**

저지른 잘못에 대하여 책임을 느끼는 마음
▶ 그는 자신의 판단 실수로 죄 없는 사람들이 죽었다는 **죄책감**에 시달렸다.

책(策) - 꾀/계책

□ 계책
計 셀 **계** 策 꾀 **책**

어떤 일을 이루기 위하여 꾀나 방법을 생각해 냄. 또는 그 꾀나 방법
▶ 머리를 짜내 보았으나 뾰족한 **계책**이 떠오르지 않았다.

□ 책략
策 꾀 **책** 略 꾀 **략**

어떤 일을 꾸미고 이루어 나가는 교묘한 방법
▶ 이번 사태는 반대파를 몰아내려는 그들의 **책략**으로 보인다.

□ 획책
劃 그을 **획** 策 꾀 **책**

주로 나쁜 일을 꾸미거나 꾀함. 또는 그런 꾀
▶ 건설사 관계자들이 재개발 지역 주민들 사이의 분열을 **획책**하고 있다.

□ 미봉책
彌 두루 **미** 縫 꿰맬 **봉**
策 꾀 **책**

눈가림만 하는 일시적인 꾀나 방법
▶ 지각생에게 벌금을 내게 하는 것은 **미봉책**에 그칠 뿐, 근본적인 해결책은 될 수 없다.

철(撤) - 거두다

□ 철수
撤 거둘 **철** 收 거둘 **수**

진출하였던 곳에서 시설이나 장비 따위를 거두어 가지고 물러남.
▶ 시위가 끝나자 경찰들이 시위 현장에서 **철수**하였다.

□ 철회
撤 거둘 **철** 回 돌아올 **회**

이미 제출하였던 것이나 주장하였던 것을 도로 거두어들임.
▶ 그는 재판 과정에서 자신의 증언을 **철회**하였다.

| ☐ **철폐** | 전에 있던 제도나 규칙 따위를 걷어치워서 없앰. |
| 撤 거둘 **철** 廢 폐할 **폐** | ▶ 1963년 유엔 총회에서 인종 차별 **철폐** 선언이 만장일치로 채택되었다. |

첨(添) - 더하다

| ☐ **첨부** | 안건이나 문서 따위를 덧붙임. |
| 添 더할 **첨** 附 붙을 **부** | ▶ 입학 지원서를 제출할 때는 자기 소개서를 **첨부**해 주십시오. |

| ☐ **첨삭** | 시문(詩文)이나 답안 따위의 내용 일부를 보태거나 삭제하여 고침. |
| 添 더할 **첨** 削 깎을 **삭** | ▶ 선생님께서 **첨삭**해 주신 덕분에 내 글이 훨씬 좋아졌다. |

| ☐ **첨언** | 덧붙여 말함. |
| 添 더할 **첨** 言 말씀 **언** | ▶ 이렇게 충동적으로 움직이면 그들은 우리를 폭도로 매도할 것이라는 사실을 **첨언**해 두겠다. |

초(超) - 뛰어넘다

| ☐ **초월** | 어떠한 한계나 표준을 뛰어넘음. |
| 超 뛰어넘을 **초** 越 넘을 **월** | ▶ 그들의 사랑은 신분의 차이를 **초월**한 것이었다. |

| ☐ **초인적** | 보통 사람으로는 생각할 수 없을 만큼 뛰어난. 또는 그런 것 |
| 超 뛰어넘을 **초** 人 사람 **인** 的 ~의 **적** | ▶ 아이가 위기에 처하자 어머니가 **초인적**인 힘을 발휘하여 구출하였다. |

| ☐ **초연하다** | 어떤 현실 속에서 벗어나 그 현실에 아랑곳하지 않고 의젓하다. |
| 超 뛰어넘을 **초** 然 그럴 **연** — | ▶ 어느 누가 죽음 앞에 **초연**할 수 있을까? |

추(推) - 밀다 / 받들다

☐ **추이**	일이나 형편이 시간의 경과에 따라 변하여 나감. 또는 그런 경향
推 밀 **추** 移 옮길 **이**	▶ 우리는 사건의 **추이**를 살핀 후에 해결책을 강구하기로 했다.
	참고 추세(趨 달아날 **추** 勢 형세 **세**): 어떤 현상이 일정한 방향으로 나아가는 경향
	▶ 결혼을 늦게 하는 것이 요즘의 **추세**이다.

| ☐ **추정** | 미루어 생각하여 판정함. |
| 推 밀 **추** 定 정할 **정** | ▶ 경찰은 이번 화재의 원인을 전기 누전으로 **추정**하고 있다. |

| ☐ **추앙** | 높이 받들어 우러러봄. |
| 推 받들 **추** 仰 우러를 **앙** | ▶ 우리는 나라를 구한 이순신 장군을 영웅으로 **추앙**한다. |

축(縮) - 줄이다

☐ **축약**
縮 줄일 **축** 約 맺을 **약**

줄여서 간략하게 함.
▶ 어제 읽은 책의 내용을 <u>축약</u>하여 블로그에 올렸다.

☐ **감축**
減 덜 **감** 縮 줄일 **축**

덜어서 줄임.
▶ 신제품 출시에 맞춰 기존 제품의 생산량을 <u>감축</u>하였다.

참고 긴축(緊 긴할 긴 縮 줄일 축): 바짝 줄이거나 조임. 재정의 기초를 다지기 위하여 **지출을 줄임**.
▶ 물가 상승으로 다소간의 <u>긴축</u>이 불가피하다.

☐ **위축**
萎 시들 **위** 縮 줄일 **축**

어떤 힘에 눌려서 졸아들고 기를 펴지 못함.
▶ 그들이 무력으로 협박했지만, 우리는 조금도 <u>위축</u>되지 않았다.

취(就) - 나아가다

☐ **거취**
去 갈 **거** 就 나아갈 **취**

❶ 사람이 어디로 가거나 다니거나 하는 움직임
▶ 제자들이 여기저기 수소문한 끝에 선생님의 <u>거취</u>를 겨우 알아냈다.
❷ 어떤 사건이나 문제에 대하여 밝히는 태도
▶ 사퇴 압박을 받고 있는 장관이 기자들 앞에서 <u>거취</u>를 표명하였다.

☐ **취학**
就 나아갈 **취** 學 배울 **학**

교육을 받기 위하여 학교에 들어감.
▶ 출산율이 떨어지면서 <u>취학</u> 아동의 수가 지속적으로 감소하고 있다.

☐ **취항**
就 나아갈 **취** 航 배 **항**

배나 비행기가 항로에 오름. 또는 배나 비행기를 항로에 오르게 함.
▶ 우리는 한국과 멕시코 간에 직항기가 <u>취항</u>하기를 바랍니다.

치(恥) - 부끄럽다

☐ **치욕**
恥 부끄러울 **치** 辱 욕될 **욕**

수치와 모욕. 부끄럽고 욕됨.
▶ 우리는 일제 강점이라는 <u>치욕</u>의 역사를 잊어서는 안 된다.

☐ **치부**
恥 부끄러울 **치** 部 부분 **부**

남에게 드러내고 싶지 아니한 부끄러운 부분
▶ 언론이 그 국회의원의 <u>치부</u>를 폭로하였다.

참고 치부(致 이를 치 富 부유할 부): 재물을 모아 **부자가 됨**.
▶ 젊어서 <u>치부</u>한 그는 커다란 집을 짓고 떵떵거리며 살았다.

치부(置 둘 치 簿 문서 부): ① 금전이나 물건 따위가 들어오고 나감을 기록함. 또는 그런 장부
▶ 그날 벌이의 <u>치부</u>가 끝나자 그들은 주막에 들러 국밥을 먹고 길을 재촉했다.
② 마음속으로 그러하다고 보거나 여김. ▶ 그들은 나를 겁쟁이로 <u>치부</u>하였다.

[1~10] 다음 풀이에 해당하는 단어를 〈보기〉에서 고르시오.

1. 매우 흔함.

2. 당장에 곧

3. 덧붙여 말함.

4. 낼 수 있는 모든 힘

5. 줄여서 간략하게 함.

6. 눈가림만 하는 일시적인 꾀나 방법

7. 무슨 일을 더디게 끌어 시간을 늦춤.

8. 매우 뛰어나 수많은 가운데서 손꼽힘.

9. 어떤 일을 꾸미고 이루어 나가는 교묘한 방법

10. 늘 가지고 있거나 전부터 주장하여 온 생각이나 이론

> |보 기|
>
> ㉠ 즉각　　　　ㄴ 지론　　　　ㄷ 굴지　　　　ㄹ 지연　　　　ㅁ 지천
> ㅂ 진력　　　　ㅅ 책략　　　　ㅇ 미봉책　　　ㅈ 첨언　　　　ㅊ 축약

[11~18] 다음 빈칸에 들어갈 알맞은 단어를 〈보기〉에서 고르시오.

11. 감기에는 쌍화탕이 (　　　　　　)을/를 보인다.

12. 잠시도 (　　　　　)할 수 없는 급박한 상황이었다.

13. 연말이 되면 복지 시설에 기부금이 (　　　　　)하였다.

14. 간신들이 충신을 몰아내기 위해 (　　　　　)을/를 꾸몄다.

15. 경제 활동이 (　　　　　)되지 않도록 정책을 펼쳐야 한다.

16. 그 운동가는 인종 차별 (　　　　　)을/를 위해 헌신하였다.

17. 정부는 북한의 제안에 대해 신중한 자세를 (　　　　　)하고 있다.

18. 그 선수는 어느 팀으로 갈 것인지 (　　　　　)을/를 분명히 밝히지 않았다.

> |보 기|
>
> ㉠ 즉효　　　　ㄴ 견지　　　　ㄷ 답지　　　　ㄹ 지체　　　　ㅁ 순연
> ㅂ 계책　　　　ㅅ 자책　　　　ㅇ 철폐　　　　ㅈ 위축　　　　ㅊ 거취

19. 그것은 누구나 할 수 있는 <u>지난한</u> 일이었다. (○ / ×)

20. 그에게 자식을 잘 키웠다고 <u>힐책하는</u> 사람이 많다. (○ / ×)

21. 그는 돈에 <u>초연해서</u> 주변 사람들과 돈 문제로 자주 다투었다. (○ / ×)

22. 인터뷰를 마무리하면서 <u>미진했던</u> 부분들에 대해 추가로 질문하였다. (○ / ×)

23. 저항 한번 하지 않고 적에게 항복하는 것은 너무나 <u>치욕스러운</u> 일이다. (○ / ×)

24. 그는 일제 강점기에는 탄압을 받았지만 광복 후에는 독립투사로 <u>추앙</u>을 받았다.
   (○ / ×)

[25~31] 괄호 안에서 문맥에 맞는 말을 고르시오.

25. 그는 아직도 이상을 (지양 / 지향)하는 이상주의자이다.

26. 그는 상사의 만류를 받아들여 사표를 (철수 / 철회)하였다.

27. 경제 상황이 좋지 않아 다소간의 (긴축 / 감축)이 불가피하다.

28. 노조는 협상의 (추이 / 추세)에 따라 파업 여부를 결정하기로 했다.

29. 기술직 응시자는 입사 지원서에 자격증 사본을 (첨부 / 첨삭)해야 한다.

30. 사건이 발생한 지 6개월이나 지났지만 수사는 (지지부진 / 무궁무진)하였다.

31. 국민들이 권력자의 비리 의혹에 대해 (즉각적 / 즉흥적)인 해명을 촉구하였다.

[32~33] 밑줄 친 말의 의미가 <u>다른</u> 것을 고르시오.

32. ① <u>지</u>목을 당하다.
    ② 질서를 유<u>지</u>하다.
    ③ 약효가 <u>지</u>속되다.
    ④ 소<u>지</u>품을 검사하다.
    ⑤ 도시락을 <u>지</u>참하다.

33. ① 그는 평생을 죄<u>책</u>감 속에서 살았다.
    ② 나는 아이에게 소홀했던 내 자신을 자<u>책</u>했다.
    ③ 회사 측에서 노조원들의 분열을 획<u>책</u>하고 있다.
    ④ 약속 시간에 늦는 바람에 친구의 <u>책</u>망을 들었다.
    ⑤ 영업 실적이 부진해서 사장에게 호된 질<u>책</u>을 받았다.

[34~36] 다음 글을 읽고, 물음에 답하시오.

〈앞부분의 줄거리〉'나'는 중년의 가정주부로 여동생의 아들 슬기의 유치원 재롱 잔치에 갔다가 슬기가 공연한 연극에서 여주인공으로 참여한 딸아이의 아버지를 만나게 된다. 두 사람은 잠시 대화를 나눈다.

"그건 그래요. 제 조카도 덩치만 컸지 계집애한테도 맞기만 하는 ㉠허풍선이랍니다. 그런 주제에 그 역할을 그렇게 좋아하고 으스댄대요. 나중에야 어찌됐건 당장 여자애들한테 위협적인 존재가 되는 게 신나나 봐요. 사내 코빼기가 뭔지. 참 몇 남매나 두셨습니까?"

"남매가 아니라 자매를 두었습니다. 국민학교 일 학년짜리하고 오늘 꼬마 염소 노릇한 녀석하고 딸만 둘입니다."

"어머, 그럼 또 낳으셔야겠네요."

"아뇨, 둘이면 족합니다. 아이들도 건강하고 우리 능력도 그렇고, 지구 환경한테도 미안하고."

"말씀은 그렇게 하셔도 속마음은 아니실걸요. 남 다 있는 아들, 자기만 없어 보세요. 얼마나 비참하고 섭섭한가. 물건이면 당장 훔치고 싶다는 옛말이 조금도 그르지 않죠. 하긴 요새처럼 편리한 세상에서야 훔칠 것까지야 있나요, 뭐. 수단 방법 안 가리게 되는 거죠, 그까짓 거."

나는 걷잡을 수 없이 수다스러워지다가 무엇에 놀란 것처럼 입을 다물었다. 수다가 걷잡을 수 없었던 것보다 더 지독하게 수치심을 걷잡을 수가 없었다. 마치 실수로 중인환시리*에 속바지를 까내렸다가 치켜올린 것처럼 황당하고 망신스러웠다. 다행히 그가 내 ㉡치부를 본 것 같진 않았다. 그래도 나는 속으로 그럴 리가 없어, 저 자식은 시방 능청을 떨고 있는 거야, 라고 은근히 겁을 먹고 있었다.

"섭섭하지 않다고는 안 했습니다. 아내가 둘째 애를 뱄을 때는 아들이길 바란 것도 사실이고요. 이왕이면 아들딸 섞어서 색색아지*로 갖고 싶은 게 ㉢인지상정 아닙니까?"

"그거하곤 다르지요. 첫아들 낳은 사람이 둘째는 딸이었으면 하는 건 괜히 그래 보는 배부른 수작이라구요. 그 사람들 조금도 절실하지 않아요. 두 번째도 아들이면 즈네는 특별한 기술이라도 있는 사람처럼 으스대면 으스댔지 손톱만큼도 섭섭해 할 줄 아세요. 아시겠어요?"

나는 다시 열 오른 목소리가 되었다. 그제야 남자는 고개를 갸우뚱하더니 바보 같은 목소리로 말했다.

"모르겠는데요. 왜 내가 그걸 알아야 하는지는 더욱 모르겠구요."

"지금 행복하지 않으시죠? 내 말이 맞죠? 아들이 없다는 건 결혼 생활의 행복의 중대한 ㉣결격 사유라는 걸 인정하셔야 돼요."

"왜 그걸 강요하십니까? 본인이 조금도 그렇게 안 느끼는 걸 가지고."

그가 여간 곤혹스러워 보이지 않았다. 암만 그래도 나보다는 덜 곤혹스러우리라. 나는 이 세상에 아들이 있고 없고하고 인생의 행, 불행하고를 연관 지어서 생각해 본 적이 한 번도 없는 것 같은 남자를 만난 게 대단히 곤혹스럽고도 기분이 나빴다. 뭐 저런 족속이 다 있나 재수 옴 붙었다 싶으면서도 그 남자를 행복한 채로 놓아 주기가 싫었다. 그것은 분명히 거짓 행복이고, 거짓은 깨부숴야 한다는 ㉤사명감이 대단한 정의감처럼 치뻗쳤다.

"야구 구경 좋아하지 않으세요?" (중략)

"아들하고 야구 구경 다니고 싶단 생각 없으세요?"

나는 너 약 좀 올라 봐라 하는 듯이 눈을 가느스름히 뜨고 조롱하는 투로 말했다.

"또 아들 타령입니까."

＊중인환시리: 여러 사람들이 에워싸고 보는 중
＊색색아지: 여러 가지 빛깔. 색색가지

－ 박완서, 〈꿈꾸는 인큐베이터〉

34. 윗글에 나타난 서술상의 특징으로 가장 적절한 것은? (2014 중3 성취도평가)

① 서술자는 작품 속 주인공으로서 이야기를 서술하고 있다.

② 서술자는 이야기 밖에서 특정 인물의 심리를 서술하고 있다.

③ 서술자는 제삼자의 시각에서 두 사람의 갈등을 서술하고 있다.

④ 서술자는 객관적인 태도로 외부적 사실과 사건만을 관찰하여 묘사하고 있다.

⑤ 서술자는 등장인물들의 속마음을 명확하게 알고 있고 이들의 행위를 묘사하고 있다.

35. ㉠~㉤의 뜻풀이로 적절하지 않은 것은?

① ㉠: 허풍을 잘 떠는 사람

② ㉡: 병이나 상처가 난 부분

③ ㉢: 사람이면 누구나 가지는 보통의 마음

④ ㉣: 필요한 자격을 갖추고 있지 못함.

⑤ ㉤: 주어진 임무를 잘 수행하려는 마음가짐

36. 윗글에 등장하는 인물의 생각을 〈자료〉를 바탕으로 추론한 내용으로 가장 적절한 것은?

(2014 중3 성취도평가)

| 자료 |

남아 선호도의 변화 추이 　　　　　　　　　　　　단위(%)

설문 항목	1991년	2000년	2009년
아들이 꼭 있어야 한다.	㉠40.5	16.2	㉡8.9
아들이 있으면 좋겠다.	30.7	43.2	39.2
상관없다.	28.0	39.5	㉢51.8
모르겠다.	0.8	1.1	0.1
계	100	100	100

설문대상: 19~48세의 기혼 여성
〈출처: 한국보건사회연구원〉

① '나'는 '남자'의 생각을 ㉠의 '아들이 꼭 있어야 한다'는 다수의 생각에 동조하도록 유도하는군.
② '나'의 말을 듣고 '남자'의 생각은 ㉠의 '아들이 꼭 있어야 한다'는 다수의 생각으로 변화하고 있군.
③ 아들보다 딸을 더 좋아하는 '나'의 생각은 ㉢의 '상관없다'는 다수의 생각에 가깝네.
④ '남자'의 생각은 ㉡의 '아들이 꼭 있어야 한다'는 소수의 생각에 더 가깝네.
⑤ '남자'는 ㉢의 '상관없다'는 다수의 생각을 좇아 아들이 꼭 있어야 한다고 생각하는군.

[정답] 1. ㉣ 2. ㉠ 3. ㉺ 4. ㉽ 5. ㉼ 6. ㉦ 7. ㉲ 8. ㉢ 9. ㉾ 10. ㉡ 11. ㉠ 12. ㉣ 13. ㉢ 14. ㉽ 15. ㉺ 16. ㉦ 17. ㉡ 18. ㉾ 19. × 20. × 21. × 22. ○ 23. ○ 24. ○ 25. 지향 26. 철회 27. 긴축 28. 추이 29. 첨부 30. 지지부진 31. 즉각적 32. ① 33. ③ 34. ① 35. ② 36. ①

[해설] 32. ① 指(가리킬 지), 나머지는 持(가질 지) 33. ③ 策(꾀 책), 나머지는 責(꾸짖을 책) 35. ㉡: 남에게 드러내고 싶지 아니한 부끄러운 부분

20 │ 침~해

침(沈) - 잠기다

□ 침체
沈 잠길 **침** 滯 막힐 **체**

어떤 현상이나 사물이 진전하지 못하고 제자리에 머무름.
▶ 한국 경제의 <u>침체</u>는 구조적인 문제 때문이라는 지적이 많다.

□ 침통
沈 잠길 **침** 痛 아플 **통**

슬픔이나 걱정 따위로 몹시 마음이 괴롭거나 슬픔.
▶ 장례식장은 <u>침통</u>한 분위기에 휩싸여 있었다.

□ 의기소침
意 뜻 **의** 氣 기운 **기**
銷 녹일 **소** 沈 잠길 **침**

기운이 없어지고 풀이 죽음.
▶ 중간고사를 망친 친구는 몹시 <u>의기소침</u>했다.

타(他) - 남/다르다

□ 타의
他 다를 **타** 意 뜻 **의**

다른 사람의 생각이나 의견
▶ 그는 자의 반 <u>타의</u> 반으로 선거에 출마했다.

□ 타계
他 다를 **타** 界 지경 **계**

(현세가 아닌 다른 세계 ➡) 어른이나, 지위가 높고 귀한 사람의 죽음을 높여 이르는 말 = 별세(別 떠날 별 世 인간 세), 서거(逝 갈 서 去 갈 거), 운명(殞 죽을 운 命 목숨 명), 작고(作 지을 작 故 죽을 고)
▶ 얼마 전 <u>타계</u>한 배우가 주연한 영화가 다시 상영되었다.
참고 타개(打 칠 타 開 열 개): 매우 어렵거나 막힌 일을 잘 처리하여 해결의 길을 엶.
▶ 정부는 수출 부진을 <u>타개</u>하기 위해 새로운 경기 부양책을 내놓았다.

□ 자타
自 스스로 **자** 他 다를 **타**

자기와 남을 아울러 이르는 말
▶ 그는 <u>자타</u>가 공인하는 패션 전문가이다.

타(妥) - 온당하다

□ 타결
妥 온당할 **타** 結 맺을 **결**

의견이 대립된 양편에서 서로 양보하여 일을 마무름.
▶ 이미 많은 부분이 합의되었기 때문에 협상 <u>타결</u>은 시간문제이다.

□ 타당하다
妥 온당할 **타** 當 마땅 **당** ―

일의 이치로 보아 옳다. 형편이나 사리에 맞아 적당하다.
▶ 너의 주장은 이 상황에서는 <u>타당하지</u> 않다.

□ 타협
妥 온당할 **타** 協 화합할 **협**

두 편이 어떤 일을 서로 양보하여 협의함.
▶ 남북 간의 문제는 대화와 <u>타협</u>으로 풀어야 한다.

퇴(退) - 물러나다

☐ **퇴보**
退 물러날 퇴 步 걸음 보

정도나 수준이 이제까지의 상태보다 뒤떨어지거나 못하게 됨.
▶ 전쟁으로 인해 나라의 경제가 **퇴보**하였다.

☐ **퇴치**
退 물러날 퇴 治 다스릴 치

물리쳐서 아주 없애 버림.
▶ 우리 단체는 아프리카에서 에이즈 **퇴치** 활동을 벌이고 있다.

☐ **진퇴**
進 나아갈 진 退 물러날 퇴

❶ 앞으로 나아가고 뒤로 물러남.
▶ 씨름판에서 두 선수가 **진퇴**를 거듭하며 접전을 벌이고 있다.
❷ 직위나 자리에서 머물러 있음과 물러남.
▶ 뇌물 사건에 연루된 국회의원의 **진퇴**에 관심이 모아지고 있다.

투(透) - 꿰뚫다

☐ **투철하다**
透 꿰뚫을 투 徹 통할 철 ―

사리에 밝고 정확하다. 속속들이 뚜렷하고 철저하다.
▶ 그 청년은 **투철한** 역사의식을 가지고 있다.

☐ **투시**
透 꿰뚫을 투 視 볼 시

막힌 물체를 막히지 않은 듯이 환히 꿰뚫어 봄. 또는 대상의 내포된 의미까지 봄.
▶ 그는 사태의 내막을 **투시**한 얼굴을 하고 미소 짓고 있었다.

☐ **투과**
透 꿰뚫을 투 過 지날 과

장애물에 빛이 비치거나 액체가 스미면서 통과함. 광선이 물질의 내부를 통과함.
▶ 햇빛이 유리창을 **투과**하였다.

파(破) - 깨뜨리다

☐ **파경**
破 깨뜨릴 파 鏡 거울 경

(사랑의 증표인 서울이 깨짐. ➡) 사이가 나빠서 부부가 헤어짐.
▶ 초호화 결혼식을 올린 연예인 부부가 불과 6개월 만에 **파경**을 맞았다.

☐ **파국**
破 깨뜨릴 파 局 판 국

일이나 사태가 잘못되어 결판이 남. 또는 그 판국
▶ 무슨 수를 쓰더라도 모임이 해체되는 **파국**만은 막아야 한다.

☐ **파렴치**
破 깨뜨릴 파 廉 청렴할 렴
恥 부끄러울 치

염치를 모르고 뻔뻔스러움.
▶ 착하고 순진한 사람들을 속이는 **파렴치**한 사기꾼들은 반드시 벌을 받아야 한다.

☐ **타파**
打 깨뜨릴 타 破 깨뜨릴 파

부정적인 규정, 관습, 제도 따위를 깨뜨려 버림.
▶ 신고식이랍시고 함부로 괴롭히고 희롱하는 악습은 **타파**되어야 한다.

파(波) - 물결

☐ **파란**
波 물결 파 瀾 물결 란

(잔물결과 큰 물결 ➡) 순탄하지 아니하고 어수선하게 계속되는 여러 가지 어려움이나 시련 ▶ 그는 <u>파란</u> 많은 삶을 살았다. 처음 출전한 팀이 우승하면서 <u>파란</u>을 일으켰다.

　참고 파란만장(波瀾萬 일만 만 丈 길이 장): (물결이 만 길 높이로 일어남. →) 일이 진행되거나 인생을 살아가는 데 기복과 변화가 심함.
　▶ 1925년에 태어난 김 할머니는 <u>파란만장</u>한 삶을 사셨다.

☐ **파문**
波 물결 파 紋 무늬 문

❶ 수면에 이는 물결 ▶ 낚시를 드리우자 그 주변으로 조용한 <u>파문</u>이 일었다.
❷ 어떤 일이 다른 데에 미치는 영향
　▶ 그 선수는 스카우트 <u>파문</u>으로 대회 출전이 불투명하다.
　참고 파문(破 깨뜨릴 파 門 문벌 문): 스승과 제자의 의리를 끊고 문하에서 내쫓음.
　▶ 그는 스승의 가르침을 어기고 못된 짓을 일삼다가 <u>파문</u>되었다.

☐ **풍파**
風 바람 풍 波 물결 파

❶ 세찬 바람과 험한 물결 ▶ <u>풍파</u>가 일어서 배가 세차게 요동쳤다.
❷ 심한 분쟁이나 분란 ▶ 아들이 아버지의 명령에 반발하면서 집안에 <u>풍파</u>가 일었다.
❸ 세상살이의 어려움이나 고통 = 풍상(風 바람 풍 霜 서리 상)
　▶ 늙고 초췌해진 얼굴은 그가 겪은 <u>풍파</u>를 고스란히 보여주는 듯했다.

편(偏) - 치우치다

☐ **편견**
偏 치울칠 편 見 볼 견

공정하지 못하고 한쪽으로 치우친 생각
　▶ 우리 사회가 발전하기 위해서는 여성에 대한 <u>편견</u>부터 극복되어야 한다.
　참고 선입견(先 먼저 선 入 들 입 見 볼 견): 어떤 대상에 대하여, 직접 경험하지 않은 상태에서 미리 마음속에 가지고 있는 고정적인 관념이나 관점
　▶ 어떤 사람을 제대로 이해하려면 아무런 <u>선입견</u> 없이 만나봐야 한다.

☐ **편파**
偏 치울칠 편 頗 비뚤어질 파

공정하지 못하고 어느 한쪽으로 치우쳐 있음.
　▶ 특정 방송사 뉴스 프로그램의 <u>편파</u> 보도에 대해 시민들이 분노하고 있다.

☐ **편중**
偏 치울칠 편 重 무거울 중

한쪽으로 치우침.
　▶ 우리나라는 기업체는 물론 의료, 교육, 문화 시설도 대도시에 <u>편중</u>되어 있다.

폐(廢) - 못 쓰게 되다 / 버리다

☐ **폐허**
廢 폐할 폐 墟 땅 허

건물이나 성 따위가 파괴되어 황폐하게 된 터
　▶ 지진이 휩쓸고 간 도시의 모습은 <u>폐허</u>나 다름이 없었다.

☐ **존폐**
存 있을 존 廢 폐할 폐

존속과 폐지
　▶ 금융 위기가 닥치자 우리 회사는 <u>존폐</u>의 위기에 처하게 되었다.

□ 폐인	병 따위로 몸을 망친 사람. 쓸모없이 된 사람
廢 폐할 폐 人 사람 인	▶ 그는 술을 너무 많이 마신 탓에 <u>폐인</u>이 되었다. 가까운 친척들까지 포기한 사람이라 그는 이제 <u>폐인</u>이나 다름이 없다.

폭 / 포(暴) - 사납다 / 세차다

□ 폭설	갑자기 많이 내리는 눈 ▶ 일주일 넘게 계속된 <u>폭설</u>로 산간 지방의 주민들이 고립되었다.
暴 사나울 폭 雪 눈 설	**참고** 폭우(暴 사나울 폭 雨 비 우): 갑자기 세차게 쏟아지는 비 ▶ 어젯밤에 내린 <u>폭우</u>로 축대가 무너졌다. 폭염(暴 사나울 폭 炎 불꽃 염): 매우 심한 더위 ▶ 긴 <u>폭염</u>으로 빙과류의 수요가 늘었다.

□ 폭리	지나치게 많이 남기는 부당한 이익
暴 사나울 폭 利 이로울 리	▶ 그는 일반 농산물을 유기농이라고 속여 팔아 <u>폭리</u>를 취했다.

□ 폭언	난폭하게 말함. 또는 그런 말
暴 사나울 폭 言 말씀 언	▶ 그는 다른 사람의 인격을 짓밟는 <u>폭언</u>을 서슴지 않았다.

□ 횡포	자신의 세력을 믿고 제멋대로 굴며 몹시 난폭함.
橫 가로 횡 暴 사나울 포	▶ 탐관오리의 <u>횡포</u>가 심해질수록 민중의 저항도 거세어졌다.

피(避) - 피하다

□ 피신	위험을 피하여 몸을 숨김.
避 피할 피 身 몸 신	▶ 전쟁이 나자 어머니는 가족들을 안전한 곳으로 <u>피신</u>시켰다.

□ 도피	도망하여 몸을 피함. 적극적으로 나서야 할 일에서 몸을 사려 빠져나감.
逃 도망할 도 避 피할 피	▶ 그는 죄를 짓고 외국으로 <u>도피</u>하였다. 현실을 <u>도피</u>하기보다는 맞서 싸워야 한다.

□ 피서지	더위를 피하기에 알맞은 곳
避 피할 피 暑 더울 서 地 땅 지	▶ 산과 바다를 모두 만날 수 있는 우리 고장은 최고의 <u>피서지</u>로 손꼽히고 있다.

피(被) - 입다/당하다

□ 피고	민사 소송에서 소송을 당한 사람. 형사 소송에서 공소 제기를 받은 사람
被 입을 피 告 고할 고	▶ 재판에서는 <u>피고</u>가 원고에게 손해액을 배상하라는 판결이 내려졌다. **참고** 원고(原 근원 원 告 고할 고): 민사 소송을 제기하여 재판을 청구한 사람 공소 제기(公 공평할 공 訴 호소할 소 提 끌 제 起 일어날 기): 검사가 법원에 특정한 형사 사건의 재판을 청구하여 소송을 일으킴. 또는 그런 일

피의자

被 입을 피 疑 의심할 의
者 사람 자

범죄의 혐의가 있어서 정식으로 입건되었지만, 아직 재판을 받지는 않은 사람

▶ 재판을 통해 범죄 사실이 인정된 것이 아니므로 아직은 그를 <u>피의자</u>라고 불러야 한다.

피사체

被 입을 피 寫 베낄 사
體 몸 체

사진이나 영화를 찍을 때 그 대상이 되는 물체

▶ 이 카메라는 <u>피사체</u>와의 거리를 자유자재로 조절할 수 있다.

필(必) - 반드시

필연

必 반드시 필 然 그럴 연

사물의 관련이나 일의 결과가 반드시 그렇게 될 수밖에 없음.

▶ 뇌물을 받은 공무원이 파면되는 것은 <u>필연</u>이다.

필사적

必 반드시 필 死 죽을 사 的

죽을힘을 다하는. 또는 그런 것

▶ 그는 생명이 위태로운 상황에서 <u>필사적</u>으로 탈출하였다.

필독서

必 반드시 필 讀 읽을 독
書 글 서

반드시 읽어야 할 책

▶ 선생님이 중학생 <u>필독서</u> 목록을 나눠 주시며 독서의 중요성을 강조하셨다.

필요악

必 반드시 필 要 요긴할 요
惡 악할 악

없는 것이 바람직하지만 사회적인 상황에서 어쩔 수 없이 요구되는 악

▶ 동물 실험을 반대하는 입장과 <u>필요악</u>이라고 주장하며 옹호하는 입장이 대립하고 있다.

해(解) - 풀다

해소

解 풀 해 消 사라질 소

어려운 일이나 문제가 되는 상태를 해결하여 없애 버림.

▶ 지역감정 <u>해소</u>를 위한 대책을 세워야 한다.

곡해

曲 굽을 곡 解 풀 해

❶ 사실을 옳지 아니하게 해석함. 또는 그런 해석

▶ 진술된 내용을 똑바로 이해해야지, <u>곡해</u>해서는 안 된다.

❷ 남의 말이나 행동을 본뜻과는 달리 좋지 아니하게 이해함. 또는 그런 이해

▶ 나는 지극히 객관적인 입장에서 말한 것인데, 그는 그것을 자신에 대한 비난으로 <u>곡해</u>하였다.

해갈

解 풀 해 渴 목마를 갈

목마름을 해소함. 비가 내려 가뭄을 겨우 벗어남.

▶ 오늘 비가 내렸지만 <u>해갈</u>에는 부족했다.

해우소

解 풀 해 憂 근심 우
所 곳 소

(근심을 푸는 곳 ➡) 절에서 '화장실'을 달리 이르는 말

▶ 절을 돌아본 후 <u>해우소</u>에 들러 볼일을 보았다.

[1~10] 다음 풀이에 해당하는 단어를 〈보기〉에서 고르시오.

1. 매우 심한 더위

2. 쓸모없이 된 사람

3. 난폭하게 하는 말

4. 반드시 읽어야 할 책

5. 위험을 피하여 몸을 숨김.

6. 다른 사람의 생각이나 의견

7. 사진을 찍는 대상이 되는 물체

8. 어떤 일을 서로 양보하여 협의함.

9. 정도나 수준이 이제까지의 상태보다 뒤떨어지거나 못하게 됨.

10. 순탄하지 아니하고 어수선하게 계속되는 여러 가지 어려움이나 시련

┌─ 보 기 ┐
ㄱ 타의   ㄴ 타협   ㄷ 퇴보   ㄹ 파란   ㅁ 폐인
ㅂ 폭언   ㅅ 폭염   ㅇ 피사체   ㅈ 피신   ㅊ 필독서
└──────────────────────────────┘

[11~18] 다음 빈칸에 들어갈 알맞은 단어를 〈보기〉에서 고르시오.

11. 연초부터 주식 시장이 (   )해 있다.

12. 그 사람은 (   ) 공인의 실력자이다.

13. 노사 양측의 노력 덕분에 임금 협상이 (   )되었다.

14. 그는 그런 일이 있은 후 잠시 고향으로 (   )해 있었다.

15. 아이의 죽음이 부부가 (   )에 이르는 한 원인이 되었다.

16. 그는 그룹 회장이 될 때까지 숱한 고초와 (   )을/를 겪었다.

17. 김 사장의 갑작스러운 사퇴는 회사에 큰 (   )을/를 일으켰다.

18. 탄핵 위기에 처한 대통령이 자신의 (   )에 관한 입장을 발표하였다.

┌─ 보 기 ┐
ㄱ 침체   ㄴ 자타   ㄷ 타결   ㄹ 타협   ㅁ 진퇴
ㅂ 감퇴   ㅅ 파경   ㅇ 파문   ㅈ 풍파   ㅊ 도피
└──────────────────────────────┘

[19~28] 밑줄 친 단어의 쓰임이 문맥에 맞으면 ○, 맞지 않으면 ×에 표시하시오.

19. 어리다고 할 수 없다는 생각은 <u>편견</u>에 불과하다. (○ / ×)

20. 그 어른께서는 선비로서 규범에 <u>투철한</u> 분이셨다. (○ / ×)

21. 두 사람의 갈등이 <u>해갈될</u> 기미를 보이지 않는다. (○ / ×)

22. 조금 손해를 보더라도 <u>폭리</u>를 취하기로 결정했다. (○ / ×)

23. 대부분의 동화에서는 주인공들이 행복하게 <u>파국</u>을 맞는다. (○ / ×)

24. 그녀는 사고 현장을 보지 않으려고 <u>필사적으로</u> 고개를 돌렸다. (○ / ×)

25. 체벌은 올바른 훈육을 위한 <u>필요악</u>이라고 주장하는 사람도 있다. (○ / ×)

26. 아이의 사랑스러운 재롱 덕분에 집안 분위기가 금세 <u>침통해졌다</u>. (○ / ×)

27. 그런 짓을 저지르고도 무죄를 주장하다니 <u>파렴치하기</u> 짝이 없다. (○ / ×)

28. 종이 신문 구독률이 떨어지면서 신문사들이 <u>존폐</u>의 위기에 처했다. (○ / ×)

[29~34] 괄호 안에서 문맥에 맞는 말을 고르시오.

29. 나에게는 경제적인 어려움을 (타개 / 타계)할 능력이 없다.

30. 그는 정세를 파악하고 (투시 / 투과)하는 능력이 뛰어나다.

31. 직원은 주인의 (곡해 / 양해)를 얻어 하루 쉬기로 결정하였다.

32. 공부를 게을리 하면 성적이 떨어지는 것은 (필연 / 우연)이다.

33. 나는 지인이 나를 상대로 제기한 소송에서 (피고 / 원고)가 되었다.

34. 아버지는 한동안 자식들을 만날 수 없다는 사실에 (의기양양 / 의기소침)해졌다.

[35~38] 밑줄 친 말의 의미가 <u>다른</u> 것을 고르시오.

35. ① 자살처럼 보였던 사건이 <u>타</u>살이었음이 밝혀졌다.

　② 당신의 주장이 옳다면 <u>타</u>당한 근거를 제시해 주십시오.

　③ 어머니는 <u>타</u>국에서 홀로 유학 중인 딸을 늘 그리워하였다.

　④ 그는 자신감이 부족한 탓에 <u>타</u>인의 평가에 민감하게 반응한다.

　⑤ 위기 상황에서 시민들이 보여 준 이<u>타</u>적 행동은 많은 사람들을 흐뭇하게 하였다.

36. ① 무<u>분</u>별한 개발로 환경이 파괴되었다.

　② 그 기업은 부실한 경영으로 <u>파</u>산하였다.

　③ 그분의 <u>파</u>란만장한 삶을 영화화하기로 결정하였다.

　④ 개화기 지식인들은 미신 타<u>파</u>를 강력히 주장하였다.

　⑤ 그녀는 더 이상 나를 사랑하지 않는다면서 <u>파</u>혼을 요구하였다.

37. ① 아버지는 늦게 얻은 막내아들을 편애하셨다.

　② 중위도 지방에서는 일 년 내내 편서풍이 분다.

　③ 방송의 편파 보도에 대해 정정 보도를 요구하였다.

　④ 서구 문화에 편향된 시각은 반드시 수정되어야 한다.

　⑤ 언론이 국가 권력을 감시하는 것은 세계적으로 보편적인 현상이다.

38. ① 피서지에서는 바가지요금이 판을 친다.

　② 사장은 직원들과의 면담을 회피하였다.

　③ 재료비 상승으로 인해 음식 가격 인상이 불가피하다.

　④ 피해자 가족에게 사과하는 것이 제일 먼저 할 일이다.

　⑤ 전쟁이 일어나자 남쪽으로 피란하는 행렬이 줄을 이었다.

도전 문제

[39~41] 다음 글을 읽고, 물음에 답하시오.

이종욱은 1945년 4월 서울에서 태어났다. ㉠그 무렵 우리나라는 해방과 한국전쟁의 혼란 속에서 위험과 배고픔에 시달렸다. 어린 시절 이종욱의 생활도 이와 다르지 않았다. ㉡고교를 졸업하고 7년 뒤 그는 건축에서 의학으로 전공을 바꾼다. 당장의 성공보다는 자신이 목표로 하는 일을 이루고자 하는 그의 열정이 이런 뒤늦은 선택에 담겨 있다.

[A]
1976년 대학을 졸업하고 의사가 된 이종욱은 서울의 한 보건소에서 근무하게 된다. 한센병이 여전히 두려움의 대상이던 시절이지만 그는 틈틈이 한센병 요양원을 방문하여 환자들을 돌봤다. 어느 날 응급실에 한센병 환자가 찾아왔다. 다른 의사들은 겁을 먹고 진료를 거부했지만, 이종욱은 한센병 환자를 맞아 기꺼이 진료했다. 이를 계기로 그는 한센병 ⓐ퇴치 방법을 본격적으로 연구하기 위해 고생을 무릅쓰고 국외로 나아갔다.

한센병 퇴치를 위한 그의 노력은 곧 결실을 맺게 된다. 잠복기의 한센병을 진단하는 도구를 개발하였고, 1983년부터는 세계보건기구(WHO) 한센병 담당 의무관으로 전 세계를 누비게 된다. 그는 의사들에게 효과적인 치료법을 ⓑ보급하는 동시에 환자에 대한 치료도 게을리하지 않았다. ⓒ그는 의료 혜택을 못 받는 사람이 없어야 한다는 생각에 차로 갈 수 없는 오지 마을의 한센병 환자들을 찾기 위해 밀림을 헤쳐 가며 며칠씩 걸었다.

WHO에서 활약하던 이종욱은 1994년 별 ⓒ진전이 없던 소아마비 퇴치 사업의 책임자가 되었다. 그는 강력한 리더십으로 아시아와 아프리카 지역으로 예방 프로그램을 확대했다. 이런 '어린이 백신 사업'을 통해 소아마비 발생률을 획기적으로 낮추었다.

2003년 이종욱은 WHO를 이끌어 나가는 사무총장에 도전하여 당선되었다. 사무총장으로 ⓓ취임한 다음 그는 "옳은 일을 적절한 곳에서 옳은 방법으로 한다."를 목표로 제시했다. 이를 구체화한 것이 '3 by 5' 에이즈 치료 캠페인이다. 이것은 개발도상국 300만 명에게 2005년까지 항레트로바이러스 치료를 제공하겠다는 것이다. ⓔ2003년 뉴욕에서 그는 "수백만 명의 에이즈 환자들을 치료하지 못하고 있는 것은 전 지구적 응급 상황입니다. 이 상황에 대처하자면 응급조치를 취해야 합니다."라고 연설했다. 그는 이 연설을 통해 자신의 계획을 밝히면서 전 세계에 적극적인 참여를 ⓔ촉구했다. WHO는 긴급 대응팀들을 조직하여, 도움이 필요한 사람들에게 진단과 치료를 신속히 제공할 수 있도록 노력했다.

이종욱은 한센병, 소아마비, 에이즈와 같이 인류를 위협하는 질병을 물리치기 위해 지구촌 구석구석 가난하고 병든 이들이 있는 곳을 찾아다녔다. ⓜ그는 전 세계 수많은 사람들의 삶을 개선하고 공중 보건 문제를 해결했기 때문에 가난하고 소외된 모든 인류의 주치의라 할 수 있다.

39. 〈자료〉를 바탕으로 ㉠~㉢을 해석한 것으로 적절하지 <u>않은</u> 것은?　(2014 중3 성취도평가)

┌─ **자료** ─┐

평전은 인물의 생애와 업적, 삶의 자세, 글쓴이의 평가로 구성된다. 글쓴이는 일화, 시대적 배경, 대화나 연설 등을 삽입하여 내용의 사실성, 신뢰성, 그리고 흥미를 높인다.

① ㉠은 시대적 배경을 언급하여 인물의 고난을 드러내고 있군.

② ㉡은 인물의 삶의 자세를 통해 인물에 대해 비판하고 있군.

③ ㉢은 인물의 일화를 통해 내용의 사실성을 높이고 있군.

④ ㉣은 인물의 연설을 직접 인용하여 신뢰성을 높이고 있군.

⑤ ㉤은 업적을 바탕으로 인물에 대해 긍정적으로 평가하고 있군.

40. [A]에서 서술된 인물의 특징으로 적절하지 <u>않은</u> 것은?

(2014 중3 성취도평가)

① 현실 순응의 자세가 뚜렷하다.

② 질병에 대한 탐구 정신이 강하다.

③ 자신의 일에 대한 사명감이 투철하다.

④ 다른 사람에 대한 봉사 정신이 강하다.

⑤ 남을 위해 자신의 것을 버리는 마음이 크다.

41. ⓐ～ⓔ의 뜻풀이로 적절한 것은?

① ⓐ: 물리쳐서 아주 없애 버림.

② ⓑ: 부족한 것을 보태어 채움.

③ ⓒ: 나쁜 점을 보완하여 더 좋게 고침.

④ ⓓ: 일정한 직업을 잡아 직장에 나감.

⑤ ⓔ: 간절히 청함.

[정답] 1. ⓧ 2. ⓜ 3. ⓗ 4. ⓧ 5. ⓧ 6. ⓞ 7. ⓞ 8. ⓛ 9. ⓒ 10. ⓔ 11. ⓞ 12. ⓛ 13. ⓒ 14. ⓧ 15. ⓧ 16. ⓧ 17. ⓞ 18. ⓜ 19. ○ 20. ○ 21. × 22. × 23. × 24. ○ 25. ○ 26. × 27. ○ 28. ○ 29. 타개 30. 투시 31. 양해 32. 필연 33. 피고 34. 의기소침 35. ② 36. ③ 37. ⑤ 38. ④ 39. ② 40. ① 41. ①

[해설] 35. ② 妥(온당할 타), 나머지는 他(남 타) 36. ③ 波(물결 파), 나머지는 破(깨뜨릴 파) 37. ⑤ 遍(두루 편), 나머지는 偏(치우칠 편) 38. ④ 被(입을 피), 나머지는 避(피할 피) 41. ⓑ 널리 펴서 많은 사람들에게 골고루 미치게 하여 누리게 함. ⓒ 일이 진행되어 발전함. ⓓ 새로운 직무를 수행하기 위하여 맡은 자리에 처음으로 나아감. ⓔ 급하게 재촉하여 요구함.

⠿ 21 | 허~회

허(虛) - 비다

☐ 공허
空빌 공 虛빌 허

❶ 아무것도 없이 텅 빔.
▶ 조반상을 물리고 멍하니 앉은 그의 가슴속에는 일시에 **공허** 그 자체가 몰려들었다.
❷ 실속이 없이 헛됨.
▶ 표현만 화려한 **공허**한 글보다는 좀 서툴러도 내용이 충실한 글이 더 낫다.

☐ 허세
虛빌 허 勢형세 세

실속이 없이 겉으로만 드러나 보이는 기세
▶ 그는 열 사람이 덤벼도 혼자 당해 낼 수 있다며 **허세**를 부렸다.

☐ 허언
虛빌 허 言말씀 언

실속이 없는 빈말. 거짓말
▶ 어른들 말씀을 **허언**으로 듣지 마라.
그는 난처한 상황에서 벗어나려고 **허언**을 둘러대었다.

☐ 허례허식
虛빌 허 禮예도 례
虛빌 허 飾꾸밀 식

형편에 맞지 않게 겉만 번드르르하게 꾸밈. 또는 그런 예절이나 법식
▶ 아직도 우리나라의 결혼 문화에는 **허례허식**이 많다.

호(好) - 좋다

☐ 호황
好좋을 호 況상황 황

경제 활동 상태가 좋음. 또는 그런 상황
▶ 날씨가 더워서 냉방용 가전제품을 생산하는 회사들이 **호황**을 누리고 있다.

☐ 우호적
友벗 우 好좋을 호
的 ~의 적

개인끼리나 나라끼리 서로 사이가 좋은. 또는 그런 것
▶ 두 나라 정상은 **우호적**인 분위기에서 대화를 나누었다.

☐ 호전적
好좋을 호 戰싸움 전 的

싸우기를 좋아하는. 또는 그런 것
▶ 격투기를 좋아한다고 해서 **호전적**인 성격이라고 볼 수는 없다.

☐ 호불호
好좋을 호 不아닐 불 好

좋음과 좋지 않음.
▶ 그 영화감독의 연출 스타일에 대해서는 **호불호**가 존재한다.

☐ 호사가
好좋을 호 事일 사
家사람 가

일을 벌이기를 좋아하는 사람. 남의 일에 특별히 흥미를 가지고 말하기 좋아하는 사람
▶ 그들이 결별한 후 **호사가**들 사이에서는 여러 가지 결별 원인이 거론되었다.

호(豪) - 호걸/뛰어나다

□ 호걸
豪 호걸 호 傑 뛰어날 걸

지혜와 용기가 뛰어나고 기개와 풍모가 있는 사람
▶ 천하의 **호걸**들이 그를 돕기 위해 몰려들었다.

□ 호언
豪 호걸 호 言 말씀 언

의기양양하여 호기롭게 말함. 또는 그런 말
▶ 그는 모든 일을 자기가 책임지겠다고 **호언**했다.

□ 호쾌하다
豪 호걸 호 快 쾌할 쾌 ―

호탕하고 쾌활하다.
▶ 장군은 병사들의 늠름한 모습을 보고는 **호쾌한** 웃음을 웃었다.

혹(惑) - 미혹하다/의심하다

□ 현혹
眩 어지러울 현 惑 미혹할 혹

정신을 빼앗겨 해야 할 바를 잊어버림. 또는 그렇게 되게 함.
▶ 보이스피싱 전화에 **현혹**되어 가진 돈을 모두 송금할 뻔했다.

□ 곤혹
困 곤할 곤 惑 미혹할 혹

곤란한 일을 당하여 어찌할 바를 모름.
▶ 노총각인 삼촌은 언제 결혼하느냐는 질문을 받을 때가 가장 **곤혹**스럽다고 말한다.

□ 당혹
當 마땅 당 惑 미혹할 혹

무슨 일을 당하여 정신이 헷갈리거나 생각이 막혀 어찌할 바를 몰라 함. 또는 그런 감정
▶ 믿었던 친구에게 배신을 당하니 매우 **당혹**스럽다.

혹(酷) - 심하다

□ 혹독하다
酷 심할 혹 毒 독 독 ―

몹시 심하다. 몹시 모질고 악하다.
▶ **혹독한** 겨울 추위를 견디면 따뜻한 봄이 온다.
일 년 동안 **혹독하게** 훈련한 선수들은 이번 대회에서 좋은 결과를 얻었다.

□ 혹평
酷 심할 혹 評 평할 평

가혹하게 비평함.
▶ 비평가들은 그의 새 작품에 대해 수준 미달이라고 **혹평**하였다.
참고 호평(好 좋을 호 評 평할 평): 좋게 평함. 또는 그런 평판이나 평가
▶ 비평가들이 **호평**한 작품일지라도 독자들에게 외면당하는 경우가 의외로 많다.

□ 혹한
酷 심할 혹 寒 찰 한

몹시 심한 추위
▶ **혹한**으로 인해 상수도 동파 사고가 잇따르고 있다.

□ 잔혹
殘 잔인할 잔 酷 심할 혹

잔인하고 혹독함.
▶ 그의 **잔혹한** 범죄 수법에 모두들 경악을 금치 못했다.

혼(混) - 섞다

□ 혼용
混 섞을 혼 用 쓸 용

❶ 한데 섞어 쓰거나 어울러 씀.
▶ 그 신문에서는 한자를 한글과 **혼용**하고 있다.
❷ 잘못 혼동하여 씀 ▶ 글자 하나를 **혼용**해서 뜻이 왜곡되게 전달되었다.

□ 혼돈
混 섞을 혼 沌 엉길 돈

마구 뒤섞여 있어 갈피를 잡을 수 없음. 또는 그런 상태
▶ 외래문화의 무분별한 수입은 가치관의 **혼돈**을 초래하였다.
참고 혼동(混 섞을 혼 同 한가지 동): 구별하지 못하고 뒤섞어서 생각함.
▶ 그는 동정과 사랑을 **혼동**하는 것 같았다.

□ 혼탁
混 섞을 혼 濁 흐릴 탁

❶ 불순물이 섞이어 깨끗하지 못하고 흐림.
▶ 창문을 열어 **혼탁**한 공기를 환기하였다.
❷ 정치, 도덕 따위 사회적 현상이 어지럽고 깨끗하지 못함.
▶ 공식 선거 운동이 시작되기도 전에 선거 운동은 **혼탁** 양상을 보이고 있다.

□ 혼선
混 섞을 혼 線 줄 선

❶ 선이 서로 닿거나 전파가 뒤섞여 통신이 엉클어짐.
▶ 전화에 갑자기 **혼선**이 생겨 통화를 중단했다.
❷ 말이나 일 따위를 서로 다르게 파악하여 혼란이 생김.
▶ 지휘 체계가 명확하지 않아서 현황 파악에 **혼선**이 일어났다.

화(化) - 되다

□ 화신
化 될 화 身 몸 신

어떤 추상적인 특질이 구체화 또는 유형화된 것
▶ 방송에서는 그 여배우를 미의 **화신**이라고 추켜세웠다.

□ 강화
強 강할 강 化 될 화

❶ 세력이나 힘을 더 강하고 튼튼하게 함.
▶ 군사력 **강화**를 위해 국방 예산을 늘렸다.
❷ 수준이나 정도를 더 높임.
▶ 3·1운동 이후 일제는 우리 민족에 대한 수탈과 탄압을 **강화**하였다.

□ 퇴화
退 물러날 퇴 化 될 화

(진보 이전의 상태로 되돌아감.➡) 복잡하게 분화한 형태와 기능을 가진 기관 따위가 약해져서 단순한 기관으로 축소됨.
▶ 고래의 뒷다리나 사람의 꼬리뼈는 **퇴화**의 한 예이다.

환(患) - 근심

□ 환란
患 근심 환 亂 어지러울 란

근심과 재앙
▶ 무슨 **환란**이 닥쳐올지 몰라 극심한 공포를 느끼었다.

□ **우환**

憂 근심 우 患 근심 환

집안에 복잡한 일이나 환자가 생겨서 나는 걱정이나 근심

▶ 집안에 **우환**이 생겨서 모임에 참석할 수 없었다.

□ **후환**

後 뒤 후 患 근심 환

어떤 일로 말미암아 뒷날 생기는 걱정과 근심

▶ 원한 살 일을 저지르고 보니 **후환**이 두려워졌다.

환(換) - 바꾸다

□ **환산**

換 바꿀 환 算 셈 산

어떤 단위나 척도로 된 것을 다른 단위나 척도로 고쳐서 헤아림.

▶ 요즈음은 모든 것이 돈으로 **환산**된다.

□ **환승**

換 바꿀 환 乘 탈 승

다른 노선이나 교통수단으로 갈아탐.

▶ 다음 버스 정류장에서 내려 지하철로 **환승**하십시오.

□ **환절기**

換 바꿀 환 節 마디 절
期 기간 기

철이 바뀌는 시기

▶ **환절기**에는 감기가 걸리기 쉽다.

환(幻) - 헛보이다

□ **환영**

幻 헛보일 환 影 그림자 영

눈앞에 없는 것이 있는 것처럼 보이는 것

▶ 주인공이 죽은 이의 **환영**에 시달리는 장면을 연기하였다.

□ **환상**

幻 헛보일 환 想 생각 상

현실적인 기초나 기능성이 없는 헛된 생각이나 공상

▶ 이제는 **환상**에서 벗어나 현실을 직시할 때이다.

□ **환멸**

幻 헛보일 환 滅 꺼질 멸

꿈이나 기대나 환상이 깨어짐. 또는 그때 느끼는 괴롭고도 속절없는 마음

▶ 그는 직장 생활에 **환멸**을 느끼고 귀농을 결심했다.

□ **몽환적**

夢 꿈 몽 幻 헛보일 환 的

현실이 아닌 꿈이나 환상과 같은. 또는 그런 것

▶ 자욱하게 낀 안개가 **몽환적**인 분위기를 조성하고 있다.

황(況) - 상황

□ **정황**

情 뜻 정 況 상황 황

일의 사정과 상황

▶ 여러 가지 **정황**으로 미루어 볼 때 그렇게 하는 것이 최선이다.

□ **현황**

現 나타날 현 況 상황 황

현재의 상황

▶ 이 글은 오디션 프로그램의 **현황**과 문제점을 분석하고 개선 방안을 제시하고 있다.

☐ **성황리**

盛 성할 **성** 況 상황 **황**
裡 속 **리**

모임 따위에 사람이 많이 모여 규모나 분위기가 성대한 상황을 이룬 가운데

▶ 화가의 그림 전시회는 **성황리**에 끝났다.

[참고] 절찬리(絶 끊을 절 讚 기릴 찬 裡 속 리): 지극한 칭찬을 받는 가운데

▶ 이 제품은 홈쇼핑에서 **절찬리**에 판매되고 있다.

황(荒) - 거칠다

☐ **황폐**

荒 거칠 **황** 廢 폐할 **폐**

❶ 집, 토지, 삼림 따위가 거칠어져 못 쓰게 됨.

▶ 무분별한 개발로 산림이 **황폐**해졌다.

❷ 정신이나 생활 따위가 거칠어지고 메말라 감.

▶ 물질 만능주의로 인한 정신의 **황폐**가 치유하기 힘들 정도로 심각하다.

☐ **황무지**

荒 蕪 거칠 **무** 地 땅 **지**

손을 대어 거두지 않고 내버려 두어 거친 땅

▶ 전쟁으로 수많은 마을이 폐허가 되고 농토는 모두 **황무지**로 변하였다.

☐ **허황되다**

虛 빌 **허** 荒 거칠 **황** —

헛되고 황당하며 미덥지 못하다.

▶ **허황된** 말만 늘어놓는 것을 보니 그는 사기꾼임에 틀림없다.

회(回) - 돌아오다 / 횟수

☐ **회수**

回 돌아올 **회** 收 거둘 **수**

도로 거두어들임.

▶ 성적 계산이 잘못되어 이미 나눠 준 성적표를 **회수**하는 소동이 벌어졌다.

☐ **만회**

挽 당길 **만** 回 돌아올 **회**

뒤떨어진 것이나 잃어버린 것 따위를 돌이켜 원래의 상태로 회복함.

▶ 그 가수는 예전의 인기를 **만회**하기 위해 열심히 활동하고 있다.

☐ **회고록**

回顧 돌아볼 **고** 錄 기록할 **록**

지나간 일을 돌이켜 생각하며 적은 기록

▶ 퇴임한 대통령이 **회고록**을 출간하였다.

회(懷) - 품다

☐ **회유**

懷 품을 **회** 柔 부드러울 **유**

어루만지고 잘 달래어 시키는 말을 듣도록 함.

▶ 그는 어떠한 **회유**와 설득에도 흔들리지 않았다.

☐ **회포**

懷 품을 **회** 抱 안을 **포**

마음속에 품은 생각이나 정

▶ 오랜만에 친구를 만나 **회포**를 풀었다.

☐ **소회**

所 바 **소** 懷 품을 **회**

마음에 품고 있는 회포

▶ 정년퇴임하는 교장 선생님이 교직 생활에 대한 **소회**를 밝히셨다.

[1~10] 다음 풀이에 해당하는 단어를 〈보기〉에서 고르시오.

1. 현재의 상황

2. 근심과 재앙

3. 몹시 심한 추위

4. 실속이 없이 헛됨.

5. 곤란한 일을 당하여 어찌할 바를 모름.

6. 실속이 없이 겉으로만 드러나 보이는 기세

7. 손을 대어 거두지 않고 내버려 두어 거친 땅

8. 어루만지고 잘 달래어 시키는 말을 듣도록 함.

9. 현실적인 기초나 가능성이 없는 헛된 생각이나 공상

10. 말이나 일 따위를 서로 다르게 파악하여 혼란이 생김.

┌─ 보 기 ┐
| ㉠ 공허 | ㉡ 허세 | ㉢ 곤혹 | ㉣ 혹한 | ㉤ 혼선 |
| ㉥ 환란 | ㉦ 환상 | ㉧ 현황 | ㉨ 황무지 | ㉩ 회유 |
└─────────────────────────┘

[11~17] 다음 빈칸에 들어갈 알맞은 단어를 〈보기〉에서 고르시오.

11. 우리 팀은 실점을 (   )하기 위해 공격에 집중하였다.

12. 그는 30년 만에 고국에 돌아온 (   )을/를 간단하게 밝혔다.

13. 당시의 사회는 각종 부정부패와 비리로 (   )한 모습이었다.

14. (   )(으)로 볼 때 그의 죽음은 개인적인 원한과는 무관한 것으로 보인다.

15. 그는 자신의 이상을 펼 수 없는 정치에 (   )을/를 느끼고 정치계를 떠났다.

16. 친구에게 배신을 당한 주인공은 분노의 (   )이/가 되어 복수를 준비하였다.

17. 과도한 회사 업무로 인해 사생활을 포기하게 된 그는 이내 심신이 (   )해졌다.

┌─ 보 기 ┐
| ㉠ 화신 | ㉡ 퇴화 | ㉢ 정황 | ㉣ 경황 | ㉤ 만회 |
| ㉥ 소회 | ㉦ 혼탁 | ㉧ 황폐 | ㉨ 환멸 | ㉩ 경멸 |
└─────────────────────────┘

[18~25] 밑줄 친 단어의 쓰임이 문맥에 맞으면 ○, 맞지 않으면 ×에 표시하시오.

18. 그는 귀가 얇아서 남의 말에 쉽게 현혹된다. (○ / ×)

19. 그녀는 패션에 관한 한 호불호가 분명하다. (○ / ×)

20. 건설업이 호황을 맞으면서 인력 채용도 늘어나고 있다. (○ / ×)

21. 그의 논리는 너무나 정연하고 호쾌해서 반박의 여지가 없었다. (○ / ×)

22. 허례허식의 뜻에 따라 격식보다는 행사의 의미를 살리는 데 집중하였다. (○ / ×)

23. 백성을 괴롭히고 노략질을 일삼는 호걸들을 소탕하기 위해 군대가 움직였다. (○ / ×)

24. 가수가 노래를 부르는 동안 연기를 깔아서 무대 분위기를 몽환적으로 연출하였다.
    (○ / ×)

25. 소년은 정체를 숨긴 채 묵묵히 남을 돕는 호사가들 덕분에 학업을 계속할 수 있었다.
    (○ / ×)

[26~32] 괄호 안에서 문맥에 맞는 말을 고르시오.

26. (허왕 / 허황)된 소문만 믿고 섣불리 행동하지 마라.

27. 그런 악행을 저지르고도 (우환 / 후환)이 두렵지 않으냐?

28. 그는 절대로 공과 사를 (혼돈 / 혼동)하는 사람이 아니다.

29. 지난달에 출시한 신제품이 (절찬리 / 성황리)에 판매되고 있다.

30. 이번 작품에 대해서는 금세기 최고의 작품이라는 (혹평 / 호평)이 이어졌다.

31. 그는 비밀이 탄로 날 위기에 처하자 우물쭈물 (허언 / 호언)을 둘러대기 시작했다.

32. 날이 갈수록 일에 능률도 안 오르고 무엇인가 (퇴화 / 강화)되어 가는 느낌이었다.

[33~36] 밑줄 친 말의 의미가 다른 것을 고르시오.

33. ① 그는 동료의 호의에 대하여 감사를 표시하였다.

    ② 소형차에 대한 소비자의 선호도가 높아지고 있다.

    ③ 두 나라는 오랫동안 우호적인 관계를 유지하고 있다.

    ④ 전쟁을 많이 치렀다고 호전적이라고 평가해서는 안 된다.

    ⑤ 주인은 통이 크고 성격도 호탕해서 따르는 사람이 많았다.

34. ① 우리는 가혹한 운명과 싸워야 했다.

    ② 그 영화에 대한 언론의 평은 혹독하였다.

    ③ 그들이 포로에게 저지른 잔혹 행위가 폭로되었다.

    ④ 젊은 시절 몸을 혹사한 탓에 건강을 잃고 말았다.

    ⑤ 자식의 비행을 전해들은 부모는 당혹을 금치 못했다.

35. ① 그는 때때로 죽은 아내의 환영을 본다.

② 이 기기는 다른 회사 제품과 호환이 가능하다.

③ 육교 앞 버스 정류장에서 내려 지하철로 환승하였다.

④ 환절기에는 가벼운 겉옷을 가방에 넣어가지고 다닌다.

⑤ 볕이 잘 들고 환기가 잘 되는 방에서 사는 것이 그의 소박한 꿈이었다.

36. ① 장군이 전 부대에 회군 명령을 내렸다.

② 지난번에 빌려준 물건을 회수하였다.

③ 은퇴한 정치가가 회고록을 집필하였다.

④ 오랜만에 만난 형제가 회포를 나누었다.

⑤ 갈매기들이 우리가 탄 배를 선회하고 있었다.

도전 문제

[37~39] 다음 글을 읽고, 물음에 답하시오.

우리나라에서는 새해가 되면 전 국민 모두 한 살씩 나이를 더 먹는다. 이렇게 나이를 세는 방식을 '세는나이' 또는 '한국식 나이'라고 한다. 그런데 우리나라에서는 '세는나이' 외에 '만 나이'도 쓰인다. '만 나이'는 0세부터 시작해서 출생일에 나이를 더하는 나이 셈법이다.

나이를 계산하는 방식이 두 가지이다 보니 생활에서 혼란을 겪는 경우가 많다. 가령 극장에서 영화를 볼 수 있는지, 선거 날 투표를 할 수 있는지와 같은 고민부터 '만 나이'를 ㉠기재해야 하는 공문서에 '세는나이'로 잘못 기재하는 일까지 혼란스러운 일이 ㉡비일비재하다. 이러한 혼란을 줄일 수 있는 방법은 '만 나이'로 나이 셈법을 통일하는 것이다. 그 이유는 다음과 같다.

첫째, '만 나이'를 사용하는 것이 법의 규정에 부합한다. 우리 민법은 1962년부터 '만 나이'를 사용할 것을 명시하고 있다. 그래서 공문서나 법조문, 보험 문서에서는 공식적으로 '만 나이'를 사용한다. 2013년 개정된 민법을 보면, '만 20세'로 표기했던 성년의 나이를 '만' 자를 빼 '19세'로 바꾸었다. 이 개정안은 법률적으로 나이를 셀 때에는 '만 나이'로 계산해야 한다는 것을 상징적으로 보여 주는 것이다.

둘째, '만 나이'는 '세는나이'에 비해 계산 방식이 더 합리적이다. 아래 그림에서 2014년 12월 26일에 태어난 아이를 통해 '만 나이'와 '세는나이'의 차이를 살펴보자. '세는나이' 셈법으로 이 아이는 태어난 순간 1살이 되고, 며칠 뒤 2015년 1월 1일이 되면 바로 2살이 된다. 출생 후 1살을 더하기까지의 기간이 출생일에 따라 모두 다르다. 반면 '만 나이' 셈법으로 이 아이는 2015년 12월 26일이 되었을 때 1살을 더하게 된다. 누구나 출생일에서 1살을 더하기까지의 기간이 ㉢동일한 것이다.

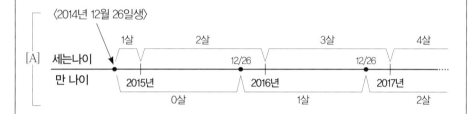

셋째, '만 나이'의 사용은 국제 사회의 흐름에도 부합한다. 사실 '세는나이'는 우리나라에서만 쓰이는 나이 셈법이다. 근대 이전에는 동아시아의 여러 국가가 '세는나이'를 사용하였다. 그러나 중국, 일본, 베트남 등의 국가는 근대화를 거치면서 '세는나이'의 방법을 버리고 '만 나이'만을 사용하고 있다. 대부분의 국가에서 종교와 관계없이 서력기원*을 쓰고 있듯, 우리도 '만 나이'를 사용하는 문화를 ㉣부착시켜야 한다.

우리나라의 나이 셈법을 '만 나이'로 통일하면 일상생활에서 겪는 여러 가지 혼란을 피할 수 있다. 또한 '만 나이'로 통일하면 공공 기관, 기업, 병원 등에서 '세는나이'를 '만 나이'로 ㉤환산해서 적용하는 데 따르는 사회적 비용도 줄일 수 있다. 사회 관습과 사회 인식을 개선해야 하므로 시간이 다소 걸릴 수 있겠지만 '만 나이'로 통일해야 하는 이유는 충분해 보인다.

* 서력기원: 기원후(AD)

37. [A]의 기능에 대한 설명으로 가장 적절한 것은? (2017 중3 성취도평가)

① 글에 나타나지 않은 사례를 추가한다.

② 글의 모든 근거를 종합하여 보여 준다.

③ 앞으로 제기할 문제를 압축적으로 제시한다.

④ 두 대상이 지닌 차이를 시각적으로 드러낸다.

⑤ 제기한 문제 상황에 대한 해결 방안을 제시한다.

38. 다음은 윗글의 내용을 요약한 것이다. 빈칸에 들어갈 말로 가장 적절한 것은?

(2017 중3 성취도평가 변형)

우리나라는 '만 나이'와 '세는나이'를 (ⓐ)하고 있으므로 실생활에서 혼란을 겪는 경우가 많다. '만 나이'는 민법에 명시되어 있는 공식적인 나이 셈법이고, '세는나이'에 비해 합리적이다. 또한 (ⓑ). 따라서 우리나라에서 사용되는 나이 셈법을 '만 나이'로 통일해야 한다.

	ⓐ	ⓑ
①	혼동	현재의 나이 셈법에 개선이 필요한 시점이다
②	혼용	'만 나이'의 사용은 국제 사회의 흐름에 부합한다
③	혼돈	공문서나 법조문, 보험 문서에서 '만 나이'를 사용한다
④	혼합	사회 관습과 사회 인식을 개선하는 데 시간이 걸릴 수 있다
⑤	혼잡	개정된 민법에서 성년의 나이를 '만' 자를 빼 '19세'로 바꾸었다

39. ㉠~㉤ 중, 문맥에 어울리지 않는 것은?

① ㉠   ② ㉡   ③ ㉢   ④ ㉣   ⑤ ㉤

[정답] 1. ⓒ 2. ㉫ 3. ㉣ 4. ㉠ 5. ㉢ 6. ㉡ 7. ㉰ 8. ㉲ 9. ㉧ 10. ㉢ 11. ㉢ 12. ㉫ 13. ㉧ 14. ㉢ 15. ㉲ 16. ㉠ 17. ⓒ 18. ○ 19. ○ 20. ○ 21. × 22. × 23. × 24. ○ 25. × 26. 허황 27. 후환 28. 혼동 29. 절찬리 30. 호평 31. 허언 32. 퇴화 33. ⑤ 34. ⑤ 35. ① 36. ④ 37. ④ 38. ② 39. ④

[해설] 33. ⑤ 毫(호걸 호), 나머지는 好(좋을 호) 34. ⑤ 惑(미혹할 혹), 나머지는 酷(심할 혹) 35. ① 幻(헛보일 환), 나머지는 換(바꿀 환) 36. ④ 懷(품을 회), 나머지는 回(돌아올 회) 39. ㉣ → 정착(새로운 문화 현상, 학설 따위가 당연한 것으로 사회에 받아들여짐.)

III

고유어

□ 가탈	일이 순조롭게 나아가는 것을 방해하는 조건. 트집을 잡아 까다롭게 구는 일
	▶ 처음 하는 일이라 여기저기서 **가탈**이 많이 생긴다.
	[참고] **가탈스럽다**: 조건, 규정 따위가 복잡하고 엄격하여 **적응거나 적용하기에 어려운 데가 있다**. 성미나 취향 따위가 원만하지 않고 별스러워 **맞춰 주기에 어려운 데가 있다.** ≒ 까다롭다
	▶ 그가 내건 **가탈스러운** 조건 때문에 일을 진행하기가 쉽지 않다.
	까탈/까탈스럽다: '가탈/가탈스럽다'의 센말
	▶ 그녀는 선을 볼 때마다 **까탈**을 부리며 퇴짜를 놓았다. 아이의 입맛이 **까탈스러워** 힘이 든다.

□ 갈무리	물건 따위를 잘 정리하거나 간수함. 일을 처리하여 마무리함.
	▶ 약속한 시간이 가까워지자 그는 하던 일을 서둘러 **갈무리**했다.

□ 거나하다	술 따위에 취한 정도가 어지간하다.
	▶ 술자리가 길어지면서 모두들 **거나하게** 취했다.

□ 고깝다	섭섭하고 야속하여 마음이 언짢다.
	▶ 다른 사람들 앞에서 나를 모르는 체하는 것이 **고까운** 생각이 들었다.

□ 깜냥	스스로 일을 헤아림. 또는 헤아릴 수 있는 능력
	▶ 내 **깜냥**엔 그렇게 결정하는 것이 옳은 성싶었다.

□ 꼼수	쩨쩨한 수단이나 방법
	▶ 그 과자 회사는 포장만 바꾸고 가격을 인상하는 **꼼수**를 부렸다가 소비자들의 비난을 받았다.

□ 끄나풀	(길지 아니한 끈의 나부랭이 ➡) 남의 앞잡이 노릇을 하는 사람
	▶ 그는 일제의 **끄나풀** 노릇을 한 조상의 과오가 너무나 부끄러웠다.

□ 너나들이하다	서로 너니 나니 하고 부르며 허물없이 말을 건네다.
	▶ 그 사람은 나와 **너나들이하는** 친한 사이다.

□ 너스레	수다스럽게 떠벌려 늘어놓는 말이나 짓
	▶ 초면이라 서로 어색해하는 사람들의 분위기를 풀기 위해 그는 **너스레**를 떨기 시작했다.
	[참고] **넉살**: 부끄러운 기색이 없이 비위 좋게 **구는 짓이나 성미**
	▶ 그는 **넉살**이 좋아 처음 만나는 사람과도 쉽게 친해졌다.

□ 달포	한 달이 조금 넘는 기간 ▶ 그가 떠난 지 **달포**가량 지났다.
	[참고] **해포**: 한 해가 조금 넘는 동안
	▶ 그는 참으로 여러 **해포** 만에 가슴이 탁 트이는 통쾌감을 맛보았다.

☐ **데면데면하다**	❶ 사람을 대하는 태도가 친밀감이 없이 예사롭다.
	▶ 그들은 서로 전혀 모르는 사이처럼 **데면데면하게** 굴었다.
	❷ 성질이 꼼꼼하지 않아 행동이 신중하거나 조심스럽지 아니하다.
	▶ 그는 **데면데면하여** 자주 실수를 저지른다.

☐ **들러리**	어떤 일을 할 때 일의 주체가 아닌 곁따르는 노릇이나 사람
	▶ 실소유주가 따로 있기 때문에 지금의 사장은 **들러리**에 불과하다.

☐ **만무방**	염치가 없이 막된 사람
	▶ 그는 원체 배운 데 없는 **만무방**인데다 가진 것도 없었다.
	참고 손방: 아주 할 줄 모르는 솜씨
	▶ 그는 말로는 모르는 것이 없지만 실제에 있어서는 매사에 **손방**이다.

☐ **매몰차다**	❶ 인정이나 싹싹한 맛이 없고 아주 쌀쌀맞다.
	▶ 친구는 나의 부탁을 **매몰차게** 거절하였다.
	❷ 목소리가 높고 날카로우며 옹골차다.
	▶ 할아버지께서는 우리를 향해 **매몰차게** 호통을 치셨다.

☐ **머쓱하다**	❶ 어울리지 않게 키가 크다.
	▶ 그는 키만 **머쓱하게** 크다.
	❷ 무안을 당하거나 흥이 꺾여 어색하고 열없다.
	▶ 그는 자신의 마음을 들킨 것이 **머쓱해서** 웃고 말았다.
	참고 멀쑥하다: ① 멋없이 크고 묽게 생기다. ▶ 그는 허우대만 **멀쑥하다**.
	② 물기가 많아 **되지** 않고 묽다. ▶ 이번 죽은 **멀쑥하게** 끓였다.
	③ 지저분함이 없고 멀끔하다. ▶ 그 자리에는 **멀쑥하게** 차려 입은 젊은이들이 많이 나왔다.

☐ **멋쩍다**	어색하고 쑥스럽다.
	▶ 그는 자신의 행동이 **멋쩍은지** 뒷머리를 긁적이며 웃어 보였다.
	참고 객(客 손 객)쩍다: 행동이나 말, 생각이 쓸데없고 싱겁다.
	▶ 상황이 심각하니 그런 **객쩍은** 소리는 그만두십시오.
	계면쩍다: 쑥스럽거나 미안하여 **어색하다.** = 겸연(慊 흐뭇하지 않을 겸 然 그럴 연)쩍다
	▶ 그는 돈 얘기가 **계면쩍은** 듯 잠시 말을 끊었다.

☐ **무지렁이**	아무것도 모르는 어리석은 사람. 헐었거나 무지러져서 못 쓰게 된 물건
	▶ 그의 눈에는 내가 세상 물정도 모르는 **무지렁이**로 보이는 모양이다.

☐ **미쁘다**	믿음성이 있다. 믿음직하다. 미덥다.
	▶ 여기저기 눈치를 살피는 모습이 도무지 **미쁘게** 보이지 않는다.

☐ **미욱하다**	하는 짓이나 됨됨이가 매우 어리석고 미련하다.
	▶ 그는 **미욱한** 것 같으면서도 의외로 눈치가 빨랐다.

□ 볼멘소리	서운하거나 성이 나서 퉁명스럽게 하는 말투
	▶ 무엇에 심사가 틀렸는지 그는 계속 **볼멘소리**로 대거리를 하고 있었다.
	참고 흰소리: 터무니없이 자랑으로 떠벌리거나 거드럭거리며 허풍을 떠는 말
	▶ 어른 앞에서는 쩔쩔매는 주제에 뒷전에서만 **흰소리**를 치고 있다.

□ 설레발	몹시 서두르며 부산하게 구는 행동
	▶ 그는 원래 수다스러운 성격인 듯 나의 손을 잡고 **설레발**이 요란스러웠다.
	참고 설레발치다: 몹시 서두르며 부산하게 굴다.
	▶ 여행 가는 날 새벽부터 아이들은 **설레발치며** 온 집 안을 돌아다녔다.

□ 손사래	어떤 말이나 사실을 부인하거나 남에게 조용히 하라고 할 때 손을 펴서 휘젓는 일
	▶ 그는 배부르다고 **손사래**를 치다가 마지못해 권하는 음식을 받아먹었다.

□ 솔깃하다	그럴듯해 보여 마음이 쏠리는 데가 있다.
	▶ 조금만 투자해도 큰돈을 벌 수 있다는 그의 말에 모두들 귀가 **솔깃했다**.

□ 시나브로	모르는 사이에 조금씩조금씩
	▶ 영희는 모아 둔 돈을 **시나브로** 다 써버렸다.

□ 실팍하다	사람이나 물건 따위가 보기에 매우 실하다.
	▶ 그는 **실팍한** 몸집인데도 쌀 한 가마를 제대로 들지 못했다.

□ 애먼	❶ 일의 결과가 다른 데로 돌아가 억울하게 느껴지는
	▶ 그들은 **애먼** 사람에게 누명을 씌워 감옥에 가게 만들었다.
	❷ 일의 결과가 다르게 돌아가 엉뚱하게 느껴지는
	▶ 묻는 말에는 대답을 않고 **애먼** 소리만 하고 있다.

□ 애오라지	❶ '겨우'를 강조하여 이르는 말
	▶ 동생 생일 선물을 사고 나니 남은 돈이라고는 **애오라지** 천 원뿐이었다.
	❷ '오로지'를 강조하여 이르는 말
	▶ 부모는 **애오라지** 자식을 위하여 헌신한다.

□ 애잔하다	❶ 몹시 가냘프고 약하다.
	▶ **애잔하게** 고개를 쳐든 꽃들이 바람에 흔들리고 있었다.
	❷ 애처롭고 애틋하다.
	▶ 형은 몰라보게 늙어버린 어머니를 **애잔한** 눈빛으로 쳐다보았다.
	참고 애틋하다: ① 섭섭하고 안타까워 애가 **타는** 듯하다.
	▶ 그는 맺어질 수 없었던 첫사랑에 대한 **애틋한** 그리움으로 가슴이 터질 것 같았다.
	② 정답고 알뜰한 맛이 있다.
	▶ 할아버지는 손자 사랑이 **애틋하시다**.

□ 어깃장	짐짓 어기대는 행동
	▶ 그는 이장이 추진하는 일에 번번이 <u>어깃장</u>을 놓았다.
	참고 어기대다: 순순히 따르지 아니하고 **못마땅한 말이나 행동으로** 뻗대다.
	▶ 어머니는 딸에게 온갖 정성을 다했지만 '중2병'에 걸린 딸은 되레 성가셔 하며 <u>어기대었다</u>.
	으름장: 말과 행동으로 위협하는 짓
	▶ 이런 일이 다시 발생하면 가만두지 않겠다고 <u>으름장</u>을 놓았다.

□ 어스름	조금 어둑한 상태. 또는 그런 때
	▶ 사방은 어느새 저녁 <u>어스름</u>이 깔려 오고 있었다.

□ 어쭙잖다	❶ 비웃음을 살 만큼 언행이 분수에 넘치는 데가 있다.
	▶ 그는 자기 앞가림도 제대로 못하면서 <u>어쭙잖게</u> 나에게 충고를 하였다.
	❷ 아주 서투르고 어설프다. 또는 아주 시시하고 보잘것없다.
	▶ 그저 그런 월급쟁이로 <u>어쭙잖게</u> 사느니 아버지 밑에서 기술을 배우는 것이 낫겠다.

□ 얼치기	❶ 이것도 저것도 아닌 중간치. 이것저것이 조금씩 섞인 것
	▶ 그가 입고 온 옷은 한복도 아니고 양복도 아닌 <u>얼치기</u>였다.
	도토리묵이라고 해도 밀가루가 섞여서 <u>얼치기</u> 도토리묵이 되었다.
	❷ 탐탁하지 아니한 사람
	▶ 나의 어이없는 실수 때문에 경기에서 패배하자 언론은 나를 <u>얼치기</u> 바보로 평가했다.

□ 열없다	좀 겸연쩍고 부끄럽다.
	▶ 나는 그저 앉아 있기가 <u>열없어서</u> 휴대폰을 만지작거리기 시작했다.

□ 오달지다	마음에 흡족하게 흐뭇하다. 허술한 데가 없이 야무지고 알차다. = 오지다
	▶ 난생 처음 해외여행을 떠난다고 생각하니 <u>오달진</u> 마음에 춤이라도 추고 싶었다.

□ 을씨년스럽다	보기에 날씨나 분위기 따위가 몹시 스산하고 쓸쓸한 데가 있다. 보기에 살림이 매우 가난한 데가 있다.
	▶ 날씨가 <u>을씨년스러운</u> 게 곧 눈이라도 쏟아질 것 같다.

□ 적이	꽤 어지간한 정도로
	▶ 갑작스럽게 그가 들어오는 바람에 <u>적이</u> 당황했다.

□ 지청구	꾸지람. 까닭 없이 남을 탓하고 원망함.
	▶ 아버지는 해마다 결혼기념일을 기억하지 못해서 어머니에게 <u>지청구</u>를 듣기 일쑤였다.

□ 짐짓	❶ 마음으로는 그렇지 않으나 일부러 그렇게
	▶ 나는 이미 다 알면서도 친구의 얘기에 <u>짐짓</u> 놀라는 표정을 지었다.
	❷ 아닌 게 아니라 정말로 = 과연 ▶ 먹어 보니. <u>짐짓</u> 기가 막힌 음식이다.

참고 **짜장: 과연 정말로, 말 그대로 틀림없이**

▶ 아무리 타일러도 헛수고인 것을 보니 '소 귀에 경 읽기'라는 말이 **짜장** 헛된 이야기만은 아니다.

☐ **짬짜미**

남모르게 자기들끼리만 짜고 하는 약속이나 수작

▶ 우리들만 **짬짜미**해서 놀러 가기로 한 것이 다소 마음에 걸렸다.

☐ **추레하다**

겉모양이 깨끗하지 못하고 생기가 없다. 태도 따위가 너절하고 고상하지 못하다.

▶ 그는 옷차림도 영 **추레한** 것이 부잣집 아들처럼 보이지는 않는다.

☐ **하릴없다**

❶ 달리 어떻게 할 도리가 없다.

▶ 중요한 물건을 잃어버렸으니 꾸중을 들어도 **하릴없는** 일이다.

❷ 조금도 틀림이 없다.

▶ 비를 맞으며 대문에 기대선 그의 모습은 **하릴없는** 거지였다.

☐ **해사하다**

❶ 얼굴이 희고 곱다랗다.

▶ 소녀는 눈이 크고 얼굴이 **해사한** 것이 귀엽성 있게 생겼다.

❷ 표정, 웃음소리 따위가 맑고 깨끗하다. 옷차림, 자태 따위가 말끔하고 깨끗하다.

▶ 소녀가 나를 보며 **해사하게** 웃었다. 그는 귀공자다운 **해사한** 맵시를 보여 주었다.

☐ **호젓하다**

❶ 후미져서 무서움을 느낄 만큼 고요하다.

▶ 문득 정신을 차려 보니 날이 저물어 가는 **호젓한** 산길에 나 혼자 남아 있었다.

❷ 매우 홀가분하여 쓸쓸하고 외롭다.

▶ 장성한 자식들을 모두 도시로 보낸 노부부가 강원도 산골에서 **호젓하게** 지내고 있다.

[1~12] 다음 풀이에 해당하는 단어를 〈보기〉에서 고르시오.

1. 꾸지람

2. 과연 정말로

3. 조금 어둑한 상태

4. 쩨쩨한 수단이나 방법

5. 아주 할 줄 모르는 솜씨

6. 말과 행동으로 위협하는 짓

7. 몹시 서두르며 부산하게 구는 행동

8. 수다스럽게 떠벌려 늘어놓는 말이나 짓

9. 이리저리 트집을 잡아 까다롭게 구는 일

10. 서운하거나 성이 나서 퉁명스럽게 하는 말투

11. 남모르게 자기들끼리만 짜고 하는 약속이나 수작

12. 부끄러운 기색이 없이 비위 좋게 구는 짓이나 성미

┌ 보 기 ┐

　ㄱ 가탈　　　ㄴ 꼼수　　　ㄷ 너스레　　　ㄹ 넉살　　　ㅁ 볼멘소리　　　ㅂ 설레발
　ㅅ 손방　　　ㅇ 으름장　　　ㅈ 어스름　　　ㅊ 지청구　　　ㅋ 짜장　　　ㅌ 짬짜미

[13~17] 다음 빈칸에 들어갈 알맞은 단어를 〈보기〉에서 고르시오.

13. 들러리　　　•　　　　　　　　　　• ㄱ 탐탁하지 아니한 사람

14. 만무방　　　•　　　　　　　　　　• ㄴ 염치가 없이 막된 사람

15. 얼치기　　　•　　　　　　　　　　• ㄷ 남의 앞잡이 노릇을 하는 사람

16. 끄나풀　　　•　　　　　　　　　　• ㄹ 아무것도 모르는 어리석은 사람

17. 무지렁이　　•　　　　　　　　　　• ㅁ 어떤 일을 할 때 곁따르는 사람

[18~30] 밑줄 친 단어의 쓰임이 문맥에 맞으면 ○, 맞지 않으면 ×에 표시하시오.

18. 소년은 앳된 얼굴에 키만 머쓱하다. (○ / ×)

19. 선생님의 매몰찬 호통에 정신이 번쩍 들었다. (○ / ×)

20. 친구들의 놀림에 아이는 애오라지 울고 말았다. (○ / ×)

21. 주인이 손사래를 치면서 반갑게 손님을 맞이했다. (○ / ×)

22. 인명 피해는 없다는 소식에 짐짓 안심하게 되었다. (○ / ×)

23. 그는 음식에 <u>깜냥</u>을 부려서 어머니를 힘들게 하였다. (○ / ×)

24. 주머니를 다 뒤져도 <u>적이</u> 몇 백 원밖에 나오지 않았다. (○ / ×)

25. 아버지는 그날 밤 <u>거나하게</u> 취해서 집으로 돌아오셨다. (○ / ×)

26. 그는 공직에서 은퇴한 후 시골에서 <u>호젓하게</u> 지내고 있다. (○ / ×)

27. 어머니는 겨울 동안 <u>갈무리</u>해 두었던 토란을 꺼내 오셨다. (○ / ×)

28. 아버지가 취직하신 후 옹색하고 <u>을씨년스럽던</u> 살림살이가 조금씩 나아졌다. (○ / ×)

29. 그녀는 다른 사람들에게는 살가우면서도 며느리에게만은 <u>앤면</u> 시어머니였다. (○ / ×)

30. 빚쟁이들이 쳐들어와서 빚을 갚지 않으면 가만있지 않겠다고 <u>어깃장</u>을 놓았다. (○ / ×)

[31~38] 괄호 안의 단어들 중 문맥에 맞는 말을 고르시오.

31. 나는 내 실수가 (열없어서 / 어쭙잖아서) 얼굴이 붉어졌다.

32. 거짓말을 했으니 비난을 받아도 (하릴없는 / 할일없는) 일이다.

33. 그의 말에 (실팍해서 / 솔깃해서) 모아 둔 돈을 모두 투자하였다.

34. 그의 (추레한 / 해사한) 꼴을 본 사람들은 경멸에 앞서 동정을 보냈다.

35. 그는 일전에 돈을 빌려주지 않은 것을 내내 (고깝게 / 미쁘게) 여기는 눈치이다.

36. (객쩍은 / 계면쩍은) 소리 그만두어요. 그 따위 실없는 소리를 할 때가 아니에요.

37. 드디어 부모님을 뵐 수 있게 되었으니 (오달진 / 미욱한) 마음을 비할 데가 없었다.

38. 삭막한 보도블록 사이로 민들레 한 송이가 (애잔하게 / 애틋하게) 고개를 내밀고 있었다.

✦ 도전 문제

39. 밑줄 친 말 중, ㉠의 상황을 표현하는 데 쓰일 수 <u>없는</u> 것은?

> 행복과 불행이 과거보다 사람들의 관계에 더욱 의존하고 있다. ㉠<u>친밀성은 줄었지만</u> 사회·경제적 관계가 훨씬 촘촘해졌기 때문이다.

① 그 사람과는 <u>너나들이하는</u> 사이다.

② 그들은 <u>데면데면하게</u> 수인사를 나누었다.

③ 그는 사람들과 어울리지 못하고 이방인처럼 <u>겉돈다</u>.

④ 그 일이 있은 후로 그 사람과 <u>서먹서먹하게</u> 지내고 있다.

⑤ 정은 없었으나 부부로서 틈이 있고 사이가 <u>멀었던</u> 것은 아니었다.

40. 밑줄 친 말의 뜻으로 바른 것은?

> 그의 아내가 기침으로 쿨럭거리기는 벌써 <u>달포</u>가 넘는다.

① 보름   ② 한 달 동안   ③ 한 달 남짓

④ 일 년 동안   ⑤ 일 년 남짓

[41~43] 다음 글을 읽고, 물음에 답하시오.

금을 캐라니까 밤낮 피만 내다 말라는가. 빚에 졸리어 남은 속을 볶는데 무슨 호강에 이 지랄들인구. 아내는 못마땅하여 눈가에 살을 모았다.

"산제 지낸다구 꿔 온 것은 은제나 갚는다지유?"

뚱하고 있는 남편을 향하여 말끝을 꼬부린다. 그러나 남편은 눈썹 하나 까딱하지 않는다. 이번에는 어조를 좀 돋우며,

"갚지도 못할 걸 왜 꿔 오라 했지유!"

하고 얼추 호령이었다.

이 말은 남편의 채 가라앉지도 못한 분통을 다시 건드린다. 그는 벌떡 일어서며 황밤 주먹을 쥐어 낭창할 만치 아내의 골통을 후렸다.

"계집년이 방정맞게."

다른 것은 모르나 주먹에는 아찔이었다. 멋없이 덤비다간 골통이 부서진다. 암상을 참고 바르르 하다가 이윽고 아내는 등에 업은 어린애를 끌러 들었다. 남편에게로 그대로 밀어 던지니 아이는 까르륵하고 숨 모는 소리를 친다.

그리고 아내는 돌아서서 혼자말로,

"콩밭에서 금을 딴다는 ㉠<u>숙맥</u>도 있담." / 하고 빗대 놓고 비양거린다.

"이년아, 뭐!"

남편은 대뜸 달겨들며 그 볼치에나 나시 ㉡<u>올찬</u> 황밤을 수었다. 적이나하면 계집이니 위로도 하여 주련만 요건 분만 폭폭 질러 노려나. 예이, 빌어먹을 거 이판사판이다.

"너허구 안 산다. 오늘루 가거라."

아내를 와락 떠다밀어 밭둑에 젖혀 놓고 그 ㉢<u>허구리</u>를 퍽 질렀다. 아내는 입을 헉 하고 벌린다.

"네가 허라구 옆구리를 쿡쿡 찌를 제는 언제냐, 요 집안 망할 년."

그리고 다시 퍽 질렀다. 연하여 또 퍽.

이 꼴들을 보니 수재는 조바심이 일었다. 저러다가 그 분풀이가 다시 제게로 슬그머니 옮아올 것을 ㉣<u>지레채었다</u>. 인제 걸리면 죽는다. 그는 비슬비슬하다 어느 틈엔가 구 뎅이 속으로 ㉤<u>시나브로</u> 없어져 버린다.

볕은 다사로운 가을 향취를 풍긴다. 주인을 잃고 콩은 무거운 열매를 둥글둥글 흙에 굴린다. 맞은쪽 산 밑에서 벼들을 베며 기뻐하는 농군의 노래.

"터졌네, 터져."

수재는 눈이 휘둥그렇게 굿문을 뛰어나오며 소리를 친다. 손에는 흙 한 줌이 잔뜩 쥐었다.

"뭐?" / 하다가,

"금줄 잡았어, 금줄." / "응……."

하고 외마디를 뒤남기자 영식이는 수재 앞으로 살같이 달려들었다. 허겁지겁 그 흙을 받아 들고 샅샅이 헤쳐 보니 딴은 재래에 보지 못하던 불그죽죽한 황토이었다. 그는 눈에 눈물이 핑 돌며,

"이게 원줄인가?"

"그럼 이것이 곱색줄이라네. 한 포에 댓 돈씩은 넉넉 잡히지."

영식이는 기쁨보다 먼저 기가 탁 막혔다. 웃어야 옳을지 울어야 옳을지. 다만 입을 반쯤 벌린 채 수재의 얼굴만 멍하니 바라본다.

"이리 와봐. 이게 금이래."

이윽고 남편은 아내를 부른다. 그리고 내 뭐랬어, 그러게 해 보라고 그랬지 하고 설면설면 덤벼 오는 아내가 한결 어여뻤다. 그는 엄지가락으로 아내의 눈물을 지워 주고 그리고 나서 껑충거리며 구뎅이로 들어간다.

"그 흙 속에 금이 있지요."

영식이 처가 너무 기뻐서 코다리에 고래등 같은 집까지 연상할 제, 수재는 시원스러이,

"네, 한 포대에 오십 원씩 나와유."

하고 대답하고 오늘 밤에는 꼭, 정녕코 꼭 달아나리라 생각하였다.

거짓말이란 오래 못 간다. 뽕이 나서 뼈다귀도 못 추리기 전에 훨훨 벗어나는 게 상책이겠다.

— 김유정, 〈금 따는 콩밭〉

41. 이 소설의 서술상 특징을 〈보기〉에서 골라 바르게 묶은 것은?

(2007 중3 성취도평가)

┌─ 보 기 ─┐
ⓐ 긴 문장이 이어지며 사건의 긴장감을 높인다.
ⓑ 토속어를 사용하여 향토적인 분위기를 자아낸다.
ⓒ 서술자가 인물의 행동은 물론 심리까지 보여준다.
ⓓ 과거형 어미를 사용하여 사건을 생생하게 전달한다.

① ⓐ, ⓑ   ② ⓐ, ⓓ   ③ ⓑ, ⓒ
④ ⓑ, ⓓ   ⑤ ⓒ, ⓓ

42. 이 소설을 읽고 나서 보인 학생의 반응으로 적절하지 <u>않은</u> 것은? (2007 중3 성취도평가)

① 우직한 농민들까지 금광 개발에 뛰어들다니, 일확천금(一攫千金)의 풍조가 정말 만연했었나 봐.

② 영식의 처가 '코다리', '고래등 같은 집'을 희망하는 것을 보니, 당시엔 의식주를 해결하는 것 자체가 쉽지 않았나 봐.

③ 산제까지 지내가며 콩밭에서 금이 나오기를 바라던 부부가 몰락하는 모습은 미신을 신봉하는 사람들에게 좋은 교훈을 주지.

④ 구덩이를 파면 팔수록 더욱 깊은 구덩이에 빠질 수밖에 없지. 다시 콩 농사를 짓기 힘들 정도로 파헤쳐진 밭은 당시 농민들이 허덕이던 현실을 비유하는 듯해.

⑤ '금'으로 대표되는 자본주의가 도입되면서 '콩'으로 대표되는 농업은 큰 이익을 낳기 힘든 일이 되었지. 이 소설은 농업 위주의 산업이 자본주의로 인해 바뀌는 과도기적인 모습을 잘 보여주고 있어.

43. ㉠~㉤의 뜻풀이로 적절하지 <u>않은</u> 것은?

① ㉠: 사리 분별을 하지 못하고 세상 물정을 잘 모르는 사람

② ㉡: 허술한 데가 없이 야무지고 기운찬

③ ㉢: 허리 좌우의 갈비뼈 아래 잘쏙한 부분

④ ㉣: 지레짐작으로 알아차리다.

⑤ ㉤: 모르는 사이에 갑자기

[정답] 1. ㉧ 2. ㉠ 3. ㉧ 4. ㉡ 5. ㉨ 6. ㉦ 7. ㉤ 8. ㉢ 9. ㉠ 10. ㉤ 11. ㉢ 12. ㉣ 13. ㉤ 14. ㉡ 15. ㉠ 16. ㉢ 17. ㉣ 18. ○ 19. ○ 20. × 21. × 22. × 23. × 24. × 25. ○ 26. ○ 27. ○ 28. ○ 29. × 30. × 31. 열없어서 32. 하릴없는 33. 솔깃해서 34. 추레한 35. 고깝게 36. 객쩍은 37. 오달진 38. 애잔하게 39. ① 40. ③ 41. ③ 42. ③ 43. ⑤

[해설] 20. 애오라지 → 기어이 22. 짐짓 → 적이 24. 적이 → 겨우 29. 애면 → 엄한 30. 어깃장 → 으름장 41. 일반적으로 긴 문장은 사건의 긴장감을 떨어뜨린다(ⓐ). 현재형 어미가 사건을 생생하게 전달한다(ⓓ). 42. ① 일확천금: (단번에 천금을 움켜쥔다. →) 힘들이지 아니하고 단번에 많은 재물을 얻음.

> 23 헷갈리는 말/구별해서 써야 할 말

☐ **가없다**

끝이 없다.

▶ **가없는** 어머니의 은혜에 그는 눈물을 흘렸다.

☐ **가엾다**

마음이 아플 만큼 안되고 처연하다. = 가엽다

▶ 그는 세상에 의지할 곳 없는 **가엾은** 존재이다.

☐ **그지없다**

❶ 끝이나 한량이 없다.

▶ 자식에 대한 부모의 사랑은 **그지없다**.

❷ 이루 다 말할 수 없다.

▶ 아무리 둘러보아도 삭막하기 **그지없는** 마을이었다.

☐ **갈음**

다른 것으로 바꾸어 대신함.

▶ 여러분 가정에 행운이 가득하기를 기원하는 것으로 인사를 **갈음**합니다.

☐ **가름**

❶ 쪼개거나 나누어 따로따로 되게 하는 일

▶ 차림새만 봐서는 여자인지 남자인지 **가름**이 되지 않는다.

❷ 승부나 등수 따위를 정하는 일

▶ 이번 경기는 선수들의 투지가 승패를 **가름**했다고 해도 과언이 아니다.

☐ **가늠**

❶ 목표나 기준에 맞고 안 맞음을 헤아려 봄. 또는 헤아려 보는 목표나 기준

▶ 매사가 다 그렇듯이 떡 반죽도 **가늠**을 알맞게 해야 송편을 빚기가 좋다.

❷ 사물을 어림잡아 헤아림.

▶ 그는 좀처럼 나이를 **가늠**하기가 어렵다.

☐ **거치다**

❶ 무엇에 걸리거나 막히다. 마음에 거리끼거나 꺼리다.

▶ 가장 어려운 문제를 해결했으니 이제 특별히 **거칠** 것이 없다.

❷ 오가는 도중에 어디를 지나거나 들르다. 어떤 과정이나 단계를 겪거나 밟다.

▶ 우리는 대구를 **거쳐** 부산으로 갔다.

엄정한 심사를 **거쳐** 그의 작품을 대상으로 결정하였다.

☐ **걷히다**

'걷다(구름이나 안개 따위가 흩어져 없어지다./비가 그치고 맑게 개다.)'의 피동사

▶ 구름이 **걷히고** 맑은 하늘이 드러났다. 비가 **걷히자마자** 햇살이 쏟아져 내렸다.

넓이

일정한 평면에 걸쳐 있는 공간이나 범위의 크기

▶ 그 방은 두 사람이 겨우 누울 만한 **넓이**였다.

너비

평면이나 넓은 물체의 가로로 건너지른 거리 = 폭(幅)

▶ 공사 관계자들이 도로의 **너비**를 재고 있었다.

참고 나비: 피륙, 종이 따위의 너비

▶ 그 종이는 길이가 3m, **나비**가 1m나 된다.

담다

❶ 어떤 물건을 그릇 따위에 넣다.

▶ 과일을 접시에 **담아** 손님상에 내놓았다.

❷ 어떤 내용이나 사상을 그림, 글, 말, 표정 따위 속에 포함하거나 반영하다.

▶ 아버지는 진심을 **담은** 편지로 어머니의 마음을 얻었다고 말씀하셨다.

담그다

❶ 액체 속에 넣다.

▶ 우리는 시냇물에 발을 **담그고** 더위를 식혔다.

❷ 김치·술·장·젓갈 따위를 만드는 재료를 버무리거나 물을 부어서, 익거나 삭도록 그릇에 넣어 두다.

▶ 집안 식구 모두가 모여서 김장을 **담갔다**.

주의 (김치를/된장을/젓갈을/술을) 담갔다(○) / 담궜다(×).

참고 (문을) 잠갔다(○) / 잠궜다(×).

다리다

옷이나 천 따위의 주름이나 구김을 펴고 줄을 세우기 위하여 다리미나 인두로 문지르다.

▶ 요즘 와이셔츠는 세탁 후 잘 털어서 널면 주름이 펴지기 때문에 다리미로 **다리지** 않아도 된다.

달이다

❶ 액체 따위를 끓여서 진하게 만들다.

▶ 온 집 안에 장 **달이는** 냄새가 진동했다.

❷ 약재 따위에 물을 부어 우러나도록 끓이다.

▶ 옛날에는 한약을 집에서 직접 **달여** 먹었다.

달리다

재물이나 기술, 힘 따위가 모자라다.

▶ 할아버지는 기운이 **달려서** 더 이상 농사를 짓지 못하겠다고 말씀하셨다.

참고 달리다: '닫다(빨리 뛰어가다.)'의 사동사. 달음질쳐 빨리 가거나 오다.

▶ 말을 **달려** 도둑을 뒤쫓았다. 그는 결승점을 향하여 힘껏 **달렸다**.

달리다: '달다(물건을 일정한 곳에 걸거나 매어 놓다. 물건을 일정한 곳에 붙이다.)'의 사동사

▶ 벽에 **달린** 액자를 바라보았다. 영화에서 꼬리가 아홉 개 **달린** 여우를 본 적이 있다.

□ **딸리다**
　❶ 어떤 것에 매이거나 붙어 있다.
　▶ 그 집에는 넓은 앞마당이 **딸려** 있다.
　❷ 어떤 부서나 종류에 속하다.
　▶ 영업부에는 세 개 팀이 **딸려** 있다.

□ **들르다**
　지나는 길에 잠깐 들어가 머무르다.
　▶ 집에 가는 길에 서점에 **들렀다**.

□ **들리다**
　'듣다(사람이나 동물이 소리를 감각 기관을 통해 알아차리다.)'의 피동사
　▶ 음악실에서 아이들의 노랫소리가 **들렸다**.

□ **들이다**
　'들다(밖에서 속이나 안으로 향해 가거나 오거나 하다.)'의 사동사
　▶ 주인께서 아무도 집 안으로 **들이지** 말라고 하셨습니다.

□ **드리다**
　❶ '주다'의 높임말
　▶ 어버이날을 맞아 부모님께 감사 편지를 **드렸다**.
　❷ 윗사람에게 그 사람을 높여 말이나, 인사, 부탁, 약속, 축하 따위를 하다.
　신에게 비는 일을 하다.
　▶ 아버지 친구분께 인사를 **드렸다**. 그는 날마다 하느님께 기도를 **드렸다**.

□ **띠다**
　❶ 띠나 끈 따위를 두르다.
　▶ 바지가 흘러내리지 않도록 허리띠를 **띠었다**.
　❷ 용무나, 직책, 사명 따위를 지니다.
　▶ 우리는 역사적 사명을 **띠고** 이 땅에 태어났다.
　❸ 빛깔이나 색채 따위를 가지다.
　▶ 붉은빛을 **띤** 장미를 한 다발 샀다.
　❹ 감정이나 기운 따위를 나타내다.
　▶ 어머니는 눈물 어린 눈으로 미소를 **띤** 채 자식을 배웅했다.
　❺ 어떤 성질을 가지다.
　▶ 그 정당은 보수적 성격을 <u>띠고</u> 있다.

□ **띄다**
　'뜨이다(눈에 보이다./남보다 훨씬 두드러지다.)'의 준말
　▶ 원고에서 가끔 오자가 눈에 **띈다**. 요즘 들어 아들의 행동이 눈에 **띄게** 달라졌다.
　[참고] 띄다: '뜨다(공간적으로 거리가 꽤 멀다.)'의 사동사 '띄우다'의 준말
　▶ 다음 문장을 맞춤법에 맞게 **띄어** 쓰시오.

☐ **매다**	끈이나 줄 따위를 몸에 두르거나 감아 잘 풀어지지 아니하게 마디를 만들다.
	▶ 아버지가 출근 준비를 하면서 목에 넥타이를 <u>매었다</u>.

☐ **메다**	어깨에 걸치거나 올려놓다. 어떤 책임을 지거나 임무를 맡다.
	▶ 우리는 어깨에 배낭을 <u>메고</u> 출발했다. 젊은이는 나라의 장래를 <u>메고</u> 나갈 사람이다.
	참고 메다: ① 뚫려 있거나 비어 있는 곳이 막히거나 채워지다. ▶ 밥을 급히 먹으면 목이 <u>멘다</u>.
	② 어떤 감정이 북받치는 상태가 되다. ▶ 그는 가슴이 <u>메어</u> 다음 말을 잇지 못했다.
	③ 가득찬 상태가 되다. ▶ 경기장이 <u>메어</u> 터지게 사람들이 많이 모였다.

☐ **반드시**	틀림없이 꼭
	▶ 과제물 제출 시간을 <u>반드시</u> 지켜 주십시오.

☐ **반듯이**	작은 물체, 또는 생각이나 행동 따위가 비뚤어지거나 기울거나 굽지 않고 바르게 ▶ 그녀는 머리를 <u>반듯이</u> 빗고 깔끔한 옷을 꺼내 입었다.

☐ **벌리다**	❶ (사람이 접혀 있는 것을) 펴서 뻗치다.
	▶ 아버지는 팔을 활짝 <u>벌리고</u> 나를 안아 주셨다.
	❷ 둘 사이를 떼어서 넓히다.
	▶ 그는 마지막 바퀴에서 2위와 격차를 더 <u>벌리며</u> 선두 자리를 지켜냈다.
	❸ (입이나 오므라진 것을) 펴서 열다.
	▶ 슬슬 지루해진 아이는 입을 <u>벌리고</u> 하품을 했다.
	❹ (사람이 물건을) 열어서 속에 있는 것을 드러내다.
	▶ 할머니는 열매를 <u>벌리고</u> 씨를 끄집어냈다.

☐ **벌이다**	❶ 일을 계획하여 시작하거나 펼쳐 놓다.
	▶ 아버지는 회사에서 퇴직한 후 사업을 <u>벌이셨다</u>.
	❷ 여러 가지 물건을 늘어놓다.
	▶ 그는 마루에 갖가지 도구를 <u>벌여</u> 놓았다

☐ **삭이다**	'삭다(먹은 음식물이 소화되다./긴장이나 화가 풀려 마음이 가라앉다.)'의 사동사
	▶ 아버지는 내가 잘 먹는 모습을 볼 때마다 돌도 <u>삭일</u> 나이라고 부러워하신다.
	그는 믿었던 친구에게 사기를 당한 후 분을 <u>삭이지</u> 못했다.

☐ **삭히다**	'삭다(김치나 젓갈 따위의 음식물이 발효되어 맛이 들다.)'의 사동사
	▶ 민속주는 곡식을 <u>삭혀서</u> 만드는 경우가 많다.

□ **안치다**	밥, 떡, 찌개 따위를 만들기 위하여 그 재료를 솥이나 냄비 따위에 넣고 불 위에 올리다. ▶ 밥을 하려고 솥에 쌀을 <u>안쳤다</u>.
□ **앉히다**	'앉다'의 사동사 ▶ 그는 딸을 앞에 <u>앉혀</u> 놓고 잘못을 타일렀다. 사장이 자기 아들을 부장 자리에 <u>앉혔다</u>.

□ **이따다**	조금 지난 뒤에 ▶ <u>이따가</u> 학교에서 보자.
□ **있다가**	사람이나 동물이 어느 곳에서 떠나거나 벗어나지 아니하고 머물다가 ▶ 집에 <u>있다가</u> 학교로 갈게.

□ **저리다**	❶ 뼈마디나 몸의 일부가 오래 눌려서 피가 잘 통하지 못하여 감각이 둔하고 아리다. ▶ 팔베개를 오래 해 주었더니 팔이 <u>저려</u> 온다. ❷ 가슴이나 마음 따위가 못 견딜 정도로 아프다. ▶ 설날을 맞아 즐겁게 뛰노는 아이들을 보니 죽은 아들 생각에 새삼스럽게 가슴이 <u>저려</u> 왔다.
□ **절이다**	'절다(푸성귀나 생선 따위에 소금기나 식초, 설탕 따위가 배어들다.)'의 사동사 ▶ 김장을 하려고 배추를 소금물에 <u>절였다</u>.

□ **조리다**	양념을 한 고기나 생선, 채소 따위를 국물에 넣고 바짝 끓여서 양념이 배어들게 하다. ▶ 멸치와 고추를 간장에 <u>조렸다</u>.
□ **졸이다**	❶ '졸다(찌개, 국, 한약 따위의 물이 증발하여 분량이 적어지다.)'의 사동사 ▶ 찌개를 <u>졸여서</u> 밥에 비벼 먹었다. ❷ 속을 태우다시피 초조해하다. ▶ 나는 우리 팀의 경기를 마음을 <u>졸이며</u> 지켜보았다.

□ **홀몸**	배우자나 형제가 없는 사람 ▶ 그는 사고로 아내를 잃고 **홀몸**이 되었다.
□ **홑몸**	❶ 딸린 사람이 없는 혼자의 몸 ▶ 나도 처자식이 없는 **홑몸**이면 그 일에 당장 뛰어들겠다. ❷ 아이를 배지 아니한 몸 ▶ 아내는 **홑몸**이 아니어서 장시간의 여행은 무리다.

[1~15] 괄호 안의 단어들 중 문맥에 맞는 말을 고르시오.

1. 지금은 바쁘니까 (있다가 / 이따가) 만나자.

2. 다리가 (저려서 / 절여서) 걷기가 힘들었다.

3. 일행은 마산을 (걷혀 / 거쳐) 진주로 향하였다.

4. 이제 밥만 (안치면 / 앉히면) 식사 준비가 끝난다.

5. 어제 시골집에서 메주로 된장을 (담갔다 / 담았다).

6. 나는 집에 가는 길에 시장에 잠깐 (들렀다 / 들렸다).

7. 사고가 나서 경찰이 도로의 (넓이 / 너비)를 재고 있다.

8. 낳아 주고 길러 주신 부모님의 은혜는 (가없다 / 가엾다).

9. 그는 (벌리는 / 벌이는) 사업마다 실패를 하자 실의에 빠졌다.

10. 관중들은 마음을 (조리며 / 졸이며) 우리 선수의 경기를 지켜보았다.

11. 어머니는 아픈 아들을 위해 정성껏 탕약을 (다리고 / 달이고) 계셨다.

12. 우리 선수가 열심히 선두를 추격을 했지만 막판에 힘이 (달려 / 딸려) 2등에 머물고 말 았다.

13. 엿기름물에 만 밥을 (삭인 / 삭힌) 후 밥알이 뜨면 솥에 넣고 끓였다 식혀서 식혜를 만 든다.

14. 배낭을 (매고 / 메고) 산에 오를 때는 어깨끈을 꽉 조여서 (매야 / 메야) 한다.

15. 그녀는 (홀몸 / 홑몸)으로 살다가 결혼을 하였고 곧바로 임신을 하여 (홀몸 / 홑몸)이 아 니게 되었다.

[16~23] 밑줄 친 단어의 쓰임이 문맥에 맞으면 ○, 맞지 않으면 ×에 표시하시오.

16. 그 여자의 목소리는 냉랭하기 <u>그지없었다</u>. (○ / ×)

17. 안개가 <u>거치고</u> 금세 파란 하늘이 드러났다. (○ / ×)

18. 그 건물에는 커다란 창고 두 개가 <u>딸려</u> 있다. (○ / ×)

19. 이곳은 물자가 많이 <u>달리니</u> 원조를 부탁합니다. (○ / ×)

20. 낯선 사람을 함부로 집안에 <u>드려서는</u> 안 된다. (○ / ×)

21. 그 종이는 길이가 아홉 자, <u>나비</u>가 넉 자나 된다. (○ / ×)

22. 장꾼들이 장터에 자리를 잡고 준비해 온 물건들을 <u>벌려</u> 놓았다. (○ / ×)

23. 나는 친구들 앞에서 창피를 당한 후 불쾌한 기분을 <u>삭힐</u> 수 없었다. (○ / ×)

[24~25] 밑줄 친 말의 쓰임이 적절하지 <u>않은</u> 것을 모두 고르시오.

24. ① 대화는 열기를 <u>띄기</u> 시작했다.

   ② 그는 눈에 <u>띠는</u> 외모로 주목을 받았다.

   ③ 높은 봉우리들이 엷은 쪽빛을 <u>띠고</u> 있었다.

   ④ 그는 중요한 임무를 <u>띠고</u> 북경으로 향했다.

   ⑤ 외국인들은 우리말의 <u>띄워</u> 쓰기를 어려워한다.

   ⑥ 그녀는 긴 저고리 위에 널따란 띠를 <u>띠고</u> 있었다.

   ⑦ 아버지가 미소 <u>띤</u> 얼굴로 나의 경기를 응원하고 계셨다.

25. ① 여인은 바구니에 나물을 가득 <u>담았다</u>.

   ② 비눗물에 빨래를 한참 <u>담았다가</u> 빨아라.

   ③ 화가가 눈앞의 경치를 화폭에 <u>담고</u> 있다.

   ④ 그는 욕탕에 몸을 30분 넘게 <u>담고</u> 있었다.

   ⑤ 어머니는 아버지가 드실 술을 직접 <u>담궜다</u>.

   ⑥ 우리 집은 요즘도 각종 장을 직접 <u>담아</u> 먹는다.

   ⑦ 찬물에 얼굴이라도 좀 <u>담가야</u> 정신이 들 것 같았다.

도전 문제

26. 다음 ㉠~㉣에 들어갈 말을 차례대로 바르게 나열한 것은?

> • 간단한 인사로 환영의 말을 (㉡)합니다.
>
> • 누가 이번 경기에서 우승할 것인지 (㉠)하기 어렵다.
>
> • 성공과 실패는 철저한 계획을 세워서 실천했느냐로 (㉣)이 난다.
>
> • 이 정도의 인원이 식사를 할 경우 (㉢)을 잘해야 낭비를 줄일 수 있다.

   ① 가름 – 갈음 – 가늠 – 가름

   ② 가름 – 가늠 – 가늠 – 갈음

   ③ 갈음 – 가늠 – 가름 – 가늠

   ④ 갈음 – 가늠 – 갈음 – 가름

   ⑤ 가늠 – 갈음 – 가름 – 가늠

27. 밑줄 친 말의 의미가 유사한 것으로 짝지어진 것은?

① 마당이 메어 터지게 사람들이 들이닥쳤다.

　너희들은 우리 가문의 미래를 메고 나갈 사람이다.

② 손에 짐이 들려 있어서 문을 열 수가 없다.

　밤새 천둥소리가 들렸는데 아침에는 날이 맑게 개었다.

③ 그는 다른 사람들에 비해 실력이 달린다.

　범인은 형사들이 예상한 반대쪽으로 달려서 탈출에 성공했다.

④ 아이는 두 손을 벌려서 선생님이 주는 과자를 받았다.

　앞에 계신 분들은 간격을 벌려서 넓게 서 주십시오.

⑤ 호황기에는 여러 단체에서 걷힌 찬조금도 액수가 컸다.

　장마가 걷힌 지 며칠 못 가 마당 구석에 코스모스가 피기 시작했다.

[28~30] 다음 글을 읽고, 물음에 답하시오.

마을에 새로 이사 온 강 씨는 마을 사람들에게 돈을 걷어 외등을 설치하는 등 스스로 나서서 일을 벌인다. 하지만 강 씨가 벌이는 일이 많아지고 외등까지 도둑맞은 데다 강 씨가 야심차게 준비한 마을의 상수도 사업마저 지연되자, 어디서 나왔는지 모를 소문이 떠돌면서 강 씨에 대한 불만도 점점 높아져 간다.

사실은 요즘 이웃 간에 강 씨 부부에 대해서 말이 많다. 무슨 돈을 얼마 떼어먹었느니, 상수도 놓는 교섭 자금으로 집집마다 걷어 간 돈도 몽땅 제 호주머니로 들어갔느니, 심지어는 답십리서도 그랬고 중랑교에서도 그랬고 원효로에서도 그랬다느니, 그러게 어디에 가나 얼마를 못 살고 동네에서 쫓겨난다느니, 그 부부를 두고 ㉠쑥덕공론이 많은 것이다.

이번의 상수도 건만 해도 그렇다. 수도 사업소와 시 당국에 교섭하마고 집집마다 5백 원씩 걷어 갔는데, 돈을 낸 집보다 안 낸 집이 더 많은 모양이었다. 안 낸 집 쪽에서 배가 아파서라도 미리 이런 소문을 퍼뜨릴 수가 있는 것이다. 하긴 그건 모른다. 일일이 뒤쫓아다니지 않는 한 교섭합네 하고 제 호주머니로 몽땅 들어갔는지, 그걸 누가 알 것인가.

그끄저껜가, 돈을 낸 집만 수도 신청 용지를 강 씨 부부가 집집마다 직접 돌리었다. 이미 동네 안의 뒷소문을 그들 나름으로 눈치 채고 있는 표정이었다. 둘이 다 눈에 핏발이 서 있고, 제 결백을 입증해 보이기 위해서라도 반드시 이 일을 성사시켜야겠다는 사생결단의 복수심 같은 결의로 차 있었다. 그리고 그들 부부가 이렇게 나오면 이렇게 나올수록, 동네 안에는 흉흉한 뒷소문이 더욱 번지고 있는 것이다.

지난밤만 해도 아내는 더 이상 미련을 ⓛ갖지 말고, 기왕에 낸 5백 원은 버린 셈 잡고 앞으로는 절대 상대를 말자던 것이다.

　　"수도 신청 용지 정도야 나래도 돌리겠수. 아, 사기꾼이 그 정도의 수를 못 부릴라구요. 두고 보세요. 이제 현지 조사까지 나올 테니. 저들끼리 짜고 무슨 짓을 못할라구요. 당신은 너무 순진해서 탈이에요. 아, 요즘이 어떤 세상인데."

　　아내는 이렇게 열을 내었다. 듣고 보면 아내의 말도 옳기는 한 소리다.

　　그러나 나는 아무러면 세상이 그렇기만 하랴, 그동안에 강 씨를 두고 보더라도 ⓒ반드시 그런 쪽으로만 미리 단정을 해서 일방적으로 몰아갈 일만도 아니지 않겠는가, 소극적일망정 이런 생각도 없지는 않았다.

　　내 반응이 ⓓ신통치 않아선가, 아내는 더욱 기를 내었다.

　　"틀림없어요. 그 사람이 원래 그런 사람이라네요. 지금도 브로커 해 먹는 사람이래요. 1년에 한 번씩 은행이나 큰 회사의 달력을 맡아서 납품하는 것이 유일한 직업이래요. 그 밖에는 저런 일로 잔돈푼이나 얻어 ⓜ쓴데요."

　　"너무 그러지들 말어. 사람이 사악해 보이지는 않던데."

　　"사악한 사람이 따로 있나요. 그 사람인들 그렇게 살다가 보니까 저렇게 되었겠지요."

　　"그 사람이 특별히 잘못한 일은 없지 않어. 외등만 해도 그렇지. 도적이 나쁘지, 그 사람이야 나쁠 것이 뭐가 있어. 길 공사도 그렇고, 상수도 문제도 그렇고, 다 동네에 좋은 일 아냐. 괜히들 들떠 가지고 그러지 말라고 해요."

　　"어머 어머, 돈을 떼어먹는다는데두요."

　　"떼먹는지 누가 보았어? 또 우수리* 남은 것 몇 푼 떼어먹으면 어때. 그만큼 수고했으면 조금씩 먹을 만도 하지."

　　"어머 어머."

하고 아내는 두 손으로 입을 싸쥐면서도, 할 말은 없는 모양이었다.

　　*우수리: 물건 값을 제하고 거슬러 받는 잔돈.

– 이호철, 〈이단자 (1)〉

28. 위 작품의 서술상의 특징으로 가장 적절한 것은?　　(2010 중3 성취도평가)

① '강 씨 부부'는 '나'의 '아내'를 통해 자신의 입장을 변호하고 있다.
② '나'와 '강 씨'의 갈등 상황을 인물의 행동을 통해 제시하고 있다.
③ '나'와 '아내'의 대화를 통해 '강 씨 부부'의 심리를 묘사하고 있다.
④ '아내'의 내면적 갈등을 섬세한 심리 묘사를 통해 제시하고 있다.
⑤ '아내'와 마을 사람들의 생각을 '나'의 시점에서 전달하고 있다.

29. 위 작품의 인물들에 대한 이해로 적절하지 <u>않은</u> 것은? (2010 중3 성취도평가)

① '강 씨'는 자신에 대한 마을 사람들의 평가에 개의치 않고 있어.

② '나'는 편견 없이 사람을 대하는 것을 중요하게 생각하고 있어.

③ '아내'는 마을 사람들의 말을 바탕으로 '강 씨'에 대해 평가를 내리고 있어.

④ '아내'는 '강 씨'가 마을 사람들의 이익보다 자신의 이익을 더 중시한다고 믿고 있어.

⑤ 마을 사람들은 이웃에 대한 신뢰보다 자신들의 이익을 더 소중하게 여기고 있어.

30. ㉠~㉤ 중, 다음과 같이 고쳐 써야 하는 것은?

① ㉠: 쑥덕공론 → 숙덕공론

② ㉡: 갖지 → 가지지

③ ㉢: 반드시 → 반듯이

④ ㉣: 신통치 → 신통지

⑤ ㉤: 쓴데요 → 쓴대요

[정답] 1. 이따가 2. 저려서 3. 거쳐 4. 안치면 5. 담갔다 6. 들렀다 7. 너비 8. 가없다 9. 벌이는 10. 졸이며 11. 달이고 12. 달려 13. 삭힌 14. 메고, 매야 15. 홀몸, 홑몸 16. ○ 17. × 18. ○ 19. ○ 20. × 21. ○ 22. × 23. × 24. ①, ②, ⑤, ⑥ 25. ②, ④, ⑤, ⑥ 26. ③ 27. ④ 28. ⑤ 29. ① 30. ⑤

[해설] 17. → 걷히고 20. → 들여서는 22. → 벌여 23. → 삭일 24. ① → 띠기, ② → 띠는, ⑤ → 띠어, ⑥ → 띠고 25. ② → 담갔다가, ④ → 담그고, ⑤ → 담갔다, ⑥ → 담가 28. 작중 인물인 '나'가 서술자가 되어 아내와 마을 사람들의 생각을 전달하고 있다. 30. ⑤는 남이 말한 내용을 간접적으로 전달하는 상황에 맞게 고쳐 쓴 것이다. ①·② 둘 다 표준어이므로 굳이 고쳐 쓰지 않아도 된다. ③ '반드시'가 문맥에 맞는 단어이므로 고쳐 쓰면 안 된다. ④ 신통치(○), 신통지(×)

24 접두사/접미사가 붙은 말

□ 강-

❶ 다른 것이 섞이지 않고 그것만으로 이루어진

□ **강술**: 안주 없이 마시는 술
▶ 오늘도 김 씨는 빈속에 **강술**을 마셔 대고 있었다.

❷ 마른. 물기가 없는

□ **강기침**: 마른기침
▶ 아이의 **강기침**이 심상치 않게 느껴졌다.

❸ 억지스러운

□ **강울음**: 억지로 우는 울음
▶ 진짜 슬퍼서 우는 울음인지 아니면 **강울음**인지 분간할 수 없었다.

❹ 아주 호되거나 억척스러운

□ **강추위**: 바람이 불거나 눈이 내리지 않음에도 불구하고 몰아치는 몹시 매운 추위
▶ 1월로 접어들자 **강추위**가 기승을 부렸다.

> **참고** 강(强 강할 강): 매우 센. 호된
>
> □ **강행군(强 강할 강 行 다닐 행 軍 군사 군)**: (무리함을 무릅쓰고 보통 행군보다 멀리 또는 빨리 행군함. →) 어떤 일을 짧은 시간 안에 끝내려고 무리하게 함.
> ▶ 정해진 날짜에 주문 물량을 맞추기 위해 공장에서는 며칠째 **강행군**을 계속했다.
> □ **강(强 강할 강)추위**: 눈이 오고 매운 바람이 부는 심한 추위
> ▶ 다음 주 초부터 전국에 눈보라를 동반한 **강추위**가 몰아닥칠 것으로 보인다.

□ 개-

❶ 야생 상태의. 질이 떨어지는. 흡사하지만 다른

□ **개살구**: 개살구나무의 열매로, 맛이 시고 떫음. 못난 사람이나 사물 또는 언짢은 일을 비유함.
▶ 일은 끝냈지만 만족스럽지 않은 것이 마치 **개살구** 먹은 뒷맛이다.

❷ 헛된. 쓸데없는

□ **개죽음**: 아무런 보람이나 가치가 없는 죽음
▶ 무고한 백성들이 난리 통에 **개죽음**을 당하였다.

❸ 정도가 심한

□ **개망나니**: 예절에 몹시 어긋나는 행동을 하거나 성질이 아주 못된 사람
▶ 그는 보고 배운 것 없이 자라서 하는 짓이 **개망나니**다.

□ 군-

❶ 쓸데없는

□ **군살**: 영양 과잉이나 운동 부족 따위 때문에 찐 군더더기 살
▶ 나이를 먹으니 **군살**이 늘어난다.
□ **군말**: 하지 않아도 좋을 쓸데없는 군더더기 말 = 군소리
▶ 아무리 어려운 부탁이라도 그는 **군말** 없이 받아 주었다.

❷ 가외로 더한, 덧붙은

☐ **군식구**(-食口): 원래 식구 외에 덧붙어서 얻어먹고 있는 식구

▶ 그녀는 신혼살림에 **군식구**가 끼는 것을 원치 않았다.

☐ 막-

❶ 거친, 품질이 낮은

☐ **막국수**: 겉껍질만 벗겨 낸 거친 메밀가루로 굵게 뽑아 만든 거무스름한 빛깔의 국수

▶ 나는 춘천에 갈 때마다 **막국수**를 사 먹곤 한다.

❷ 닥치는 대로 하는

☐ **막노동**(-勞動): 이것저것 가리지 아니하고 닥치는 대로 하는 노동

▶ 아버지는 **막노동**으로 우리를 키우셨다.

☐ **막말**: 나오는 대로 함부로 하거나 속되게 하는 말

▶ 그 정치인은 **막말** 때문에 언론의 비판을 받고 있다.

❸ 주저 없이, 함부로

☐ **막가다**: 앞뒤를 고려하지 않고 막되게 행동하다.

▶ 나는 화가 난 나머지 부모님이 나한테 해 준 게 뭐가 있냐는 **막가는** 소리까지 하고 말았다.

〔참고〕 **막-**: 마지막, 끝

☐ **막판**: 어떤 일의 끝이 되는 판

▶ 승부는 **막판**까지 결과를 예측할 수 없었다.

-**막**: 그렇게 된 곳

☐ **오르막**: 낮은 곳에서 높은 곳으로 이어지는 비탈진 곳

▶ 경사가 급하진 않지만 계속 **오르막**이어서 길이 미끄러웠다.

☐ 선-

서툰, 충분치 않은

☐ **선무당**: 서투르고 미숙하여 굿을 제대로 하지 못하는 무당

▶ **선무당**이 사람 잡는다고, 그는 잘 알지도 못하면서 설치다가 일을 망쳐 버렸다.

☐ **선웃음**: 우습지도 않은데 꾸며서 웃는 웃음

▶ 그는 **선웃음**까지 지어 가며 자신의 행복을 주장했다.

☐ **선잠**: 깊이 들지 못하거나 흡족하게 이루지 못한 잠

▶ 시험 때문에 긴장을 해서 어젯밤에는 내내 **선잠**만 잤다.

〔참고〕 **선-**(先 먼저 선): ① 앞선, 먼저

☐ **선이자**(先 먼저 선 利 이로울 리 子 이자 자): 빚을 쓸 때에 본전에서 먼저 떼어 내는 이자

▶ 그는 **선이자**를 떼고 돈을 빌려 주었다.

② 이미 죽은

☐ **선친**(先 먼저 선 親 어버이 친): 남에게 돌아가신 자기 아버지를 이르는 말

▶ 오늘은 **선친**의 제사가 있어서 일찍 들어가야 합니다.

☐ 풋-

❶ 처음 나온, 덜 익은

☐ **풋고추**: 아직 익지 아니한 푸른 고추

▶ 나는 **풋고추**를 고추장에 찍어 먹는 것을 좋아한다.

❷ 미숙한, 깊지 않은

☐ **풋사랑**: 어려서 깊이를 모르는 사랑
▶ 그 선생님은 학창 시절 내 **풋사랑**의 대상이었다.
☐ **풋잠**: 잠든 지 얼마 안 되어 깊이 들지 못한 잠
▶ 나는 한밤중까지 뒤척거리다가 새벽에야 겨우 **풋잠**이 들었다.

☐ 한-

❶ 큰

☐ **한걱정**: 큰 걱정
▶ 아들이 대학에 합격하자 어머니는 **한걱정** 덜었다고 마음을 놓았다.
☐ **한길**: 사람이나 차가 많이 다니는 넓은 길
▶ 왕래하는 사람도 드물어 **한길**이 의외로 한산했다.
☐ **한시름**: 큰 시름
▶ 눈보라를 헤치고 겨우 집에 도착해서야 **한시름**을 놓았다.

❷ 정확한, 한창인

☐ **한겨울**: 추위가 한창인 겨울
▶ **한겨울**에는 바다를 찾는 관광객이 많지 않다.

참고 **한-**: 바깥

☐ **한데**: 사방, 상하를 덮거나 가리지 아니한 곳. 곧 집채의 바깥
▶ 셋집에서 쫓겨났으니 여섯 식구가 당장 **한데**에 나앉을 판이었다.

☐ 헛-

❶ 이유 없는, 보람 없는

☐ **헛걸음**: 목적을 이루지 못하고 헛수고만 하고 가거나 옴. 또는 그런 걸음
▶ 친구를 만나려고 친구 집에 갔는데 학원에 가고 없어서 **헛걸음**만 했다.
☐ **헛수고**: 아무 보람도 없이 애를 씀. 또는 그런 수고
▶ 환자를 살리려던 의사들의 노력은 **헛수고**로 끝났다.

❷ 보람 없이, 잘못

☐ **헛살다**: 사람으로서 마땅히 해야 할 일을 다하지 못하고 지내다. 누릴 수 있는 것을 누리지 못하거나, 누리면서도 그것을 느끼지 못하고 살다.
▶ 점점 엇나가는 아들을 보며 그는 세상 **헛살았다고** 한탄했다.
남들 다 가는 여행 한번 못 가 보고, 나는 지금까지 **헛산** 거야.

☐ -거리

주기적으로 일어나는 동안

☐ **해거리**: 한 해를 거름. 또는 그런 간격
▶ 이 대회는 **해거리**로 열린다.

참고 **-거리**: 업신여기거나 낮춤.

☐ **떼거리**: '떼(목적이나 행동을 같이하는 무리)'를 속되게 이르는 말
▶ 동네 노인들은 요상한 옷차림을 한 젊은 것들이 **떼거리**로 몰려다닌다며 몹시 못마땅해 했다.
☐ **짓거리**: '짓(몸을 놀려 움직이는 동작)'을 낮잡아 이르는 말
▶ 그따위 **짓거리** 당장 그만두어라.

□ -꾼

❶ 어떤 일을 전문적으로 하는 사람. 어떤 일을 잘하는 사람

□ **소리꾼**: 판소리나 잡가 따위를 아주 잘하는 사람. 소리하는 것을 직업으로 하는 사람
▶ 어제 만난 부녀는 두 사람 모두가 뛰어난 **소리꾼**이었다.

❷ 어떤 일을 습관적으로 하는 사람. 어떤 일을 즐겨 하는 사람

□ **노름꾼**: 노름을 일삼는 사람
▶ **노름꾼**들은 새벽녘까지 노름에 정신이 없었다.

❸ 어떤 일 때문에 모인 사람

□ **구경꾼**: 구경하는 사람
▶ 장터에서 싸움이 벌어지자 **구경꾼**이 모여들었다.

❹ 어떤 사물이나 특성을 많이 가진 사람

□ **재주꾼**: 재주가 많거나 뛰어난 사람
▶ 그는 그 방면에 숨은 **재주꾼**이고 탁월한 공을 세운 경력도 있다.
□ **만석(萬 일만 만 石 섬 석)꾼**: 곡식 만 섬가량을 거두어들일 만한 논밭을 가진 큰 부자
▶ 옛말에 천석꾼은 천 가지 걱정이 있고, **만석꾼**은 만 가지 걱정이 있다고 했다.

□ -내기

❶ 그 지역에서 태어나고 자라서 그 지역 특성을 지니고 있는 사람

□ **서울내기**: 서울에서 태어나고 자란 사람
▶ 방학이 되자 **서울내기**인 나를 제외하고는 모두들 귀향을 서둘렀다.

❷ 그런 특성을 지닌 사람

□ **신출(新 새 신 出 날 출)내기**: 어떤 일에 처음 나서서 일이 서투른 사람
▶ **신출내기**라 아무것도 모르니 많이 도와주십시오.
□ **여간(如 같을 여 干 방패 간)내기**: 만만하게 여길 만큼 평범한 사람 = 보통내기
▶ 그 젊은이는 꼬박꼬박 말대답을 하는 것이 **여간내기**가 아니었다.
□ **풋내기**: 경험이 없거나 나이가 어려서 일에 서투르거나 물정을 모르는 사람. 새로운 사람
▶ 신입 기자 시절에 나는 **풋내기**라는 말이 듣기 싫어서 더 열심히 일했다.

□ -뱅이

어떤 습관·성질·모양을 특성으로 가진 사람이나 사물

□ **게으름뱅이**: 행동이나 일 처리가 느리고 일하기 싫어하는 버릇이나 성미를 가진 사람
▶ 네가 바라는 꿈을 이루려면 지금처럼 **게으름뱅이**로 살면 안 된다.
□ **장(場 마당 장)돌뱅이**: 여러 장으로 돌아다니면서 물건을 파는 장수
▶ 장날이 되면 여기저기서 **장돌뱅이**들이 몰려들었다.
□ **주정(酒 술 주 酊 술취할 정)뱅이**: 주정을 부리는 버릇이 있는 사람
▶ 그는 사업에 실패한 후 술로 세월을 보내다가 **주정뱅이**가 되고 말았다.

□ -보

그것, 또는 그러한 행위를 특성으로 지닌 사람

□ **꾀보**: 잔꾀가 많은 사람. 꾀만 부리는 사람 = 꾀쟁이.
▶ 동생은 항상 놀면서도 열심히 공부한 척해서 부모님의 칭찬을 받아내는 **꾀보**였다.
□ **잠보**: 잠이 유달리 많은 사람을 놀림조로 이르는 말 = 잠꾸러기

▶ 시험 기간이 되면 아무리 **잠보**라도 잠을 줄여서 공부를 하게 된다.
☐ **먹보**: 음식을 많이 먹거나 음식 욕심이 많은 사람을 놀림조로 이르는 말
▶ 동생은 먹을 것만 보면 사족(四 넉 사 足 발 족)을 못 쓰는 **먹보**였다.

참고 -보: 그것이 쌓여 모인 것

☐ **심술(心 마음 심 術 재주 술)보**: 심술이 차 있음을 비유적으로 이르는 말
▶ 놀부의 얼굴에는 **심술보**가 덕지덕지 붙어 있다.
☐ **울음보**: 참다못하여 터뜨리게 된 울음을 비유적으로 이르는 말
▶ 그녀는 참았던 **울음보**를 터뜨리면서 목을 놓아 통곡하였다.

☐ **-장이**

그것과 관련된 기술을 가진 사람

☐ **옹기(甕 독 옹 器 그릇 기)장이**: 옹기 만드는 일을 업으로 하는 사람
▶ 그는 독을 짓는 **옹기장이**지만 스스로를 공예가라고 생각했다.
☐ **미장이**: 건축 공사에서 벽이나 천장, 바닥 따위에 흙, 회, 시멘트 따위를 바르는 일을 직업으로 하는 사람
▶ 목수는 집을 짓고, **미장이**는 벽을 바른다.

☐ **-쟁이**

❶ 그것이 나타내는 속성을 많이 가진 사람.

☐ **겁(怯 겁낼 겁)쟁이**: 겁이 많은 사람
▶ **겁쟁이**처럼 도망가지 말고 당당하게 맞서라.
☐ **고집(固 굳을 고 執 잡을 집)쟁이**: 고집이 센 사람
▶ 그는 자기가 하고 싶은 것은 꼭 하고야 마는 **고집쟁이**다.
☐ **떼쟁이**: 떼를 잘 쓰는 사람
▶ 늦게 얻은 막내아들을 너무 오냐오냐 길렀더니 **떼쟁이**가 되고 말았다.

❷ 그것과 관련된 일을 업으로 하는 사람

☐ **글쟁이**: 글 쓰는 것을 직업으로 하는 사람
▶ 사람을 잘 만나지 않고 방에서 글만 쓰는 **글쟁이**는 세상을 제대로 보지 못할 수 있습니다.

☐ **-치레**

❶ 치르거나 겪어 내는 일

☐ **손님치레**: 손을 대접하여 치르는 일
▶ 그 집은 **손님치레**에 항상 정성을 기울였다.
☐ **병(病 병 병)치레**: 병을 앓아 치러 내는 일
▶ 아들은 어려서부터 몸이 약하고 **병치레**가 잦았다.

❷ 겉으로만 꾸미는 일

☐ **말치레**: 실속 없이 말로 겉만 꾸미는 일
▶ 그녀는 귀엽다는 사람들의 말이 **말치레**에 불과하다는 것을 알았다.
☐ **인사(人事)치레**: 성의 없이 겉으로만 인사를 치러 내는 일
▶ 다른 사람들이 **인사치레**로 좀 더 있기를 권했지만, 나는 몸이 불편하다고 사양했다.

[1~8] 다음 풀이에 해당하는 단어가 되도록 빈칸에 알맞은 접두사를 〈보기〉에서 고르시오.

1. (   )울음: 억지로 우는 울음

2. (   )수고: 아무 보람도 없이 애를 씀.

3. (   )길: 사람이나 차가 많이 다니는 넓은 길

4. (   )웃음: 우습지도 않은데 꾸며서 웃는 웃음

5. (   )잠: 잠든 지 얼마 안 되어 깊이 들지 못한 잠

6. (   )말: 나오는 대로 함부로 하거나 속되게 하는 말

7. (   )식구 : 원래 식구 외에 덧붙어서 얻어먹고 있는 식구

8. (   )망나니: 예절에 몹시 어긋나는 행동을 하거나 성질이 아주 못된 사람

보 기			
㉠ 강–	㉡ 개–	㉢ 군–	㉣ 막–
㉤ 선–	㉥ 풋–	㉦ 한–	㉧ 헛–

[9~14] 다음 풀이에 해당하는 단어가 되도록 빈칸에 알맞은 접미사를 〈보기〉에서 고르시오.

9. 고집(   ): 고집이 센 사람

10. 해(   ): 한 해를 거르는 간격

11. 먹(   ): 밥을 많이 먹는 사람

12. 손님(   ): 손을 대접하여 치르는 일

13. 재주(   ): 재주가 많거나 뛰어난 사람

14. 풋(   ): 경험이 없어서 일에 서투른 사람

보 기			
㉠ –거리	㉡ –꾼	㉢ –내기	㉣ –뱅이
㉤ –보	㉥ –장이	㉦ –쟁이	㉧ –치레

[15~25] 밑줄 친 단어의 쓰임이 문맥에 맞으면 ○, 맞지 않으면 ✕에 표시하시오.

15. 선친은 지금 경상도에서 농사를 짓고 계십니다. (○ / ✕)

16. 담임선생님은 경력 20년의 신출내기 선생님이다. (○ / ✕)

17. 아이가 <u>병치레</u>를 자주 하더니 성격이 예민해졌다. (○ / ×)

18. 감기가 심해지자 <u>강기침</u>을 할 때마다 가래가 나왔다. (○ / ×)

19. 남들 다 하는 결혼도 못하고 나는 지금까지 <u>헛산</u> 거야. (○ / ×)

20. 겉만 그럴듯하고 실속은 없는 것이 빛 좋은 <u>개살구</u> 같다. (○ / ×)

21. 아들은 이렇게 살아서 뭐하냐고 <u>막가는</u> 소리까지 하였다. (○ / ×)

22. 그의 인품에 감동을 받은 사람들이 <u>말치레</u>로 그를 칭찬하였다. (○ / ×)

23. 어머니는 딸의 취직 소식을 듣자 비로소 <u>한걱정</u> 던 느낌이 들었다. (○ / ×)

24. 뒷일은 다 내가 알아서 할 테니 너는 <u>군말</u> 말고 시키는 대로나 해라. (○ / ×)

25. 스무 살부터 50년 이상을 서울에서 산 <u>서울내기</u>의 말이니 은근히 신뢰가 갔다. (○ / ×)

[26~30] 밑줄 친 말의 의미가 <u>다른</u> 것을 고르시오.

26. ① <u>강</u>술　　② <u>강</u>풀　　③ <u>강</u>굴　　④ <u>강</u>참숯　　⑤ <u>강</u>행군

27. ① <u>개</u>꿈　　② <u>개</u>나발　　③ <u>개</u>수작　　④ <u>개</u>고생　　⑤ <u>개</u>죽음

28. ① <u>막</u>판　　② <u>막</u>골　　③ <u>막</u>말　　④ <u>막</u>춤　　⑤ <u>막</u>노동

29. ① 국<u>거리</u>　　② 일<u>거리</u>　　③ 떼<u>거리</u>　　④ 이야깃<u>거리</u>　　⑤ 비웃음<u>거리</u>

30. ① 꾀<u>보</u>　　② 잠<u>보</u>　　③ 털<u>보</u>　　④ 심술<u>보</u>　　⑤ 싸움<u>보</u>

31. 다음 중 밑줄 친 말의 쓰임이 적절하지 <u>않은</u> 것은?

　　① 미<u>장이</u>　　　　② 멋<u>장이</u>　　　　③ 겁<u>쟁이</u>

　　④ 대<u>장장이</u>　　　⑤ 고집<u>쟁이</u>

32. ㉠의 의미는 결여되어 있으면서 ㉡의 의미는 들어 있는 낱말로 가장 적절한 것은?

> 어린아이는 어떤 상황에서 어떻게 행동해야 ㉠진실되고 관대하며 ㉡예의를 차리게 되는지 일일이 배워야 한다.

① 군말   ② 너스레   ③ 헛소리
④ 어깃장   ⑤ 인사치레

[33~34] 다음 글을 읽고, 물음에 답하시오.

> 현대 사회에서 많은 국가들이 정치적으로는 민주주의를, 경제적으로는 시장경제를 (ⓐ)하고 있다. 이런 상황에서 경제활동의 주된 내용인 자원의 배분과 소득의 분배는 기본적으로 두 가지 형태의 의사 결정에 의해서 이루어진다. 하나는 시장 기구를 통한 시장적 의사 결정이며, 다른 하나는 정치 기구를 통한 정치적 의사 결정이다. 이와 관련하여 많은 사람들이 민주주의와 시장경제를 ㉠한가지인 것처럼 이해하고 있거나 이 둘은 저절로 조화되는 제도라고 (ⓑ)하는 경우가 많다. 그러나 이 둘은 의사 결정 과정에서부터 분명한 차이를 보인다.

33. ⓐ~ⓑ에 들어가기에 알맞은 말이 바르게 짝지어진 것은?

	ⓐ	ⓑ		ⓐ	ⓑ
①	지망	인증	②	지양	인정
③	지향	인식	④	지원	승인
⑤	지정	용인			

34. 밑줄 친 '한'의 의미가 ㉠과 가장 가까운 것은?

① 방 한가운데에는 화로가 놓여 있었다.
② 한여름에는 시원한 수박 생각이 간절해진다.
③ 한데나 다름없는 대합실에서 새벽을 맞이했다.
④ 이번 일이 잘 풀리는 바람에 한시름을 놓았다.
⑤ 설을 맞아 모처럼 온 가족이 한자리에 모였다.

허 생원은 계집과는 연분이 멀었다.

ⓐ얼금뱅이 상판을 쳐들고 대어 설 ⓑ숫기도 없었으나, 계집 편에서 정을 보낸 적도 없었고, 쓸쓸하고 뒤틀린 반생이었다. 충줏집을 생각만 하여도 철없이 얼굴이 붉어지고 발밑이 떨리고 그 자리에 소스라쳐 버린다. 충줏집 문을 들어서 술좌석에서 ⓒ짜장 동이를 만났을 때에는 어찌 된 서슬엔지 발끈 화가 나 버렸다.

상 위에 붉은 얼굴을 쳐들고 제법 계집과 농탕치는 것을 보고서야 견딜 수 없었던 것이다. 녀석이 제법 ㉠난질꾼*인데 꼴사납다. 머리에 피도 안 마른 녀석이 낮부터 술 처먹고 계집과 농탕이야. ㉡장돌뱅이 망신만 시키고 돌아다니누나. 그 꼴에 우리들과 한 몫 보자는 셈이지. 동이 앞에 막아서면서부터 책망이었다. 걱정두 팔자요 하는 듯이 빤히 쳐다보는 상기된 눈망울에 부딪힐 때, 결김에 따귀를 하나 갈겨 주지 않고는 배길 수 없었다. 동이도 화를 쓰고 팩하게 일어서기는 하였으나, 허 생원은 조금도 동색하는 법 없이 마음먹은 대로는 다 지껄였다. ― 어디서 주워 먹은 ㉢선머슴인지는 모르겠으나, 네게도 아비어미 있겠지. 그 사나운 꼴 보면 맘 좋겠다. 장사란 탐탁하게 해야 되지, 계집이 다 무어야, 나가거라, 냉큼 꼴 치워.

그러나 한마디도 ⓓ대거리하지 않고 하염없이 나가는 꼴을 보려니, 도리어 측은히 여겨졌다. 아직도 ⓔ서름서름한 사인데 너무 과하지 않았을까 하고 마음이 섬짓해졌다.

*난질꾼: 술과 색에 빠져 방탕하게 놀기를 잘하는 사람

– 이효석, 〈메밀꽃 필 무렵〉

35. 밑줄 친 '꾼'의 의미가 ㉠과 같은 것은?

① 요즘 농촌에서는 일꾼을 구하기가 매우 힘들다.
② 그는 만석꾼이지만 항상 부지런하고 검소하게 산다.
③ 운동장에서 탈춤 공연이 시작되자 구경꾼이 몰려들었다.
④ 그는 장사를 집어치우고 재능을 살려 소리꾼이 되고 싶었다.
⑤ 비밀 장소에 모여 노름을 하던 노름꾼들이 경찰에 붙잡혔다.

36. 밑줄 친 말의 의미가 ㉡의 '뱅이'와 가장 거리가 먼 것은?

① 너 같은 잠보가 개근상을 타다니 정말 의외다.
② 그는 소문난 바람둥이라 주변 여자들이 모두 피한다.
③ 아이를 너무 예뻐하다 보면 떼쟁이로 만들 수도 있다.
④ 그는 여간내기가 아니라서 쉽게 포기하지 않을 것 같다.
⑤ 어제 써 둔 편지를 심부름꾼을 시켜서 그에게 전하였다.

37. 밑줄 친 '선'의 의미가 ⓒ과 가장 거리가 먼 것은?

① 아버지는 지루한 듯 <u>선</u>하품을 하시며 눈을 비비셨다.

② 익은 밥 먹고 <u>선</u>소리하지 말고, 가서 네 할 일이나 해라.

③ 그는 돈을 빌려 줄 때 <u>선</u>이자를 떼는 것을 원칙으로 삼고 있다.

④ 아이가 밤새 기침을 하는 통에 어머니는 <u>선</u>잠을 잘 수밖에 없었다.

⑤ <u>선</u>무당이 장구 탓한다더니 그는 마이크가 좋지 않아서 연설을 망쳤다고 말한다.

38. ⓐ~ⓔ의 뜻풀이로 적절하지 <u>않은</u> 것은?

① ⓐ: 얼굴이 얼금얼금 얽은 사람

② ⓑ: 활발하여 부끄러워하지 않는 기운

③ ⓒ: 우연히

④ ⓓ: 상대편에게 맞서서 대들지

⑤ ⓔ: 사이가 자연스럽지 못하고 매우 서먹서먹한

[정답] 1. ㉠ 2. ◎ 3. ㉾ 4. ㉤ 5. ㉥ 6. ㉣ 7. ㉢ 8. ㉡ 9. ㉾ 10. ㉠ 11. ㉤ 12. ◎ 13. ㉡ 14. ㉢ 15. × 16. × 17. ○ 18. × 19. ◠ 20. ◡ 21. ○ 22. × 23. ○ 24. ○ 25. × 26. ⑤ 27. ④ 28. ① 29. ③ 30. ④ 31. ② 32. ⑤ 33. ③ 34. ⑤ 35. ⑤ 36. ⑤ 37. ③ 38. ③

[해설] 18. 가래가 나오므로 마른기침이 아니다. 22. 감동받은 사람들의 칭찬이므로 말치레로 볼 수 없다. 25. 서울에서 태어나지 않았으므로 서울내기라고 말할 수 없다. 26. ⑤ 매우 센, ①~④ 다른 것이 섞이지 않고 그것만으로 이루어진 ② 강풀: 물에 개지 않은 상태의 된풀. ③ 강굴: 물을 타거나 그 밖의 다른 것을 섞지 않은 굴의 살 ④ 강참숯: 다른 나무의 숯이 조금도 섞이지 않는 순수한 참숯 27. ④ 정도가 심한, ①·②·③·⑤ 헛된·쓸데없는 ② 개나발: 사리에 조금도 맞지 않는 엉터리 같은 말 28. ① 마지막, ②~⑤ 닥치는 대로 하는 29. ③ 업신여기거나 낮춤의 의미를 나타내는 접미사, ①·②·④·⑤ 내용이 될 만한 재료라는 의미의 명사 30. ④ 그것이 쌓여 모인 것, ①·②·③·⑤ 그것을 특성으로 지닌 사람 31. ② → 멋쟁이 34. ㉠의 '한'은 '같은'의 뜻을 나타내는 관형사이다. ①·② 한창인, ③ 바깥, ④ 큰 35. ㉠: 어떤 일을 습관적으로 하는 사람, 어떤 일을 즐겨 하는 사람 36. ㉡·①~④ 어떤 특성을 많이 가진 사람, ⑤ 어떤 일을 전문적으로 하는 사람 38. ⓒ: 과연 정말로

>> 25 　동음이의어/다의어 ①

갈다

□ 갈다 | 다른 것(사람)으로 바꾸다.

> ▶ 오래된 세탁기를 새것으로 **갈았다**. 사장은 임원을 모두 **갈았다**.

□ 갈다 | ❶ 날을 세우거나 표면을 매끄럽게 하기 위해 다른 물건에 대고 문지르다.

> ▶ 무뎌진 칼을 숫돌에 **갈면** 새 칼처럼 잘 들게 된다.

❷ 잘게 부수기 위해 단단한 물건에 문지르거나 단단한 물건 사이에 넣어 으깨다.

> ▶ 불린 녹두를 맷돌에 **간** 다음 각종 재료를 넣어 빈대떡을 부쳤다.

□ 갈다 | ❶ 농기구나 농기계로 땅을 파서 뒤집다.

> ▶ 아버지가 경운기로 논을 **갈았다**.

❷ 주로 밭작물의 씨앗을 심어 가꾸다.

> ▶ 어머니가 집 앞에 있는 밭에 참깨를 **갈았다**.

되다

□ 되다 | ❶ 새로운 신분이나 지위를 가지다. ▶ 열심히 공부해서 검사가 **되었다**.

❷ 바뀌거나 변하다. ▶ 얼음이 물이 **되었다**.

❸ 어떤 때나 시기, 상태, 수량에 이르다.

> ▶ 아이가 다섯 살이 **되었다**. 내 의견에 찬성하는 사람이 50명이 **되었다**.

❹ 사람으로서의 품격과 덕을 갖추다.

> ▶ 그런 행동을 한 것은 그가 인격이 **된** 사람이라는 증거이다.

❺ 어떤 재료나 성분으로/어떤 형태나 구조로 이루어지다.

> ▶ 우리 국토의 대부분은 산으로 **되어** 있다. 이 드라마는 36부작으로 **되어** 있다.

❻ 어떤 사물이나 현상이 생겨나거나 만들어지다. ▶ 밥이 맛있게 **되었다**.

❼ 어떤 사물이 제 기능을 다 하거나 수명이 다하다. ▶ 기계가 못 쓰게 **되었다**.

□ 되다 | 말, 되, 홉 따위로 가루, 곡식, 액체 따위의 분량을 헤아리다.

> ▶ 얻어 온 쌀을 되로 **되어** 보았다.

□ 되다 | ❶ 반죽이나 밥 따위가 물기가 적어 빡빡하다. ▶ 반죽이 **돼서** 물을 더 넣었다.

❷ 일이 힘에 벅차다. ▶ 일이 **되면** 쉬어 가면서 해라.

❸ 몹시 심하거나 모질다. ▶ 집안 어른께 **된** 꾸중을 들었다.

바르다

☐ **바르다**

❶ 풀칠한 종이나 헝겊 따위를 다른 물건의 표면에 고루 붙이다.

▶ 아이들 방을 예쁜 벽지로 **발랐다**.

❷ 물이나 풀, 약, 화장품 따위를 물체의 표면에 문질러 묻히다.

▶ 아침밥으로 식빵에 잼을 **발라** 먹었다.

☐ **바르다**

❶ 겉으로 보기에 비뚤어지거나 굽은 데가 없다.

▶ 문 앞에서 옷매무새를 **바르게** 했다.

❷ 말이나 행동 따위가 사회적인 규범이나 사리에 어긋나지 아니하고 들어맞다. ▶ 그는 항상 예의가 **바르게** 행동한다.

❸ 사실과 어긋남이 없다. ▶ 숨기지 말고 **바르게** 대답하시오.

❹ 그늘이 지지 아니하고 햇볕이 잘 들다. ▶ 죽은 반려견을 양지 **바른** 곳에 묻었다.

☐ **바르다**

뼈다귀에 붙은 살을 걷거나 가시 따위를 추려 내다.

▶ 꽁치를 기름에 바싹 구우면 가시를 **바르지** 않고 다 씹어 먹을 수 있다.

배다

☐ **배다**

❶ 스며들거나 스며 나오다. ▶ 그의 표정에는 장난기가 **배어** 있다.

❷ 버릇이 되어 익숙해지다. ▶ 요즘 10대들은 욕이 입에 **배어** 있다.

❸ 냄새가 스며들어 오래도록 남아 있다. ▶ 아이 체육복에 땀 냄새가 **뱄다**.

☐ **배다**

❶ 배 속에 아이나 새끼를 가지다. ▶ 암소가 새끼를 **뱄다**.

❷ 사람의 근육에 뭉친 것과 같은 것이 생기다. ▶ 운동을 했더니 다리에 알이 **뱄다**.

☐ **배다**

물건의 사이가 비좁거나 촘촘하다.

▶ 고추를 너무 **배게** 심은 건 아닌지 걱정이다.

부치다

☐ **부치다**

모자라거나 미치지 못하다.

▶ 일이 힘에 **부쳐서** 도움을 요청하였다.

☐ **부치다**

논밭을 이용하여 농사를 짓다.

▶ 할아버지는 **부쳐** 먹을 땅 한 평 없이 가난하게 사셨다고 한다.

☐ **부치다**

번철이나 프라이팬 따위에 기름을 바르고 음식을 익혀서 만들다.

▶ 옆집에서 빈대떡을 **부치고** 있는지 고소한 냄새가 났다.

□ 부치다	❶ 편지나 물건 따위를 일정한 수단이나 방법을 써서 상대에게로 보내다.
	▶ 군대에 간 오빠에게 편지를 **부쳤다.**
	❷ 어떤 문제를 다른 곳이나 다른 기회로 넘기어 맡기다.
	▶ 안건을 회의에 **부쳤다.**
	❸ 먹고 자는 일을 제집이 아닌 다른 곳에서 하다.
	▶ 한동안 삼촌 집에 숙식을 **부쳤다.**

붓다

□ 붓다	살가죽이나 어떤 기관이 부풀어 오르다.
	▶ 너무 많이 울어서 눈이 **부었다.**

□ 붓다	❶ 액체나 가루 따위를 다른 곳에 담다. ▶ 어머니가 냄비에 물을 **붓고** 끓였다.
	❷ 불입금, 이자, 곗돈 따위를 일정한 기간마다 내다.
	▶ 나는 은행에 적금을 **붓고** 있다.

쓰다

□ 쓰다	❶ 종이 따위에 획을 그어서 일정한 글자의 모양이 이루어지게 하다.
	▶ 초등학생이 공책에 글씨를 **쓰고** 있다.
	❷ 머릿속의 생각을 종이 혹은 이와 유사한 대상 따위에 글로 나타내다.
	▶ 자기가 생각한 바를 정확하게 **쓰는** 일은 매우 어렵다.

□ 쓰다	❶ 모자 따위를 머리에 얹어 덮다. ▶ 날씨가 추워서 털모자를 **썼다.**
	❷ 얼굴에 어떤 물건을 걸거나 덮어쓰다. ▶ 외출할 때는 항상 얼굴에 마스크를 **쓴다.**
	❸ 사람이 죄나 누명 따위를 가지거나 입게 되다. ▶ 그는 억울하게 누명을 **썼다.**

□ 쓰다	❶ 어떤 일을 하는 데에 이용하다. 사용하다. ▶ 모든 수단을 **써** 봤지만 헛수고였다.
	❷ 사람에게 돈을 주고 어떤 일을 하도록 부리다. ▶ 하수도 공사에 인부를 **썼다.**
	❸ 어떤 일에 마음이나 관심을 기울이다. ▶ 그분은 항상 나에게 마음을 **써** 주셨다.
	❹ 시간이나 돈, 힘이나 노력 따위를 들이다.
	▶ 쓸데없는 일에 너무 많은 돈을 **쓴** 것 같다. 그는 오늘 상대 선수에게 전혀 힘을 **쓰지** 못했다.

□ 쓰다	시체를 묻고 무덤을 만들다.
	▶ 고향 선산에 할머니 묘를 **쓰기로** 했다.

□ 쓰다	장기나 윷놀이 따위에서 말을 규정대로 옮겨 놓다.
	▶ 윷놀이는 말을 잘 **쓰는** 것이 제일 중요하다.

재다

□ 재다

잘난 척하며 으스대거나 뽐내다.

▶ 돈푼깨나 있다고 너무 **재고** 다니지 말게.

□ 재다

❶ 자, 저울 따위의 계기를 이용하여 길이, 너비, 높이, 깊이, 무게, 온도, 속도 따위의 정도를 알아보다. ▶ 저울로는 무게를 **재고**, 온도계로는 기온을 **잰다**.

❷ 여러모로 따져 보고 헤아리다. ▶ 일의 앞뒤를 잘 **재어** 보고 결정해라.

□ 재다

❶ 물건을 차곡차곡 포개어 쌓아 두다.

▶ 어머니는 철 지난 옷들을 옷장에 차곡차곡 **재어** 놓았다.

❷ 고기 따위의 음식을 양념하여 그릇에 차곡차곡 담아 두다.

▶ 저녁에 먹을 쇠고기를 양념에 **재어** 놓았다.

□ 재다

총, 포 따위에 화약이나 탄환을 넣어 끼우다.

▶ 총에 실탄을 **재** 놓아라.

□ 재다

❶ 동작이 재빠르다. ▶ 해가 지고 있어서 발걸음을 **재게** 놀렸다.

❷ 참을성이 모자라 입놀림이 가볍다. ▶ 그는 입을 너무 **재게** 놀려서 믿을 수 없다.

지다

□ 지다

❶ 해나 달이 서쪽으로 넘어가다. ▶ 잔치는 해가 **질** 때까지 계속되었다.

❷ 꽃이나 잎 따위가 시들어 떨어지다. ▶ 낙엽이 **지니** 공연히 마음이 울적해진다.

❸ 묻었거나 붙어 있던 것이 닦이거나 씻겨 없어지다.

▶ 찬물에는 때가 잘 **지지** 않는다.

❹ 목숨이 끊어지다. ▶ 구급차가 달려왔지만 환자는 이미 숨이 **져** 있었다.

□ 지다

❶ 내기나 시합, 싸움 따위에서 재주나 힘을 겨루어 상대에게 꺾이다.

▶ 이 경기를 **지면** 결승 진출이 좌절된다.

❷ 어떤 요구에 대하여 마지못해 양보하거나 들어주다. ▶ 너의 성화에 내가 **졌다**.

□ 지다

❶ 어떤 현상이나 상태가 이루어지다. ▶ 나무 아래에 그늘이 **졌다**.

❷ 어떤 좋지 아니한 관계가 되다. ▶ 우리들은 이성 문제로 척을 **지게** 되었다.

□ 지다

❶ 물건을 짊어서 등에 얹다. ▶ 배낭을 등에 **지고** 산에 오르기 시작했다.

❷ 무엇을 뒤쪽에 두다. ▶ 바람을 **지고** 달렸다.

❸ 책임이나 의무를 맡다. ▶ 당신은 당신이 한 말에 책임을 **져야** 합니다.

❹ 빌린 돈을 갚아야 할 의무가 있다. ▶ 그에게 300만 원의 빚을 **지고** 있다.

타다

☐ **타다**

❶ 불씨나 높은 열로 불이 붙어 번지거나 불꽃이 일어나다.
▶ 벽난로에서 장작이 활활 **타고** 있었다.

❷ 피부가 햇볕을 오래 쬐어 검은색으로 변하다. ▶ 땡볕에 얼굴이 새까맣게 **탔다.**

❸ 뜨거운 열을 받아 검은색으로 변할 정도로 지나치게 익다.
▶ 밥이 **타서** 못 먹게 되었다.

❹ 마음이 몹시 달다. ▶ 그는 일이 제대로 되지 않아 애가 **탔다.**

❺ 물기가 없어 바싹 마르다. ▶ 긴장이 되어 입술이 바짝바짝 **탄다.**

☐ **타다**

❶ 탈것이나 짐승의 등 따위에 몸을 얹다. ▶ 비행기를 **타고** 제주도에 갔다.

❷ 도로, 줄, 산, 나무, 바위 따위를 밟고 오르거나 그것을 따라 지나가다.
▶ 원숭이는 나무를 잘 **탄다.**

❸ 어떤 조건이나 시간, 기회 등을 이용하다. ▶ 부동산 경기를 **타고** 건축 붐이 일었다.

❹ 바람이나 물결, 전파 따위에 실려 퍼지다. ▶ 그 일을 한 덕분에 방송을 **타게** 됐다.

☐ **타다**

다량의 액체에 소량의 액체나 가루 따위를 넣어 섞다.
▶ 엄마는 따뜻한 물에 분유를 **타서** 아기에게 먹였다.

☐ **타다**

❶ 몫으로 주는 돈이나 물건 따위를 받다. ▶ 아버지에게 용돈을 **탔다.**

❷ 복이나 재주, 운명 따위를 선천적으로 지니다.
▶ 그는 좋은 팔자를 **타고** 태어났다.

☐ **타다**

악기의 줄을 퉁기거나 건반을 눌러 소리를 내다.
▶ 그 학생은 거문고 **타는** 솜씨가 보통이 아니다.

☐ **타다**

❶ 먼지나 때 따위가 쉽게 달라붙는 성질을 가지다. ▶ 이 옷은 때를 잘 **탄다.**

❷ 부끄럼이나 노여움 따위의 감정이나 간지럼 따위의 육체적 느낌을 쉽게
느끼다. ▶ 소녀는 남들 앞에서 쉽게 부끄럼을 **탔다.** 나는 간지럼을 잘 **탄다.**

❸ 계절이나 기후의 영향을 쉽게 받다.
▶ 남자들은 가을을 **타는** 경우가 많다. 나는 유난히 더위를 **탄다.**

☐ **타다**

❶ 사람이나 물건이 많은 사람의 손길이 미쳐 약하여지거나 나빠지다.
▶ 우리 집 강아지는 동네 사람들의 손을 자주 **타서** 잘 자라지 않는다.

❷ 물건 따위가 가져가는 사람이 있어 자주 없어지다.
▶ 고추나 상추, 깻잎 같은 텃밭 작물들은 쉽게 손을 **탔다.**

☐ **타다**

박 따위를 톱 같은 기구를 써서 밀었다 당겼다 하여 갈라지게 하다.
▶ 흥부 부부가 박을 **타기** 시작했다.

[1~5] 밑줄 친 말이 제시문과 가장 유사한 의미로 사용된 것을 고르시오.

1. 어느새 내게는 그런 습관이 몸에 <u>배어</u> 있었다.

　① 아버지가 키우시는 암소가 새끼를 <u>뱄다</u>.

　② 바다에서 잡아온 고기에 알이 <u>배어</u> 있었다.

　③ 깨를 <u>배게</u> 심었더니 소출이 오히려 줄었다.

　④ 계단을 오르락내리락했더니 다리에 알이 <u>뱄다</u>.

　⑤ 일이 손에 <u>배어서</u> 예상보다 빨리 끝마칠 수 있었다.

2. 감기 때문에 편도선이 <u>부어서</u> 말하기가 어려웠다.

　① 농부네 식구들이 모여 모판에 볍씨를 <u>붓고</u> 있다.

　② 소년은 수평선에 눈을 <u>부은</u> 채 움직이지 않았다.

　③ 세숫물을 마련하려면 가마솥에 물을 <u>붓고</u> 불을 때야 했다.

　④ 그는 월급에서 일정액을 떼서 은행에 적금을 <u>붓고</u> 있었다.

　⑤ 약속 시간보다 늦게 갔더니 친구가 기다리다 지쳐 잔뜩 <u>부어</u> 있었다.

3. 농촌에서는 일손이 부족하여 농기계를 <u>쓰지</u> 않고는 농사짓기가 힘들다.

　① 준비물을 잃어버려서 친구 것을 빌려 <u>썼다</u>.

　② 감기 때문에 맛있는 음식도 입에 <u>쓰게</u> 느껴졌다.

　③ 공책에 또박또박 바르게 <u>쓴</u> 글씨가 참 보기 좋다.

　④ 아침에 일어나기가 힘들어 이불을 <u>쓰고</u> 누워 있었다.

　⑤ 자기소개서에 내 성격의 장단점에 대해 솔직하게 <u>썼다</u>.

4. 나는 걸음으로 집 세울 자리의 길이를 <u>재어</u> 보았다.

　① 다람쥐가 너무 <u>재서</u> 잡기가 힘들다.

　② 포병들이 포에 포탄을 <u>재기</u> 시작했다.

　③ 어떤 사람인지를 잘 <u>재어</u> 보고 결혼을 결정해야 한다.

　④ 그는 좀 잘했다 싶으면 주위 사람들에게 너무 <u>재서</u> 탈이다.

　⑤ 곳간에는 양식을 채워 두었고, 마당에는 장작 다발을 가득 <u>재어</u> 놓았다.

5. 어젯밤에 친구가 이를 <u>가는</u> 바람에 잠을 잘 수가 없었다.

   ① 오래된 컴퓨터의 부속품을 좋은 것으로 <u>갈았다</u>.

   ② 올해는 집 앞에 있는 밭에 당근을 <u>갈기로</u> 했다.

   ③ 아기가 오줌을 싸면 빨리 기저귀를 <u>갈아야</u> 한다.

   ④ 모내기철이 다가오자 할아버지는 경운기로 논을 <u>가셨다</u>.

   ⑤ 생선장수는 새벽이면 제일 먼저 숫돌에다 칼부터 <u>갈았다</u>.

도전 문제

6. 〈보기 1〉의 원칙에 따라 〈보기 2〉의 밑줄 친 단어들을 국어사전에 수록한다고 할 때, 가장 바르게 정리한 것은?

┌─| 보 기 1 |───

  국어사전 수록의 원칙

   '동음이의어(同音異義語)'는 형태는 같지만 어휘의 의미 사이에 상호 연관성이 없는 낱말로, 국어사전에는 다른 표제어로 구분하여 수록한다. 반면 다의어(多義語)는 하나의 어휘가 문맥에 따라 다른 뜻으로 사용되는 것으로 기본적이고 핵심적인 의미를 '중심 의미'라 하고, '중심 의미'가 확장되어 달라진 의미를 '주변 의미'라 하여 하나의 낱말로 수록한다.

└──

┌─| 보 기 2 |───

  ㉠ 의자에 <u>바르게</u> 앉아라.   ㉡ 누나가 입술에 립스틱을 <u>발랐다</u>.

  ㉢ 어머니가 생선가시를 <u>발라</u> 주셨다.   ㉣ 아이들 방을 예쁜 벽지로 <u>발라</u> 주었다.

  ㉤ 그는 회사에서 가장 인사성이 <u>바른</u> 사람이다.

└──

	바르다¹	바르다²	바르다³
①	㉠	㉡, ㉣	㉢, ㉤
②	㉠, ㉡	㉣	㉢, ㉤
③	㉠, ㉢	㉡, ㉣	㉤
④	㉠, ㉣	㉡, ㉢	㉤
⑤	㉠, ㉤	㉡, ㉣	㉢

7. 제시된 단어의 의미를 살려 문장을 만들어 보았다. 적절하지 <u>않은</u> 것은?

단어	의미		문장
지다	서쪽으로 넘어가다.	➡	그들은 해를 <u>지고</u> 걸었다. ······························①
	시들어 떨어지다.	➡	어제 내린 비로 벚꽃이 모두 <u>졌다</u>. ··············②
	닦이거나 씻겨 없어지다.	➡	옷에 묻은 얼룩이 잘 안 <u>진다</u>. ···················③
	불이 타 없어지거나 빛이 희미해지다.	➡	모닥불이 <u>지면서</u> 한기가 느껴졌다. ··············④
	목숨이 끊어지다.	➡	그는 가족들이 보는 앞에서 숨이 <u>졌다</u>. ········⑤

8. 다음은 국어사전의 한 부분이다. '부치다'의 용례로 잘못된 것은?

> **부치다¹**: 모자라거나 미치지 못하다.
>
> **부치다²**: ① 편지나 물건 따위를 일정한 수단이나 방법을 써서 상대에게로 보내다.
>
> ② 어떤 문제를 다른 곳이나 다른 기회로 넘기어 맡기다.
>
> ③ 먹고 자는 일을 제집이 아닌 다른 곳에서 하다.
>
> **부치다³**: 논밭을 이용하여 농사를 짓다.
>
> **부치다⁴**: 번철이나 프라이팬에 기름을 바르고 음식을 익혀서 만들다.

① **부치다¹**: 우리 선수는 체력이 <u>부쳐</u> 제 기량을 발휘하지 못했다.

② **부치다² ①**: 그는 중요한 서류를 인편에 <u>부쳤다</u>.

③ **부치다³ ②**: 우리는 여행 계획을 비밀에 <u>부치기</u>로 했다.

④ **부치다⁴**: 아버지는 그 동안 <u>부치던</u> 땅을 내놓게 되었다.

⑤ **부치다⁵**: 나는 달걀을 삶아서 먹는 것보다 <u>부쳐서</u> 먹는 것이 더 맛있다.

[9~13] 다음 글을 읽고, 물음에 답하시오.

> 〈앞부분의 줄거리〉 서울의 의사인 창섭은 병원 확장에 필요한 돈을 마련하기 위하여 고향에 내려온다. 창섭은 장마통에 무너진 돌다리를 고치다 집에 들어온 아버지에게 농토를 팔자고 제안한다. 그 돈으로 병원을 확장하고 대신 자신이 부모님을 모시겠다는 것이다. 이 말을 들은 아버지는 묵묵히 돌다리를 고치러 나간다.
>
> 떨어졌던 다릿돌을 올려놓고야 들어와 그(아버지)도 점심상을 받았다.
> 점심을 자시면서였다.
> "원, 요즘 사람들은 힘두 줄었나 봐! 그 ⓐ<u>다리</u> 첨 놀 제 내가 어려서 봤는데 불과 여남은이서 거들던 돌인데 장정 수십 명이 한나잘을 씨름을 허다니!"
> "나무다리가 있는데 건 왜 고치시나요?"

"⊙너두 그런 소릴 허는구나. 나무가 돌만허다든? 넌 그 다리서 고기 잡던 생각두 안 나니? 서울루 공부 갈 때 그 다리 건너서 떠나던 생각 안 나니? 시쳇사람들*은 모두 인정이란 게 사람헌테만 쓰는 건 줄 알드라! 내 할아버니 산소에 상돌을 그 다리로 건네다 모셨구, 내가 천잘* 끼구 그 다리루 글 읽으러 댕겼다. 네 어미두 그 다리루 가말 ⓛ타구 내 집에 왔어. 나 죽건 그 다리루 건네다 묻어라…… 난 서울 갈 생각 없다." / "네?"

"천금이 쏟아진대두 난 ⓑ땅은 못 팔겠다. 내 아버님께서 손수 이룩허시는 걸 내 눈으루 본 밭이구, 내 할아버님께서 손수 피땀을 흘려 모신 돈으루 장만허신 논들이야. 돈 있다고 어디가 느르지논 같은 게 있구, 독시장밭 같은 걸 사? 느르지 논둑에 선 느티나문 할아버님께서 심으신 거구, 저 사랑마당엣은행나무는 아버님께서 심으신 거다. 그 나무 밑에를 설 때마다 난 그 어룬들 동상(銅像)이나 다름없이 경건한 마음이 솟아 우러러보군 헌다. 땅이란 걸 어떻게 일시 이해를 따져 사구 팔구 허느냐? 땅 없어 봐라, 집이 어딨으며 나라가 어딨는 줄 아니? 땅이란 천지만물의 근거야. 돈 있다구 땅이 뭔지두 모르구 욕심만 내 문서쪽으로 사 모기만 하는 사람들, 돈놀이처럼 변리만 생각허구 제 조상들과 그 땅과 어떤 인연이란 건 도시 생각지 않구 헌신짝 버리듯 하는 사람들, 다 내 눈엔 괴이한 사람들루밖엔 뵈지 않드라." / "……."

"네가 뉘 덕으루 오늘 의사가 ⓒ됐니? 내 덕인 줄만 아느냐? 내가 땅 없이 뭘루? 밭에 가 절하구 논에 가 절해야 쓴다. 자고로 하눌 하눌 허나 하눌의 덕이 땅을 통허지 않군 사람헌테 미치는 줄 아니? 땅을 파는 건 그게 하눌을 파나 다름없는 거다."

"……."

"땅을 밟구 다니니까 땅을 우섭게들 여기지? 땅처럼 응과(應果)가 분명헌 게 무어냐? 하눌은 차라리 못 믿을 때두 많다. 그러나 힘들이는 사람에겐 힘들이는 만큼 땅은 반드시 후헌 보답을 주시는 거다. 세상에 흔해 빠진 지주들, 땅은 작인들헌테나 맡겨 버리구, 떡 도회지에 가 앉어 소출은 팔어다 모다 도회지에 낭비해 버리구, 땅 가꾸는 덴 단돈 일 원을 벌벌 떨구, 땅으루 살며 땅에 야박한 놈은 자식으로 치면 후레자식 셈이야."

* 시쳇사람들 : 요즘 사람들   * 천잘 : 천자문 책을

– 이태준, 〈돌다리〉

9. ⊙을 통해 '아버지'가 꼬집고 있는 사회적 풍토로 적절한 것은?　　(2005 고1 성취도평가)

① 일시적인 편리성만을 추구한다.　　② 웃어른에게 함부로 말대꾸한다.

③ 독선적이고 자기 의견만 고집한다.　　④ 말꼬리를 잡고 공연히 트집을 잡는다.

⑤ 문제점을 알면서도 고치려 하지 않는다.

10. '땅'에 대한 아버지의 태도로 가장 적절한 것은? (2005 고1 성취도평가)

① 땅은 투자한 만큼의 수익을 확실하게 보장한다.

② 땅에 집착하느라 가족 간의 화목을 해쳐서는 안 된다.

③ 땅은 인간과 떼려야 뗄 수 없는 관계를 맺고 있다.

④ 땅을 소유하고 있으면 직접 경작하지 않더라도 문제가 되지 않는다.

⑤ 자본주의 시대가 된 만큼 땅을 대하는 태도도 그에 맞추어 바뀌어야 한다.

11. ⓐ와 ⓑ의 공통적 기능으로 적절한 것은? (2005 고1 성취도평가)

① '아버지'와 '창섭'의 유대를 강화해 준다.

② '창섭'이 '아버지'를 찾아가게 되는 계기가 된다.

③ '아버지'와 '창섭'의 이기심이 드러나는 계기가 된다.

④ '아버지'와 '창섭'의 갈등을 완화시키는 구실을 한다.

⑤ '아버지'와 '창섭'의 가치관 차이를 분명하게 드러낸다.

12. 밑줄 친 말의 의미가 ⓛ과 가장 유사한 것은?

① 이번 산불에 집이 다 <u>타</u> 버렸다.

② 아침에 미숫가루를 물에 <u>타서</u> 마셨다.

③ 일이 제대로 되지 않아 속이 바싹 <u>탔다</u>.

④ 간수가 한눈을 파는 틈을 <u>타</u> 도망을 쳤다.

⑤ 복을 <u>타고</u> 태어났는지 하는 일마다 성공이다.

13. 밑줄 친 말의 의미가 ⓒ과 가장 거리가 <u>먼</u> 것은?

① 일이 엉망진창이 <u>되었다</u>.　　② 그는 제대로 <u>된</u> 사람이다.

③ 그 말을 들으니 안심이 <u>된다</u>.　④ 밥이 너무 <u>돼서</u> 먹기가 힘들다.

⑤ 한 개만 더 보태면 꼭 백 개가 <u>된다</u>.

[정답] 1. ⑤　2. ⑤　3. ①　4. ③　5. ⑤　6. ⑤　7. ①　8. ③　9. ①　10. ③　11. ⑤　12. ④　13. ④

[해설] 7. ① 무엇을 뒤쪽에 두다. 8. ③ 어떤 일을 거론하거나 문제 삼지 아니하는 상태에 있게 하다. 9. 아들의 말은 간편하게 가설할 수 있는 나무다리도 있는데 왜 힘들게 돌다리를 놓느냐는 것이다. 그는 '편리성'의 관점으로만 '다리'를 바라본 것인데, 아버지는 이런 아들의 태도를 비판하고 있다. 10. 땅은 조상들의 혼이 깃들어 있는 곳이고, 하늘이 덕을 내리는 매개체이며, 땅과 인간이 불가분의 관계를 맺고 있으니 땅을 단순히 금전의 대상으로 보기 어렵다. 11. ⓐ 창섭 – 간편하게 설치하고 건널 수 있는 도구 / 아버지 – 애정의 대상. ⓑ 창섭 – 사고 팔 수 있는 대상 / 아버지 – 함부로 사고 팔 수 없는 대상 12. ①·②·③·⑤ 동음이의어 13. ④ 동음이의어

길

□ **길**

❶ 사람이나 동물 또는 자동차 따위가 지나갈 수 있게 땅 위에 낸 일정한 너비의 공간

▶ 마을 앞으로 새로운 길이 났다.

❷ 걷거나 탈것을 타고 어느 곳으로 가는 과정

▶ 여행을 갈 때는 고생했지만 여행에서 돌아오는 길은 아주 순조로웠다.

❸ 시간의 흐름에 따라 개인의 삶이나 사회적·역사적 발전 따위가 전개되는 과정

▶ 한국에서 자동차 산업이 발전해 온 길을 살펴보았다.

❹ 사람이 삶을 살아가거나 사회가 발전해 가는 데에 지향하는 방향, 지침, 목적이나 전문 분야

▶ 민주화로 가는 길은 멀고도 험하다. 그는 지금 의사의 길을 걷고 있다.

❺ 어떤 자격이나 신분으로서 주어진 도리나 임무

▶ 자녀의 건전한 양육을 책임지는 것이 부모의 길이다.

❻ 방법이나 수단 ▶ 갑자기 실직을 하고 나니 먹고살 길이 막막했다.

□ **길**

❶ 물건에 손질을 잘하여 생기는 윤기

▶ 그 집 장독은 자주 닦아 주어서 길이 잘 나 있다.

❷ 짐승 따위를 잘 가르쳐서 부리기 좋게 된 버릇

▶ 길이 잘 든 말이라도 조심해서 타야 한다.

❸ 어떤 일에 익숙하게 된 솜씨

▶ 귀농 5년 만에 농촌 생활에도 제법 길이 들었다.

눈

□ **눈**

❶ 빛의 자극을 받아 물체를 볼 수 있는 감각 기관

▶ 나를 바라보는 아이의 눈이 초롱초롱했다.

❷ 시력(視 볼 시 力 힘 력: 물체의 존재나 형상을 인식하는 눈의 능력)

▶ 게임을 많이 하는 바람에 눈이 나빠져서 안경을 써야 했다.

❸ 사물을 보고 판단하는 힘

▶ 그는 사람 보는 눈이 매우 정확하다.

❹ 무엇을 보는 표정이나 태도

▶ 부부는 멋진 전원주택을 동경의 눈으로 바라보았다.

❺ 사람들의 눈길

▶ 사람들의 **눈**이 무서운 줄 알아라. 남의 **눈**에 띄지 않게 조심해라.

❻ 태풍에서, 중심을 이루는 부분 ▶ 태풍의 **눈** 속에는 바람이 없다.

□ **눈**

대기 중의 수증기가 찬 기운을 만나 얼어서 땅 위로 떨어지는 얼음의 결정체

▶ 아이들은 밤새 내린 **눈**을 뭉쳐서 눈사람을 만들었다.

□ **눈**

새로 막 터져 돋아나려는 초목의 싹

▶ 봄이 오자 겨우내 앙상했던 나뭇가지들에 **눈**이 트기 시작했다.

마음

□ **마음**

❶ 사람이 본래부터 지닌 성격이나 품성

▶ 아내는 착한 **마음**을 가진 사람이다.

❷ 사람이 다른 사람이나 사물에 대하여 감정이나 의지, 생각 따위를 느끼거나 일으키는 작용이나 태도

▶ 비록 몸은 늙었지만 **마음**은 청춘이다.
아직 사회에 첫발을 내디딜 **마음**의 준비가 갖춰지지 않았다.

❸ 사람의 생각, 감정, 기억 따위가 생기거나 자리 잡는 공간이나 위치

▶ 안 좋은 일을 **마음**에 담아 두면 병이 된다. 너무 욕심내지 말고 **마음**을 비워라.

❹ 사람이 어떤 일에 대하여 가지는 관심

▶ 오늘은 날이 추워 도서관에 갈 **마음**이 없다.
그가 자꾸만 나의 **마음**을 떠보았다. 선생님은 나의 일에 세심하게 **마음**을 써 주셨다.

❺ 이성이나 타인에 대한 사랑이나 호의의 감정

▶ 그녀가 내 **마음**을 앗아가 버렸다. 나는 그에게 **마음**을 두고 있다.

❻ 사람이 어떤 일을 생각하는 힘

▶ **마음**을 집중해서 공부해라. 그 사건 이후로 **마음**이 다잡아지지 않는다.

말

□ **말**

❶ 사람의 생각이나 느낌 따위를 표현하고 전달하는 데 쓰는 음성 기호

▶ 아기가 **말**을 배우기 시작했다.

❷ 음성 기호로 생각이나 느낌을 표현하고 전달하는 행위. 또는 그런 결과물

▶ 그는 **말**이 너무 빨라서 이해하기 힘들다. 낯선 사람이 나에게 **말**을 걸었다.

❸ 일정한 주제나 줄거리를 가진 이야기

▶ 그가 자신의 행동에 관해 말을 꺼냈다. 제 **말**을 잘 들어 보세요.

❹ 단어, 구, 문장 따위를 통틀어 이르는 말

▶ 내 사전에 불가능이란 **말**은 없다. 나는 내 느낌을 표현할 적절한 **말**을 찾을 수 없었다.

❺ 소문이나 풍문

▶ 너를 두고 친구들 사이에 **말**이 많으니 조심해라. 내가 전학 간다는 **말**이 퍼지고 있다.

☐ **말**

말과의 포유류

▶ 군사들이 **말**을 달려서 적군을 뒤쫓았다.

머리

☐ **머리**

❶ 사람이나 동물의 목 위의 부분

▶ 그는 교통사고로 **머리**를 다쳤다. 그녀는 **머리**를 숙여 공손하게 인사를 했다.

❷ 생각하고 판단하는 능력

▶ 그는 아무래도 **머리**가 나쁜 것 같다. 그것은 조금만 **머리**를 쓰면 쉽게 해결될 일이다.

❸ 머리털 ▶ 미용실에 들러서 **머리**를 짧게 잘랐다.

❹ 단체의 우두머리 ▶ 그는 우리 모임의 **머리** 노릇을 하고 있다.

❺ 사물의 앞이나 위

▶ 주머니에 비죽이 술병이 **머리**를 내밀고 있었다.

바람

☐ **바람**

❶ 기압의 변화 또는 사람이나 기계에 의하여 일어나는 공기의 움직임

▶ 갑자기 불어온 **바람**에 촛불이 꺼졌다. 소나무 사이를 지나는 **바람**이 시원했다.

❷ 공이나 튜브 따위와 같이 속이 빈 곳에 넣는 공기

▶ 축구 경기에 앞서 축구공에 **바람**을 가득 넣었다.

❸ 몰래 다른 이성과 관계를 가짐.

▶ 그녀는 이웃집 남자와 **바람**이 났다.

❹ 사회적으로 일어나는 일시적인 유행이나 분위기 또는 사상적인 경향

▶ 한국 사회에 서구화의 **바람**이 불어 닥쳤다. 증권업계에 감원 **바람**이 불고 있다.

❺ 남을 부추기거나 얼을 빼는 일

▶ 동생은 공부하는 형에게 나가 놀자며 **바람**을 집어넣었다.

❻ 들뜬 마음이나 일어난 생각

▶ 그 녀석은 뱃속에 **바람**이 잔뜩 들었다. 무슨 **바람**이 불어서 여기까지 왔니?

☐ **바람**

어떤 일이 이루어지기를 기다리는 간절한 마음

▶ 우리의 **바람**은 그가 무사히 돌아오는 것이다.

주의 바램: '바래다(볕이나 습기를 받아 색이 변하다.)'의 명사형

▶ 우리의 **바램**(×)은 통일이다. 습기 때문에 색의 **바램**(○)이 나타났다.

우리 집에 와 주길 **바래**(×). 우리 집에 와 주길 **바라**(○).

사람

☐ **사람**

❶ 생각을 하고 언어를 사용하며, 도구를 만들어 쓰고 사회를 이루어 사는 동물 ▶ <u>사람</u>은 만물의 영장이다.

❷ 어떤 지역이나 시기에 태어나거나 살고 있거나 살았던 자

▶ 저는 경상북도 상주 <u>사람</u>입니다.

❸ 일정한 자격이나 품격 등을 갖춘 이

▶ 먼저 <u>사람</u>이 되어라. 제가 그 녀석을 <u>사람</u>으로 만들어 보겠습니다.

❹ 인격에서 드러나는 됨됨이나 성질

▶ 그는 <u>사람</u>이 참 괜찮다. <u>사람</u>이 그렇게 물러서야 되겠느냐?

❺ 상대편에게 자기 자신을 엄연한 인격체로서 가리키는 말

▶ 돈 좀 있다고 <u>사람</u> 무시하지 마라.

❻ 친근한 상대편을 가리키거나 부를 때 사용하는 말

▶ 이 <u>사람</u>아, 이게 얼마 만인가?

❼ 자기 외의 남을 막연하게 이르는 말

▶ 지금은 <u>사람</u>들이 나를 욕하지만 시간이 지나면, 진심을 알게 될 것이다.

❽ 뛰어난 인재나 인물 ▶ 이곳은 <u>사람</u>이 많이 난 고장이다.

❾ 어떤 일을 시키거나 심부름을 할 일꾼이나 인원

▶ 그 일은 <u>사람</u>이 많이 필요하다.

손

☐ **손**

❶ 사람의 팔목 끝에 달린 부분

▶ 집에 들어오면 제일 먼저 <u>손</u>을 깨끗이 씻자. 공을 <u>손</u>으로 잡았다.

❷ 손가락 ▶ 커플이 되었다는 의미로 <u>손</u>에 반지를 꼈다.

❸ 일손 ▶ 요즘 농촌에서는 <u>손</u>이 모자라 외국인 노동자까지 쓰고 있다.

❹ 어떤 일을 하는 데 드는 사람의 힘이나 노력, 기술

▶ 나는 부모님이 돌아가셔서 할머니의 <u>손</u>에서 자랐다. 일의 성패는 네 <u>손</u>에 달려 있다.

❺ 어떤 사람의 영향력이나 권한이 미치는 범위

▶ 범인은 경찰의 <u>손</u>이 미치지 않는 곳으로 도망갔다.
그는 사업에 실패해서 살던 집까지 남의 <u>손</u>에 넘어갔다.

❻ 사람의 수완이나 꾀

▶ 어수룩한 그는 사기꾼의 <u>손</u>에 놀아났다.

☐ **손**

❶ 다른 곳에서 찾아온 사람 ▶ 대문에서 <u>손</u>을 맞았다.

❷ 여관이나 음식점 따위의 영업하는 장소에 찾아온 사람

▶ 그 가게는 항상 <u>손</u>이 많았다.

이름

□ **이름**

❶ 다른 것과 구별하기 위하여 사물, 단체, 현상 따위에 붙여서 부르는 말

▶ 이 동물의 **이름**은 돌고래이다.

❷ 사람의 성 아래에 붙여 다른 사람과 구별하여 부르는 말

▶ 길 건너에 친구가 있는 것을 보고 그의 **이름**을 크게 불렀다.

❸ 성과 이름 = 성명(姓 성씨 성 名 이름 명)

▶ 문제 풀이에 앞서 답안지에 **이름**부터 적었다.

❹ 어떤 일이나 행동의 주체로서 공식적으로 알리는 개인 또는 기관의 이름 = 명의(名 이름 명 義 뜻 의)

▶ 그는 일단 남의 **이름**을 빌려 영업을 시작했다. 우리 회사의 **이름**으로 그를 추천했다.

❺ 세상에 알려진 평판이나 명성

▶ 그는 명필로 **이름**이 높다.

❻ 명예(名 이름 명 譽 기릴 예: 세상에서 훌륭하다고 인정되는 이름이나 자랑)

▶ 그는 잘못된 행동으로 가문의 **이름**을 더럽혔다.

얼굴

□ **얼굴**

❶ 눈, 코, 입이 있는 머리의 앞면

▶ 그녀는 **얼굴**에 화장을 했다. 아기는 눈이 부신지 **얼굴**을 찡그렸다.

❷ 머리 앞면의 전체적 윤곽이나 생김새

▶ 소녀는 **얼굴**이 예쁘다. 그는 동글납작한 **얼굴**에 수염을 기르고 있었다.

❸ 주위에 잘 알려져서 얻은 평판이나 명예 또는 체면

▶ 그 일 이후로 동네에서 **얼굴**이 깎였다. 내가 무슨 **얼굴**로 형을 대하겠느냐?

❹ 어떤 심리 상태가 나타난 얼굴빛이나 표정

▶ 동생은 겁에 질린 **얼굴**로 아버지의 눈치를 살폈다.

❺ 어떤 분야에 활동하는 사람

▶ 영화계에 새로운 **얼굴**이 등장하였다.

❻ 어떤 사물의 진면목을 단적으로 보여 주는 대표적 상징

▶ 돌·바람·해녀는 제주도의 **얼굴**이다.

[1~4] 밑줄 친 말이 제시문과 가장 유사한 의미로 사용된 것을 고르시오.

1. 이 가구는 많은 사람의 <u>손</u>을 거쳐 만들어졌다.

① 농사철에는 <u>손</u>이 많이 부족하다.

② 집안의 운명이 나의 <u>손</u>에 달려 있다.

③ 우리 집에는 늘 자고 가는 <u>손</u>이 많다.

④ 법의 <u>손</u>이 미치지 않는 곳이 없어야 한다.

⑤ 사기꾼의 <u>손</u>에 놀아나지 않도록 조심해라.

2. 문학가의 <u>눈</u>에 비친 현대 사회는 여러 가지 문제점을 안고 있다.

① 그녀는 아름다운 <u>눈</u>을 가졌다.

② 영호는 사람을 보는 <u>눈</u>이 있다.

③ 철수는 어려서부터 <u>눈</u>이 나빴다.

④ 그는 슬픈 <u>눈</u>으로 나를 쳐다보았다.

⑤ 점점 다른 사람의 <u>눈</u>을 의식하게 되었다.

3. 제가 무슨 <u>얼굴</u>로 부모님을 대하겠습니까?

① 형은 심각한 <u>얼굴</u>로 말했다.

② 그녀는 손으로 <u>얼굴</u>을 가렸다.

③ 이번 실수로 제대로 <u>얼굴</u>이 깎였다.

④ 새로운 <u>얼굴</u>이 회장으로 선출되었다.

⑤ 훈민정음은 한국 정신문화의 <u>얼굴</u>이다.

4. <u>사람</u>이 너무 착한 것도 문제다.

① 너 언제 <u>사람</u> 될래?

② 그는 약은 <u>사람</u>이다.

③ <u>사람</u>은 이성적 동물이다.

④ 요즘은 <u>사람</u> 구하기가 힘들다.

⑤ <u>사람</u>들이 뭐라 해도 내 뜻대로 하겠다.

[5~7] 밑줄 친 말의 문맥적 의미가 제시문과 가장 거리가 먼 것을 고르시오.

5. 각 지방에서 <u>이름</u>을 얻은 분청사기들은 왕실이나 관에서 사용되기도 했다.

　① 이 고장은 사과로 <u>이름</u>이 난 곳이다.

　② 그 식당은 산채비빔밥으로 <u>이름</u>을 날렸다.

　③ 그는 어릴 적 바둑 신동으로 <u>이름</u>이 높았다.

　④ 농산물에 지역의 <u>이름</u>을 붙이자 판매량이 늘어났다.

　⑤ 이번 대회에는 세계적으로 <u>이름</u> 있는 선수들이 참여한다.

6. 이 책은 세계화를 보는 다양한 <u>눈</u>을 제공한다.

　① 그녀는 <u>눈</u>이 너무 높아서 탈이야.

　② 그는 이제 비로소 문학에 <u>눈</u>을 떴다.

　③ 그 녀석 이제 세상을 보는 <u>눈</u>이 제법이네.

　④ 나는 <u>눈</u>이 나빠서 신문을 읽을 수가 없다.

　⑤ 형의 <u>눈</u>에는 그 여자의 단점이 보이지 않는 것 같다.

7. 나는 아무래도 <u>머리</u>를 쓰는 일에는 자신이 없다.

　① 강의의 내용이 도무지 <u>머리</u>에 들어오지 않았다.

　② 그는 우둔한 외모와는 달리 놀랄 만큼 <u>머리</u>가 기민했다.

　③ 인생살이에서 <u>머리</u>를 너무 굴리면 오히려 실패하기 쉽다.

　④ 그는 어울리지도 않는 일을 하면서 좋은 <u>머리</u>를 썩히고 있다.

　⑤ 그는 <u>머리</u>를 갸우뚱거리며 한참을 생각하다가 얘기를 시작했다.

 도전 문제

8. 밑줄 친 말이 ㉠과 가장 가까운 뜻으로 쓰인 것은?

> 　세상만사가 시간의 흐름에 따라 끊임없이 변화하듯이 언어도 역시 시간의 흐름에 따라 변화한다. 그러나 언어는 본질적으로 의사 전달을 위한 약속의 체계이기 때문에 개인이 ㉠<u>마음</u>대로 바꿀 수는 없다.

　① <u>마음</u>이 좋다.　　　② <u>마음</u>이 내키다.　　　③ <u>마음</u>이 상하다.

　④ <u>마음</u>이 아프다.　　　⑤ <u>마음</u>이 가라앉다.

9. 밑줄 친 말이 ㉠에 해당하는 뜻으로 쓰인 것은?

> 인간만이 ㉠말을 한다는 주장을 인간 중심의 사고로 보는 견해가 있다. 벌이 춤으로 꿀에 대한 정보를 비교적 정확히 알려 주듯이, 인간 이외에도 의사소통 수단을 가진 동물이 있기 때문이다.

① 제가 먼저 말을 꺼내겠습니다.

② 말은 생각을 표현하는 수단이다.

③ 감정이 격해지니까 말도 거칠어졌다.

④ '멋있다'는 말만으로는 표현이 안 된다.

⑤ 벌써 말이 퍼졌으니 이번 일은 포기해야겠다.

10. 〈보기〉에서 이끌어 낸 '길'의 의미로 적절하지 <u>않은</u> 것은?

> **│보 기│**
>
> (1) 시내로 가는 길을 넓혔다. / 아이들이 길에서 놀고 있다.
>
> (2) 내가 살아온 길을 회고해 보았다. / 문명이 발전해 온 길을 돌아본다.
>
> (3) 출장 가는 길에 잠시 고향에 들렀다. / 일을 마치고 돌아오는 길이다.
>
> (4) 제자를 자식처럼 아끼는 것이 스승의 길이다. / 나라를 지키는 것이 군인의 길이다.

① 어떤 일을 행하는 수단과 방법

② 어떤 행위가 벌어지는 도중이나 기회

③ 어떤 것이 지나갈 수 있게 땅 위에 난 공간

④ 어떤 것이 시간의 흐름에 따라 전개되는 과정

⑤ 어떤 자격이나 신분으로서 해야 할 도리나 임무

11. 밑줄 친 말의 의미가 가장 이질적인 것은?

> ①<u>바람</u>이 많이 불고 날씨가 좋지 않았지만 친구들 사이에 불고 있는 축구 ②<u>바람</u>을 꺾을 수는 없었다. 나는 피곤해서 빠지려고 했지만, 모두들 내가 우리 팀 공격의 핵이라며 ③<u>바람</u>을 넣는 통에 어쩔 수 없이 참여하게 되었다. 경기 전에 심판을 맡은 친구가 축구공에 ④<u>바람</u>을 넣었고, 우리 팀이 공을 차면서 경기가 시작되었다. 아무도 다치지 않고 재미있게 경기가 진행됐으면 하는 것이 나의 ⑤<u>바람</u>이다.

12. 〈자료〉를 참고할 때, 밑줄 친 고유어의 의미와 대응하는 한자어가 바르게 연결되지 <u>않은</u> 것은?

(2010 중3 성취도평가)

┌─┤보기├─────────────────────────────────────┐

　우리가 자주 사용하는 고유어 중에는 의미의 폭이 넓고 상황에 따라 여러 가지 의미로 해석되는 다의어(多義語)가 많다. 그에 비해, 한자어는 좀 더 상세하고 분화된 의미를 가지고 있어서 고유어의 다의성을 보완하는 역할을 하고 있다.

└──┘

① (건전지를 교체하고) 시계가 잘 <u>간다</u>. → 작동(作動)한다

② (담임선생님이 학생들에게) <u>머리</u>를 단정히 하자. → 두발(頭髮)

③ (전학 가는 병희를 위해 친구들이 편지를 준비하며) 야, 편지 같이 <u>쓰자</u>. → 사용(使用)하자

④ (매우 화를 내며) 너, 내 <u>말</u> 좀 하고 다니지 마. → 험담(險談)

⑤ (어린아이가 엄마에게) 얼른 <u>글</u>을 배워서 책을 읽고 싶어요. → 문자(文字)

[13~14] 다음 시를 읽고, 물음에 답하시오.

(2012 중3 성취도평가)

┌──┐

눈 내려 어두워서 길을 잃었네 / 갈 길은 멀고 길을 잃었네

ⓐ<u>눈사람도 없는 겨울밤 이 거리를</u> / 찾아오는 사람 없어 노래 부르니

눈 맞으며 세상 밖을 돌아가는 사람들뿐 / ⓑ<u>등에 업은 아기의 울음소리를</u> 달래며

갈 길은 먼데 함박눈은 내리는데 / 사랑할 수 없는 것을 사랑하기 위하여

용서받을 수 없는 것을 용서하기 위하여 / 눈사람을 기다리며 노랠 부르네

세상 모든 기다림의 노랠 부르네 / ⓒ<u>눈 맞으며 어둠 속을 떨며 가는 사람들을</u>

노래가 ㉠<u>길</u>이 되어 앞질러 가고 / 돌아올 길 없는 눈길 앞질러 가고

아름다움이 이 세상을 건질 때까지 / ⓓ<u>절망에서 즐거움이 찾아올 때까지</u>

함박눈은 내리는데 갈 길은 먼데 / 무관심을 사랑하는 노래 부르며

ⓔ<u>눈사람을 기다리는 노랠 부르며</u> / 이 겨울 밤거리의 눈사람이 되었네

봄이 와도 녹지 않을 눈사람이 되었네

　　　　　　　　　　　　　　　　　－ 정호승, 〈맹인 부부 가수〉

└──┘

13. 위 작품의 분위기를 파악한 내용으로 가장 적절한 것은?

① ⓐ에서 평화롭고 아늑한 느낌을 받아.

② ⓑ에서 인정이 넘치는 다정한 느낌을 받아.

③ ⓒ에서 고요한 가운데에서도 활기참을 느낄 수 있어.

④ ⓓ에서 무료하고 답답한 느낌이 들어.

⑤ ⓔ에서 쓸쓸하지만 기대를 잃지 않는 따스함이 느껴져.

14. 밑줄 친 부분의 의미가 ㉠과 가장 가까운 것은?

① 꿈을 향해 나아가는 희망의 길
② 돌아오는 길에 문방구에 들렀다.
③ 망가진 장난감을 고칠 길이 없다.
④ 길이 잘 들어 발이 아주 편한 구두
⑤ 길 양편에 늘어서서 흔들리는 나무들

15. 〈보기 1〉의 단어들을 〈보기 2〉의 밑줄 친 '말'과 바꿔 쓰려고 할 때, 어느 것과도 바꿔 쓰기 어려운 것은?

┌─ 보 기 1 ─────────────────────────────

〈'말'에 대응하는 한자어를 조사한 결과〉

- 대화(對話: 마주 대하여 말함.) ························ⓐ
- 진술(陳述: 자세히 벌여 말함.) ·······················ⓑ
- 자백(自白: 자기의 비밀을 털어놓음.) ···············ⓒ
- 개진(開陳: 주장을 밝히기 위해 의견을 말함.) ······ⓓ
- 항변(抗辯: 어떤 일에 대항하여 자신을 변호함.) ·····ⓔ

└────────────────────────────────────

┌─ 보 기 2 ─────────────────────────────

- 나는 사건의 자초지종을 아는 대로 <u>말했다</u>.
- 그는 자신의 죄를 수사관 앞에서 빠짐없이 <u>말했다</u>.
- 나는 회의 시간에 두발 자율화에 대한 생각을 <u>말했다</u>.
- 그는 자신에 대한 보도 내용이 사실과 다르다고 <u>말했다</u>.

└────────────────────────────────────

① ⓐ   ② ⓑ   ③ ⓒ   ④ ⓓ   ⑤ ⓔ

[정답] 1. ② 2. ② 3. ③ 4. ② 5. ④ 6. ④ 7. ⑤ 8. ② 9. ② 10. ① 11. ⑤ 12. ③ 13. ⑤ 14. ① 15. ①

[해설] 1. 어떤 일을 하는 데 드는 사람의 힘이나 노력, 기술 2. 사물을 보고 판단하는 힘 3. 주위에 잘 알려져서 얻은 평판이나 명예 또는 체면 4. 인격에서 드러나는 됨됨이나 성질 5. 세상에 알려진 평판이나 명성 6. 사물을 보고 판단하는 힘 7. 생각하고 판단하는 능력 8. 사람이 어떤 일에 대하여 가지는 관심 9. 사람의 생각이나 느낌 따위를 표현하고 전달하는 데 쓰는 음성 기호 10. (1) − ③, (2) − ④, (3) − ②, (4) − ⑤ 11. ① · ② · ③ · ④는 다의어, ⑤는 동음이의어 13. 맹인 부부의 노래하는 모습을 통해서 힘들고 어려운 조건에서도 아름다운 세상에 대한 열망과 희망을 잃지 않는 삶의 자세를 형상화한 작품이다. 14. ㉠ 길: 사람이 삶을 살아가거나 사회가 발전해 가는 데에 지향하는 방향, 지침, 목적이나 전문 분야

273

IV

관용어

☐ **각주구검**

刻 새길 **각** 舟 배 **주**
求 구할 **구** 劍 칼 **검**

융통성 없이 현실에 맞지 않는 낡은 생각을 고집하는 어리석음(◀ 배에서 강물에 칼을 떨어뜨리고는 그 위치를 뱃전에 표시하였다가 나중에 배가 움직인 것을 생각하지 않고 칼을 찾았다는 데서 유래)

▶ 더 좋은 기계가 생겼는데 아직도 옛날 방식을 고집하다니 <u>각주구검</u>하는 사람이로군.

참고 **수주대토**(守 지킬 **수** 株 그루 **주** 待 기다릴 **대** 兔 토끼 **토**): **한 가지 일에만 얽매여 발전을 모르는 어리석은 사람**(◀ 한 농부가 우연히 나무 그루터기에 토끼가 부딪쳐 죽은 것을 잡은 후, 또 그와 같이 토끼를 잡을까 하여 일도 하지 않고 그루터기만 지키고 있었다는 데서 유래)

▶ 여러 방법을 모색해 봐야 발전할 텐데 아직도 처음의 방법만 고수하니 <u>수주대토</u>가 따로 없군.

☐ **각고면려**

刻 새길 **각** 苦 애쓸 **고**
勉 힘쓸 **면** 勵 힘쓸 **려**

어떤 일에 고생을 무릅쓰고 몸과 마음을 다하여, 무척 애를 쓰면서 부지런히 노력함. ▶ 그 부부는 이십 년 동안 <u>각고면려</u>한 끝에 집 한 채를 장만했다.

참고 **절차탁마**(切 끊을 **절** 磋 갈 **차** 琢 다듬을 **탁** 磨 갈 **마**): (옥이나 돌 따위를 갈고 닦아서 빛을 낸다. →) **부지런히 학문과 덕행을 닦음.**

▶ 영어를 전혀 못하던 그가 <u>절차탁마</u>하더니 1년 만에 영어의 달인이 되었다.

☐ **감언이설**

甘 달 **감** 言 말씀 **언**
利 이로울 **이** 說 말씀 **설**

귀가 솔깃하도록 남의 비위를 맞추거나 이로운 조건을 내세워 꾀는 말

▶ 그는 큰돈을 벌어 주겠다는 <u>감언이설</u>에 속아 장사 밑천을 떼이고 말았다.

☐ **감탄고토**

甘 달 **감** 呑 삼킬 **탄**
苦 쓸 **고** 吐 토할 **토**

(달면 삼키고 쓰면 뱉는다. ➡) 자신의 비위에 따라서 사리의 옳고 그름을 판단함. ▶ 경영진은 영업이 잘 될 때는 야근까지 시키며 노동자를 부려먹더니, 영업이 잘 안 되니까 노동자를 감원하려 하는 <u>감탄고토</u>의 자세를 보이고 있다.

☐ **개과천선**

改 고칠 **개** 過 허물 **과**
遷 옮길 **천** 善 착할 **선**

지난날의 잘못이나 허물을 고쳐 올바르고 착하게 됨.

▶ 망나니였던 그가 지금은 봉사 활동을 하며 <u>개과천선</u>의 길을 걷고 있다.

☐ **곡학아세**

曲 굽을 **곡** 學 배울 **학**
阿 알랑거릴 **아** 世 인간 **세**

바른 길에서 벗어난 학문으로 세상 사람에게 아첨함.

▶ <u>곡학아세</u>하는 무리들이 판을 치니 올바른 뜻을 가지고 학문하는 사람들까지 욕을 먹는다.

☐ **교각살우**

矯 바로잡을 **교** 角 뿔 **각**
殺 죽일 **살** 牛 소 **우**

(소의 뿔을 바로잡으려다가 소를 죽인다. ➡) 잘못된 점을 고치려다가 그 방법이나 정도가 지나쳐 오히려 일을 그르침.

▶ 직원들의 태도를 고치려다 오히려 모두 그만두게 만들다니 <u>교각살우</u>한 꼴이다.

참고 **교왕과직**(矯 바로잡을 **교** 枉 굽을 **왕** 過 지나칠 **과** 直 곧을 **직**): (굽은 것을 바로잡으려다가 정도에 지나치게 곧게 한다. →) **잘못된 것을 바로잡으려다가 너무 지나쳐서 오히려 나쁘게 됨.**

▶ 아이를 올바르게 훈육하려고 엄하게 대했는데 <u>교왕과직</u>이었는지 아이가 더 엇나갔다.

□ 교언영색	남에게 잘 보이려고 그럴듯하게 꾸며 대는 말과 알랑거리는 태도
巧 공교할 교 言 말씀 언 令 아름다울 영 色 빛 색	▶ 아무리 <u>교언영색</u>으로 꾸며대도 모두 거짓이고 사기라는 사실은 감출 수 없었다.

□ 견강부회	이치에 맞지 않는 말을 억지로 끌어 붙여 자기에게 유리하게 함.
牽 이끌 견 强 강할 강 附 붙을 부 會 모일 회	▶ 그의 설명은 모든 것을 자기주장에 맞도록 <u>견강부회</u>하는 것이어서 신뢰할 수 없었다.

□ 견문발검	(모기를 보고 칼을 빼다. ➡) 사소한 일에 크게 성내어 덤빔.
見 볼 견 蚊 모기 문 拔 뽑을 발 劍 칼 검	▶ 꼬마들 싸움에 경찰을 부르다니 <u>견문발검</u>하신 것입니다.

□ 결초보은	죽은 뒤에라도 은혜를 잊지 않고 갚음.(◀ 중국 춘추 시대에 진나라의 위과가 의붓어머니에게 은혜를 베풀었더니, 그 아버지의 혼이 적군의 앞길에 풀을 묶어 적을 넘어뜨려 위과가 공을 세울 수 있도록 하였다는 데서 유래)
結 맺을 결 草 풀 초 報 갚을 보 恩 은혜 은	▶ 선생님께서 베풀어 주신 은혜를 잊지 않고 <u>결초보은</u>하겠습니다.
	참고 각골난망(刻 새길 각 骨 뼈 골 難 어려울 난 忘 잊을 망): 남에게 입은 은혜가 뼈에 새길 만큼 커서 잊히지 아니함. ▶ 그동안 보살펴 주신 선생님의 은혜는 실로 <u>각골난망</u>입니다.

□ 구밀복검	(입에는 꿀이 있고 배 속에는 칼이 있다. ➡) 말로는 친한 듯하나 속으로는 해칠 생각이 있음.
口 입 구 蜜 꿀 밀 腹 배 복 劍 칼 검	▶ 그의 말은 너무 번드르르해서 미덥지 못한데, 혹시 <u>구밀복검</u>일지 모르니 잘 살피기 바랍니다.
	참고 면종복배(面 낯 면 從 좇을 종 腹 배 복 背 배반할 배): 겉으로는 복종하는 체하면서 내심으로는 배반함. ▶ 덕이 아니라 힘으로만 다스리면 자연히 <u>면종복배</u>하는 자가 생기게 마련이다.

□ 당랑거철	(사마귀가 앞발을 들고 수레바퀴를 멈추려 한다. ➡) 제 역량을 생각하지 않고, 강한 상대나 되지 않을 일에 덤벼드는 무모한 행동거지
螳 사마귀 당 螂 사마귀 랑 拒 막을 거 轍 바퀴자국 철	▶ 일개 소작인이 대지주의 위력에 맞서는 것은 그야말로 <u>당랑거철</u>이었다. ≒ <u>하룻</u>강아지 범 무서운 줄 모른다.

□ 동문서답	(동쪽을 묻자 서쪽을 답한다. ➡) 물음과는 전혀 상관없는 엉뚱한 대답
東 동녘 동 問 물을 문 西 서녘 서 答 대답 답	▶ 그는 내 질문에 <u>동문서답</u>하면서 딴청을 피웠다.

□ 무위도식	하는 일 없이 빈둥빈둥 놀고먹음.
無 없을 무 爲 할 위 徒 무리 도 食 먹을 식	▶ 그는 직장을 그만둔 뒤로 <u>무위도식</u>하며 세월을 보냈다.
	참고 문전걸식(門 문 문 前 앞 전 乞 빌 걸 食 먹을 식): 이 집 저 집 돌아다니며 빌어먹음. ▶ 이제 쪽박을 들고 <u>문전걸식</u>을 나서거나, 아니면 방 안에 틀어박혀 굶어죽는 길밖에 없었다.

배은망덕
背 배반할 **배** 恩 은혜 **은**
忘 잊을 **망** 德 덕 **덕**

남에게 입은 은덕을 저버리고 배신하는 태도가 있음.
▶ 어려울 때 도와 준 사람들에게 **배은망덕**하게 굴더니, 결국 하늘의 벌을 받았군.

부화뇌동
附 붙을 **부** 和 화할 **화**
雷 우레 **뢰** 同 한가지 **동**

(우레[천둥]가 치면 천지만물이 이에 호응하듯이 연달아 덜컥거린다. ➡) 줏대 없이 남의 의견에 따라 움직임.
▶ 그는 큰돈을 벌 수 있다는 친구의 말에 **부화뇌동**하여 투자했다가 큰 손해를 보았다.

수수방관
袖 소매 **수** 手 손 **수**
傍 곁 **방** 觀 볼 **관**

(팔짱을 끼고 보고만 있다. ➡) 간섭하거나 거들지 아니하고 그대로 버려둠.
▶ 마을 사람들은 이장의 횡포를 **수수방관**하지 않기로 의견을 모았다.

신출귀몰
神 귀신 **신** 出 날 **출**
鬼 귀신 **귀** 沒 빠질 **몰**

(귀신같이 나타났다가 사라진다. ➡) 그 움직임을 쉽게 알 수 없을 만큼 자유자재로 나타나고 사라짐.
▶ 홍길동은 **신출귀몰**한 행적으로 사람들을 놀라게 하였다.

아전인수
我 나 **아** 田 밭 **전**
引 끌 **인** 水 물 **수**

(자기 논에 물 대기 ➡) 자기에게만 이롭게 되도록 생각하거나 행동함.
▶ 두 정당은 여론 조사 결과를 **아전인수** 식으로 해석한 논평을 각각 내놓았다.

안하무인
眼 눈 **안** 下 아래 **하**
無 없을 **무** 人 사람 **인**

(눈 아래에 보이는 사람이 없다. ➡) 사람됨이 방자하고 교만하여 다른 사람을 업신여김.
▶ 사람이 돈을 좀 벌더니 **안하무인**이 되었다.

참고 방약무인(傍 곁 **방** 若 같을 **약** 無 없을 **무** 人 사람 **인**): (곁에 사람이 없는 것 같다. →) 아무 거리낌 없이 함부로 말하고 행동하는 태도가 있음.
▶ 그는 남이 싫어하는 줄도 모르고 **방약무인**으로 떠들어 댄다.
오만무도(傲 거만할 **오** 慢 거만할 **만** 無 없을 **무** 道 도리 **도**): 태도나 행동이 건방지거나 거만하여 도의(道義)를 지키지 아니함.
▶ 그 녀석의 **오만무도**는 정말 눈 뜨고 봐 줄 수가 없을 지경이었다.

암중모색
暗 어두울 **암** 中 가운데 **중**
摸 찾을 **모** 索 찾을 **색**

(어둠 속에서 물건을 더듬어 찾는다. ➡) 은밀한 가운데 일의 실마리나 해결책을 찾아내려 함.
▶ 형사들은 사건의 단서를 잡으려고 **암중모색**을 거듭했다.

역지사지
易 바꿀 **역** 地 땅 **지**
思 생각 **사** 之 그것 **지**

처지를 바꾸어서 생각하여 봄.
▶ 노사(勞 일할 **노** 使 부릴 **사**)가 모두 **역지사지**의 자세로 임한다면 협상 타결이 결코 어렵지 않을 것이다.

연목구어
緣 인연 **연** 木 나무 **목**
求 구할 **구** 魚 물고기 **어**

(나무에 올라가서 물고기를 구한다. ➡) 도저히 불가능한 일을 굳이 하려 함.
▶ 실업자가 늘고 있는 상황에서 소비 심리가 개선되기를 바라는 것은 **연목구어**나 마찬가지다.

와신상담

臥 누울 와 薪 섶 신
嘗 맛볼 상 膽 쓸개 담

(불편한 섶에 몸을 눕히고 쓸개를 맛본다. ➡) 원수를 갚거나 마음먹은 일을 이루기 위하여 온갖 어려움과 괴로움을 참고 견딤.

▶ 그는 실패한 사업을 다시 일으켜 세우기 위해 **와신상담**하고 있다.

[참고] 절치부심(切 끊을 절 齒 이 치 腐 썩을 부 心 마음 심): 몹시 분하여 이를 갈며 속을 썩임.

▶ 그는 친구의 배신에 **절치부심**하다가 복수를 결심하였다.

우공이산

愚 어리석을 우 公 공 공
移 옮길 이 山 산 산

어떤 일이든 끊임없이 노력하면 반드시 이루어짐. (◀ 중국 북산에 사는 우공이라는 노인이 집을 가로막은 산을 옮기려고 세 아들과 손주들까지 데리고 돌을 깨고 흙을 파서 나르자, 우공의 우직함에 감동한 하느님이 산을 옮겨 주었다는 데서 유래)

▶ 나는 **우공이산**을 좌우명 삼아 묵묵히 일하다 보면 반드시 성공할 날이 올 것이라고 믿는다.

[참고] 마부작침(磨 갈 마 斧 도끼 부 作 지을 작 針 바늘 침): (도끼를 갈아 바늘을 만든다. →) 아무리 어려운 일이라도 끈기 있게 노력하면 이룰 수 있음.

티끌 모아 태산(泰 클 태 山 산 산): 작은 것이라도 모이고 모이면 나중에 큰 것이 됨.

임기응변

臨 임할 임 機 기회 기
應 응할 응 變 변할 변

그때그때 처한 뜻밖의 일을 그 자리에서 재빨리 알맞게 대처함.

▶ 그는 상황에 맞추어 **임기응변**하는 능력이 뛰어나다.

[참고] 임시방편(臨 임할 임 時 때 시 方 방향 방 便 편할 편): 갑자기 터진 일을 우선 간단하게 둘러맞추어 처리함. ▶ 지금까지는 **임시방편**으로 위기를 모면해 왔지만 더 이상은 힘들다.

조삼모사

朝 아침 조 三 석 삼
暮 저물 모 四 넉 사

간사한 꾀로 남을 속여 희롱함.(◀ 중국 송나라의 저공이 자신이 키우는 원숭이들에게 먹이를 아침에 세 개, 저녁에 네 개씩 주겠다고 하자 원숭이들이 화를 내더니, 아침에 네 개, 저녁에 세 개씩 주겠다고 하니 좋아했다는 데서 유래) ▶ 음식 값을 올리지 않겠다고 말해 놓고 음식의 양을 줄이는 것은 **조삼모사** 아닌가요?

조변석개

朝 아침 조 變 변할 변
夕 저녁 석 改 고칠 개

(아침저녁으로 뜯어고친다. ➡) 계획이나 결정 따위를 일관성이 없이 자주 바꿈.

▶ 정부 정책을 **조변석개**하면 국민들의 신뢰를 잃기 쉽다.

주경야독

晝 낮 주 耕 밭갈 경
夜 밤 야 讀 읽을 독

(낮에는 농사짓고, 밤에는 글을 읽는다. ➡) 어려운 여건 속에서도 꿋꿋이 공부함.

▶ 그는 **주경야독**으로 합격의 기쁨을 맛보았다.

주마가편

走 달릴 주 馬 말 마
加 더할 가 鞭 채찍 편

(달리는 말에 채찍질한다. ➡) 잘하는 사람을 더욱 장려함.

▶ 우리 대표팀은 코치의 **주마가편**에 힘입어 예상보다 좋은 성적을 거두었다.

주마간산

走 달릴 주 馬 말 마
看 볼 간 山 산 산

(말을 타고 달리며 산천을 구경한다. ➡) 자세히 살피지 아니하고 대충대충 보고 지나감.

▶ 그렇게 **주마간산**으로 공부하다가는 시험에서 낭패를 볼 수 있다.

☐ **중상모략** 中 가운데 **중** 傷 다칠 **상** 謀 꾀 **모** 略 꾀 **략**	중상(근거 없는 말로 남을 헐뜯어 명예나 지위를 손상시킴.)과 모략(사실을 왜곡하거나 속임수를 써 남을 해롭게 함.) ▶ 여야가 상호 비방과 **중상모략**으로 시간을 보내고 있다.
☐ **지록위마** 指 가리킬 **지** 鹿 사슴 **록** 爲 할 **위** 馬 말 **마**	❶ 윗사람을 농락하여 권세를 마음대로 함.(← 중국 진나라의 조고가 자신의 권세를 시험해 보고자 제2세 황제 호해에게 사슴을 가리키며 말이라고 한 데서 유래) ▶ **지록위마**를 일삼던 대통령의 측근들이 비리 혐의로 구속되었다. ❷ 사실이 아닌 것을 사실로 만들어 강압으로 인정하게 됨. ▶ 그의 막강한 권력 때문에 사람들은 그의 말이라면 허황된 것이라도 **지록위마**하게 되었다.
☐ **침소봉대** 針 바늘 **침** 小 작을 **소** 棒 막대 **봉** 大 클 **대**	(작은바늘을 큰 몽둥이라고 한다. ➡) 작은 일을 크게 불리어 떠벌림. ▶ 별일도 아닌 것을 **침소봉대**하지 마라.
☐ **토사구팽** 兔 토끼 **토** 死 죽을 **사** 狗 개 **구** 烹 삶을 **팽**	(토끼가 죽으면 토끼를 잡던 사냥개도 필요 없게 되어 주인에게 삶아 먹히게 된다. ➡) 필요할 때는 쓰고 필요 없을 때는 야박하게 버림. ▶ 그 정치가는 **토사구팽**했던 옛 참모의 비리 폭로로 위기에 처하게 되었다. **참고** 염량세태(炎 불꽃 **염** 凉 서늘할 **량** 世 인간 **세** 態 모습 **태**): (뜨거웠다가 차가워지는 세태 →) 세력이 있을 때는 아첨하여 따르고 세력이 없어지면 푸대접하는 세상인심 ▶ 사장일 때는 아첨과 청탁이 줄을 이었는데 퇴직 후에는 아무도 찾질 않으니 **염량세태**가 바로 이런 것이구나.
☐ **표리부동** 表 겉 **표** 裏 속 **리** 不 아닐 **부** 同 한가지 **동**	겉으로 드러나는 언행과 속으로 가지는 생각이 다름. ▶ 그는 **표리부동**한 사람으로 소문이 자자하니 절대로 믿지 마라.
☐ **학수고대** 鶴 학 **학** 首 머리 **수** 苦 애쓸 **고** 待 기다릴 **대**	학의 목처럼 목을 길게 빼고 간절히 기다림. 애타게 기다림. ▶ 어머니는 아들이 돌아오기를 **학수고대**하고 있다.
☐ **허장성세** 虛 빌 **허** 張 베풀 **장** 聲 소리 **성** 勢 형세 **세**	실속은 없으면서 큰소리치거나 허세를 부림. ▶ 내 말이 **허장성세**인지 아닌지는 두고 보면 알 일이다.
☐ **형설지공** 螢 반딧불이 **형** 雪 눈 **설** 之 ~의 **지** 功 공 **공**	고생을 하면서 부지런하고 꾸준하게 공부하는 자세(← 진나라 차윤이 반딧불을 모아 그 불빛으로 글을 읽고, 손강이 가난하여 눈빛에 비추어 글을 읽었다는 데서 유래) ▶ 그는 **형설지공**으로 공부에 매진하였다.
☐ **호가호위** 狐 여우 **호** 假 빌릴 **가** 虎 범 **호** 威 위엄 **위**	(여우가 호랑이의 위세를 빌려 호기를 부린다. ➡) 남의 권세를 빌려 위세를 부림. ▶ 권력자 옆에는 **호가호위**하는 무리들이 있게 마련이다.

확인 문제

[1~10] 다음 풀이에 해당하는 한자성어를 〈보기〉에서 고르시오.

1. 처지를 바꾸어서 생각하여 봄.

2. 사소한 일에 크게 성내어 덤빔.

3. 이 집 저 집 돌아다니며 빌어먹음.

4. 몹시 분하여 이를 갈며 속을 썩임.

5. 물음과는 전혀 상관없는 엉뚱한 대답

6. 자신의 비위에 따라서 사리의 옳고 그름을 판단함.

7. 바른 길에서 벗어난 학문으로 세상 사람에게 아첨함.

8. 남에게 입은 은덕을 저버리고 배신하는 태도가 있음.

9. 은밀한 가운데 일의 실마리나 해결책을 찾아내려 함.

10. 그 움직임을 쉽게 알 수 없을 만큼 자유자재로 나타나고 사라짐.

┌─ 보 기 ───┐
│ ㉠ 감탄고토   ㉡ 곡학아세   ㉢ 견문발검   ㉣ 동문서답   ㉤ 문전걸식   │
│ ㉥ 배은망덕   ㉦ 신출귀몰   ㉧ 암중모색   ㉨ 역지사지   ㉩ 절치부심   │
└───┘

[11~21] 밑줄 친 한자성어의 쓰임이 문맥에 맞으면 ○, 맞지 않으면 ×에 표시하시오.

11. 그는 이번에도 쉬운 길을 선택해서 연목구어하였다. (○ / ×)

12. 양측 모두 협상의 결과를 아전인수 식을 해석하였다. (○ / ×)

13. 마부작침이라더니 그는 무슨 일이든 금세 포기해 버렸다. (○ / ×)

14. 가벼운 부상이니 괜한 걱정을 하지 않도록 침소봉대해 주십시오. (○ / ×)

15. 그는 10년 간 각고면려한 끝에 마침내 자기 땅을 갖게 되었다. (○ / ×)

16. 교과서를 주마간산으로 보아서는 시험에서 좋은 성적으로 거둘 수 없다. (○ / ×)

17. 그는 믿었던 부하가 지록위마하고 있었다는 사실을 알고 분노를 느꼈다. (○ / ×)

18. 평생 봉사 활동에 전념해 온 그녀의 견강부회한 말은 청중들을 감동시켰다. (○ / ×)

19. 대기업이 중소기업에서 개발한 기술을 훔치는 것은 당랑거철에 다름 아니다. (○ / ×)

20. 그는 국회의원에 당선되자 선거를 도왔던 참모진에게 감사하며 토사구팽하였다. (○ / ×)

21. 그녀는 예뻐진다는 친구들의 말에 부화뇌동하여 성형수술을 했다가 순수한 아름다움을
    잃었다. (○ / ×)

[22~26] 제시된 말과 유사한 의미를 지닌 말을 고르시오.

22. 각주구검
   ① 표리부동   ② 조삼모사   ③ 수주대토   ④ 형설지공   ⑤ 절차탁마

23. 교각살우
   ① 개과천선   ② 허장성세   ③ 임기응변   ④ 교왕과직   ⑤ 조변석개

24. 구밀복검
   ① 각골난망   ② 면종복배   ③ 중상모략   ④ 염량세태   ⑤ 당랑거철

25. 안하무인
   ① 학수고대   ② 주마간산   ③ 연목구어   ④ 곡학아세   ⑤ 오만무도

26. 감언이설
   ① 임시방편   ② 방약무인   ③ 교언영색   ④ 주마가편   ⑤ 호가호위

도전 문제

27. 다음 글의 빈칸에 들어갈 말로 가장 적절한 것은?

> 세상에는 너무나 힘든 일이 많다. 도저히 되지 않을 것 같은 일들이 우리 주위에 쌓여 있다. 그렇지만 그것을 하지 않으면 안 되는 것은 우리가 인간이라는 존재이기 때문이다. 인간이 어디 신처럼 전지전능한 존재인가. 그러므로 불가능한 일이라도 열심히 노력하는 것이 인간다운 것이다. 말하자면 (   )의 심정으로 노력하는 데 인간적 매력이 있다는 것이다. 만약 이런 노력이나마 포기하고 만다면 그것은 절망이요, 낙망이요, 좌절이고, 진정 인간이기를 포기하는 것이다.

   ① 수수방관   ② 결초보은   ③ 우공이산   ④ 와신상담   ⑤ 조삼모사

　　이사를 오고 나서 한 달이 지나도록 아버지는 실상 이 문제를 풀지 못하고 있었다. 막상 닥치고 본즉, 입에 풀칠을 하는 일처럼 어려운 문제가 달리 없었기 때문이다. 반평생을 넘어 불혹의 나이를 살아오는 동안 당신이 의지해 온 것이라곤 오직 몇 마지기의 땅뙈기밖엔 없었다. 흙은 그래도 정직한 상대였다. 못지않게 정직한 아버지의 손을 거의 한 번도 배신한 적이 없었다. 그러나 이제 아버지 앞에 놓인 상대는 결코 함부로 믿을 수 ㉠있는 것이 못 되었다. 정직한 만큼 아버지는 무능했다.

　　그만하면 가진 돈도 바닥날 때가 되었을 법하다고 느낄 무렵, 아버지는 몇 가지 도구들을 떠메고 들어왔다. 하나는 풀빵을 구워내는 빵틀이었고, 다른 하나는 냉차 항아리였다. 뒤엣것은 나로서도 길거리에서 흔히 보아온 물건이었지만, 앞의 빵틀은 난생 처음 대해 보는 도구였다. 그것은 24개의 구멍이 가로세로 질서정연하게 파여 있는 무쇠판이었다.

　　흔한 ㉡냉수 한 사발도 공짜가 없는 게 도시의 삶이었다. 제자리에서 잠시 돌아누워도 당연히 그 대가를 치러야만 하는 것이다. ⓐ무위도식을 하며 산 한 달 동안 우리 가족이 터득한 지식이란 도시 생활의 그 냉엄한 질서였다. 아무 일에도 손을 대지 못한 채 (　ⓑ　)하기만 하던 아버지가 무슨 생각, 어떤 타산에서 마침내 그런 결단에 이르게 되었던가 하는 점은 어차피 문제 밖의 일이었다. 어쨌건 이 일은 ㉢아버지로서 처음이자 마지막인 투자임이 분명했다.

　　무슨 요술단지라도 구경하듯 신기해하는 식구들을 둘러보며 그러나 아버지는 호기 있게 말했다.

"자, 우리도 내일부터는 길거리로 나서는 거다. 그래가지고 이놈의 빵틀로 마구 돈을 찍어내는 거야. 암!"

　　아버지의 그 우직한 낙관론을 비판하고 싶은 사람은 아무도 없었다. 못지않게 우리의 기대 또한 컸다. 감히 입을 열어 말하지는 않았지만, 그러나 우리는 마음 ㉣설레게 수망했다. 그것이 단순한 빵틀이기를 ㉤넘어서 한꺼번에 스물넉 장의 지폐를 찍어내는 기계일 것을…… (중략)

　　야릇한 분위기였다. 조금은 허전하고, 또 조금은 거북스러운 그런 분위기였다. 하지만 결코 짜증스럽거나 서글픈 기분은 아니었다. 우리는 다만 서로의 얼굴을 쳐다보려 하지 않았을 따름이었다. 시선을 내리깐 채 우리는 말없이 젓가락을 집어 들었다.

"자, 먹자구. 밤도 깊고 하니 오늘 저녁밥은 이걸로 때워야지 뭐."

　　만찬의 시작을 선언하듯 아버지가 말하고 풀빵 하나를 통째로 입에다 넣었다. 그러고는 유리잔을 집어들며 또 말했다.

"서양 사람들은 만날 빵만 먹고 산다는데 우리라고 한두 끼 정도야 어떨라구. 시골구

석에 백혀 있어 봐. 이런 재미가 어디 있나……."

나는 풀빵을 하나 집어 아버지처럼 한 입에 냉큼 털어 넣었다. 그것은 식어서 차고 딱딱했다. 하지만 나는 열심히 먹어댔다. 미적지근한 냉차로 목을 연신 축여 가면서.

[A] 비로소 나는 한 가지 사실을 깨달았다. 누나와 내가 해종일 찍어낸 것은 아버지가 기대하던 지폐가 아니라 역시 풀빵에 지나지 않는다는 사실을. 그래서 나는 또 생각했다. 어쩌면 앞으로도 계속 지폐를 찍어 내는 일에는 실패할지도 모른다고.

만찬을 끝낸 우리 가족이 성냥개비들처럼 나란히 드러누웠을 때쯤엔 고단한 이웃들의 숨소리가 판자벽을 낭자하게 넘어 왔다.

– 이동하, 〈장난감 도시〉

28. 윗글의 [A]를 〈자료〉와 같이 바꿔 썼을 때, 얻을 수 있는 효과로 가장 적절한 것은?

(2016 중3 성취도평가)

┌─|자료|───

　　아들 녀석이 풀빵을 하나 집어 나처럼 한 입에 냉큼 털어 넣었다. 이미 다 식어서 차고 딱딱한 그것을 아들은 열심히 먹어댔다. 미적지근한 냉차로 목을 연신 축여 가면서 먹는 그 모습이 너무나 딱하게 느껴졌다.

　　뭔가가 잘못되어 가고 있다는 생각이 들었다. 우리 식구가 온종일 풀빵을 찍어 냈지만 주머니는 여전히 비어 있었다. 어쩌면 앞으로도 계속 이 모양 이 꼴일지도 모른다는 생각에 어깨가 무거워졌다.

───

① 배경의 특성을 상세하게 묘사할 수 있게 되었다.
② '아들'에 대한 '아버지'의 심정을 드러내게 되었다.
③ 작품의 분위기를 더 밝게 표현할 수 있게 되었다.
④ '아들'이 앞으로 취할 행동을 암시할 수 있게 되었다.
⑤ '아버지'와 식구 사이의 대립을 부각할 수 있게 되었다.

29. 〈자료〉는 윗글에 대한 할아버지와 손자의 반응이다. 할아버지가 손자보다 이 작품에 더 공감하는 까닭으로 가장 적절한 것은?

(2016 중3 성취도평가)

┌─|자료|───

손자: '장난감 도시' 라는 소설을 읽었는데, 잘 와 닿지 않는것 같아요. 할아버지는 어떠세요?

할아버지: 할아버지는 어린 시절이 생각나서 공감이 잘 되더구나. 나도 어려서부터 가난 때문에 참 고생 많이 했거든. 작가도 그런 경험이 있었던 게 아닌가 생각될 정도였어. 그때 그 시절을 생생하게 잘 표현했더구나.

　　나야 도시에서 태어나 지금까지 쭉 살아오고 있지만, 그때는 우리 동네에도 시골에서 올라온 분들이 많았단다. 나는 직장이 있어 굶지는 않았는데, 그분들은 빈손으로 올라와서 생계를 위해 이것저것 가리지 않고 일을 해야 했지. 그래도 그때는 정이 있었어. 없는 처지이면서도 조그만 것이라도 서로 나눌 줄 알았지.

① 작가의 생애와 관련한 배경 지식을 갖추고 있어서
② 직장을 잃어 가족을 부양하는 문제를 고민해 보아서
③ 작품 속 '아버지'와 같이 이웃과 나누는 삶을 중시해서
④ 농사를 포기하고 시골에서 도시로 이주한 경험이 있어서
⑤ 작품 속 '나'와 같이 배고프고 가난한 시절을 경험해서

30. ㉠~㉤에 대한 설명이 적절하지 <u>않은</u> 것은? (2016 중3 성취도평가)

① ㉠의 '것'과 같은 의존 명사는 앞의 단어와 띄어 써야 한다.
② ㉡처럼 '랭(冷)'이 단어의 첫머리에 오면 '냉'으로 적는다.
③ ㉢의 '로서'는 도구나 수단을 나타내는 의미로 쓰인다.
④ ㉣은 기본형이 '설레다'이므로 명사형으로 만들면 '설렘'이 된다.
⑤ ㉤은 '먹어서'처럼 용언의 어간을 밝혀 적은 것이다.

31. ⓐ의 뜻풀이로 가장 적절한 것은?

① 하는 일 없이 놀고먹음.   ② 이리저리 몹시 바쁘게 돌아다님.
③ 갈 바를 몰라 이리저리 돌아다님.   ④ 정처 없이 떠돌아다니며 빌어먹음.
⑤ 거친 옷을 입고 나쁜 음식을 먹음.

32. ⓑ에 들어가기에 가장 적절한 말은?

① 부화뇌동   ② 우유부단   ③ 호가호위   ④ 침소봉대   ⑤ 주경야독

[정답] 1. ㉱ 2. ㉢ 3. ㉤ 4. ㉻ 5. ㉣ 6. ㉠ 7. ㉡ 8. ㉤ 9. ◎ 10. ㉾ 11. × 12. ○ 13. × 14. × 15. ○ 16. ○ 17. ○ 18. × 19. × 20. × 21. ○ 22. ③ 23. ④ 24. ② 25. ⑤ 26. ③ 27. ③ 28. ② 29. ⑤ 30. ③ 31. ① 32. ②

[해설] 28. 서술자가 아들에서 아버지로 바뀜으로써 아버지의 심정을 잘 드러낼 수 있게 되었다. 30. ㉢ '로서'는 지위나 신분 또는 자격을 나타낸다. 31. ② 동분서주(東奔西走) ③ 헤매다 ④ 유리걸식(流離乞食) ⑤ 악의악식(惡衣惡食) 32. 우유부단(優柔不斷): 어물어물 망설이기만 하고 결단성이 없음.

□ **가렴주구**

苛 가혹할 **가** 斂 거둘 **렴**
誅 벨 **주** 求 구할 **구**

세금을 가혹하게 거두어들이고, 무리하게 재물을 빼앗음.

▶ 왕실의 **가렴주구** 때문에 민란이 일어났다.

□ **갑론을박**

甲 첫째 **갑** 論 논할 **론**
乙 둘째 **을** 駁 논박할 **박**

여러 사람이 서로 자신의 주장을 내세우며 상대편의 주장을 반박함.

▶ 그 문제에 대해 여러 사람들이 **갑론을박**했지만 해결책을 찾지는 못했다.

참고 설왕설래(說 말씀 설 往 갈 왕 說 말씀 설 來 올 래): 서로 변론을 주고받으며 옥신각신함. 또는 말이 오고 감.

▶ 새로 전학생이 오자 반 친구들 간에 그에 관한 이야기가 **설왕설래**하였다.

중구난방(衆 무리 중 口 입 구 難 어려울 난 防 막을 방): (뭇사람의 말을 막기가 어렵다. →) 일일이 막아 내기 어려울 정도로 여럿이 마구 지껄임.

▶ 사회자의 제지에도 아랑곳없이 저마다 **중구난방**으로 떠들어대고 있었다.

□ **격세지감**

隔 사이뜰 **격** 世 인간 **세**
之 ~의 **지** 感 느낄 **감**

오래지 않은 동안에 몰라보게 변하여 아주 다른 세상이 된 것 같은 느낌

▶ 논밭이었던 곳이 도시로 변한 것을 보니 **격세지감**이 든다.

□ **고립무원**

孤 외로울 **고** 立 설 **립**
無 없을 **무** 援 도울 **원**

고립되어 구원을 받을 데가 없음.

▶ 오랫동안 주변 사람들을 속여 온 사실이 발각된 그는 **고립무원**의 처지가 되었다.

참고 사면초가(四 넉 사 面 낯 면 楚 초나라 초 歌 노래 가): 아무에게도 도움을 받지 못하는, 외롭고 곤란한 처지(← 한고조의 군에 패하여 해하에서 사면이 포위된 상태에 있던 초나라 항우가 한나라 군사 쪽에서 들려오는 초의 노래를 듣고 초나라 군사가 이미 항복한 줄 알고 놀라서 애첩 우미인과 자결했다는 데서 유래) ▶ 성 밖에도 적, 성 안에도 적, 그야말로 **사면초가**였다.

□ **괄목상대**

刮 비빌 **괄** 目 눈 **목**
相 서로 **상** 對 대할 **대**

(눈을 비비고 상대편을 본다. ➡) 남의 학식이나 재주가 놀랄 만큼 부쩍 늚.

▶ 피나는 노력의 결과 그의 노래 실력이 **괄목상대**했다.

□ **금상첨화**

錦 비단 **금** 上 위 **상**
添 더할 **첨** 花 꽃 **화**

(비단 위에 꽃을 더한다. ➡) 좋은 일 위에 또 좋은 일이 더하여짐.

▶ 성적이 오른 데다 상까지 받게 되니 그야말로 **금상첨화**이다.

참고 다다익선(多 많을 다 多 많을 다 益 더할 익 善 착할 선): 많으면 많을수록 더욱 좋음.

▶ 친구는 **다다익선**이다.

□ **누란지위**

累 여러 **누** 卵 알 **란**
之 ~의 **지** 危 위태할 **위**

(층층이 쌓아 놓은 알의 위태로움 ➡) 몹시 아슬아슬한 위기

▶ 논개는 **누란지위**에 처한 나라를 구하기 위해 왜장을 안고 진주 남강에 떨어져 죽었다.

참고 백척간두(百 일백 백 尺 자 척 竿 장대 간 頭 머리 두): (백 자나 되는 높은 장대 위에 올라서다. →) 몹시 어렵고 위태로운 지경

▶ 지금은 국가의 운명이 **백척간두**에 선 절박한 시기라는 것을 잊지 마라.

풍전등화(風 바람 풍 前 앞 전 燈 등 등 火 불 화): (바람 앞의 등불 →) 사물이 매우 위태로운 처지에 놓여 있음.
▶ 그는 **풍전등화**와 같은 나라의 운명을 걱정하였다.
절체절명(絕 끊을 절 體 몸 체 絕 끊을 절 命 목숨 명): (몸도 목숨도 다 되다. →) 어찌할 수 없는 절박한 지경
▶ 그는 **절체절명**의 위기에서 간신히 목숨을 구하였다.

☐ **난공불락**

難 어려울 **난** 攻 칠 **공**
不 아닐 **불** 落 떨어질 **락**

공격하기가 어려워 쉽사리 함락되지 아니함.
▶ **난공불락**의 요새라던 그 성이 적군의 공격에 허무하게 함락되었다.

☐ **난형난제**

難 어려울 **난** 兄 형 **형**
難 어려울 **난** 弟 아우 **제**

(누구를 형이라 하고 누구를 아우라 하기 어렵다. ➡) 두 사물이 비슷하여 낫고 못함을 정하기 어려움.
▶ 결승전에서 만난 두 선수는 **난형난제**라 결과를 점치기 어렵다.
참고 호형호제(呼 부를 호 兄 형 형 呼 부를 호 弟 아우 제): (서로 형이니 아우니 하고 부른다. →) 매우 가까운 친구로 지냄.
▶ 우리는 어릴 때부터 **호형호제**하며 친형제보다 더 가깝게 지냈다.

☐ **동병상련**

同 같을 **동** 病 병 **병**
相 서로 **상** 憐 불쌍히 여길 **련**

(같은 병을 앓는 사람끼리 서로 가엾게 여긴다. ➡) 어려운 처지에 있는 사람끼리 서로 불쌍히 여겨 동정하고 서로 도움.
▶ 아들은 잃은 나와 딸을 잃은 그는 서로에게 **동병상련**의 감정을 느꼈다.

☐ **만시지탄**

晩 늦을 **만** 時 때 **시**
之 ~의 **지** 歎 탄식할 **탄**

어떤 일에 알맞은 때가 지났음을 안타까워하는 탄식
▶ 학창 시절에 열심히 공부하지 않은 것을 후회했지만 **만시지탄**이었다.

☐ **배수진**

背 등 **배** 水 물 **수**
陣 진칠 **진**

(강이나 바다를 등지고 치는 진. 병사들이 물러서지 못하므로 힘을 다하여 싸우게 된다. ➡) 어떤 일을 성취하기 위하여 더 이상 물러설 수 없음.
▶ 이번 경기에서 지면 탈락하기 때문에 두 팀 모두 **배수진**을 치고 공격적인 경기를 펼쳤다.

☐ **사고무친**

四 넉 **사** 顧 돌아볼 **고**
無 없을 **무** 親 친할 **친**

의지할 만한 사람이 아무도 없음.
▶ **사고무친**한 타향에서 살다 보니 외롭고 쓸쓸하기 이를 데 없다.
참고 혈혈단신(孑 외로울 혈 孑 외로울 혈 單 홑 단 身 몸 신): 의지할 곳이 없는 외로운 홀몸
▶ 할아버지는 전쟁 중에 **혈혈단신**으로 월남하였다.
사고(事 일 사 故 연고 고)뭉치: 늘 사고나 말썽을 일으키는 사람
▶ 하나뿐인 아들이 **사고뭉치**여서 그는 항상 걱정이다.

☐ **산전수전**

山 산 **산** 戰 싸움 **전**
水 물 **수** 戰 싸움 **전**

(산에서도 싸우고 물에서도 싸운다. ➡) 세상의 온갖 고생과 어려움을 다 겪었음. ▶ 그는 장돌뱅이 노릇 30년에 **산전수전** 다 겪은 몸이었다.
참고 천신만고(千 일천 천 辛 매울 신 萬 일만 만 苦 쓸 고): (천 가지 매운 것과 만 가지 쓴 것 →) 온갖 어려운 고비를 다 겪으며 심하게 고생함.
▶ 그는 **천신만고** 끝에 전쟁터에서 살아서 돌아왔다.

☐ **상전벽해** 桑 뽕나무 **상** 田 밭 **전** 碧 푸를 **벽** 海 바다 **해**	(뽕나무밭이 변하여 푸른 바다가 된다. ➡) 세상일의 변천이 심함. ▶ 어린 시절 뛰놀던 고향은 **상전벽해**라는 말이 어울릴 만큼 크게 변해 있었다.
☐ **수구초심** 首 머리 **수** 丘 언덕 **구** 初 처음 **초** 心 마음 **심**	(여우가 죽을 때에 머리를 자기가 살던 굴이 있는 언덕 쪽으로 둔다. ➡) 고향을 그리워하는 마음 ▶ **수구초심**이라더니 나이가 들수록 고향 생각이 간절합니다.
☐ **악전고투** 惡 악할 **악** 戰 싸움 **전** 苦 쓸 **고** 鬪 싸울 **투**	매우 어려운 조건을 무릅쓰고 힘을 다하여 고생스럽게 싸움. ▶ 아군은 **악전고투** 끝에 간신히 적군을 물리쳤다.
☐ **어부지리** 漁 고기잡을 **어** 夫 지아비 **부** 之 ~의 **지** 利 이로울 **리**	두 사람이 이해관계로 서로 싸우는 사이에 엉뚱한 사람이 애쓰지 않고 가로챈 이익(⬅ 도요새가 무명조개의 속살을 먹으려고 부리를 조가비 안에 넣는 순간 무명조개가 껍데기를 다물어 부리를 놔 주지 않았는데, 이렇게 둘이 다투는 틈을 타서 어부가 둘 다 잡아 이익을 얻었다는 데서 유래) ▶ 여당 후보와 야당 후보의 다툼 속에서 무소속 후보가 **어부지리**로 당선되었다.
☐ **언어도단** 言 말씀 **언** 語 말씀 **어** 道 길 **도** 斷 끊을 **단**	(말할 길이 끊어지다. ➡) 어이가 없어서 말문이 막힘. ▶ 하급 공무원이 그렇게 비싼 차를 몬다는 것은 **언어도단**이다.
☐ **오리무중** 五 다섯 **오** 里 마을 **리** 霧 안개 **무** 中 가운데 **중**	(오 리나 되는 짙은 안개 속에 있다. ➡) 일의 갈피를 잡을 수 없거나 사람의 행적을 전혀 알 수가 없음. ▶ 범인의 행방은 여전히 **오리무중**이다.
☐ **오매불망** 寤 잠깰 **오** 寐 잘 **매** 不 아닐 **불** 忘 잊을 **망**	자나 깨나 잊지 못함. ▶ 부부는 잃어버린 자식을 **오매불망**하였다.
☐ **오비이락** 烏 까마귀 **오** 飛 날 **비** 梨 배나무 **이** 落 떨어질 **락**	(까마귀 날자 배 떨어진다. ➡) 아무 관계도 없이 한 일이 공교롭게도 때가 같아 억울하게 의심을 받거나 난처한 위치에 서게 됨. ▶ **오비이락**으로 하필 그 시간에 그 가게에 들른 바람에 의심을 받고 있다.
☐ **오월동주** 吳 나라이름 **오** 越 나라이름 **월** 同 한가지 **동** 舟 배 **주**	서로 적의를 품은 사람들이 한자리에 있게 된 경우나 서로 협력하여야 하는 상황(⬅ 중국 춘추 전국 시대에 서로 적대시하는 오나라 왕 부차와 월나라 왕 구천이 같은 배를 탔다가 풍랑을 만나서 서로 단합하여야 했다는 데에서 유래) ▶ 서로 경쟁하던 한국과 일본의 두 기업이 중국 기업의 부상을 막기 위해 **오월동주**하고 있다.

오합지졸

烏 까마귀 **오** 合 합할 **합**
之 ~의 **지** 卒 병졸 **졸**

(까마귀가 모인 것처럼 질서가 없이 모인 병졸 ➡) 임시로 모여들어서 규율이 없고 무질서한 병졸 또는 군중

▶ 처음 의병으로 모여든 이들은 의기만 가득할 뿐 **오합지졸**에 불과했다.

참고 일사불란(一 한 **일** 絲 실 **사** 不 아닐 **불** 亂 어지러울 **란**): (한 오라기 실도 엉키지 않는다. → 질서가 정연하여 조금도 흐트러지지 아니함. * 일사분란(×)

▶ 훈련병들이 **일사불란**하게 행진하였다.

용호상박

龍 용 **용** 虎 범 **호**
相 서로 **상** 搏 두드릴 **박**

(용과 범이 서로 싸운다. ➡) 강자끼리 서로 싸움.

▶ 중국 시장을 놓고 글로벌 기업들이 **용호상박** 중이다.

이구동성

異 다를 **이** 口 입 **구**
同 한가지 **동** 聲 소리 **성**

(입은 다르나 목소리는 같다. ➡) 여러 사람의 말이 한결같음.

▶ 모든 사람이 그를 **이구동성**으로 칭찬했다.

참고 일구이언(一 한 **일** 口 입 **구** 二 두 **이** 言 말씀 **언**): (한 입으로 두 말을 한다. → 한 가지 일에 대하여 말을 이랬다저랬다 함. ▶ **일구이언**하지 말고 어제 한 말을 반드시 지켜 주십시오.

이전투구

泥 진흙 **이** 田 밭 **전**
鬪 싸울 **투** 狗 개 **구**

(진흙탕에서 싸우는 개 ➡) 자기의 이익을 위하여 비열하게 다툼.

▶ 이번 국회의원 선거는 후보자 간의 비방, 고소·고발로 **이전투구**의 양상을 띠게 되었다.

일촉즉발

一 한 **일** 觸 닿을 **촉**
卽 곧 **즉** 發 필 **발**

한 번 건드리기만 해도 폭발할 것같이 몹시 위급한 상태

▶ 두 나라 사이에는 **일촉즉발**의 긴장감이 감돌았다.

일취월장

日 날 **일** 就 나아갈 **취**
月 달 **월** 將 발전할 **장**

나날이 다달이 자라거나 발전함.

▶ 지속적으로 훈련한 결과 선수의 경기력이 **일취월장**하였다.

자가당착

自 스스로 **자** 家 집 **가**
撞 칠 **당** 着 붙을 **착**

한 사람의 말이나 행동이 앞뒤가 서로 맞지 아니하고 모순됨.

▶ 지금 당신이 한 말은 처음의 주장을 스스로 부인하는 **자가당착**에 빠진 것입니다.

자승자박

自 스스로 **자** 繩 노끈 **승**
自 스스로 **자** 縛 얽을 **박**

(자기의 줄로 자기 몸을 옭아 묶는다. ➡) 자기가 한 말과 행동에 자기 자신이 옭혀 곤란하게 됨.

▶ 그 연예인은 문란한 사생활 때문에 인기가 떨어졌으니 **자승자박**이라 할 수 있다.

적반하장

賊 도둑 **적** 反 돌이킬 **반**
荷 멜 **하** 杖 지팡이 **장**

(도둑이 도리어 매를 든다. ➡) 잘못한 사람이 아무 잘못도 없는 사람을 나무람.

▶ 자기가 먼저 거짓말을 해 놓고선 내가 자신을 믿지 않는다고 탓하다니 **적반하장**도 유분수지. ≒ 방귀 뀐 놈이 성낸다.

참고 주객전도(主 주인 **주** 客 손 객 顚 엎드러질 **전** 倒 넘어질 **도**): (주인과 손의 위치가 서로 뒤바뀐다. →) 사물의 경중·선후·완급 따위가 서로 뒤바뀜.

▶ 사은품으로 주는 연예인 사진 때문에 그 물건을 산다고 하니 **주객전도**가 따로 없군.

전대미문

前 앞 **전** 代 시대 **대**
未 아닐 **미** 聞 들을 **문**

이제까지 들어 본 적이 없다는 뜻으로, 아주 놀랍고 획기적인 일을 이름.

▶ 그 선수는 25연승이라는 **전대미문**의 대기록을 세웠다.

[참고] 파천황(破 깨뜨릴 파 天 하늘 천 荒 거칠 황): (천지가 아직 열리지 않은 혼돈 상태인 천황을 깨다. →) 이전에 아무도 하지 못한 일을 처음으로 해냄.

▶ 이번 승리는 아무도 예측하지 못했고, 도무지 믿어지지 않는 **파천황**의 일이다.

전전반측

輾 돌아누울 **전** 轉 구를 **전**
反 돌이킬 **반** 側 곁 **측**

누워서 몸을 이리저리 뒤척이며 잠을 이루지 못함.

▶ 나는 시험 걱정 때문에 밤새도록 **전전반측**하였다.

전화위복

轉 구를 **전** 禍 재앙 **화**
爲 할 **위** 福 복 **복**

재앙과 근심, 걱정이 바뀌어 오히려 복이 됨.

▶ 현재의 어려움을 **전화위복**의 계기로 삼아야 한다.

점입가경

漸 점점 **점** 入 들 **입**
佳 아름다울 **가** 境 지경 **경**

❶ 점점 더 좋거나 재미가 있음.

▶ 그 산은 안으로 들어갈수록 그 멋이 **점입가경**이다.

❷ 시간이 지날수록 하는 짓이나 몰골이 더욱 꼴불견임.

▶ 두 사람 사이의 낯 뜨거운 폭로전은 **점입가경**으로 치달았다.

좌충우돌

左 왼쪽 **좌** 衝 찌를 **충**
右 오른쪽 **우** 突 부딪칠 **돌**

아무에게나 또는 아무 일에나 함부로 맞닥뜨림.

▶ 초기에는 **좌충우돌**하기도 했지만 점차 사업이 안정기에 접어들었다.

[참고] 우왕좌왕(右 오른쪽 우 往 갈 왕 左 왼쪽 좌 往 갈 왕): 이리저리 왔다 갔다 하며 일이나 나아가는 방향을 종잡지 못함.

▶ 불이 나자 건물 안 사람들은 어디로 대피해야 할지 몰라 **우왕좌왕**하였다.

진퇴양난

進 나아갈 **진** 退 물러날 **퇴**
兩 두 **양** 難 어려울 **난**

이러지도 저러지도 못하는 어려운 처지

▶ 매출 부진으로 인해 계속 투자하기도, 투자를 멈추기도 어려운 **진퇴양난**에 처하였다.

파죽지세

破 깨뜨릴 **파** 竹 대 **죽**
之 ~의 **지** 勢 형세 **세**

(대를 쪼개는 기세 ➡) 적을 거침없이 물리치고 쳐들어가는 기세

▶ 아군은 **파죽지세**로 진격하였다.

혹세무민

惑 미혹할 **혹** 世 인간 **세**
誣 속일 **무** 民 백성 **민**

세상을 어지럽히고 백성을 미혹하게 하여 속임.

▶ **혹세무민**하는 사이비 종교를 경계하여야 한다.

환골탈태

換 바꿀 **환** 骨 뼈 **골**
奪 빼앗을 **탈** 胎 아이 밸 **태**

(뼈대를 바꾸어 끼고 태를 바꾸어 쓴다. ➡) 낡은 제도나 관습 따위를 고쳐 모습이나 상태가 새롭게 바뀜. 용모가 이전에 비하여 매우 새롭고 아름다워짐.

▶ 시대의 변화에 맞추어 발전하려면 공기업들도 **환골탈태**하지 않을 수 없다.

[1~13] 다음 풀이에 해당하는 한자성어를 〈보기〉에서 고르시오.

1. 많으면 많을수록 더욱 좋음.

2. 어찌할 수 없는 절박한 경우

3. 이제까지 들어 본 적이 없음.

4. 좋은 일 위에 또 좋은 일이 더하여짐.

5. 질서가 정연하여 조금도 흐트러지지 아니함.

6. 잘못한 사람이 아무 잘못도 없는 사람을 나무람.

7. 어려운 처지에 있는 사람끼리 서로 가엾게 여김.

8. 무슨 일에 대하여 방향이나 갈피를 잡을 수 없음.

9. 시간이 지날수록 하는 짓이나 몰골이 더욱 꼴불견임.

10. 자기가 한 말과 행동에 자기 자신이 옭혀 곤란하게 됨.

11. 세금을 가혹하게 거두어들이고, 무리하게 재물을 빼앗음.

12. 같은 사람의 말이나 행동이 앞뒤가 서로 맞지 아니하고 모순됨.

13. 서로 적의를 품은 사람들이 한자리에 있게 된 경우나 서로 협력하여야 하는 상황

┌ 보 기 ┐
㉠ 가렴주구	㉡ 금상첨화	㉢ 다다익선	㉣ 동병상련	㉤ 오리무중
㉥ 오월동주	㉦ 일사불란	㉧ 자가당착	㉨ 자승자박	㉩ 적반하장
㉪ 전대미문	㉫ 절체절명	㉬ 점입가경		

[14~26] 밑줄 친 한자성어의 쓰임이 문맥에 맞으면 ○, 맞지 않으면 ×에 표시하시오.

14. 적군의 저지선을 돌파한 아군이 파죽지세로 진격하였다. (○ / ×)

15. 이 집 음식을 먹어본 사람들은 이구동성으로 맛있다고 말한다. (○ / ×)

16. 고려의 유신 길재는 고국의 멸망을 한탄하는 만시지탄의 시조를 남겼다. (○ / ×)

17. 나이가 들수록 과거의 일들을 아름다운 추억으로 괄목상대하게 마련이다. (○ / ×)

18. 이번 올림픽은 30년 만에 다시 우리나라에서 개최되는 파천황의 경사이다. (○ / ×)

19. 한국산 제품이 세계 시장에서 초일류로 인정받는 것을 보면 격세지감이 든다. (○ / ×)

20. 성공한 뒤에도 어려웠던 과거 시절을 잊지 않는 수구초심의 자세가 필요하다. (○ / ×)

21. 우리 선수들은 대량 득점을 노리는 상대팀의 공격을 막기 위해 배수진을 쳤다. (○ / ×)

22. 여러 패로 나뉜 주민들은 회의가 시작된 뒤에도 <u>중구난방</u>으로 소리만 지르고 있었다.
(○ / ×)

23. 결승전에서 상대팀의 어이없는 실수로 인해 우리 팀이 <u>어부지리</u>로 우승을 하게 되었다.
(○ / ×)

24. 그는 민족의 독립을 위해 기꺼이 자신을 희생하겠다는 <u>환골탈태</u>의 의지를 다졌다.
(○ / ×)

25. 최종 심사에 오른 두 후보가 서로를 격려하면서 <u>이전투구</u>의 훈훈한 모습을 보여 주었다.
(○ / ×)

26. <u>오비이락</u>이라고 하필 내가 움직인 순간 소리가 나는 바람에 방귀를 뀐 것으로 의심을 받
게 되었다. (○ / ×)

[27~31] 제시된 말과 유사한 의미를 지닌 말을 고르시오.

27. 산전수전
　　① 일촉즉발　　② 혹세무민　　③ 전전반측　　④ 천신만고　　⑤ 난공불락

28. 혈혈단신
　　① 악전고투　　② 오합지졸　　③ 사고무친　　④ 오월동주　　⑤ 오리무중

29. 갑론을박
　　① 우왕좌왕　　② 설왕설래　　③ 일구이언　　④ 언어도단　　⑤ 자가당착

30. 고립무원
　　① 자승자박　　② 진퇴양난　　③ 혹세무민　　④ 동병상련　　⑤ 사면초가

31. 누란지위
　　① 파죽지세　　② 좌충우돌　　③ 금상첨화　　④ 풍전등화　　⑤ 일사불란

32. ㉠과 가장 잘 어울리는 말은?

자연의 이용이 도리어 재앙을 가져온 예들은 인류 역사의 초기부터 있어 왔다. 지중해 연안은 한때 고대 그리스와 로마 문명을 비롯해서 여러 문명이 발생했다 사라진 곳인데, 오늘날의 모습을 보면 과연 이곳이 당시 최고의 문명을 자랑했던 곳이었는지 의심스럽다. 그 중에 에페소스는 로마가 거대한 제국을 건설했던 시기에 번성했던 유명한 해양 도시였다. 그러나 ㉠지금은 거대한 원형 경기장을 비롯해서 대리석 기둥, 훌륭한 조각품의 잔재들만이 폐허로 변해 버린 도시 전체에 흩어져 있을 뿐이다.

① 괄목상대(刮目相對)　　② 상전벽해(桑田碧海)　　③ 사면초가(四面楚歌)
④ 연목구어(緣木求魚)　　⑤ 전화위복(轉禍爲福)

33. 다음 밑줄 친 부분에 해당하는 한자성어로 바른 것은?

이지적(理智的)이요, 이론적(理論的)이기는 둘이 더하고 덜할 것이 없지마는, 다만 덕기는 있는 집 자식이요, 해사하게 생긴 그 얼굴 모습과 같이 명쾌한 가운데도 안존하고 순편한 편이요, 병화는 거무튀튀하고 유들유들한 맛이 있으니만큼 남에게 좀처럼 머리를 숙이지 않는 고집이 있어 보인다.

① 난형난제(難兄難弟)　　② 호형호제(呼兄呼弟)　　③ 용호상박(龍虎相搏)
④ 주객전도(主客顚倒)　　⑤ 백척간두(百尺竿頭)

[34~37] 다음 글을 읽고, 물음에 답하시오.

결국 그날 아침부터 동방요배*란 허수아비 놀이가 또 하나 늘어났다. 조회 개시와 동시에 학생들은 동쪽을 향해서 '우향우'를 했다. 그날은 바로 교장 자신의 간단한 설명과 호령에 따라 교사와 학생들이 모두 동쪽을 향해서 90도로 허리를 굽혔다.

김인철 교사는 암만해도 90도까지는 허리가 쉬 접어들지 않았다. 학생들 가운데서도 킥킥거리는 소리가 들렸다.

그날의 아침 모임은, 동방요배에 대한 교장의 장황한 훈화로써 끝났다. 아니 보통 모임 시간보다 약 반 시간이나 더 걸렸다. 그럼에도 불구하고 이 동방요배로 말미암아 가끔 말썽이 있었다.

한번은 일부 학생들이 요배 중에 한꺼번에 웃어 버렸다. 앞줄에 있던 한 놈이 허리를 몹시 꺾다가 별안간 방귀를 뀌었기 때문이었다. 너무 긴장했던 (㉠)인지 그놈이 또 소프라노에 가까웠던 것이다. 교장은 그 탱자 두상이 덜덜 진동을 할 정도로 화를 냈다. 물론 예배는 다시 했었지만 그는 직원실에 돌아와서도 내처 투덜거렸다.

김인철 교사가 맡고 있는 2학년 한 놈이 동방요배 때 무릎 밑까지 드리웠던 손으로 땅에 낙서를 하다가 '야마가와'란 일본인 교사에게 들켰던 것이다. 현장에서는 그 녀석만 '야마가와'에게 주의를 받았지만, 나중에는 결국 교장의 귀에까지 그 말이 들어가서, 그것도 예의 방귀 사건과 함께 직원 모임에서 논란의 대상이 되었다. '수미' 교장의 주장에 의하면, 학생들의 예배 태도가 그렇게 불손한 것은 결국 교사들의 평소 지도가 부족했기 때문이란 것이었다.

"더구나 요배를 한다는 놈이 땅에 낙서를 하고 나자빠졌다는 것은, 그건 단순히 요배 태도가 나빴다기보다 오히려 사상이 의심스럽다고 볼 수밖에 없습니다. 담임선생으로서는 어떻게 생각합니까?"

결국 담임에게까지 불이 튀어 왔다. 사상! 드디어 식민지 교장의 본색을 드러낸 셈이었다.

김인철 교사는 그것을 눈치 못 챌 정도의 바보는 아니었다. 말이 사상 문제에까지 미친 이상 그냥 듣고만 넘길 수는 없다고 생각했다. 그는 '수미' 교장을 향해서 정색을 하였다.

[A] "그건 교장 선생님의 말씀이 좀 지나쳤다고 생각합니다. 큰절을 하다가 땅에 닿은 손가락이 뭘 좀 그렸다고 해서 그걸 가지고 아직 열 살도 못 되는 어린애의 사상이 어떠니 하는 식으로 다룬다는 것은 ㉡언어도단이라고 생각합니다. 그러한 사고방식은 자칫하면 생사람을 잡는 결과밖에 되지 않을 겁니다. 교육자로서 취할 태도가 아니라고 생각합니다."

김인철 교사의 언성은 의외로 높아졌다. 그는 '교육자'란 말에 특별히 힘을 주었다.

복도를 지나가던 학생들이 별안간 무슨 싸움이라도 벌어졌나 하고 직원실 앞을 흘깃거렸다. 김 교사의 말이 너무 불퉁스러웠던 탓인지, '수미' 교장은 그 자리에선 더 말을 계속하지 않았다.

* 동방요배(東 동녘 동 方 방향 방 遙 멀 요 拜 절할 배): 일제 강점기에 일본 왕이 있는 동쪽을 향해 절하던 의식

– 김정한, 〈어둠 속에서〉

34. 위 작품에 드러난 시대적 상황을 바르게 이해한 것은? (2011 중3 성취도평가)

① 일본인 교사들은 물질적 욕심을 채우기 위해 학생들을 괴롭혔다.

② 조선인 학생들은 일본 왕을 섬겨야 한다는 가치관을 강요받았다.

③ 교사와 학생들을 중심으로 조직적인 저항 운동이 나타나기 시작했다.

④ 일본에 의해 유입된 새로운 종교가 우리 민족의 전통 신앙을 대신했다.

⑤ 일제의 새로운 교육 방침에 반대하는 일본인 교사들이 나타나기 시작했다.

35. [A]에 드러난 인물의 심리에 대한 설명으로 가장 적절한 것은? (2011 중3 성취도평가)

① 교장의 뜻을 거역하는 것에 부담을 느끼고 있다.

② 교장의 말에 맞서 교육자적 양심을 지키려 하고 있다.

③ 교장의 지시를 제대로 따르지 않는 학생들에게 화가 나 있다.

④ 자신의 힘으로 극복할 수 없는 비극적 운명을 수용하고 있다.

⑤ 자신의 신념을 지지해 주지 않는 동료 교사들에게 실망하고 있다.

36. ㉠에 들어가기에 적절하지 <u>않은</u> 것은?

① 탓　　　② 때문　　　③ 덕분　　　④ 까닭　　　⑤ 소치

37. ㉡의 뜻풀이로 적절한 것은?

① 상황에 따라 다르게 말함.

② 이미 한 말을 자꾸 되풀이함.

③ 변명할 말이 없어서 변명을 못함.

④ 어이가 없어서 말하려 해도 말할 수 없음.

⑤ 실속은 없으면서 큰소리치거나 허세를 부림.

[정답] 1. ⓒ 2. ⓔ 3. ㉠ 4. ㉡ 5. ⓐ 6. ㉛ 7. ⓔ 8. ㉤ 9. ㉣ 10. ㉝ 11. ㉠ 12. ⓞ 13. ⓗ 14. ○ 15. ○ 16. × 17. × 18. × 19. ○ 20. × 21. ○ 22. ○ 23. × 24. × 25. × 26. ○ 27. ④ 28. ③ 29. ② 30. ⑤ 31. ④ 32. ② 33. ① 34. ② 35. ② 36. ③ 37. ④

[해설] 16. 고국의 멸망을 한탄하는 것은 '맥수지탄(麥 보리 맥 秀 꽃필 수 之 ~의 지 嘆 탄식할 탄)'이다. 기자(箕子)가 그의 조국인 은(殷)나라가 멸망한 뒤에도 보리만은 잘 자라는 것을 보고 한탄했다는 고사에서 유래했다. 18. 두 번째이므로 '파천황'과 어울리지 않는다. 23. 둘이 다투는 가운데 엉뚱한 제삼자가 이득을 본 경우가 아니므로 '어부지리'를 쓸 수 없다. 36. '덕분'은 '베풀어 준 은혜나 도움'을 의미하는 말로, 긍정적인 의미를 표현할 때 쓰인다. ⑤ 소치(所致): 어떠한 까닭에서 빚어진 일. 탓

☐ **갑남을녀**

甲 갑옷 **갑** 男 사내 **남**
乙 새 **을** 女 여자 **녀**

(갑이란 남자와 을이란 여자 ➡) 평범한 사람

▶ 나 역시 사람들과 부대끼며 살아가는 **갑남을녀**의 하나이다.

[참고] 장삼이사(張 성씨 장 三 석 삼 李 성씨 이 四 넉 사): (장 씨의 셋째 아들과 이 씨의 넷째 아들 →) 이름이나 신분이 특별하지 아니한 **평범한 사람들**

▶ 그는 평화로운 시대에 태어났더라면 **장삼이사**로 조용하게 살다 죽었을 사람이다.

초동급부(樵 나무할 초 童 아이 동 汲 길을 급 婦 지어미 부): (땔나무를 하는 아이와 물을 긷는 아낙네 →) **평범한 사람**

▶ 그 사실은 **초동급부**도 아는 것이다.

필부필부(匹 짝 필 夫 지아비 부 匹 짝 필 婦 지어미 부): **평범한 남녀**

▶ 그들은 **필부필부**로 만나 백년가약(百 일백 백 年 해 년 佳 아름다울 가 約 약속할 약)을 맺게 되었다.

☐ **견물생심**

見 볼 **견** 物 물건 **물**
生 날 **생** 心 마음 **심**

어떠한 실물을 보게 되면 그것을 가지고 싶은 욕심이 생김.

▶ **견물생심**이라고 책상 위에 놓인 돈을 본 순간 나도 모르게 손이 갔다.

☐ **결자해지**

結 맺을 **결** 者 사람 **자**
解 풀 **해** 之 그것 **지**

(맺은 사람이 푼다. ➡) 일을 저지른 사람이 그 일을 해결하여야 함.

▶ 일본은 위안부 문제에 대해 **결자해지**의 자세로 임해야 한다.

☐ **경국지색**

傾 기울 **경** 國 나라 **국**
之 ~의 **지** 色 빛 **색**

(임금이 혹하여 나라가 기울어져도 모를 정도의 미인 ➡) 뛰어난 미인

▶ 소녀는 자라서 양귀비 같은 **경국지색**이 되었다.

[참고] 절세가인(絶 끊을 절 世 인간 세 佳 아름다울 가 人 사람 인): 세상에 견줄 만한 사람이 없을 정도로 뛰어나게 **아름다운 여인**

▶ 아이는 **절세가인**이었던 어머니를 닮아 앙증스럽고 예뻤다.

단순호치(丹 붉을 단 脣 입술 순 皓 흴 호 齒 이 치): (붉은 입술과 하얀 치아 ➡) **아름다운 여자**

▶ 처음 본 그녀의 모습은 그야말로 **단순호치**였다.

☐ **고진감래**

苦 쓸 **고** 盡 다할 **진**
甘 달 **감** 來 올 **래**

(쓴 것이 다하면 단 것이 온다. ➡) 고생 끝에 즐거움이 옴.

▶ **고진감래**라더니 막노동으로 힘들게 교육시킨 아들이 박사가 되었다.

[참고] 흥진비래(興 일어날 흥 盡 다할 진 悲 슬플 비 來 올 래): (즐거운 일이 다하면 슬픈 일이 온다. →) 세상일은 좋고 나쁜 일이 순환되는 것임.

▶ 인생은 **흥진비래**라고 하니, 매사에 너무 자만하지도, 또 낙담하지도 말게.

☐ **과유불급**

過 지날 **과** 猶 오히려 **유**
不 아닐 **불** 及 미칠 **급**

(정도를 지나침은 미치지 못함과 같다. ➡) 중용(中 가운데 중 庸 떳떳할 용: 지나치거나 모자라지 않고 한쪽으로 치우치지도 않은, 떳떳하며 변함이 없는 상태나 정도)이 중요함.

▶ **과유불급**이니 너무 깊숙이 파고들지는 마십시오.

관포지교

管 대롱 관 鮑 절인 물고기 포
之 ~의 지 交 사귈 교

(관중과 포숙의 사귐 ➡) 우정이 아주 돈독한 친구 관계

▶ 그와 나는 오랫동안 **관포지교**를 맺어 왔다.

참고 간담상조(肝 간 간 膽 쓸개 담 相 서로 상 照 비칠 조): (간과 쓸개를 내놓고 서로에게 보인다. →) 서로 속마음을 털어놓고 친하게 사귐.

▶ **간담상조**하던 벗이 떠나 마음이 쓸쓸하다.

수어지교(水 물 수 魚 물고기 어 之 ~의 지 交 사귈 교): (물이 없으면 살 수 없는 물고기와 물의 관계 →) 아주 친밀하여 떨어질 수 없는 사이. 임금과 신하 또는 부부의 친밀함

▶ 그대와 나의 **수어지교**를 오해하고 시기하는 자들이 많습니다.

지음(知 알 지 音 소리 음): 마음이 서로 통하는 친한 벗(← 거문고의 명인 백아가 자기의 소리를 잘 이해해 준 벗 종자기가 죽자 자신의 거문고 소리를 아는 자가 없다며 거문고 줄을 끊은 데서 유래) ▶ 평생 동안에 한 명의 **지음**이라도 만나기란 어려운 일이다.

군계일학

群 무리 군 鷄 닭 계
一 한 일 鶴 학 학

(닭의 무리 가운데에서 한 마리의 학 ➡) 많은 사람 가운데서 뛰어난 인물

▶ 여러 오디션 참가자들 가운데서도 그의 노래 실력은 **군계일학**이었다.

근묵자흑

近 가까울 근 墨 먹 묵
者 사람 자 黑 검을 흑

(먹을 가까이하는 사람은 검어진다. ➡) 나쁜 사람과 가까이 지내면 나쁜 버릇에 물들기 쉬움.

▶ **근묵자흑**이니 못된 짓을 하는 녀석들과는 어울리지 마라.

참고 유유상종(類 무리 유 類 무리 유 相 서로 상 從 좇을 종): 같은 무리끼리 서로 사귐.

▶ **유유상종**이라더니 고만고만한 녀석들끼리 모였다.

기라성

綺 비단 기 羅 벌일 라
星 별 성

(밤하늘에 반짝이는 무수한 별 ➡) 신분이 높거나 권력이나 명예 따위를 가지고 있는 사람이 모여 있는 것

▶ 동창회에 **기라성** 같은 선배들이 참석했다.

참고 철옹성(鐵 쇠 철 甕 독 옹 城 성 성): (쇠로 만든 독처럼 튼튼하게 둘러쌓은 산성 →) 방비나 단결 따위가 견고한 사물이나 상태

▶ 그 집은 높은 담장과 최신 보안 시설을 갖춘 **철옹성**이었다.

남가일몽

南 남녘 남 柯 가지 가
一 한 일 夢 꿈 몽

꿈과 같이 헛된 한때의 부귀영화(← 술에 취하여 남쪽으로 뻗은 가지 밑에서 잠이 들었다가 꿈속에서 영화를 누리는 꿈을 꾸었다는 데서 유래)

▶ 효이초식하면서 위세를 부리던 예전의 삶은 그야말로 **남가일몽**이었다.

참고 일장춘몽(一 한 일 場 마당 장 春 봄 춘 夢 꿈 몽): (한바탕의 봄꿈 →) 헛된 영화나 덧없는 일

▶ 이제와 돌아보니 인생은 **일장춘몽**이라는 생각이 든다.

낭중지추

囊 주머니 낭 中 가운데 중
之 ~의 지 錐 송곳 추

(주머니 속의 송곳 ➡) 재능이 뛰어난 사람은 숨어 있어도 저절로 사람들에게 알려짐.

▶ **낭중지추**이니 지금은 사람들이 알아주지 않더라도 언젠가는 인정받을 날이 올 것이다.

대기만성

大 클 대 器 그릇 기
晩 늦을 만 成 이룰 성

(큰 그릇을 만드는 데는 시간이 오래 걸린다. ➡) 크게 될 사람은 늦게 이루어짐. 만년(晩 늦을 만 年 해 년)이 되어 성공하는 일

▶ 젊어서는 밥벌이도 제대로 못했는데 나이 들어서는 존경받는 작가가 되다니 **대기만성**이로군.

목불식정

目 눈 목 不 아닐 불
識 알 식 丁 고무래 정

(아주 간단한 글자인 '丁' 자를 보고도 그것이 '고무래'인 줄을 알지 못한다.
➡) 아주 까막눈임.

▶ 할머니는 **목불식정**인 것을 평생의 한으로 여기셨다.

≒ 낫 놓고 기역 자도 모른다.

[참고] 목불인견(目 눈 목 不 아닐 불 忍 참을 인 見 볼 견): 어떤 모습이 너무 참혹하거나 지저분하거나 하여 눈 뜨고는 차마 볼 수 없음.

▶ 홍수가 휩쓸고 지나간 자리는 **목불인견**의 난장판이었다.

무지몽매

無 없을 무 知 알 지
蒙 어두울 몽 昧 어두울 매

아는 것이 없고 사리에 어두움.

▶ 그는 **무지몽매**한 백성들을 계몽하는 데 앞장섰다.

문일지십

聞 들을 문 一 한 일
知 알 지 十 열 십

(하나를 듣고 열 가지를 미루어 안다. ➡) 지극히 총명함.

▶ **문일지십**하는 아이이니 잘 가르쳐 인재로 길러야 합니다.

백일몽

白 흰 백 日 날 일 夢 꿈 몽

(대낮에 꿈을 꾼다. ➡) 실현될 수 없는 헛된 공상

▶ 조금씩 세상 물정을 알게 되면서 만석꾼이 되려는 바람이 허망한 **백일몽**임을 깨닫게 되었다.

부창부수

夫 지아비 부 唱 부를 창
婦 지어미 부 隨 따를 수

남편이 주장하고 아내가 이에 잘 따름. 또는 부부 사이의 그런 도리

▶ 주례는 가정의 평화를 위해서 신랑과 신부가 **부창부수**할 것을 당부했다.

선견지명

先 먼저 선 見 볼 견
之 ~의 지 明 밝을 명

어떤 일이 일어나기 전에 미리 앞을 내다보고 아는 지혜

▶ 미래에 대한 **선견지명**을 가지려면 지식보다는 지혜가 뛰어나야 한다.

새옹지마

塞 변방 새 翁 늙은이 옹
之 ~의 지 馬 말 마

인생의 길흉화복은 변화가 많아서 예측하기가 어려움.(⬅ 옛날에 중국 북쪽 변방에 사는 노인이 기르던 말이 달아나서 낙심하였는데, 그 말이 준마를 데리고 와 좋아하였고, 이후에 아들이 그 준마를 타다가 떨어져서 다리가 부러져 낙심하였는데, 그 덕분에 아들이 전쟁에 끌려 나가지 않아 목숨을 구하게 되어 기뻐했다는 데서 유래)

▶ 인생사는 **새옹지마**라 하니 오늘의 실패에 너무 좌절하지는 말게.

소탐대실

小 작을 소 貪 탐낼 탐
大 클 대 失 잃을 실

작은 것을 탐하다가 큰 것을 잃음.

▶ 그깟 하찮은 이익을 지키려다 계약 자체를 어그러뜨리다니 **소탐대실**이 따로 없다.

순망치한

脣 입술 순 亡 망할 망
齒 이 치 寒 찰 한

(입술이 없으면 이가 시리다. ➡) 서로 이해관계가 밀접한 사이에 어느 한쪽이 망하면 다른 한쪽도 그 영향을 받아 온전하기 어려움.

▶ 이웃 나라가 침범을 당하니 **순망치한**이 될까 염려스럽다.

십시일반

十 열 십 匙 숟가락 시
一 한 일 飯 밥 반

(밥 열 술이 한 그릇이 된다. ➡) 여러 사람이 조금씩 힘을 합하면 한 사람을 돕기 쉬움.

▶ 반 친구들이 <u>십시일반</u>으로 모은 돈을 불우이웃 돕기 성금으로 냈다.

≒ 백지장도 맞들면 낫다.

참고 상부상조(相 서로 상 扶 도울 부 相 서로 상 助 도울 조): 서로서로 도움.

▶ 마을 사람들은 마을일은 물론 각 집안의 대소사에서도 <u>상부상조</u>하고 있다.

천우신조(天 하늘 천 佑 도울 우 神 귀신 신 助 도울 조): 하늘이 돕고 신령이 도움. 또는 그런 일

▶ 어머니는 아들의 얼굴을 다시 보게 된 것이 <u>천우신조</u>라고 여겼다.

안분지족

安 편안 안 分 분수 분
知 알 지 足 족할 족

편안한 마음으로 제 분수를 지키며 만족할 줄을 앎.

▶ 그는 평범한 가장으로서의 삶에 <u>안분지족</u>하고 있다

참고 유유자적(悠 멀 유 悠 멀 유 自 스스로 자 適 맞을 적): 속세를 떠나 아무 속박 없이 조용하고 편안하게 삶.

▶ 자연 속에서 <u>유유자적</u>하는 삶을 동경하는 사람은 많지만 실제로 그렇게 살기는 쉽지 않다.

음풍농월(吟 읊을 음 風 바람 풍 弄 희롱할 농 月 달 월): 맑은 바람과 밝은 달을 대상으로 시를 짓고 흥취를 자아내어 즐겁게 놂.

▶ 한가하게 <u>음풍농월</u>할 수 있던 시절은 모두 지나가 버렸다.

안빈낙도

安 편안 안 貧 가난할 빈
樂 즐길 낙 道 도리 도

가난한 생활을 하면서도 편안한 마음으로 도를 즐겨 지킴.

▶ 그는 은퇴 후 시골에서 <u>안빈낙도</u>하며 살고 있다.

참고 호의호식(好 좋을 호 衣 옷 의 好 좋을 호 食 밥 식): 좋은 옷을 입고 좋은 음식을 먹음.

▶ 조국을 팔아 <u>호의호식</u>하는 매국노는 처벌을 받아야 마땅하다.

함포고복(含 머금을 함 哺 먹일 포 鼓 북 고 腹 배 복): (잔뜩 먹고 배를 두드린다. →) 먹을 것이 풍족하여 즐겁게 지냄.

▶ 백성들이 <u>함포고복</u>하는 것이 임금의 바람이었다.

양상군자

梁 들보 양 上 위 상
君 임금 군 子 사람 자

(들보 위의 군자 ➡) 도둑을 완곡하게 이르는 말

▶ <u>양상군자</u>라도 다녀갔는지 집안이 온통 난장판이었다.

온고지신

溫 익힐 온 故 옛날 고
知 알 지 新 새 신

옛것을 익히고 그것을 미루어서 새것을 앎.

▶ 고전을 읽는 목적은 <u>온고지신</u>에 있다.

우이독경

牛 소 우 耳 귀 이
讀 읽을 독 經 글 경

(쇠귀에 경 읽기 ➡) 아무리 가르치고 일러 주어도 알아듣지 못함.

▶ 그는 사기꾼의 말을 철석같이 믿고 있어서 아무리 진실을 이야기해도 <u>우이독경</u>이었다.

참고 마이동풍(馬 말 마 耳 귀 이 東 동녘 동 風 바람 풍): (동풍이 말의 귀를 스쳐 간다. →) 남의 말을 귀담아듣지 아니하고 지나쳐 흘려버림.

▶ 나에게 엄마의 잔소리는 <u>마이동풍</u>이다.

유비무환

有 있을 유 備 갖출 비
無 없을 무 患 근심 환

미리 준비가 되어 있으면 걱정할 것이 없음.

▶ 대장은 부하들에게 <u>유비무환</u>의 자세를 갖추라고 당부했다.

☐ **이심전심** 以 써 **이** 心 마음 **심** 傳 전할 **전** 心 마음 **심**	마음과 마음으로 서로 뜻이 통함. ▶ 우리는 <u>이심전심</u>으로 모든 것이 잘 통하는 친구다.
☐ **인과응보** 因 인할 **인** 果 열매 **과** 應 응할 **응** 報 갚을 **보**	(원인과 결과는 서로 물고 물린다. ➡) 과거 또는 전생의 선악에 따라서 현재에서 행과 불행으로 갚음을 받게 됨. 좋은 일에는 좋은 결과가, 나쁜 일에는 나쁜 결과가 따름. ▶ 의붓자식을 그토록 구박했는데 말년에 몹쓸 병에 걸렸다니 <u>인과응보</u>가 아닐 수 없다. **참고** 사필귀정(事 일 사 必 반드시 필 歸 돌아갈 귀 正 바를 정): 모든 일은 반드시 바른길로 돌아감. ▶ 비리를 저지른 이들이 구속되는 것을 보면서 <u>사필귀정</u>을 실감하였다. 자업자득(自 스스로 자 業 업 업 自 스스로 자 得 얻을 득): 자기가 저지른 일의 결과를 자기가 돌려받음. ▶ 애초에 그가 잘못했으므로 비난이 그에게 집중되는 것은 <u>자업자득</u>이다.
☐ **좌정관천** 坐 앉을 **좌** 井 우물 **정** 觀 볼 **관** 天 하늘 **천**	(우물 속에 앉아서 하늘을 본다. ➡) 사람의 견문이 매우 좁음. ▶ 외국에 나가 보지도 않고 우리 문화가 세계 최고라고 말하는 것은 <u>좌정관천</u>에 다름 아니다. ≒ **정중관천**(井 우물 정 中 가운데 중 觀 볼 관 天 하늘 천), **정저지와**(井 우물 정 底 바닥 저 之 ∼의 지 蛙 개구리 와: 우물 안 개구리)
☐ **죽마고우** 竹 대 **죽** 馬 말 **마** 故 연고 **고** 友 벗 **우**	(대나무로 만든 말을 타고 놀던 벗 ➡) 어릴 때부터 같이 놀며 자란 친한 벗 ▶ <u>죽마고우</u>라도 말 한 마디에 사이가 벌어질 수 있으니 조심하여야 한다.
☐ **청출어람** 靑 푸를 **청** 出 날 **출** 於 어조사 **어** 藍 쪽 **람**	(쪽에서 뽑아낸 푸른 물감이 쪽보다 더 푸르다. ➡) 제자나 후배가 스승이나 선배보다 나음. ▶ 졸업식 축사에서 교장 선생님은 우리들에게 **청출어람**할 것을 당부하셨다.
☐ **타산지석** 他 다를 **타** 山 산 **산** 之 ∼의 **지** 石 돌 **석**	(다른 산의 나쁜 돌도 자기 산의 옥돌을 가는 데 쓸 수 있다. ➡) 다른 사람의 하찮은 언행 또는 허물과 실패까지도 자신을 수양하는 데 도움이 됨. ▶ 저의 실패담이 후배들에게 <u>타산지석</u>이 되기를 바라는 마음으로 이 글을 썼습니다. **참고** 반면교사(反 돌이킬 반 面 낯 면 敎 가르칠 교 師 스승 사): 사람이나 사물 따위의 부정적인 면에서 얻는 깨달음이나 가르침을 주는 대상 ▶ 일본이 겪은 경제 위기를 <u>반면교사</u>로 삼아 우리 경제의 문제를 고민해야 한다.
☐ **화룡점정** 畵 그림 **화** 龍 용 **룡** 點 점 **점** 睛 눈동자 **정**	무슨 일을 하는 데에 가장 중요한 부분을 완성함.(⬅ 양나라 때의 화가 장승유가 용을 그린 뒤 마지막으로 눈동자를 그려 넣었더니 그 용이 실제 용이 되어 홀연히 구름을 타고 하늘로 날아 올라갔다는 데에서 유래) ▶ 헐렁해 보이는 셔츠 위에 벨트를 채운 것이 그녀 패션의 <u>화룡점정</u>이었다.

[1~9] 다음 풀이에 해당하는 한자성어를 〈보기〉에서 고르시오.

1. 헛된 영화나 덧없는 일

2. 하늘이 돕고 신령이 도움.

3. 크게 될 사람은 늦게 이루어짐.

4. 많은 사람 가운데서 뛰어난 인물

5. 마음과 마음으로 서로 뜻이 통함.

6. 모든 일은 반드시 바른길로 돌아감.

7. 아무리 가르치고 일러 주어도 알아듣지 못함.

8. 인생의 길흉화복은 변화가 많아서 예측하기가 어려움.

9. 재능이 뛰어난 사람은 숨어 있어도 저절로 사람들에게 알려짐.

> ┌ 보 기 ┐
> ㉠ 군계일학   ㉡ 낭중지추   ㉢ 대기만성   ㉣ 사필귀정   ㉤ 새옹지마
> ㉥ 우이독경   ㉦ 이심전심   ㉧ 일장춘몽   ㉨ 천우신조

[10~18] 밑줄 친 한자성어의 쓰임이 문맥에 맞으면 ○, 맞지 않으면 ×에 표시하시오.

10. 좋은 인재를 구하는 일은 기라성같이 어렵다. (○ / ×)

11. 훈련을 게을리해서 이번 시합에서 패배했으니 자업자득이다. (○ / ×)

12. 꾸준히 선행을 베풀고 있는 그분을 반면교사로 삼아야 한다. (○ / ×)

13. 우리 팀은 철옹성 같은 수비로 상대팀의 공격을 막아내었다. (○ / ×)

14. 그와 나는 서로 경계하고 거리를 두면서 간담상조하고 있다. (○ / ×)

15. 부서진 책상과 사무 집기들이 목불식정의 난장판을 이루고 있었다. (○ / ×)

16. 아무리 멋진 포부라도 실천이 따르지 않는다면 한낱 백일몽에 불과하다. (○ / ×)

17. 마이동풍이라고 내가 먼저 예의를 갖추면 상대방도 예의를 차리게 마련이다. (○ / ×)

18. 순망치한이라더니 같은 건물에 있던 영화관이 문을 닫자 카페에 손님이 줄었다. (○ / ×)

[19~20] 제시된 말과 유사한 의미를 지닌 말을 고르시오.

19. 지음

　　① 자업자득　　② 관포지교　　③ 타산지석　　④ 낭중지추　　⑤ 군계일학

20. 단순호치

　　① 호의호식　　　② 수어지교　　　③ 화룡점정　　　④ 경국지색　　　⑤ 목불인견

[21~22] 다음 중 <u>이질적인</u> 의미를 지닌 말을 하나 고르시오.

21.　① 유유자적　　　② 음풍농월　　　③ 안분지족　　　④ 함포고복　　　⑤ 안빈낙도

22.　① 장삼이사　　　② 초동급부　　　③ 필부필부　　　④ 갑남을녀　　　⑤ 양상군자

도전 문제

23. 다음 글의 내용과 가장 관련이 깊은 한자성어는?

　　사람은 환경의 지배를 받는다. 먹을 가까이 하는 사람은 몸 어디엔가 먹물을 묻히게 되고, 농사를 짓는 농부의 몸에서는 흙냄새가 나기 마련이다. 해서 여기저기 돌아다니며 수행하기를 즐기는 승려들은 깊은 산골, 물 맑고 경치 좋은 곳을 찾아가 마음을 가다듬고자 한다.

　　① 십시일반　　　② 근묵자흑　　　③ 곡학아세　　　④ 유유상종　　　⑤ 견물생심

24. 다음 글의 내용과 가장 관련이 깊은 한자성어는?

　　과학 기술자는 물질문명의 발달에 기여한 바도 크지만, 그에 못지않게 환경오염 문제를 유발한 책임도 있다. 그러나 오존층의 파괴, 지구 온난화 문제 등 환경오염의 구체적인 실상을 밝혀 낸 것도, 그리고 이에 대한 구체적인 해결 방안을 제시할 수 있는 것도 과학 기술자이다. 만약, 현대 과학의 연구 개발 능력을 쾌적한 환경 만들기에 집중시킨다면, 환경 문제의 해결은 결코 어렵지 않을 것이다.

　　① 선견지명　　　② 인과응보　　　③ 조삼모사　　　④ 고진감래　　　⑤ 결자해지

25. ⊙과 가장 관련이 깊은 것은?

> 기술 혁신의 과정은 과다한 비용 지출이나 실패의 위험이 도사리고 있는 험난한 길이다. 그렇지만 그러한 위험을 감수하면서 기술 혁신에 도전했던 기업가와 기술자의 노력 덕분에 산업의 생산성은 지속적으로 향상되었고, 지금 우리는 그 혜택을 누리고 있다. 우리가 ⊙기술 혁신의 역사를 돌아보고 그 의미를 되짚는 이유는, 그러한 위험 요인들을 예측하고 적절히 통제할 수 있는 능력을 갖춘 자만이 앞으로 다가올 기술 혁신을 주도할 수 있으리라는 믿음 때문이다.

① 온고지신   ② 다다익선   ③ 연목구어   ④ 부창부수   ⑤ 남가일몽

26. ⊙~⑩과 관련 한자 성어를 연결한 것으로 적절하지 <u>않은</u> 것은?

> "이건 너희들이 알 바 아니다. 대체로 남에게 무엇을 빌리러 오는 사람은 ⊙으레 자기 뜻을 대단히 선전하고, ⓒ신용을 자랑하면서도 비굴한 빛이 얼굴에 나타나고, 말을 중언부언하게 마련이다. 그런데 저 객은 형색은 허술하지만, 말이 간단하고, 눈을 오만하게 뜨며, ⓒ얼굴에 부끄러운 기색이 없는 것으로 보아, ⓔ재물이 없어도 스스로 만족할 수 있는 사람이다. 그 사람이 해 보겠다는 일이 작은 일이 아닐 것이매, ⑩나 또한 그를 시험해 보려는 것이다. 안 주면 모르되, 이왕 만 냥을 주는 바에 성명은 물어 무엇하겠느냐?"

① ⊙ 허장성세   ② ⓒ 교언영색   ③ ⓒ 자신만만
④ ⓔ 안분지족   ⑤ ⑩ 유비무환

27. ⊙에 어울리는 말, ⓒ에 들어갈 말이 각각 바르게 나열된 것은?

> 나는 우리나라의 청년 남녀가 모두 과거의 ⊙조그맣고 좁다란 생각을 버리고, 우리 민족의 큰 사명에 눈을 떠서, 제 마음을 닦고 제 힘을 기르기로 낙(樂)을 삼기를 바란다. 젊은 사람들이 모두 이 정신을 가지고 이 방향으로 힘을 쓸진댄 30년이 못 하여 우리 민족은 (ⓒ)하게 될 것을 나는 확신하는 바다.

① ⊙ 목불인견, ⓒ 청출어람   ② ⊙ 후안무치, ⓒ 주마가편
③ ⊙ 좌정관천, ⓒ 괄목상대   ④ ⊙ 아전인수, ⓒ 자승자박
⑤ ⊙ 무지몽매, ⓒ 문일지십

공장제 자본주의의 토양에서 꽃을 피운 대량생산, 대량소비 시대에는 '규모의 경제'가 그에 맞는 경제 형태였다. 생산 규모가 커지면서 기업들은 원자재를 대량으로 구입하고 제품을 대량으로 판매할 수 있게 되었고, 이에 따라 생산 경비가 절약되고 이익이 늘어나는 긍정적 효과를 누릴 수 있었다.

그러나 '규모의 경제'가 극단적으로 확장되면서 규모의 비경제성이 나타났다. 일관된 작업 공정이 연속적으로 이루어지는 컨베이어벨트 시스템이 보편화됨에 따라 일부 공정에서 생긴 사소한 실수로 공장 전체의 생산 공정이 멎는 경우가 생겼다. 또 경제 규모가 커짐에 따라 분업화와 전문화가 ㉠지나치게 진행되었고, 인간들이 대체 가능한 부품처럼 취급되면서 인간소외 현상이 심각해지는 ㉡폐해가 발생했다.

한편 '규모의 경제'는 소득을 높여 구매력을 증가시키는 측면도 있었다. 이에 따라 사람들은 상품 구매를 통해 자신의 개성을 발현하려는 욕망을 갖게 되었다. 기업은 이러한 변화에 부응하여 기존의 생산 시설이나 원자재를 이용하여 다양한 제품들을 생산하는 다품종 소량 생산 체제를 갖추고 시장에 다양한 상품을 공급하게 되었다. 이 경제 형태는 공동의 생산라인과 재료를 활용하면서도 제품의 다양화를 꾀하는 형태이므로 이를 일컬어 '범위의 경제'라고 한다.

최근에는 서비스 산업계를 중심으로 새로운 현상이 나타나고 있다. 개인병원들은 양질의 서비스를 원하는 환자들의 기대에 부응하여 자기 병원에서 가능한 분야 외의 치료가 필요할 때, 협력 관계에 있는 다른 병원을 연결해 주고 있다. 이런 서비스를 제공하기 위해서는 인근 지역의 병원들에서 어떤 서비스를 제공하고 있는지, 각 병원들 간에 부족한 서비스를 어떻게 보완할 수 있을지에 대한 정보 체계를 갖추어야 한다. 이런 정보 체계는 병원들끼리 제휴하여 정보 네트워크를 형성해야만 얻을 수 있다. 이와 같이 특정한 정보를 중심으로 각 주체들이 네트워크를 형성하여 정보의 시너지 효과*를 창출하는 경제 형태를 '연결의 경제'라고 한다.

'연결의 경제'에 필수불가결한 요소인 정보 네트워크를 형성하기 위해서는 구성원들이 서로에 대하여 열린 마음을 갖는 것이 매우 중요하다. 노벨 경제학상 수상자 애로(K. Arrow)의 말처럼 '돈 주고 어디서도 구할 수 없는 신뢰라는 가치'는 정보 네트워크의 막강한 힘을 바탕으로 이루어지는 '연결의 경제'에서 가장 중요한 자산이다. 이를 수치화한 것이 NQ(network quotient), 즉 ㉢공존지수이다. 이제는 누구든 남과 더불어 살아가는 방법을 배우고 익혀서 공존지수를 높여야 이익을 거둘 수 있는 시대가 되었다.

＊시너지(synergy) 효과(效 본받을 효 果 열매 과): 상승 작용으로 얻게 되는 효과. 즉, '1+1'이 2 이상의 효과를 낼 경우를 가리킴.

28. 위 글의 제목으로 가장 적절한 것은? (2007 9월 고1 학력평가)

① 시대 상황에 따른 경제 형태의 변모   ② 현대 서비스 산업계의 발전 전망

③ 대량생산과 대량소비의 문제점   ④ 자본주의적 소비 형태의 특징

⑤ 정보 네트워크의 활용 효과

29. 위 글을 읽고 〈보기〉에 대하여 할 수 있는 말로 적절한 것은?   (2007 9월 고1 학력평가)

┌─| 보 기 |───┐

○○ 이동통신회사는 극장 체인, 놀이공원, 패스트푸드 전문점 등과 손잡고 청소년들이 사용할 수 있는 멤버십카드를 만들었다. 그 결과 해당 이동통신회사뿐만 아니라 제휴한 업체들의 매출 실적까지 좋아졌다.

└──┘

① '규모의 경제'와 관련된 판매 전략을 사용한 경우이다.

② '연결의 경제'가 가진 장점을 보여 주는 구체적 사례이다.

③ '범위의 경제'가 실현되면 어떤 효과가 있는지 보여 준다.

④ '규모의 경제'와 '범위의 경제'를 효율적으로 접목한 경우이다.

⑤ '규모의 경제'가 '연결의 경제'보다 우월하다는 것을 보여 준다.

30. ㉠과 ㉡을 인과적으로 이해할 때 적절한 한자성어는?

① 고진감래   ② 소탐대실   ③ 과유불급   ④ 일장춘몽   ⑤ 교각살우

31. 위 글에 제시된 ㉢의 개념으로 가장 적절한 것은?   (2007 9월 고1 학력평가)

① 정보기술 체계에 대한 이해 능력을 나타내는 지수

② 도구를 이용해 과업을 수행하는 능력을 나타내는 지수

③ 자신의 의도대로 상대를 설득하는 능력을 나타내는 지수

④ 상대방의 감정을 긍정적으로 이해하는 능력을 나타내는 지수

⑤ 신뢰를 기반으로 구성원과 관계를 맺어 가는 능력을 나타내는 지수

───

[정답] 1. ◎ 2. ㉯ 3. ㉢ 4. ㉠ 5. ㉺ 6. ㉣ 7. ㉫ 8. ㉭ 9. ㉡ 10. × 11. ○ 12. × 13. ○ 14. × 15. × 16. ○ 17. × 18. ○ 19. ② 20. ④ 21. ④ 22. ⑤ 23. ② 24. ⑤ 25. ① 26. ⑤ 27. ③ 28. ① 29. ② 30. ③ 31. ⑤

[해설] 23. 환경이나 상황의 중요성을 말하고 있다. 24. 환경오염을 유발한 책임이 있는 과학 기술자가 이를 해결해야 한다고 말하고 있다. 28. 시대 상황에 따라 경제 형태가 '규모의 경제 → 범위의 경제 → 연결의 경제'로 변하는 양상을 설명하고 있다.

☐ **간에 붙었다 쓸개에 붙었다 한다**

자기에게 조금이라도 이익이 되면 지조 없이 언행을 바꾸어 이편에 붙었다 저편에 붙었다 함.

▶ 아무리 두 강대국 사이에 낀 약소국이라도 <u>간에 붙었다 쓸개에 붙었다</u> 해서는 곤란하다.

= 간에 가 붙고 쓸개에 가 붙는다

☐ **개같이 벌어서 정승같이 산다**

돈을 벌 때는 천한 일이라도 하면서 벌고, 쓸 때는 떳떳하고 보람 있게 씀.

▶ 지금은 비록 험한 일을 하며 고생하지만 <u>개같이 벌어서 정승같이 사는</u> 것이 그의 꿈이다.

[참고] 개 발에 (주석) 편자: 옷차림이나 지닌 물건 따위가 제격에 맞지 아니하여 어울리지 않음.

▶ 한복에 하이힐이라니, <u>개발에 주석 편자</u>가 따로 없군.

= 개 귀에 방울, 사모에 갓끈

← 편자: 말발굽을 보호하기 위해 덧대어 붙이는 쇳조각

☐ **개구리 올챙이 적 생각 못 한다**

형편이나 사정이 전에 비하여 나아진 사람이 미천하거나 어렵던 때의 일을 생각지 아니하고 처음부터 잘난 듯이 뽐냄.

▶ 돈 좀 벌었다고 어려울 때 도와준 이들을 외면하다니, <u>개구리 올챙이 적 생각 못하는</u> 격이다.

☐ **굿이나 보고 떡이나 먹지**

남의 일에 쓸데없는 간섭을 하지 말고 되어 가는 형편을 보고 있다가 이익이나 얻도록 하라는 말

▶ 두 가게가 손님을 끌려고 경쟁적으로 가격 할인을 하고 있으니 <u>굿이나 보고 떡이나 먹자</u>.

☐ **귀신 씻나락 까먹는 소리**

❶ 분명하지 아니하게 우물우물 말하는 소리

▶ <u>귀신 씻나락 까먹는 소리</u> 하지 말고 똑바로 말해 보아라.

❷ 조용하게 몇 사람이 수군거리는 소리를 비꼬는 말

▶ 독서실에서 열심히 공부하고 있는데 어디선가 <u>귀신 씻나락 까먹는 소리</u>가 들려왔다.

❸ 이치에 닿지 않는 엉뚱하고 쓸데없는 말

▶ <u>귀신 씻나락 까먹는 소리</u>도 아니고 지금 이 상황에 그게 할 소리냐?

← 씻나락: '볍씨'의 방언

☐ **기기도 전에 날기부터 하려 한다**

쉽고 작은 일도 해낼 수 없으면서 어렵고 큰일을 하려고 나섬.

▶ 구구단도 못 외우면서 방정식을 풀려 하다니, <u>기기도 전에 날기부터 하려</u> 하는군.

= 걷기도 전에 뛰려고 한다

☐ **남의 다리 긁는다**

❶ 기껏 한 일이 결국 남 좋은 일이 됨.

▶ 기껏 열심히 방 청소를 해 놨는데 형과 방을 바꾸라니, <u>남의 다리 긁은</u> 꼴이다.

❷ 자기가 해야 할 일을 모른 채 엉뚱하게 다른 일을 함.

▶ 라면을 사오라고 시켰더니 <u>남의 다리 긁는</u> 것도 아니고, 라면을 사먹고 오더군.

참고 자다가 봉창 두드린다: (한참 단잠 자는 새벽에 남의 집 봉창을 두들겨 놀라 깨게 한다. →) 뜻밖의 일이나 말을 갑자기 불쑥 내미는 행동
▶ 갑자기 연예인이 되겠다니 <u>자다가 봉창 두드리는 소리</u>가 아닐 수 없었다.

☐ **남의 잔치에 감 놓아라 배 놓아라 한다**

남의 일에 공연히 간섭하고 나섬.

▶ 아무리 친구라도 결국은 그의 문제라서 <u>남의 잔치에 감 놓아라 배 놓아라</u> 할 수 없었다.

☐ **남의 장단에 춤춘다**

자기 주견이 없이 남이 하는 대로 따라 함.

▶ 남들이 한다고 잘 알지도 못하면서 따라하다니, <u>남의 장단에 춤추는</u> 꼴이다.

☐ **냉수 먹고 이 쑤시기**

(잘 먹은 체하며 이를 쑤신다. ➡) 실속은 없으면서 무엇이 있는 체함.

▶ 사실은 적자를 보고 있으면서도 가게가 잘 되는 척 떠벌리다니, <u>냉수 먹고 이 쑤시고</u> 있군.

☐ **누울 자리 봐 가며 발을 뻗어라**

❶ 어떤 일을 할 때 그 결과가 어떻게 되리라는 것을 생각하여 미리 살피고 일을 시작하라는 말

▶ 내 말은 그렇게 무턱대고 시작하지 말고 <u>누울 자리 봐 가며 발을 뻗으라는</u> 것이다.

❷ 시간과 장소를 가려 행동하라는 말

▶ <u>누울 자리 봐 가며 발을 뻗어야지</u> 환자가 위독한 마당에 농담을 해서야 쓰겠는가?

☐ **누워서 침 뱉기**

남을 해치려고 하다가 도리어 자기가 해를 입게 됨.

▶ 자식의 흉을 보는 것은 자식을 제대로 교육시키지 못한 자신에게 <u>누워서 침 뱉는</u> 꼴이다.
= 하늘 보고 침 뱉기

☐ **눈 가리고 아웅**

❶ 얕은수로 남을 속이려 함.

▶ 아무리 그 제품이 좋은 척 <u>눈 가리고 아웅</u> 해도 나는 절대로 사지 않겠다.

❷ 실제로 보람도 없을 일을 공연히 형식적으로 하는 체하면서 부질없는 짓을 함.

▶ 낡은 공연장에 페인트칠을 해 봤자 <u>눈 가리고 아웅</u> 하는 것일 뿐 아무 효과도 없었다.

☐ **다 된 죽에 코 풀기**

거의 다 된 일을 망쳐버리는 주책없는 행동

▶ 용돈을 타 내기 위해 어머니를 설득하고 있었는데 동생이 엉망인 내 성적표를 들이면서 <u>다 된 죽에 코 풀고</u> 말았다.

☐ **닭 잡아먹고 오리발 내놓기**

옳지 못한 일을 저질러 놓고 엉뚱한 수작으로 속여 넘기려 하는 일

▶ 참고서 살 돈을 피시방에 가서 날려 놓고는 길에서 잃어버렸다고 말하다니, <u>닭 잡아먹고 오리발 내놓기</u>가 따로 없군.

☐ **동냥은 못 줘도 쪽박은 깨지 마라**

남을 도와주지는 못할망정 방해는 하지 말라는 말

▶ <u>동냥은 못 줘도 쪽박은 깨지 말라</u>고 했는데, 사회적 약자들을 직접 돕지는 못할망정 왜 그들을 도우려는 사람들을 방해하는가?

동무/친구 따라 강남 간다	자기는 하고 싶지 아니하나 남에게 끌려서 덩달아 하게 됨.

▶ 친구들이 유명 가수의 콘서트에 간다고 해서 **동무 따라 강남 가는** 꼴로 따라갔는데, 아는 노래가 거의 없어서 재미가 없었다.

참고 말 갈 데 소 간다: ① 안 갈 데를 감.

▶ 너 같은 먹보가 단식원에 가다니, **말 갈 데 소 간** 모양이다.

② 남이 할 수 있는 일이면 나도 할 수 있음.

▶ **말 갈 데 소도 간다니**, 그가 내일까지 할 수 있으면 나도 내일까지 할 수 있다.

바늘 가는 데 실 간다: (바늘이 가는 데 실이 항상 뒤따른다. →) 사람의 긴밀한 관계

▶ **바늘 가는 데 실 가는** 법이니, 남편이 왔으면 아내도 곧 올 것이다.

뒤로 호박씨 깐다	겉으로는 점잖고 의젓하나 남이 보지 않는 곳에서는 엉뚱한 짓을 함.

▶ 친절한 사람인 줄 알았는데 주변에 내 험담을 하면서 **뒤로 호박씨를 까고** 있었다.

때리는 시어머니보다 말리는 시누이가 더 밉다	겉으로는 위하여 주는 체하면서 속으로는 해하고 헐뜯는 사람이 더 미움.

▶ 평소 사이가 안 좋은 형이 나를 혼내는 어머니를 말리는 것을 보자 **때리는 시어머니보다 말리는 시누이가 더 미운** 심정이 되었다.

똥 묻은 개가 겨 묻은 개 나무란다	자기는 더 큰 흉이 있으면서 도리어 남의 작은 흉을 봄.

▶ 자기는 무단결석을 했으면서 내가 지각을 했다고 흉을 보다니, **똥 묻은 개가 겨 묻은 개 나무라는** 격이다.

마파람에 게 눈 감추듯	음식을 매우 빨리 먹어 버리는 모습(◀ 비를 몰고 오는 고온다습한 마파람이 불면 겁이 많고 예민한 게들이 눈을 재빠르게 몸 속으로 감추고 도망하는 데서 유래)

▶ 아이는 배가 고팠던지 차려 준 음식을 **마파람에 게 눈 감추듯** 먹어치웠다.

◀ 마파람: 뱃사람들의 은어로 '남풍(南風)'을 이르는 말

못 먹는 감 찔러나 본다	제 것으로 만들지 못할 바에야 남도 갖지 못하도록 못쓰게 만들자는 뒤틀린 마음

▶ 자기가 상을 못 타게 되니까 나도 못 타게 방해하다니, **못 먹는 감 찔러나 보는** 심보로군.

못된 송아지 엉덩이에 뿔이 난다	되지못한 것이 엇나가는 짓만 함.

▶ 걸핏하면 부모에게 대들던 녀석이 행패까지 부렸다니, **못된 송아지 엉덩이에 뿔이 난** 격이다.

물에 빠진 놈 건져 놓으니까 내 봇짐 내라 한다	남에게 은혜를 입고서도 그 고마움을 모르고 생트집을 잡음.

▶ **물에 빠진 놈 건져 놓으니까 내 봇짐 내라 한다더니**, 부모 잃은 조카를 길러 주었더니 재산을 내놓으라고 한다. = 물에 빠진 놈 건져 놓으니까 망건값 달라 한다

미꾸라지 한 마리가 온 웅덩이를 흐려 놓는다	한 사람의 좋지 않은 행동이 집단 전체나 여러 사람에게 나쁜 영향을 미침.

▶ **미꾸라지 한 마리가 온 웅덩이를 흐려 놓는다더니**, 불성실한 직원 하나 때문에 사무실 전체 분위기가 나빠졌다.

= 송사리 한 마리가 온 강물을 흐린다

☐ **바늘 도둑이 소도둑 된다**	작은 나쁜 짓도 자꾸 하게 되면 큰 죄를 저지르게 됨. ▶ <u>바늘 도둑이 소도둑 된다</u>고 하니, 처음 거짓말을 했을 때 제대로 혼을 내서 바로잡아야 한다.
☐ **번갯불에 콩 볶아 먹겠다**	❶ (번쩍하는 번갯불에 콩을 볶아서 먹을 만하다. ➡) 행동이 매우 민첩함. ▶ 손님이 많은데도 부지런히 뛰어다니며 모두 잘 응대하는 것을 보니, <u>번갯불에 콩 볶아 먹겠다</u>. ❷ (하는 짓이 번갯불에 콩을 볶아 먹을 만큼 급하다. ➡) 어떤 행동을 당장 해치우지 못하여 안달하는 조급한 성질 ▶ 방금 주문을 해 놓고는 빨리 음식을 달라고 재촉하니, <u>번갯불에 콩 볶아 먹겠다</u>.
☐ **벼룩도 낯짝이 있다**	아주 작은 벼룩조차도 낯짝이 있는데 하물며 사람이 체면이 없어서야 되겠느냐는 말 ▶ <u>벼룩도 낯짝이 있다</u>는데, 시험 때마다 요점 정리 노트를 빌려 달라니 기가 막힐 노릇이다. ◀ 낯짝: '낯(남을 대하기에 떳떳할 만한 도리)'을 속되게 이르는 말 **참고** 벼룩의 간을 내먹는다: ① 하는 짓이 몹시 잘거나 인색함. ▶ 과자 하나 사먹을 수 없는 돈을 용돈이라고 주다니, <u>벼룩의 간을 내먹을</u> 위인이다. ② 어려운 처지에 있는 사람에게서 금품을 뜯어냄. ▶ 가난한 노인들을 상대로 사기를 치다니, <u>벼룩의 간을 내먹는</u> 짓이다.
☐ **불난 집에 부채질한다**	남의 재앙을 점점 더 커지도록 만들거나 성난 사람을 더욱 성나게 함. ▶ 가뜩이나 너에게 화가 나 있는데 거짓말까지 하다니, <u>불난 집에 부채질하는구나</u>. = 불난 데 풀무질(풀무로 바람을 일으키는 일)한다. 끓는 국에 국자 휘젓는다
☐ **빈대 잡으려고 초가삼간 태운다**	손해를 크게 볼 것은 생각지 아니하고 자기에게 마땅치 아니한 것을 없애려고 그저 덤비기만 함. ▶ 몇몇 부작용 때문에 신기술을 폐기한다면 <u>빈대 잡으려고 초가삼간 태우는</u> 잘못을 범하는 것이다.
☐ **서투른 무당이 장구만 나무란다**	자기 기술이나 능력이 부족한 것은 생각하지 않고 애매한 도구나 조건만 가지고 나쁘다고 탓함. ▶ 연주자는 음향 시설이 좋지 않아 공연이 실패했다고 말했는데, 언론은 이에 대해 <u>서투른 무당이 장구만 나무란다</u>고 비판했다. = 선무당이 장구 탓한다. 서투른 목수가 연장 탓한다
☐ **섶을 지고 불로 들어가려 한다**	(당장에 불이 붙을 섶을 지고 이글거리는 불 속으로 뛰어든다. ➡) 앞뒤 가리지 못하고 미련하게 행동함. ▶ 적군의 매복을 모르고 계곡으로 들어갔으니, <u>섶을 지고 불로 들어가려</u> 한 셈이다. = 화약을 (등에) 지고 불로 들어간다
☐ **소 잃고 외양간 고친다**	일이 이미 잘못된 뒤에는 손을 써도 소용이 없음. ▶ 바가지요금 때문에 손님들이 모두 떠났는데 이제 와서 요금을 낮추겠다니, <u>소 잃고 외양간 고치는</u> 격이다.

☐ 얌전한 고양이가 부뚜막에 먼저 올라간다	겉으로는 얌전하고 아무것도 못할 것처럼 보이는 사람이 딴짓을 하거나 자기 실속을 다 차림. ▶ **얌전한 고양이가 부뚜막에 먼저 올라간다**더니, 더 없이 착하고 정직해 보이던 직원이 회사 돈을 빼돌렸다.
☐ 염불에는 맘이 없고 잿밥에만 맘이 있다	맡은 일에는 정성을 들이지 아니하면서 잇속에만 마음을 둠. ▶ **염불에는 맘이 없고 잿밥에만 맘이 있다**더니, 그는 부모님이 부탁한 농사일은 대충대충 하면서 대가로 받게 될 용돈만 고대하고 있었다.
☐ 우물에 가 숭늉 찾는다	모든 일에는 질서와 차례가 있는 법인데 일의 순서도 모르고 성급하게 덤빔. ▶ 이제 겨우 집터를 닦았는데 가구를 들이려 하다니, **우물에 가 숭늉 찾는** 격이다. **참고** 우물을 파도 한 우물을 파라: 어떠한 일이든 한 가지 일을 끝까지 하여야 성공할 수 있음. ▶ **우물을 파도 한 우물을 파라**는 스승님의 말씀에 따라 그는 한눈팔지 않고 바둑에만 전력을 기울였다.
☐ 자는 벌집 건드린다	그대로 가만히 두었으면 아무 탈이 없을 것을 공연히 건드려 문제를 일으킴. ▶ 동생과 싸운 것을 어머니께 말했다가 **자는 벌집 건드린** 격으로 된통 혼이 났다. = 자는 범 코침 주기
☐ 잘되면 제 탓 못되면 조상 탓	일이 잘되거나 못되는 것을 두고 자신에게 유리한 쪽으로만 해석함. ▶ **잘되면 제 탓 못되면 조상 탓**이라고, 그는 모든 불행이 가난한 집안 형편 때문이라고 말했다.
☐ 제 도끼에 제 발등 찍는다	남을 해칠 요량으로 한 것이 결국은 자기에게 해롭게 됨. ▶ 상대 후보의 비리를 폭로했다가 그것이 조작임이 드러나 **제 도끼에 제 발등 찍는** 꼴이 되었다.
☐ 콩으로 메주를 쑨다 하여도 곧이듣지 않는다	평소에 거짓말을 많이 하여 아무리 옳은 말을 하더라도 믿을 수 없음. ▶ 그는 절대로 믿을 수 없는 사람이므로 **콩으로 메주를 쑨대도 곧이듣지 않을** 것이다. **참고** 콩 심은 데 콩 나고 팥 심은 데 팥 난다: 모든 일은 원인에 따라서 결과가 나타남. ▶ **콩 심은 데 콩 나고 팥 심은 데 팥 난다**더니, 선한 부모 밑에서 선한 자식들이 자라났다.
☐ 핑계 없는 무덤이 없다	아무리 큰 잘못을 저지른 사람도 그것을 변명하고 이유를 붙일 수 있음. ▶ 전등이 어두워서 공부를 못했다니, **핑계 없는 무덤이 없다**. = 처녀가 아이를 낳아도 할 말이 있다
☐ 하나만 알고 둘은 모른다	(사물의 한 측면만 보고 두루 보지 못한다. ➡) 생각이 밝지 못하여 도무지 융통성이 없고 미련함. ▶ 노사 화합 없이도 회사가 발전할 수 있다고 생각하다니, **하나만 알고 둘은 모르는** 것이다.
☐ 호미로 막을 것을 가래로 막는다	❶ 적은 힘으로 충분히 처리할 수 있는 일에 쓸데없이 많은 힘을 들임. ❷ 커지기 전에 처리하였으면 쉽게 해결되었을 일을 방치하여 두었다가 나중에 큰 힘을 들이게 됨. ▶ 작은 상처라고 방치했다가 염증이 생겨 수술까지 하게 되었으니, **호미로 막을 것을 가래로 막은** 셈이다.

확인 문제

[1~11] 다음 풀이에 해당하는 속담을 〈보기〉에서 고르시오.

1. 되지못한 것이 엇나가는 짓만 함.

2. 남의 일에 공연히 간섭하고 나섬.

3. 남이 할 수 있는 일이면 나도 할 수 있음.

4. 자기 주견이 없이 남이 하는 대로 따라 함.

5. 모든 일은 근본에 따라 그에 걸맞은 결과가 나타남.

6. 자기는 하고 싶지 아니하나 남에게 끌려서 덩달아 하게 됨.

7. 겉으로는 점잖고 의젓하나 남이 보지 않는 곳에서는 엉뚱한 짓을 함.

8. 겉으로는 위하여 주는 체하면서 속으로는 해하고 헐뜯는 사람이 더 미움.

9. 돈을 벌 때는 천한 일이라도 하면서 벌고 쓸 때는 떳떳하고 보람 있게 씀.

10. 자기에게 조금이라도 이익이 되면 지조 없이 이편에 붙었다 저편에 붙었다 함.

11. 형편이나 사정이 전에 비하여 나아진 사람이 미천하거나 어렵던 때의 일을 생각지 아니하고 처음부터 잘난 듯이 뽐냄.

┌─ 보 기 ─┐

㉠ 간에 붙었다 쓸개에 붙었다 한다.　　㉡ 개같이 벌어서 정승같이 산다.

㉢ 개구리 올챙이 적 생각 못한다.　　㉣ 남의 잔치에 감 놓아라 배 놓아라 한다.

㉤ 남의 장단에 춤춘다.　　㉥ 동무 따라 강남 간다.

㉦ 뒤로 호박씨 깐다.　　㉧ 때리는 시어머니보다 말리는 시누이가 더 밉다.

㉨ 말 갈 데 소 간다.　　㉩ 못된 송아지 엉덩이에 뿔이 난다.

㉪ 콩 심은 데 콩 나고 팥 심은 데 팥 난다.

[12~25] 밑줄 친 속담의 쓰임이 문맥에 맞으면 ○, 맞지 않으면 ✕에 표시하시오.

12. <u>바늘 가는 데 실 가는</u> 꼴로 옆 사람의 커닝을 따라했다가 감독관에게 걸렸다. (○ / ✕)

13. <u>벼룩도 낯짝이 있다</u>는데, 서른이 넘어서까지 부모님께 용돈을 달라고 말할 수는 없다.
　　(○ / ✕)

14. 화재 현장에서 시민을 구하는 것은 <u>섶을 지고 불로 들어가려 하는</u> 소방관의 의무이다.
　　(○ / ✕)

15. <u>누울 자리 봐 가며 발을 뻗어야지</u> 초상집에서 그런 우스꽝스런 짓을 해서야 쓰겠느냐?
　　(○ / ✕)

16. 그는 자기주장을 분명하게 밝히는 <u>귀신 씻나락 까먹는 소리</u>로 청중들의 호응을 이끌어냈다. (○ / ✕)

17. 잘되면 제 탓 못되면 조상 탓이라더니, 선수들은 관중의 응원이 부족해서 경기에서 졌다고 말했다. (○ / ×)

18. 공부가 재미있어서 열심히 공부할 뿐이라는 학생은 염불에는 맘이 없고 잿밥에만 맘이 있는 셈이다. (○ / ×)

19. 두 유력 후보가 서로 헐뜯으면서 이미지를 망치고 있으니 군소 후보인 우리는 굿이나 보고 떡이나 먹자. (○ / ×)

20. 우물을 파도 한 우물을 파라는데. 이 직업 저 직업을 전전하다가는 어느 분야에서도 전문가가 되기 힘들다. (○ / ×)

21. 어려운 상황에서도 일치단결하여 노력해 준 팀원들 덕분에 냉수 먹고 이 쑤시는 좋은 성과를 거둘 수 있었다. (○ / ×)

22. 그 제과 회사는 가격은 그대로 둔 채 과자의 용량을 늘림으로써 소비자들에게 눈 가리고 아웅 하는 감동을 주었다. (○ / ×)

23. 누워서 침 뱉기라고, 친구들 앞에서 부모님을 흉보는 것은 결국 자신이 얼마나 버릇없는가를 드러내는 행동일 뿐이다. (○ / ×)

24. 동냥은 못 줘도 쪽박은 깨지 말라는데, 지진으로 모든 것을 잃은 시민들에게 세금 납부를 독촉한 공무원의 행동은 비난받아 마땅하다. (○ / ×)

25. "늑대가 왔어요! 늑대요!" 양치기 소년이 소리쳤지만, 여러 번 속았던 사람들은 "흥, 이젠 콩으로 메주를 쑨다 하여도 곧이듣지 않겠어."라고 하면서 아무도 달려오지 않았다.

(○ / ×)

[26~32] 뜻풀이를 참고하여 다음 속담의 괄호 안에 들어갈 동식물의 이름을 쓰시오.

26. 마파람에 (   ) 눈 감추듯: 음식을 매우 빨리 먹어 버리는 모습

27. (   )의 간을 내먹는다.: 어려운 처지에 있는 사람에게서 금품을 뜯어냄.

28. 번갯불에 (   ) 볶아 먹겠다.: 어떤 행동을 당장 해치우지 못하여 안달하는 조급한 성질

29. (   ) 발에 주석 편자: 옷차림이나 지닌 물건 따위가 제격에 맞지 아니하여 어울리지 않음.

30. (   ) 잡아먹고 오리발 내놓기: 옳지 못한 일을 저질러 놓고 엉뚱한 수작으로 속여 넘기려 하는 일

31. 자는 (   ) 코침 주기: 그대로 가만히 두었으면 아무 탈이 없을 것을 공연히 건드려 문제를 일으킴.

32. 못 먹는 (   ) 찔러나 본다.: 제 것으로 만들지 못할 바에야 남도 갖지 못하게 못 쓰게 만들자는 뒤틀린 마음

33. 다음 속담과 의미가 유사한 것은?

> 핑계 없는 무덤이 없다.

① 남의 다리 긁는다.

② 똥 묻은 개가 겨 묻은 개 나무란다.

③ 처녀가 아이를 낳아도 할 말이 있다.

④ 콩 심은 데 콩 나고 팥 심은 데 팥 난다.

⑤ 물에 빠진 놈 건져 놓으니까 내 봇짐 내라 한다.

 도전 문제

34. ㉠에게 할 수 있는 말로 가장 적절한 것은?

> 　이어 방문이 열리며 초헌의 둥글넓적한 얼굴이 나타났다. 대할 때마다 만득자(晚得子)*를 대하는 것과 같이 유별난 애정을 느끼게 하는 제자였다. 사람이 무던하다거나 이렇다 할 요구 없이 일 년 가까이나 그가 없는 서실*을 꾸려 가고 있는 탓도 있겠지만 그보다는 글씨 때문이었다. 붓 쥐는 법도 익히기 전에 행서(行書)를 휘갈기고, 점획 결구(點劃結構)도 모르면서 초서(草書)며 전서(篆書)까지 그려 대는 ㉠요즈음 젊은이들답지 않게 초헌은 스스로 정서(正書)*로만 삼 년을 채웠다. 또 서력(書歷) 칠 년이라고는 하지만 칠 년을 하루같이 서실에만 붙어 산 그에게는 결코 짧은 것이 아닌데도 그 봄의 고죽 문하생 합동전에는 정서 두어 폭을 수줍게 내놓았을 뿐이었다.
>
> *만득자(晚 늦을 만 得 얻을 득 子 아들 자): 늙어서 낳은 자식
> *정서(正 바를 정 書 글 서): 흘려 쓰지 아니하고 또박또박 바르게 쓴 글씨
> *서실(書 글 서 室 집 실): 책을 갖추어 두고 글을 읽거나 쓰는 방
>
> 　　　　　　　　　　　　　　　　　　　 – 이문열, 〈금시조〉

① 하나만 알고 둘은 모른다.

② 제 도끼에 제 발등 찍는다.

③ 서투른 무당이 장구만 나무란다.

④ 기기도 전에 날기부터 하려 한다.

⑤ 미꾸라지 한 마리가 온 웅덩이를 흐려 놓는다.

행랑채가 퇴락하여 지탱할 수 없게끔 된 것이 세 칸이었다. 나는 마지못하여 이를 모두 수리하였다. 그런데 그중의 두 칸은 앞서 장마에 비가 샌 지가 오래되었으나, 나는 그것을 알면서도 이럴까 저럴까 망설이다가 손을 대지 못했던 것이고, 나머지 한 칸은 비를 한 번 맞고 샜던 것이라 서둘러 기와를 갈았던 것이다. 이번에 수리하려고 본즉 ㉠비가 샌 지 오래된 것은 그 서까래*, 추녀*, 기둥, 들보*가 모두 썩어서 못 쓰게 되었던 까닭으로 수리비가 엄청나게 들었고, 한 번밖에 비를 맞지 않았던 한 칸의 재목들은 완전하여 다시 쓸 수 있었던 까닭으로 그 비용이 많지 않았다.

나는 이에 느낀 것이 있었다. 사람의 몸에 있어서도 마찬가지라는 사실을. 잘못을 알고서도 바로 고치지 않으면 곧 그 자신이 나쁘게 되는 것이 마치 나무가 썩어서 못 쓰게 되는 것과 같으며, 잘못을 알고 고치기를 꺼리지 않으면 해(害)를 받지 않고 다시 착한 사람이 될 수 있으니, 저 집의 재목처럼 말끔하게 다시 쓸 수 있는 것이다.

뿐만 아니라 나라의 정치도 이와 같다. 백성을 좀먹는 무리들을 내버려 두었다가는 백성들이 도탄에 빠지고 나라가 위태롭게 된다. ㉡그런 연후에 급히 바로잡으려 하면 이미 썩어 버린 재목처럼 때는 늦은 것이다. 어찌 삼가지 않겠는가.

* 서까래: 지붕판을 만들고 추녀를 구성하는 가늘고 긴 각재
* 추녀: 전통 목조 건축에서, 처마의 네 귀의 기둥 위에 끝이 위로 들린 크고 긴 서까래
* 들보: 칸과 칸 사이의 두 기둥을 건너지르는 나무

– 이규보, 〈이옥설(理屋說)〉

35. 위 글에 대한 설명으로 적절하지 <u>않은</u> 것은?

① 교훈을 목적으로 하고 있다.

② 유추의 방식을 활용하고 있다.

③ '사실–의견'의 2단 구성을 취하고 있다.

④ 시간적 순서에 따라 내용을 전개하고 있다.

⑤ 개인적 경험에서 깨달음을 이끌어내고 있다.

36. 위 글에 나타난 글쓴이의 궁극적 생각으로 적절한 것은?

① 잘못을 엄하게 처벌해야 한다.

② 잘못을 알면 바로 고쳐야 한다.

③ 잘잘못을 명확히 구분해야 한다.

④ 잘못을 저지르지 않도록 조심해야 한다.

⑤ 다른 사람의 잘못을 바로잡아 주어야 한다.

37. ⊙에 대한 평가로 가장 적절한 것은?

① 다 된 죽에 코 풀었다.

② 자는 벌집을 건드렸다.

③ 바늘 도둑이 소도둑 되었다.

④ 빈대 잡으려고 초가삼간 태웠다.

⑤ 호미로 막을 것을 가래로 막았다.

38. ⓒ의 상황을 가장 잘 표현한 속담은?

① 자다가 봉창 두드린다.

② 우물에 가 숭늉 찾는다.

③ 불난 집에 부채질 한다.

④ 소 잃고 외양간 고친다.

⑤ 얌전한 고양이가 부뚜막에 먼저 올라간다.

[정답] 1. ㉧ 2. ㉣ 3. ㉧ 4. ㉺ 5. ㉠ 6. ㉽ 7. ㉳ 8. ◎ 9. ㉡ 10. ㉠ 11. ㉢ 12. × 13. ○ 14. × 15. ○ 16. × 17. ○ 18. × 19. ○ 20. ○ 21. × 22. × 23. ○ 24. ○ 25. ○ 26. 게 27. 벼룩 28. 콩 29. 개 30. 닭 31. 범 32. 감 33. ③ 34. ④ 35. ④ 36. ② 37. ⑤ 38. ④

[해설] 34. ㉠은 쉽고 기본적인 일도 익히기 전에 어려운 일을 하려 하는 사람들이다. 35. 행랑채 수리라는 개인적 체험(사실)을 바탕으로 인간사의 이치와 나라를 다스리는 도리(의견, 깨달음)를 유추한 고전 수필(설)이다. 36. 이 글에서 글쓴이가 경계하는 것은 잘못을 알고 고치지 않는 것이지, 잘못을 저지르는 것 자체는 아니다.

31 │ 상황/정서와 관련된 속담

☐ **가난 구제는 나라님도 못한다**

남의 가난한 살림을 도와주기란 끝이 없는 일이어서, 개인은 물론 나라의 힘으로도 구제하지 못함.

▶ <u>가난 구제는 나라님도 못한다</u>는데, 가난한 동생을 무작정 도와줄 수는 없는 노릇이다.

참고 서 발 막대 거칠 것 없다: ① (서 발이나 되는 긴 막대를 휘둘러도 아무것도 거치거나 걸릴 것이 없다. →) 가난한 집안이라 세간이 아무것도 없음.

▶ 도둑질을 하려고 들어간 집이 하필이면 <u>서 발 막대 거칠 것 없는</u> 집이었다.

② 주위에 조심스러운 사람도 없고 아무것도 거리낄 것이 없음.

▶ 그는 단단히 믿는 구석이라도 있는지 <u>서 발 막대 거칠 것 없이</u> 행동했다.

가난한 집 제사 돌아오듯: (살아가기도 어려운 가난한 집에 제삿날이 자꾸 돌아와서 그것을 치르느라 매우 어려움을 겪는다. →) 힘든 일이 자주 닥쳐옴.

▶ <u>가난한 집 제사 돌아오듯</u> 여러 가지 힘든 일들이 연달아 일어났다.

산 입에 거미줄 치랴: (거미가 사람의 입 안에 거미줄을 치자면 사람이 아무것도 먹지 않아야 한다. →) 아무리 살림이 어려워도 사람은 그럭저럭 죽지 않고 먹고 살아가기 마련임.

▶ <u>산 입에 거미줄 치란</u> 법은 없는지 지인의 소개로 새로운 직장을 구하게 되었다.

☐ **가는 날이 장날**

어떤 일을 하려고 하는데 뜻하지 않은 일을 공교롭게 당함.

▶ <u>가는 날이 장날</u>이라고 학원 수업에 빠지고 친구들과 놀다가 길에서 어머니를 만났다.

☐ **가랑비에 옷 젖는 줄 모른다**

(가늘게 내리는 비는 조금씩 젖어들기 때문에 여간해서는 옷이 젖는 것을 깨닫지 못한다. ➡) 아무리 사소한 것이라도 그것이 거듭되면 무시하지 못할 정도로 크게 됨.

▶ <u>가랑비에 옷 젖는 줄 모르고</u> 여기저기서 조금씩 빌린 돈이 어느덧 갚을 수 없는 수준이다.

☐ **가루는 칠수록 고와지고 말은 할수록 거칠어진다**

(가루는 체에 칠수록 고와지지만 말은 길어질수록 시비가 붙을 수 있고 마침내는 말다툼까지 가게 된다. ➡) 말을 삼가야 함.

▶ <u>가루는 칠수록 고와지고 말은 할수록 거칠어지니</u> 이말 저말 하지 말고 핵심만 이야기합시다.

참고 낮말은 새가 듣고 밤말은 쥐가 듣는다: ① 아무도 안 듣는 데서라도 말조심해야 함.

② 아무리 비밀히 한 말이라도 반드시 남의 귀에 들어가게 됨.

▶ <u>낮말은 새가 듣고 밤말은 쥐가 듣는</u> 법이니 뒤에서 친구들 흉을 보는 행동은 삼가야 한다.

발 없는 말이 천 리 간다: (말은 비록 발이 없지만 천 리 밖까지도 순식간에 퍼진다. →) 말을 삼가야 함.

▶ <u>발 없는 말이 천 리 가니</u> 없는 데서라도 남의 말을 함부로 해서는 안 된다.

말 한마디에 천 냥 빚도 갚는다: 말만 잘하면 어려운 일이나 불가능해 보이는 일도 해결할 수 있음. = 말로 온 공을 갚는다.

▶ <u>말 한마디에 천 냥 빚도 갚는다</u>는데 따뜻한 말 한마디 해 주기가 그렇게도 어렵단 말입니까?

말이란 아 해 다르고 어 해 다르다: 말이란 같은 내용이라도 표현하는 데 따라 아주 다르게 들림.

▶ <u>말이란 아 해 다르고 어 해 다른데</u> 왜 굳이 그런 표현을 써서 비난을 받는지 모르겠다.

말은 해야 맛이고 고기는 씹어야 맛이다: 마땅히 할 말은 해야 함.

▶ <u>말은 해야 맛이고 고기는 씹어야 맛이니</u> 속마음을 털어놓아 보십시오.

☐ **갈수록 태산**	갈수록 더욱 어려운 지경에 처하게 됨. ▶ <u>갈수록 태산</u>이라더니 시험을 앞두고 감기에 걸리더니 눈병까지 옮았다. = 산 너머 산이다. 여우를 피해서 호랑이를 만났다. 설상가상(雪上加霜)
☐ **같은 값이면 다홍치마**	값이 같거나 같은 노력을 한다면 품질이 좋은 것을 택함. ▶ <u>같은 값이면 다홍치마</u>라고, 애프터서비스가 좋은 회사의 제품을 사는 것이 현명하다. = 동가홍상(同 한가지 동 價 값 가 紅 붉을 홍 裳 치마 상)
☐ **개밥에 도토리**	(개는 도토리를 먹지 않아서 밥 속에 있어도 먹지 않고 남긴다. ➡) 따돌림을 받아서 여럿의 축에 끼지 못하는 사람 ▶ 이사한 후 한동안 주민들의 텃세 때문에 <u>개밥에 도토리</u> 신세로 살았다. = 물 위의 기름. 찬물에 기름 돌 듯
☐ **고래 싸움에 새우 등 터진다**	강한 자들끼리 싸우는 통에 아무 상관도 없는 약한 자가 중간에 끼어 피해를 입게 됨. ▶ 미국과 중국의 경쟁에 한국이 끼어 <u>고래 싸움에 새우등 터질</u> 지경이다.
☐ **고양이한테 생선을 맡기다**	(고양이한테 생선을 맡기면 고양이가 생선을 먹을 것이 뻔한 일 ➡) 어떤 일이나 사물을 믿지 못할 사람에게 맡겨 놓고 마음이 놓이지 않아 걱정함. ▶ 횡령 전력이 있는 사람에게 자금 관리를 맡기다니, <u>고양이한테 생선을 맡긴</u> 꼴이다.
☐ **구더기 무서워 장 못 담글까**	다소 방해되는 것이 있다 하더라도 마땅히 할 일은 하여야 함. ▶ 회사에서는 노조에 가입하면 불이익을 주겠다고 위협하지만, <u>구더기 무서워 장 못 담글까</u>! = 범 무서워 산에 못 가랴. 참새가 허수아비 무서워 나락 못 먹을까
☐ **남의 손의 떡은 커 보인다**	물건은 남의 것이 제 것보다 더 좋아 보이고, 일은 남의 일이 제 일보다 더 쉬워 보임. ▶ 관리직에 있는 친구는 영업직에 있는 나에게 영업이 훨씬 쉽지 않느냐고 말하는데, 아무래도 <u>남의 손의 떡은 커 보이는</u> 모양이다. **참고** 떡 줄 사람은 꿈도 안 꾸는데 김칫국부터 마신다: 해 줄 사람은 생각지도 않는데 미리부터 다 된 일로 알고 행동함. ▶ 사장에게 부탁만 하면 취직이 되는 줄 아는 모양이니, <u>떡 줄 사람은 꿈도 안 꾸는데 김칫국부터 마시는</u> 꼴이다.
☐ **내 코가 석 자**	내 일도 감당하기 어려워 남의 사정을 돌볼 여유가 없음. ▶ 친구가 시험공부를 도와 달라고 부탁했지만 <u>내 코가 석 자</u>라서 그럴 수가 없었다. = 오비삼척(吾 나 오 鼻 코 비 三 석 삼 尺 자 척)
☐ **달걀로 바위 치기**	대항해도 도저히 이길 수 없음. ▶ 일개 소기업이 글로벌 기업과 경쟁하는 것은 <u>달걀로 바위 치기</u>이지만, 이대로 당할 수는 없다.

317

□ 닭 쫓던 개 지붕 쳐다보듯	(개에게 쫓기던 닭이 지붕으로 올라가자 개가 쫓아 올라가지 못하고 지붕만 쳐다본다. ➡) 애써 하던 일이 실패로 돌아가거나 남보다 뒤떨어져 어찌할 도리가 없이 됨.
	▶ 오토바이를 탄 범인이 경찰차가 들어갈 수 없는 길로 달아나자 경찰들은 <u>닭 쫓던 개 지붕 쳐다보듯</u> 바라볼 수밖에 없었다.
□ 독 안에 든 쥐	궁지에서 벗어날 수 없는 처지
	▶ 검찰의 전방위 수사로 인해 그 비리 정치인은 <u>독 안에 든 쥐</u> 신세가 되었다.
□ 되로 주고 말로 받는다	조금 주고 그 대가로 몇 곱절이나 많이 받음.
	▶ 텃밭 채소 조금 나눠주고 고기 선물을 받다니, <u>되로 주고 말로 받는</u> 것 같아 영 미안하다.
□ 떡 본 김에 제사 지낸다	우연히 운 좋은 기회에, 하려던 일을 해치움.
	▶ <u>떡 본 김에 제사 지낸다</u>고, 삼촌이 놀러온 김에 놀이공원에 데려가 달라고 부탁하였다.
□ 떼어 놓은 당상	(떼어 놓은 당상이 변하거나 다른 데로 갈 리 없다. ➡) 일이 확실하여 조금도 틀림이 없음.
	▶ 실력 차가 너무 크기 때문에 그가 1등을 하는 것은 <u>떼어 놓은 당상</u>이다.
	◀ 당상(堂 집 당 上 위 상): 조선 시대, 정삼품(正三品) 이상의 벼슬
□ 뛰어야 벼룩	도망쳐 보아야 크게 벗어날 수 없음. 도망친 사람을 손쉽게 잡을 수 있음.
	▶ 누나 물건을 깨뜨리고 숨었지만, <u>뛰어야 벼룩</u>이라고 이내 누나에게 잡혀 혼쭐이 났다.
	= 뛰어 보았자 부처님 손바닥
□ 말 타면 경마 잡히고 싶다	사람의 욕심이란 한이 없음.
	▶ <u>말 타면 경마 잡히고 싶</u>다더니, 취직만 하면 더 바랄 것이 없을 것 같았는데 막상 취직을 하고 나니 승진이 잘 되는 부서에 배치되기를 바라고 있다.
	◀ 경마: 남이 탄 말을 몰기 위하여 잡는 고삐
	= 말 타면 종 두고 싶다
□ 목구멍이 포도청	먹고살기 위하여, 해서는 안 될 짓까지 하지 않을 수 없음.
	▶ 아무리 <u>목구멍이 포도청</u>이라지만 자기 먹고살자고 동포를 배신할 수는 없다.
□ 물에 빠지면 지푸라기라도 잡는다	위급한 때를 당하면 무엇이나 닥치는 대로 잡고 늘어지게 됨.
	▶ 중병에 걸린 사람들에게 가짜 만병통치약을 판 일당들은 <u>물에 빠지면 지푸라기라도 잡는</u> 사람의 심리를 악용한 것이다.
□ 믿는 도끼에 발등 찍힌다	잘되리라고 믿고 있던 일이 어긋나거나, 믿고 있던 사람이 배반하여 오히려 해를 입음.
	▶ 친한 친구라서 믿고 돈을 맡겼는데 몽땅 가지고 도망가 버리다니, <u>믿는 도끼에 발등 찍혔다</u>.

☐ 밑 빠진 독에 물 붓기	(밑 빠진 독에 아무리 물을 부어도 독이 채워질 수 없다. ➡) 아무리 힘이나 밑천을 들여도 보람 없이 헛된 일이 되는 상태 ▶ 엄청난 교육비를 투자해도 내 성적이 전혀 오르지 않자 부모님은 <u>밑 빠진 독에 불 붓기</u> 같은 교육비 지출을 그만두기로 결정하셨다. = 터진 항아리에 물 붓기
☐ 빛 좋은 개살구	(겉보기에는 먹음직스러운 빛깔을 띠고 있지만 맛은 없는 개살구 ➡) 겉만 그럴듯하고 실속이 없는 경우 ▶ 유망한 기업인 줄 알고 투자했더니 <u>빛 좋은 개살구</u>였다. = 속 빈 강정 **참고** 그림의 떡: 아무리 마음에 들어도 이용할 수 없거나 차지할 수 없는 경우 ▶ 수중에 돈이 없으니 저 멋진 레스토랑의 음식도 <u>그림의 떡</u>이다. = 화중지병(**畫** 그림 화 **中** 가운데 중 **之** ~의 지 **餅** 떡 병)
☐ 사촌이 땅을 사면 배가 아프다	남이 잘되는 것을 기뻐해 주지는 않고 오히려 질투하고 시기함. ▶ <u>사촌이 땅을 사면 배가 아프</u>다더니, 친구가 좋은 학교에 입학한 것이 의외로 기쁘지 않았다.
☐ 소문난 잔치에 먹을 것 없다	떠들썩한 소문이나 큰 기대에 비하여 실속이 없거나 소문이 실제와 일치하지 않는 경우 ▶ <u>소문난 잔치에 먹을 것 없다</u>더니, 그 작가의 베스트셀러 소설은 의외로 형편없었다.
☐ 쏘아 놓은 살이요 엎지른 물이다	한번 저지른 일을 다시 고치거나 중지할 수 없음. ▶ 이미 참석한다고 약속했으니 <u>쏘아 놓은 살이요 엎지른 물이</u>라 참석할 수밖에 없다.
☐ 아랫돌 빼서 윗돌 괴고 윗돌 빼서 아랫돌 괴기	일이 몹시 급하여 임시변통으로 이리저리 둘러맞추어 일함. ▶ 일부 사람들의 극렬한 반대 때문에 제도의 시행을 유예했지만, <u>아랫돌 빼서 윗돌 괴고 윗돌 빼서 아랫돌 괴기</u>에 불과할 뿐 근본적인 문제 해결로는 볼 수 없다. = 하석상대(**下** 아래 하 **石** 돌 석 **上** 위 상 **臺** 대 대), 임시변통(**臨時變通**)
☐ 우물 안 개구리	❶ 넓은 세상의 형편을 알지 못하는 사람 ▶ 구힌말에 서구 문물의 유입을 막아야 한다고 주장한 사람들은 결국 <u>우물 안 개구리</u>였다. ❷ 견식이 좁아 저만 잘난 줄로 아는 사람 ▶ 전국도 아니고 겨우 도에서만 1등 한 걸 가지고 저렇게나 우쭐대다니, <u>우물 안 개구리</u>가 따로 없다. = 정저지와(**井** 우물 정 **底** 밑 저 **之** ~의 지 **蛙** 개구리 와)
☐ 울며 겨자 먹기	싫은 일을 억지로 마지못하여 함. ▶ 성적이 너무 떨어지는 바람에 <u>울며 겨자 먹기</u>로 학원에 등록하게 되었다. **참고** 우는 아이 젖 준다: 무슨 일에 있어서나 자기가 요구하여야 쉽게 구할 수 있음. ▶ <u>우는 아이 젖 주는</u> 법이니 불만 사항이 있으면 계속 얘기해야 빨리 고쳐진다.

☐ 자빠져도 코가 깨진다	일이 안 되려면 하는 모든 일이 잘 안 풀리고 뜻밖의 큰 불행도 생김.
	▶ **자빠져도 코가 깨진다**더니, 지하철에서 잠이 드는 바람에 내릴 역을 한참 지나쳤고 지갑까지 분실하는 바람에 집에 갈 길이 막막해졌다.
☐ 쥐 잡으려다 쌀독 깬다	적은 이익이나마 얻으려고 한 일이 도리어 큰 손실을 입게 됨.
	▶ 나무에 달라붙는 작은 벌레를 잡으려고 농약을 뿌렸는데 나무가 말라죽어 버렸으니, **쥐 잡으려다 쌀독 깬** 꼴이다.
	참고 독을 보아 쥐를 못 친다: 무엇을 처리하여 없애 버려야 하나 그렇게 하면 **오히려 자기에게 손해가 생길까 두려워서 이러지도 저러지도 못하고 내버려 두는 경우**
	▶ 산더미 같은 재고를 싼값에라도 처리해야 하는데 그렇게 하면 제품 이미지가 나빠질 것 같으니 **독을 보아 쥐를 못 치는** 처지이다.
	쥐도 도망갈 구멍을 보고 쫓는다: 궁지에 빠진 사람을 너무 막다른 지경에 몰아넣지 말라는 말
	▶ **쥐도 도망갈 구멍을 보고 쫓는다**는데, 굶고 있는 세입자에게 방값을 너무 심하게 독촉하지는 맙시다.
	소 뒷걸음질 치다 쥐 잡기: 우연히 공을 세운 경우
	▶ 교통 법규 위반을 단속하다가 살인범을 검거하다니, **소 뒷걸음질 치다가 쥐 잡은** 셈이다.
☐ 호랑이에게 물려가도 정신만 차리면 산다	아무리 위급한 경우를 당하더라도 정신만 똑똑히 차리면 위기를 벗어날 수가 있음.
	▶ **호랑이에게 물려가도 정신만 차리면 산다**는데, 아무리 날이 저물고 길을 잃었다 하더라도 정신을 똑바로 차려야 합니다.
	= 물에 빠져도 정신을 차려야 산다
☐ 호박이 넝쿨째로 굴러떨어졌다	뜻밖에 좋은 물건을 얻거나 행운을 만남.
	▶ 성격 좋고 능력 있는 사위를 보게 된 어머니는 **호박이 넝쿨째 굴러떨어졌다**고 좋아하셨다.

[1~13] 다음 풀이에 해당하는 속담을 〈보기〉에서 고르시오.

1. 싫은 일을 억지로 마지못하여 함.

2. 내 일도 감당하기 어려워 남의 사정을 돌볼 여유가 없음.

3. 어떤 일을 하려고 하는데 뜻하지 않은 일을 공교롭게 당함.

4. 말이란 같은 내용이라도 표현하는 데 따라 아주 다르게 들림.

5. 위급한 때를 당하면 무엇이나 닥치는 대로 잡고 늘어지게 됨.

6. 다소 방해되는 것이 있다 하더라도 마땅히 할 일은 하여야 함.

7. 남이 잘되는 것을 기뻐해 주지는 않고 오히려 질투하고 시기함.

8. 해 줄 사람은 생각지도 않는데 미리부터 다 된 일로 알고 행동함.

9. 말만 잘하면 어려운 일이나 불가능해 보이는 일도 해결할 수 있음.

10. 일이 안 되려면 하는 모든 일이 잘 안 풀리고 뜻밖의 큰 불행도 생김.

11. 아무리 사소한 것이라도 그것이 거듭되면 무시하지 못할 정도로 크게 됨.

12. 어떤 일이나 사물을 믿지 못할 사람에게 맡겨 놓고 마음이 놓이지 않아 걱정함.

13. 아무리 위급한 경우를 당하더라도 정신만 똑똑히 차리면 위기를 벗어날 수가 있음.

> **보 기**
>
> ㉠ 가는 날이 장날
> ㉡ 가랑비에 옷 젖는 줄 모른다.
> ㉢ 고양이한테 생선을 맡기다.
> ㉣ 구더기 무서워 장 못 담글까.
> ㉤ 떡 줄 사람은 꿈도 안 꾸는데 김칫국부터 마신다.
> ㉥ 내 코가 석 자
> ㉦ 말로 온 공을 갚는다.
> ㉧ 말이란 아 해 다르고 어 해 다르다.
> ㉨ 물에 빠지면 지푸라기라도 잡는다.
> ㉩ 사촌이 땅을 사면 배가 아프다.
> ㉪ 울며 겨자 먹기
> ㉫ 자빠져도 코가 깨진다.
> ㉬ 호랑이에게 물려가도 정신만 차리면 산다.

[14~27] 밑줄 친 속담의 쓰임이 문맥에 맞으면 ○, 맞지 않으면 ×에 표시하시오.

14. 실력이 월등한 우리 팀이 상대팀을 이기는 것은 달걀로 바위 치기다. (○ / ×)

15. 떡 본 김에 제사 지낸다고, 가족이 모두 모인 김에 가족사진을 찍었다. (○ / ×)

16. 부실기업에 공적 자금을 투입하는 것은 밑 빠진 독에 물 붓기가 되기 쉽다. (○ / ×)

17. 같은 값이면 다홍치마라는데, 이왕이면 컴퓨터를 잘 다루는 사람을 뽑읍시다. (○ / ×)

18. 세계 랭킹 1위인 우리 선수가 올림픽에서 우승하는 것은 떼어 놓은 당상이다. (○ / ×)

19. 말 타면 경마 잡히고 싶다고, 어려운 때일수록 가까운 사람에게 의지하게 된다. (○ / ×)

20. 사고를 내고서야 음주운전을 후회했지만, 이미 쏘아 놓은 살이요 엎지른 물이었다.

(○ / ×)

21. 아이를 위해 한 일에 오히려 아이에게 해가 되었다니, <u>쥐 잡으려다 쌀독 깬</u> 꼴이다.
   (○ / ×)

22. <u>쥐도 도망갈 구멍을 보고 쫓는다</u>는데, 무슨 일이든 목표를 명확히 잡는 것이 중요하다.
   (○ / ×)

23. <u>남의 손의 떡은 커 보인다</u>더니, 같은 제품인데도 친구 것이 내 것보다 더 좋아 보인다.
   (○ / ×)

24. 오랫동안 실적이 가장 좋았던 사람이 승진을 했으니 <u>소 뒷걸음질 치다 쥐 잡은</u> 셈이다.
   (○ / ×)

25. <u>독을 보아 쥐를 못 친다</u>고, 아무리 보잘것없는 대상이라도 인정을 베풀 줄 알아야 한다.
   (○ / ×)

26. <u>소문난 잔치에 먹을 것 없다</u>더니, 절찬 상영 중이라는 그 영화는 의외로 재미가 없었다.
   (○ / ×)

27. 그는 <u>아랫돌 빼서 윗돌 괴고 윗돌 빼서 아랫돌 괴는</u> 신중함으로 문제를 근본적으로 해결했다. (○ / ×)

[28~29] 의미하는 바가 가장 <u>이질적인</u> 것을 고르시오.

28. ① 발 없는 말이 천 리 간다.
   ② 군말이 많으면 쓸 말이 적다.
   ③ 낮말은 새가 듣고 밤말은 쥐가 듣는다.
   ④ 말은 해야 맛이고 고기는 씹어야 맛이다.
   ⑤ 가루는 칠수록 고와지고 말은 할수록 거칠어진다.

29. ① 설상가상   ② 금상첨화   ③ 갈수록 태산
   ④ 산 너머 산이다.   ⑤ 여우를 피해서 호랑이를 만났다.

30. '극심한 가난'을 표현하는 속담은?
   ① 목구멍이 포도청
   ② 산 입에 거미줄 치랴.
   ③ 가난한 집 제사 돌아오듯
   ④ 서 발 막대 거칠 것 없다.
   ⑤ 가난 구제는 나라님도 못한다.

31. 다음에서 '수원집'이 처한 상황을 잘 드러낸 것은?

덕기는 수원집이 들어오는 것을 보자 앞에 놓인 열쇠를 얼른 집어 들고 일어서 버렸다.

"애 아범, 잠깐 거기 앉게."

수원집의 얼굴에는 살기가 돌면서 나가려는 덕기를 붙든다.

수원집은 열쇠가 놓였으면 우선 그것부터 집어 놓고서 따지려는 것이라서 덕기가 성큼 넣어 버리는 것을 인제는 절망이다. 영감이 좀더 혼돈천지*로 앓거나 덕기가 이 집에서 초혼 부르는 소리가 난 뒤에 오거나 하였더라면 머리맡 철궤 안의 열쇠를 한 번만 만져 볼 틈을 타면 일은 피는 것이었다. 그러나 그 틈을 탈 새가 없이 이 집에 사자가 다녀 나가기 전에 덕기가 먼저 온 것이다. 덕기의 옴이 빨랐던지 사자의 옴이 늦었던지? 저희들의 일 꾸밈이 어설프고 굼뜬 탓이었던지? 어쨌든 인제는 만사휴의(萬事休意)*다.

＊혼돈천지(混 섞일 혼 沌 어두울 돈 天 하늘 천 地 땅 지): 의식이 몽롱한 상태를 비유함.

＊만사휴의(萬 일만 만 事 일 사 休 쉴 휴 意 뜻 의): 모든 일이 헛수고로 돌아감.

– 염상섭, 〈삼대〉

① 믿는 도끼에 발등 찍힌 꼴이다.　　② 되로 주고 말로 받은 셈이다.

③ 고래 싸움에 새우 등 터진 셈이다.　　④ 닭 쫓던 개 지붕 쳐다보는 꼴이다.

⑤ 호박이 넝쿨째로 굴러떨어진 모양새다.

[32~35] 다음 글을 읽고, 물음에 답하시오.

어머니와 아버지의 대화를 들으면서, 현숙은 그 새에 끼어 어쩔 바를 몰라 했다.

"애, 여자란 별수 없느니라." / 아버지는 현숙이를 바라다보며 말을 또박또박 이어갔다.

"시집만 가면 남편 덕으로 먹고 살아야지. 그래도 ⓐ아무개의 부인이랄 때가 여자로선 행복할 수 있는 거야." / "에이구, 선화당(宣化堂)* 서겠소."

아버지는 어머니의 옆찌르는 말을 듣는 둥 마는 둥 말을 계속했다.

"거저, 누구의 남편이라고 부인 위주의 가정이 된다면, 남 보기엔 허울 좋아도 집안 살림이란 엉망이 되기 일쑤고…… 그나 그뿐인가, 남편이란 주눅이 들어 제 구실도 바루 못하게 되면 (　ⓑ　)처럼 겉만 번지르르하고 안속은 엉망이 되기 일쑤란 말이야. 봐라, 신문에도 가끔 나지 않니."

"애, 느 아버지 생각은 이제 아주 낡아 빠진 구식이다. 요샌 부부간이 같이 벌어서 서
로들 잘 살기만 하드라. 여자도 이젠, 자활할 수 있는 기술 하나씩은 배워 둬야지."

"글쎄 주부는 역시 집안에 있어야 한대두."

"당신, 그런 호랑이 담배 먹던 때 이야기 좀 작작해요. 여자두 밖에 나가 활동을 해야지."

"그게 바루 집안 망치는 시초라니까."

"망치긴……. 그래두 집안에 틀어 백혀 골골 창자를 쥐어짜는 것보담야 낫지."

"음……." / 아버지는 큰기침을 하며 돌아앉는다. 그러나 어머니는 조금도 양보가 없다.

"애, 거저 아무말두 말구, 약학과를 해서 면허장(免許狀) 하나라두 타 놓아라. 바쁜 목
에라도 써먹게."

"글쎄, 너 모녀 생각대로들 해라만. 여자란 남들이 보통 하는 가정과(家政科)나 택하
여 대학 맛이나 보다가, 재학 중에라도 좋은 혼처가 있으면 결혼하는 게 거저 상책이
니라."

"에구, 그 고생살이를 그렇게 일찍 시키면 뭐 하겠우. 시집가는 날부터 그 꼴인데."

"그럼, 평생 데리구 있구려."

아버지는 참다못해 농이 어린 웃음을 터뜨리고야 만다.

"그럴 수도 없지만……." / 어머니도 그 이상 더 버티어 나가지는 못하는 것만 같다.

현숙은 아버지나 어머니가 다 한국 여성이 처한 현실적 조건을 몸소 체득하고 거기
서 우러나는 의견을 얘기하는 것이라고 느껴졌다.

[A]　그러나 어찌 보면 아버지는 기성 생활의 타성을 이어받은 소극적인 생각이고, 거기
비하면 어머니는 현대적인 직업여성을 가장 이해할 수 있는 적극적이고도 실용적인 의
견을 가지고 있다는 생각이 없지 않았다.

아무튼 이러한 집안에서의 상반되는 양친의 견해에다 자기로서의 생에 대한 자세라
할까, 적어도 자기 삶의 미래의 지표를 냉철히 응시하는 계산이 종합된 현명한 답으로
채택된 것이, 지원 마지막 날에 입학 원서에 기록된 약학과의 전공 선택이었다.

＊선화당(宣 베풀 선 化 될 화 堂 집 당): 조선 시대에 각 도의 관찰사가 사무를 보던 곳.

– 전광용, 〈면허장〉

32. 위 작품의 서술상의 특징과 효과로 가장 적절한 것은?　(2012 중3 성취도평가)

① '아버지'의 눈을 통해 '현숙'의 내면을 효과적으로 제시한다.

② 서술자의 관찰을 통해 '현숙'의 상황을 객관적으로 전달한다.

③ 대화에 이어 '어머니'의 심리를 묘사함으로써 주제를 강조한다.

④ '아버지'와 '어머니'의 대화를 통해 두 사람의 의견 대립을 드러낸다.

⑤ 공간적 배경을 자세히 묘사하여 '현숙'이 처한 상황을 상징적으로 나타낸다.

33. [A]를 시나리오로 각색할 때 〈자료〉에서 설명한 방법을 적용하기에 가장 적절한 것은?

(2012 중3 성취도평가)

┌─|자료|───┐

따로 촬영한 화면을 떼어 붙여서 편집하는 방법으로 사건의 진행을 축약해서 보여 준다.

└──┘

┌──┐

S#6 거실

　현숙의 부모, 열띤 대화를 이어가고 있다. 현숙은 묵묵히 듣고만 있다.

아버지: (어이없다는 듯이 웃으며) ①그럼, 평생 데리구 있구려.

어머니: ②(한숨을 쉬며) 그럴 수도 없지만……

　현숙, 생각에 잠긴다. ③고등학교와 집을 오가며 고민에 빠진 모습들.

내레이션: ④무엇이 가장 현명한 선택일까, 내 삶의 지표는 과연 무엇일까…… 그래, 나로

　서는 이것이 최선의 선택이다. / ⑤'약학과'라고 쓰인 입학 원서를 화면 가득 보여 준다.

└──┘

34. 〈자료〉에서 설명하고 있는 문제점을 찾을 수 있는 문장은?　(2012 중3 성취도평가)

┌─|자료|───┐

위 작품에서 ⓐ를 '부인'의 성실함을 강조하기 위해 다음과 같이 바꾸어 썼다.

ⓐ아무개의 부인 → 성실한 아무개의 부인

그랬더니 '성실한'이 꾸며 주는 말이 '아무개'인지 '아무개의 부인'인지 분명하지 않아서,

그 의미가 두 가지로 해석되는 문제점이 생겼다.

└──┘

① 굵은 빗줄기가 쏟아졌다.　　　　② 어제 먹은 밥이 맛있었다.

③ 아름다운 풍경을 감상했다.　　　④ 낡은 버스를 타고 시골로 갔다.

⑤ 예쁜 친구의 동생을 바라보았다.

35. 문맥상 ⓑ에 알맞은 한자성어는?

① 그림의 떡　　　　② 개밥에 도토리　　　　③ 독 안에 든 쥐

④ 빛 좋은 개살구　　⑤ 우물 안 개구리

───

[정답] 1. ㉠　2. ㉷　3. ㉠　4. ㉣　5. ㉹　6. ㉥　7. ㉺　8. ㉤　9. ㉾　10. ㉢　11. ㉡　12. ㉣　13. ㉲　14. ×　15. ○　16. ○　17. ○　18. ○　19. ×　20. ○　21. ×　22. ×　23. ○　24. ×　25. ×　26. ○　27. ×　28. ④　29. ②　30. ④　31. ④　32. ④　33. ③　34. ⑤　35. ④

[해설] 28. ② 하지 않아도 될 말을 이것저것 많이 늘어놓으면 그만큼 쓸 말은 적어진다는 뜻으로, 말을 삼가라는 말　31. 열쇠를 차지하려던 계획이 실패로 돌아갔다.　32. 앞부분에서는 대화를 통해 어머니와 아버지의 의견 대립을 드러내고 있고 뒷부분에서는 서술자(전지적 작가 시점)가 '현숙'의 심리와 행동을 서술하고 있다. 33. 〈자료〉는 몽타주(montage)에 대한 설명이다.

32 사람/삶과 관련된 속담

☐ 가재는 게 편

모양이나 형편이 서로 비슷하고 인연이 있는 것끼리 서로 잘 어울리고, 사정을 보아주며 감싸 주기 쉬움.

▶ <u>가재는 게 편</u>이라고, 서양 선수와 북한 선수가 경기를 하자 북한 선수를 응원하게 되었다.

참고 초록은 동색: ① (풀색과 녹색은 같은 색 →) 처지가 같은 사람들끼리 한패가 됨.

▶ <u>초록은 동색</u>이라더니, 둘 다 사업에 실패한 경험이 있어서 쉽게 의기투합하였다.

② 명칭은 다르나 따져 보면 한가지임.

▶ 중고생이라 부르든 청소년이라 부르든 <u>초록은 동색</u>이니 별 차이가 없다.

= 유유상종(類類相從)

☐ 가지 많은 나무에 바람 잘 날이 없다

(가지가 많은 나무는 살랑거리는 바람에도 잎이 흔들려서 잠시도 조용한 날이 없다. ➡) 자식을 많이 둔 어버이에게는 근심, 걱정이 끊일 날이 없음.

▶ 큰아들에 이어 딸들까지 사고를 쳐서 <u>가지 많은 나무에 바람 잘 날이 없다</u>.

참고 지네 발에 신 신긴다: (발이 많은 지네에게 신을 신기려면 힘이 든다. →) 자식을 많이 둔 사람이 애를 씀.

▶ 그는 가난한 형편에도 불구하고 어린 육 남매를 <u>지네 발에 신 신기듯</u> 살뜰히 보살핀다.

고슴도치도 제 새끼는 함함하다고 한다: ① (털이 바늘같이 꼿꼿한 고슴도치도 제 새끼의 털이 부드럽다고 옹호한다. →) 자기 자식의 나쁜 점은 모르고 도리어 자랑으로 삼음.

▶ 버릇이 없는 딸을 자유분방하다고 칭찬하니 <u>고슴도치도 제 새끼는 함함하다고 하는</u> 모양이다.

② 어버이 눈에는 제 자식이 다 잘나고 귀여워 보임.

▶ <u>고슴도치도 제 새끼는 함함하다고 한다</u>더니, 그 못생긴 아들이 귀여워서 어쩔 줄을 모른다.

열 손가락 깨물어 안 아픈 손가락이 없다: 혈육은 다 귀하고 소중함.

▶ <u>열 손가락 깨물어 안 아픈 손가락이 없다</u>는데, 아버지가 너만 미워할 리가 없다.

☐ 개똥밭에 굴러도 이승이 좋다

아무리 천하고 고생스럽게 살더라도 죽는 것보다는 사는 것이 나음.

▶ <u>개똥밭에 굴러도 이승이 좋다</u>는데, 스스로 목숨을 끊겠다는 험한 말은 하지 마십시오.

☐ 개천에서 용 난다

미천한 집안이나 변변하지 못한 부모에게서 훌륭한 인물이 나는 경우

▶ 가난한 농부의 자식인 그가 장관이 되자 모두들 <u>개천에서 용 났다</u>고 평가하였다.

☐ 고생 끝에 낙이 온다

어려운 일이나 고된 일을 겪은 뒤에는 반드시 즐겁고 좋은 일이 생김.

▶ <u>고생 끝에 낙이 온다</u>더니, 가난한 살림에 어렵게 뒷바라지한 아들이 의사가 되었다.

= 고진감래(苦 쓸 고 盡 다할 진 甘 달 감 來 올 래)

참고 쥐구멍에도 볕 들 날 있다: 몹시 고생을 하는 삶도 좋은 운수가 터질 날이 있음.

▶ <u>쥐구멍에도 볕 들 날 있다</u>는데, 우리라고 언제까지 이렇게 고생만 하겠는가?

☐ 공든 탑이 무너지랴

힘을 다하고 정성을 다하여 한 일은 그 결과가 반드시 헛되지 아니함.

▶ 열심히 공부하면 반드시 성과가 나타날 것이다. <u>공든 탑이 무너지겠느냐</u>.

☐ 구슬이 서 말이라도 꿰어야 보배	아무리 훌륭하고 좋은 것이라도 다듬어서 쓸모 있게 만들어 놓아야 가치가 있음. ▶ **구슬이 서 말이라도 꿰어야 보배**라고, 아무리 좋은 식재료라도 요리를 잘 해야 맛있게 먹을 수 있다. **참고** 부뚜막의 소금도 집어넣어야 짜다: 아무리 좋은 조건이 마련되었거나 손쉬운 일이라도 힘을 들이어 이용하거나 하지 아니하면 안 됨. ▶ **부뚜막의 소금도 집어넣어야 짠** 법인데, 아무리 친한 친구라도 부탁하지 않으면 들어 줄 리가 없다.
☐ 굽은 나무가 선산을 지킨다	(자손이 빈한해지면 선산의 나무까지 팔아 버리는데 줄기가 굽어 쓸모없는 것은 그대로 남게 된다. ➡) 쓸모없어 보이는 것이 도리어 제구실을 하게 됨. ▶ **굽은 나무가 선산을 지킨다**더니, 다소 모자라 보이던 막내가 끝까지 부모를 모시었다. ⬅ 선산(先 조상 선 山 산 산): 조상의 무덤이 있는 산
☐ 귀에 걸면 귀걸이 코에 걸면 코걸이	❶ 둘러대기에 따라 이렇게도 되고 저렇게도 될 수 있음. ▶ 신나게 조롱해 놓고는 농담일 뿐이라니, **귀에 걸면 귀걸이 코에 걸면 코걸이**인 셈이군. ❷ 어떤 사물은 보는 관점에 따라 이렇게도 될 수 있고 저렇게도 될 수 있음. ▶ **귀에 걸면 귀걸이 코에 걸면 코걸이**라고, 그는 적극적인 것일 수도, 나대는 것일 수도 있다.
☐ 금강산도 식후경	아무리 재미있는 일이라도 배가 불러야 흥이 나지 배가 고파서는 아무 일도 할 수 없음. ▶ **금강산도 식후경**이니 아무리 봉사활동이라도 밥부터 먹고 시작합시다. ⬅ 식후경(食 밥 식 後 뒤 후 景 볕 경): 배가 부른 뒤라야 구경할 맛이 남. **참고** 쌀독에서 인심 난다: 자신이 넉넉해야 다른 사람도 도울 수 있음. ▶ **쌀독에서 인심 난다**는데, 지금 수입으로는 기부는 꿈도 꿀 수 없다.
☐ 급하면 바늘허리에 실 매어 쓸까	아무리 급해도 순서를 밟아서 일해야 함. ▶ 배가 고프다고 끓지도 않는 물에 라면을 넣다니. **급하면 바늘허리에 실 매어 쓸** 노릇이로군.
☐ 나중 난 뿔이 우뚝하다	나중에 생긴 것이 먼저 것보다 훨씬 나음. 후배가 선배보다 훌륭하게 됨. ▶ **나중 난 뿔이 우뚝하다**더니, 동생이 형보다 훨씬 똑똑하다. = 청출어람(靑 푸를 청 出 날 출 於 어조사 어 藍 쪽 람)
☐ 내리사랑은 있어도 치사랑은 없다	윗사람이 아랫사람을 사랑하기는 해도 아랫사람이 윗사람을 사랑하기는 좀처럼 어려움. ▶ **내리사랑은 있어도 치사랑은 없다**고, 형은 동생을 살뜰히 챙기는데 동생은 그런 형을 귀찮아한다.
☐ 누이 좋고 매부 좋다	어떤 일에 있어 서로 다 이롭고 좋음. ▶ 우리 둘이 같이 살면 너는 방값을 절약하고 나는 외롭지 않게 되니 **누이 좋고 매부 좋은** 일이 아니겠니!

▶ 김장을 담그면 가족들이 모여 정도 쌓고 반찬값도 절약할 수 있으니 **꿩 먹고 알 먹는** 일이다.

도랑 치고 가재 잡는다: ① 도랑을 치우던 중 가재도 잡게 되니, 한 가지 일로 두 가지 이익을 봄.

▶ 해외 연수를 통해 외국 문물도 익히고 새로운 친구도 사귀었으니 **도랑 치고 가재 잡은** 셈이다.

② 도랑을 먼저 치우면 진흙에 숨어 있던 가재도 없어지게 되니, 일의 순서가 바뀌었기 때문에 애쓴 보람이 나타나지 않음.

▶ 선수들에게 양해를 구하지도 않고 남북한 단일팀을 만들겠다고 발표해 버리는 바람에 남북 화합을 위한 정부의 노력이 **도랑 치고 가재 잡는** 꼴이 되었다.

☐ **달도 차면 기운다**

❶ 세상의 온갖 것은 한번 번성하면 다시 쇠하기 마련임.

▶ 로마 제국의 역사는 **달도 차면 기운다**는 사실을 실증적으로 보여준다.

❷ 행운이 언제까지나 계속되는 것은 아님.

▶ 지금까지는 다행히 운이 좋았지만, **달도 차면 기우는** 법이니 항상 조심해야 한다.

☐ **될성부른 나무는 떡잎부터 알아본다**

잘될 사람은 어려서부터 남달리 장래성이 엿보임.

▶ **될성부른 나무는 떡잎부터 알아본다**고, 그 선수는 어려서부터 남다른 자질을 보여주었다.

☐ **등잔 밑이 어둡다**

대상에서 가까이 있는 사람이 도리어 대상에 대하여 잘 알기 어려움.

▶ 녀석이 못된 짓을 하고 다니는 것을 그 부모만 모른다니, 역시 **등잔 밑이 어두운** 모양이다.

= 등하불명(燈 등 등 下 아래 하 不 아닐 불 明 밝을 명)

☐ **뚝배기보다 장맛이 좋다**

겉모양은 보잘것없으나 내용은 훨씬 훌륭함.

▶ **뚝배기보다 장맛이 좋다**더니, 이렇게 볼품없는 떡이 맛은 기가 막히다.

☐ **매도 먼저 맞는 놈이 낫다**

이왕 겪어야 할 일이라면 아무리 어렵고 괴롭더라도 먼저 치르는 편이 나음.

▶ **매도 먼저 맞는 놈이 낫다**고 하니, 이왕 보는 실기시험, 제가 제일 먼저 보겠습니다.

☐ **모난 돌이 정 맞는다**

❶ 두각을 나타내는 사람이 남에게 미움을 받게 됨.

▶ **모난 돌이 정 맞는다**더니, 군소 후보들이 유력 후보를 일제히 공격하고 있다.

❷ 강직한 사람은 남의 공박을 받음.

▶ **모난 돌이 정 맞는다**고 하니, 독불장군처럼 굴지 말고 다른 사람들 비위도 적당히 맞춰 주게.

☐ **모로 가도 서울만 가면 된다**

수단이나 방법은 어찌 되었든 간에 목적만 이루면 됨.

▶ 부정행위로 점수를 높이려는 친구들은 **모로 가도 서울만 가면 된다**고 생각하는 모양이다.

☐ **목마른 놈이 우물 판다**

제일 급하고 일이 필요한 사람이 그 일을 서둘러 하게 되어 있음.

▶ **목마른 놈이 우물 판다**고, 배가 고픈 내가 나서서 간식을 시키고 간식비를 걷었다.

☐ **미운 아이 떡 하나 더 준다**

미운 사람일수록 잘해 주고 감정을 쌓지 않아야 함.

▶ **미운 아이 떡 하나 더 주는** 셈치고, 이기적이고 못된 이웃이지만 최대한 친절하게 대하기로 마음먹었다.

☐ 백지장도 맞들면 낫다	쉬운 일이라도 협력하여 하면 훨씬 쉬움. ▶ <u>백지장도 맞들면 낫다</u>고, 여럿이 힘을 합치니 일이 수월하게 끝났다.
☐ 뱁새가 황새를 따라가면 다리가 찢어진다	힘에 겨운 일을 억지로 하면 도리어 해만 입음. ▶ 수입도 없으면서 부자들처럼 펑펑 쓰다니, <u>뱁새가 황새를 따라가면 다리가 찢어지는</u> 법이다.
☐ 벼 이삭은 익을수록 고개 를 숙인다	교양이 있고 수양을 쌓은 사람일수록 겸손하고 남 앞에서 자기를 내세우려 하지 않음. ▶ <u>벼 이삭은 익을수록 고개를 숙인다</u>더니, 그분은 높은 지위에 올라도 늘 겸손하고 예의바르다. =병에 찬 물은 저어도 소리가 나지 않는다
☐ 사람 나고 돈 났지 돈 나고 사람 났나	아무리 돈이 귀중하다 하여도 사람보다 더 귀중할 수는 없음. ▶ 궁핍한 처지의 동생을 매몰차게 외면하다니, <u>사람 나고 돈 났지 돈 나고 사람 났나</u>.
☐ 산에 가야 꿩을 잡고 바다 엘 가야 고기를 잡는다	❶ 무엇인가를 이루기 위해서는 그 방향을 제대로 잡고 노력해야만 그 목적 을 제대로 이룰 수 있음. ▶ <u>산에 가야 꿩을 잡고 바다엘 가야 고기를 잡는다</u>는데, 전공하고 싶은 분야를 먼저 확실히 정한 다음 그에 맞게 공부하는 것이 효과적이다. ❷ 무슨 일이든지 가만히 앉아 있어서는 이루어지지 않고 발 벗고 나서서 힘 을 들여야 이루어짐. ▶ <u>산에 가야 꿩을 잡고 바다엘 가야 고기를 잡는다</u> 하니, 친구를 사귀고 싶으면 네가 먼저 다가 가야 한다. ▶ 산에 가야 범을 잡는다
☐ 세 살 적 버릇이 여든까지 간다	(어릴 때 몸에 밴 버릇은 늙어 죽을 때까지 고치기 힘들다. ➡) 어릴 때부터 나쁜 버릇이 들지 않도록 잘 가르쳐야 함. ▶ <u>세 살 적 버릇이 여든까지 간다</u>니, 어려서부터 어른 공경하는 법을 제대로 가르쳐야 한다.
☐ 소도 언덕이 있어야 비빈다	(언덕이 있어야 소도 가려운 곳을 비비거나 언덕을 디뎌 볼 수 있다. ➡) 누구 나 의지할 곳이 있어야 무슨 일이든 시작하거나 이룰 수가 있음. ▶ <u>소도 언덕이 있어야 비비는</u> 법이니, 소외 계층이 자립할 수 있도록 정부가 지원해야 한다.
☐ 송충이는 솔잎을 먹어야 한다	자기 분수에 맞게 처신하여야 함. ▶ 본업인 노래는 뒷전으로 하고 연기에 뛰어들었다가 발연기로 비난을 받은 그는 "<u>송충이는 솔 잎을 먹어야 한다</u>는데, 내가 괜한 욕심을 부렸어."라면서 후회했다.
☐ 쇠뿔도 단김에 빼랬다	(든든히 박힌 소의 뿔을 뽑으려면 불로 달구어 놓은 김에 해치워야 한다. ➡) 어떤 일이든지 하려고 생각했으면 한창 열이 올랐을 때 망설이지 말고 행동 으로 옮겨야 함. ▶ <u>쇠뿔도 단김에 빼랬다</u>고, 모두들 모인 김에 친목 모임을 만들기로 결정하였다.

□ 아니 땐 굴뚝에 연기 날까	❶ 원인이 없으면 결과가 있을 수 없음.

▶ 네가 무슨 안 좋은 말을 했으니까 친구 기분이 상했겠지, <u>아니 땐 굴뚝에 연기 날까</u>.

❷ 실제 어떤 일이 있기 때문에 말이 남.

▶ 두 사람이 진짜 사귀었으니까 스캔들도 났겠지, <u>아니 땐 굴뚝에 연기 났을까</u>.

참고 방귀가 잦으면 똥 싸기 쉽다: (어떤 현상과 연관이 있는 징조가 자주 나타나게 되면 필경 그 현상이 생기기 마련이다. →) 무슨 일이나 소문이 잦으면 실현되기 쉬움.

▶ 원자력발전소 고장 소식이 종종 들려온다. <u>방귀가 잦으면 똥 싸기 쉽다</u>는데, 참 걱정이다.

□ 열 길 물속은 알아도 한 길 사람의 속은 모른다	사람의 속마음을 알기란 매우 힘듦.

▶ <u>열 길 물속은 알아도 한 길 사람의 속은 모른다</u>더니, 그토록 다정했던 친구가 나를 배신할 줄은 꿈에도 몰랐다.

□ 오르지 못할 나무는 쳐다보지도 마라	자기의 능력 밖의 불가능한 일에 대해서는 처음부터 욕심을 내지 않는 것이 좋음.

▶ <u>오르지 못할 나무는 쳐다보지도 말</u>라고 하지만, 사다리를 잘 만들어 올라가보는 용기도 필요하지 않을까?

참고 열 번 찍어 아니 넘어가는 나무 없다: ① 여러 차례 계속해서 시도하면 기어이 뜻대로 이루어짐.

▶ 취업이 몹시 어렵지만, <u>열 번 찍어 아니 넘어가는 나무 없다</u>는 말을 되새기며 더욱 힘내세요! ② 아무리 뜻이 굳은 사람이라도 여러 번 권하거나 꾀고 달래면 결국은 마음이 변함.

▶ <u>열 번 찍어 아니 넘어가는 나무 없다</u>고 하니, 그와 사귀고 싶으면 당장은 거절당하더라도 계속해서 네 마음을 표현하는 것이 중요하다.

□ 윗물이 맑아야 아랫물이 맑다	윗사람이 잘하면 아랫사람도 따라서 잘하게 됨.

▶ <u>윗물이 맑아야 아랫물이 맑은</u> 법이니, 형인 네가 열심히 노력해야 동생들도 따라할 것이다.

□ 장님 코끼리 만지는 격	❶ 일부분을 알면서도 전체를 아는 것처럼 여기는 어리석음 ❷ 능력이 없는 자가 분에 넘치는 큰일을 이야기함.

▶ 미국에 한 번 가 봤을 뿐이면서 미국 전문가인 척하다니, <u>장님 코끼리 만지는 격</u>이다.

□ 하늘이 무너져도 솟아날 구멍이 있다	아무리 어려운 경우에 처하더라도 살아 나갈 방도가 생김.

▶ <u>하늘이 무너져도 솟아날 구멍이 있다</u>더니, 시험공부를 못해 걱정이었는데 시험이 연기되었다.

□ 호랑이 굴에 가야 호랑이 새끼를 잡는다	뜻하는 성과를 얻으려면 그에 마땅한 일을 하여야 함.

▶ <u>호랑이 굴에 가야 호랑이 새끼를 잡는</u> 법이니, 훌륭한 아빠가 되려면 아이와 교감하는 시간을 많이 가져야 한다.

[1~10] 다음 풀이에 해당하는 속담을 〈보기〉에서 고르시오.

1. 사람의 속마음을 알기란 매우 힘듦.

2. 원인이 없으면 결과가 있을 수 없음.

3. 아무리 급해도 순서를 밟아서 일해야 함.

4. 쉬운 일이라도 협력하여 하면 훨씬 쉬움.

5. 어릴 때부터 나쁜 버릇이 들지 않도록 잘 가르쳐야 함.

6. 아무리 천하고 고생스럽게 살더라도 죽는 것보다는 사는 것이 나음.

7. 힘을 다하고 정성을 다하여 한 일은 그 결과가 반드시 헛되지 아니함.

8. 목적하는 방향을 제대로 잡아 노력해야만 그 목적을 제대로 이룰 수 있음.

9. 자기 능력 밖의 불가능한 일에 대해서는 처음부터 욕심을 내지 않는 것이 좋음.

10. 아무리 좋은 조건이 마련되었거나 손쉬운 일이라도 힘을 들이어 이용하거나 하지 아니하면 안 됨.

┌─ 보 기 ─┐

㉠ 개똥밭에 굴러도 이승이 좋다.

㉡ 공든 탑이 무너지랴.

㉢ 급하면 바늘허리에 실 매어 쓸까.

㉣ 백지장도 맞들면 낫다.

㉤ 부뚜막의 소금도 집어넣어야 짜다.

㉥ 산엘 가야 꿩을 잡고 바다엘 가야 고기를 잡는다.

㉦ 세 살 적 버릇이 여든까지 간다.

㉧ 아니 땐 굴뚝에 연기 날까.

㉨ 열 길 물속은 알아도 한 길 사람의 속은 모른다.

㉩ 오르지 못할 나무 쳐다보지도 마라.

[11~21] 밑줄 친 속담의 쓰임이 문맥에 맞으면 ○, 맞지 않으면 ×에 표시하시오.

11. 하늘이 무너져도 솟아날 구멍이 있는 법이니, 실직했다고 너무 낙담하지는 마라. (○ / ×)

12. 유치원생이 대학생을 상대로 싸워 이긴다면 장님 코끼리 만지는 격이 될 것이다. (○ / ×)

13. 달도 차면 기운다는데, 아무리 착한 아이라도 부모가 지나치게 간섭하면 반발하게 마련이다. (○ / ×)

14. 소도 언덕이 있어야 비빈다는데, 쓸데없이 다른 사람 일에 참견하지 말고 네 일에나 집중해라. (○ / ×)

15. 벼 이삭은 익을수록 고개를 숙인다더니, 그는 나이를 먹을수록 점점 자신감을 잃고 움츠러든다. (○ / ×)

16. 굽은 나무가 선산을 지킨다더니, 그는 다른 사람의 반대에도 뜻을 꺾지 않고 노력해서 마침내 일을 성사시켰다. (○ / ×)

17. 모난 돌이 정 맞는다고 비뚤어진 행동을 일삼던 학생은 선생님의 지속적인 훈육 덕분에 모범생으로 탈바꿈하였다. (○ / ×)

18. 그 회사와 관련해서 안 좋은 소문들이 많았는데 마침내 부도가 나고 만 것을 보니 방귀가 잦으면 똥 싸기 쉬운 모양이다. (○ / ×)

19. 산엘 가야 꿩을 잡고 바다엘 가야 고기를 잡는다고 했으니, 수학을 잘하고 싶으면 일단 수학책부터 펼치고 공부를 해야 할 것 아니냐. (○ / ×)

20. 열 번 찍어 아니 넘어가는 나무 없으니, 비록 지금은 반대할지라도 계속 설득하다 보면 언젠가는 부모님이 네 뜻을 받아들일 것이다. (○ / ×)

21. 공격수인 네가 우리 팀에 들어오면 너는 주전으로 뛸 기회를 얻게 되고 우리 팀은 공격력을 보강할 수 있으니 누이 좋고 매부 좋은 일이다. (○ / ×)

[22~24] 제시된 말과 유사한 의미를 지닌 말을 고르시오.

22. **가재는 게 편**
　　① 초록은 동색　　　　　　　② 금강산도 식후경
　　③ 뚝배기보다 장맛이 좋다.　　④ 송충이는 솔잎을 먹어야 한다.
　　⑤ 윗물이 맑아야 아랫물이 맑다.

23. **꿩 먹고 알 먹는다.**
　　① 개천에서 용 난다.　　　　　② 고생 끝에 낙이 온다.
　　③ 나중 난 뿔이 우뚝하다.　　　④ 도랑 치고 가재 잡는다.
　　⑤ 매도 먼저 맞는 놈이 낫다.

24. **고슴도치도 제 새끼는 함함하다고 한다.**
　　① 지네 발에 신 신긴다.　　　　② 미운 아이 떡 하나 더 준다.
　　③ 내리사랑은 있어도 치사랑은 없다.　　④ 열 손가락 깨물어 안 아픈 손가락이 없다.
　　⑤ 사람 나고 돈 났지 돈 나고 사람 났나.

25. 〈자료〉를 읽고, 속담을 사용하여 게시판에 글을 쓰려고 한다. 〈자료〉의 내용에 기반할 때 가장 적절한 것은? (2009 중3 성취도평가 응용)

┌─ 자료 ┐

　내가 어렸을 적에는 너나없이 모두 어려웠다. 그중에서도 우리 집은 더욱 어려웠다.

　그런데도 어머니는 밥을 지으실 때 바가지에서 크게 쌀을 한 움큼을 집어내, 조그만 쌀 단지에 덜어 두는 습관이 있었다. 어른이 되어서야 나는 이런 어머니의 오래된 습관이 단순히 쌀을 절약하기 위해서가 아니라는 것을 알게 되었다. 어머니는 밥을 지으실 때마다 쌀을 한 움큼씩 단지에 넣어서 모으고, 단지가 다 차게 되면 이를 더 어려운 이웃들에게 나누어 주셨던 것이다.

　특별히 시간을 내지 않고 큰돈을 들이지 않아도 나눔을 실천할 수 있다는 것, 나눔은 그렇게 작고 소소한 일상에서부터 비롯된다는 사실을 우리는 마음으로 느껴야 한다. 작은 쌀 단지도 함께 채우면 금방 채울 수 있다. 우리의 조그마한 나눔으로 커다란 사랑의 단지를 채워 보면 어떨까?

　① 등잔 밑이 어둡다더니, 어머니가 무슨 일을 하셨는지 여전히 모르는구나.

　② 가지 많은 나무 바람 잘 날 없다고, 형제가 많으니 속 썩은 일도 많았겠구나.

　③ 쌀독에서 인심 난다고들 말하지만, 어머니는 어려운 형편에도 더 어려운 이웃을 살피셨구나.

　④ 목마른 놈이 우물 판다고 해도 보이지 않는 곳에서 이웃을 도운 어머니의 행동은 본받을 만해.

　⑤ 부뚜막의 소금도 집어넣어야 짜다더니, 집안을 일으켜 세우기 위해 앞장서신 어머니의 모습이 감동적이야.

26. 다음 우화에 등장하는 개구리의 행위를 비판할 때 사용하기에 적절한 속담은?

┌─────────────────────────────────┐

　황소를 본 개구리는 그 황소의 덩치에 그만 기가 죽었다. 그러나 시기심이 생겨 기지개를 켜기도 하고, 숨을 들이켜 몸을 부풀게도 해보는 등 눈물겨운 노력을 하면서 소와 같은 큰 몸집을 갖고 싶어 했다. 그러다가 마침내 불쌍하게도 개구리는 너무 지나치게 뱃속을 부풀게 했기 때문에 그만 배가 펑 하고 터지고 말았다.

└─────────────────────────────────┘

　① 나중 난 뿔이 우뚝하다.　　　　　② 매도 먼저 맞는 놈이 낫다.

　③ 구슬이 서 말이라도 꿰어야 보배　④ 급하면 바늘허리에 실 매어 쓸까.

　⑤ 뱁새가 황새를 따라가면 다리가 찢어진다.

27. 다음 빈칸에 들어갈 말로 가장 적절한 것은?

> 생전에는 주목하지 않던 작가를 사후에 높이 평가하고 있지만, 그러한 판단에 특별한 원칙이 없으므로 (   )라는 말이 어울린다.

① 아니 땐 굴뚝에 연기 날까.

② 미운 아이 떡 하나 더 준다.

③ 윗물이 맑아야 아랫물이 맑다.

④ 귀에 걸면 귀걸이 코에 걸면 코걸이

⑤ 될성부른 나무는 떡잎부터 알아본다.

[28~29] 다음 글을 읽고, 물음에 답하시오.

S# 74. 철호의 집 방 안

영호: 취직이요? 형님처럼 전찻삯도 안 되는 월급을 받고 남의 살림이나 계산해 주란 말예요? 싫습니다.

철호: 그럼 뭐 뾰족한 수가 있는 줄 아니?

영호: 있지요. 남처럼 용기만 조금 있으면.

철호: 용기?

영호: 네. 분명히 용기지요.

철호: 너 설마 엉뚱한 생각을 하고 있는 건 아니겠지?

영호: 엉뚱하긴 뭐가 엉뚱해요.

철호: (버럭 소리를 지르며) 영호야! 그렇게 살자면 이 형도 벌써 잘살 수 있었단 말이다.

영호: 저도 형님을 존경하지 않는 건 아녜요. 가난하더라도 깨끗이 살자는 형님을…… 하지만 형님! 인생이 저 골목에서 십 환짜리를 받고 코 흘리는 어린애들에게 보여 주는 요지경*이라면야 가지고 있는 돈 값만치 구멍으로 들여다보고 말 수도 있죠. 그렇지만 어디 인생이 자기 주머니 속의 돈 액수만치만 살고 그만둘 수 있는 요지경인가요? 형님의 어금니만 해도 푹푹 쑤시고 아픈 걸 견딘다고 절약이 되는 건 아니죠. 그러니 비극이 시작되는 거죠. 지긋지긋하게 살아야 하니까 문제죠. 왜 우리라고 좀 더 넓은 테두리까지 못 나가라는 법이 어디 있어요.

영호는 반쯤 끌러 놨던 넥타이를 풀어서 방구석에 픽 던진다.

철호가 무겁게 입을 연다.

철호: 그건 ㉠억설이야.

영호: 억설이요?

철호: 네 말대로 꼭 잘살자면 양심이구 윤리구 버려야 한다는 것 아니냐.

영호: 천만에요.

> * 요지경(瑤 아름다운 옥 요 池 못 지 鏡 거울 경): 확대경이 달린 조그만 구멍을 통하여 그 속의 여러 가지 그림을 돌리면서 들여다보는 장치나 장난감. 알쏭달쏭하고 묘한 세상일을 비유함.
>
> – 이범선 원작/나소은·이종기 각색, 〈오발탄〉

28. 위 글의 상황을 속담을 이용하여 재구성하였다. 적절하지 <u>않은</u> 것은?

① **영호:** 깨끗이만 살면 쥐구멍에도 볕들 날이 있을까요? 그렇지 않습니다.

② **철호:** 호박이 넝쿨째로 굴러떨어지는 것도 아닌데, 갑자기 무슨 뾰족한 수가 있단 말이냐?

③ **영호:** 호랑이 굴에 가야 호랑이를 잡지요! 문제는 용기입니다.

④ **철호:** 내가 쇠뿔도 단 김에 빼라는 말처럼 인생을 살아왔더라면 나도 벌써 잘살 수 있었단 말이다!

⑤ **영호:** 모로 가도 서울만 가면 된다고 했어요. 어떻게든 저는 돈을 벌러 넓은 테두리로 나가고야 말 거예요.

29. ㉠의 뜻풀이로 가장 적절한 것은?

① 터무니없는 헛소문

② 자기의 뜻을 힘주어 밝힌 말

③ 어떤 주의나 주장에 반대되는 말

④ 근거도 없이 억지로 고집을 세워서 우겨대는 말

⑤ 귀가 솔깃하도록 남의 비위를 맞추거나 이로운 조건을 내세워 꾀는 말

[정답] 1. ㉧ 2. ◎ 3. ㉢ 4. ㉣ 5. ㉮ 6. ㉠ 7. ㉡ 8. ����� 9. ㉬ 10. ㉺ 11. ○ 12. × 13. × 14. × 15. × 16. × 17. × 18. ○ 19. ○ 20. ○ 21. ○ 22. ① 23. ④ 24. ④ 25. ③ 26. ⑤ 27. ④ 28. ④ 29. ④

[해설] 27. 원칙의 부재를 비판하는 속담이 어울린다. 29. ① 낭설(浪說) ② 역설(力說) ③ 역설(逆說) ④ 억설(臆說) ⑤ 감언이설(甘言利說)

>> 33 주요 관용구

☐ **각광을 받다**	많은 사람들로부터 주목을 받다. ▶ 우리 회사에서 내놓은 신제품이 소비자들에게 **각광을 받고** 있다. ← **각광**(脚 다리 각 光 빛 광): 무대의 앞쪽 아래에 장치하여 배우를 비추는 광선. 배우에게 주목하게 한다.
☐ **감투를 쓰다**	벼슬자리나 높은 지위에 오름을 속되게 이르는 말 ▶ 그렇게 인정 많던 사람이 **감투를 쓰더니** 비정한 권력자로 변하였다. ← **감투**: 예전에 머리에 쓰던 관(冠)의 하나. '직책'이나 '직위'를 속되게 이르는 말
☐ **개가를 올리다**	큰 성과를 거두다. ▶ 그 선수는 운동을 시작한 지 3년 만에 세계를 제패하는 **개가를 올렸다**. ← **개가**(凱 개선할 개 歌 노래 가): 싸움에서 이기고 돌아올 때에 부르는 노래(개선가). 이기거나 큰 성과가 있을 때의 환성
☐ **거덜이 나다**	여지없이 허물어지거나 없어지다. ▶ 가장이 도박에 빠지는 바람에 그 많던 재산이 **거덜이 났다**.
☐ **경을 치다**	혹독하게 벌을 받다. ▶ 어머니는 나에게 또다시 거짓말을 하면 **경을 칠** 줄 알라고 말씀하셨다. ← **경**(黥 묵형할 경): 묵형(죄인의 이마나 팔뚝 따위에 먹줄로 죄명을 써넣던 형벌)
☐ **경종을 울리다**	잘못이나 위험을 미리 경계하여 주의를 환기시키다. ▶ 이번 사고는 우리 사회의 안전 불감증에 **경종을 울리는** 계기가 되었다. ← **경종**(警 경계할 경 鐘 쇠북 종): 위급한 일이나 비상사태를 알리는 종
☐ **기가 차다**	하도 어이가 없어 말이 나오지 않다. ▶ 자신의 잘못을 남의 탓으로 돌리는 그의 뻔뻔스러운 태도에 **기가 찰** 노릇이었다. ← **기**(氣 기운 기): 활동하는 힘. 또는 뻗어나가는 기운
☐ **고배를 들다/마시다/맛보다**	패배, 실패 따위의 쓰라린 일을 당하다. ▶ 형은 대학 진학 실패라는 **고배를 들었다**. ← **고배**(苦 쓸 고 杯 잔 배): 쓴 술이 든 잔. 마음이 괴롭고 쓰라린 경험을 비유함.
☐ **깨가 쏟아지다**	몹시 아기자기하고 재미가 나다. ▶ 얼마 전에 결혼한 그 부부는 신혼살림에 **깨가 쏟아지는** 모양이다.
☐ **녹초가 되다**	맥이 풀어져 힘을 못 쓰게 되다. ▶ 그는 과도한 업무에 시달려 완전히 **녹초가 되었다**.

☐ **덜미를 잡히다**	못된 일 따위를 꾸미다가 발각되다. ▶ 그는 사기 행각을 벌이다가 <u>덜미를 잡혀</u> 경찰에 체포되었다. ◀ 덜미: 목덜미. 목의 뒷부분 [참고] 덜미를 잡다(쥐다): 꼼짝 못 하게 하다. ▶ 너의 방탕한 생활이 너의 <u>덜미를 잡</u>을 것이다.
☐ **덤터기를 쓰다**	남에게서 허물이나 걱정거리를 넘겨받다. 억울한 누명이나 오명을 쓰다. ▶ 그 머슴은 상전을 죽게 했다는 <u>덤터기를 쓰고</u> 죽임을 당했다.
☐ **두각을 나타내다**	뛰어난 학식이나 재능을 나타내다. ▶ 학년 초에는 전혀 눈에 띄지 않던 학생이 시간이 흐를수록 모든 과목에서 두각을 나타내기 시작했다. ◀ 두각(頭 머리 두 角 뿔 각): (짐승의 머리에 있는 뿔 →) 뛰어난 학식이나 재능
☐ **두말 하면 잔소리**	이미 말한 내용이 틀림없으므로 더 말할 필요가 없음. ▶ 우리 어머니의 음식 솜씨는 너무나 훌륭해서 <u>두말 하면 잔소리</u>다. ◀ 두말: (이랬다 저랬다 하는 말 →) 이러니 저러니 불평하거나 덧붙이는 말
☐ **딴전을 부리다/피우다**	어떤 일을 하는 데 그 일과는 전혀 관계없는 일이나 행동을 하다. ▶ 그는 시간을 끌 작정인지 계속 <u>딴전을 부렸</u>다. = 딴청을 부리다/피우다 ◀ 딴전/딴청: 앞에 닥친 일과는 전혀 관계가 없는 일이나 짓
☐ **딴죽을 걸다**	이미 동의하거나 약속한 일에 대하여 딴말을 하거나 어긋나게 하다. ▶ 이미 모두 동의해 놓고 이제 와서 <u>딴죽을 거는</u> 이유가 궁금하다. ◀ 딴죽: 태껸이나 씨름에서, 발로 상대방의 다리를 옆으로 치거나 끌어당겨서 넘어뜨리는 일 [참고] 딴지를 걸다/놓다: 어떤 일에 이의나 의문을 제기하거나 그 일에 반대하다. ▶ 야당이 정부에서 추진하는 일마다 <u>딴지를 걸자</u> 여론이 나빠졌다.
☐ **마가 끼다**	어떤 일을 하려는데 훼방이나 장애가 생기다. ▶ 아버지기 벌인 사업들은 모두 안정될 만하면 <u>마가 끼었</u>다. ◀ 마(魔 마귀 마): 일이 잘되지 아니하게 헤살을 부리는 요사스러운 장애물
☐ **마각을 드러내다**	(말의 다리로 분장한 사람이 자기 모습을 드러내다. ➡) 숨기고 있던 일이나 정체를 드러내다. ▶ 이웃들의 환심을 샀다고 판단했는지 그는 차츰 <u>마각을 드러내기</u> 시작했다. ◀ 마각(馬 말 마 脚 다리 각): (말의 다리 →) 가식하여 숨긴 본성이나 진상
☐ **마침표/종지부를 찍다**	어떤 일이 끝장이 나거나 끝장을 내다. ▶ 우리 두 사람의 연애는 어제로 <u>마침표를 찍었</u>다. ◀ 마침표(――標 표할 표)/종지부(終 마칠 종 止 그칠 지 符 부호 부): 문장의 끝맺음을 나타내는 부호를 통틀어 이르는 말

☐ **말짱 도루묵**	아무 소득이 없는 헛된 일이나 헛수고를 속되게 이르는 말
	▶ 영어 학원을 오래 다닌 것으로 알고 있는데 영어 성적을 보니 **말짱 도루묵**이구나.
☐ **모골이 송연하다**	끔찍스러워서 몸이 으쓱하고 털끝이 쭈뼛해지다.
	▶ 전쟁의 참상을 고발하는 다큐멘터리를 보니 **모골이 송연하다**.
	◀ **모골**(毛 터럭 모 骨 뼈 골): 털과 뼈
	송연(悚 두려울 송 然 그럴 연)**하다**: 두려워 몸을 옹송그릴 정도로 오싹 소름이 끼치는 듯하다.
☐ **못을 박다**	❶ 다른 사람에게 원통한 생각을 마음속 깊이 맺히게 하다.
	▶ 그는 부모님이 원망스럽다고 말함으로써 부모님 가슴에 **못을 박았다**.
	❷ 어떤 사실을 꼭 집어 분명하게 하다.
	▶ 그는 이번 일은 할 수 없다고 **못을 박아** 이야기하였다.
☐ **밑천이 드러나다**	❶ 평소에 숨겨져 있던 제 바탕이나 성격이 표면에 나타나다.
	▶ 지식인으로 거짓 행세한 그는 자기 **밑천이 드러나지** 않도록 말을 삼갔다.
	❷ 밑천으로 쓰던 돈이나 물건이 다 없어지다.
	▶ 그렇게 도박을 즐기니 그의 **밑천이 드러나는** 것은 시간문제였다.
☐ **밑천이 떨어지다**	이야깃거리가 궁해지다.
	▶ 열심히 수다를 떨던 친구는 **밑천이 떨어졌는지** 그만 집에 가자고 말했다.
☐ **반죽이 좋다**	노여움이나 부끄러움을 타지 아니하다.
	▶ 그는 **반죽이 좋아** 웬만한 일에는 성을 내지 않는다.
☐ **밴댕이 소갈머리**	아주 좁고 얕은 마음 씀씀이
	▶ 그 **밴댕이 소갈머리** 같은 녀석은 걸핏하면 토라져서 상대하기가 힘들다.
☐ **변죽을 울리다/치다**	바로 집어 말을 하지 않고 둘러서 말을 하다.
	▶ 그렇게 **변죽만 울리지** 말고 똑바로 말해라.
	◀ **변죽**(邊 가장자리 변−): 그릇이나 세간, 과녁 따위의 가장자리
☐ **부아가 나다**	노엽거나 분한 마음이 생기다.
	▶ 파렴치한 녀석이 성공한 것을 보니 **부아가 났다**.
	◀ **부아**: 노엽거나 분한 마음
☐ **빙산의 일각**	어떤 일의 대부분이 숨겨져 있고 외부로 나타나 있는 것은 극히 일부분에 지나지 아니함.
	▶ 그가 저지른 비리는 너무나 광범위해서 지금까지 알려진 것은 **빙산의 일각**일 뿐이다.
	◀ **빙산**(氷 얼음 빙 山 산 산): 바다 위를 떠다니는 얼음덩어리
	일각(一 한 일 角 뿔 각): 한 귀퉁이

□ 산통을 깨다	다 잘되어 가던 일을 이루지 못하게 뒤틀다.
	▶ 부모님께 혼자 여행가는 것을 거의 허락받은 상태였는데 동생의 방해로 **산통이 깨졌다**.
	⬅ **산통(**算 셈 산 筒 대통 통): 점을 치는 데 쓰는 산가지를 넣어 두는 통

□ 서슬이 시퍼렇다/퍼렇다/ 푸르다	권세나 기세 따위가 아주 대단하다.
	▶ 이웃사람이 자기 아들과 싸우는 것을 본 어머니는 **서슬이 시퍼레서** 아들의 역성을 들었다.
	⬅ **서슬**: (쇠붙이로 만든 연장이나 유리 조각 따위의 날카로운 부분 →) 날카로운 기세

□ 신물이 나다	지긋지긋하고 진절머리 나는 생각이나 느낌이 들다.
	▶ 민생 현안은 외면한 채 정쟁(政爭)에만 몰두하는 국회의원들을 보면 정말이지 **신물이 난다**.

□ 쑥대밭이 되다	매우 어지럽거나 못 쓰게 되다.
	▶ 아버지가 돌아가신 후 집안은 **쑥대밭이 되었다**.
	⬅ **쑥대밭**: (쑥이 무성하게 우거져 있는 거친 땅 →) 매우 어지럽거나 못 쓰게 된 모양

□ 아퀴를 짓다	일이나 말을 끝마무리하다.
	▶ 새로운 일을 시작하기에 앞서 하던 일부터 **아퀴를 지어라**.
	⬅ **아퀴**: 일을 마무르는 끝매듭

□ 앓는 소리	일부러 구실을 대며 걱정하는 모양
	▶ 친구에게 돈 좀 빌려 달라고 했더니 **앓는 소리**만 했다.

□ 억장이 무너지다	극심한 슬픔이나 절망 따위로 몹시 가슴이 아프고 괴롭다.
	▶ 아버지가 돌아가셨다는 말을 들은 그는 **억장이 무너지는** 것 같았다.
	⬅ **억장(**億 억 억 丈 어른 장): 썩 높은 것. 또는 썩 높은 길이

□ 오지랖이 넓다	쓸데없이 지나치게 아무 일에나 참견하는 면이 있다.
	▶ 아주머니는 **오지랖이 넓어서** 마을의 모든 일에 일일이 간섭했다.
	⬅ **오지랖**: 웃옷이나 윗도리에 입는 겉옷의 앞자락. *오지랍(×)

□ 이골이 나다	아주 길이 들어서 몸에 푹 배다.
	▶ 평생 농사를 지은 할아버지는 농사일이라면 **이골이 났다고** 말씀하신다.
	⬅ **이골**: 아주 길이 들어서 몸에 푹 밴 버릇

□ 인구에 회자되다	칭찬을 받으며 사람의 입에 자주 오르내리게 되다.
	▶ 그의 소설은 지난 세기 최고의 작품으로 **인구에 회자되고** 있다.
	⬅ **인구(**人 사람 인 口 입 구): 세상 사람들의 입
	회자(膾 회 회 炙 구울 자): (회와 구운 고기 →) 널리 칭찬을 받으며 사람의 입에 자주 오르내림.

□ 입추의 여지가 없다	(송곳 끝도 세울 틈이 없다. ➡) 발 들여놓을 데가 없을 정도로 많은 사람들이 꽉 들어참.

▶ 그 가수의 공연을 보기 위해 전국에서 모여든 팬들로 인해 공연장은 <u>입추의 여지가 없었다</u>.
◀ 입추(立 설 립 錐 송곳 추): 송곳을 세움.

☐ **자라목이 되다**

사물이나 기세 따위가 움츠러들다.

▶ 그가 호통을 치자 떠들던 사람들은 금방 <u>자라목이 되고</u> 말았다.
◀ **자라목**: 자라의 목. 보통 사람보다 길이가 짧은 목이나 그런 목을 가진 사람

☐ **장사진을 치다**

많은 사람이 줄을 지어 길게 늘어서다.

▶ 추석 귀성표를 구매하려는 사람들이 새벽부터 서울역에서 <u>장사진을 치고</u> 있다.
◀ **장사진(長 길 장 蛇 긴뱀 사 陣 진칠 진)**: (긴 뱀과 같이 한 줄로 길게 늘어선 군대의 진 →) 많은 사람이 줄을 지어 길게 늘어선 모양

☐ **전철을 밟다**

이전 사람의 그릇된 일이나 행동의 자취를 따라하다.

▶ 우리는 기술 개발을 소홀히 하여 몰락한 기업의 <u>전철을 밟아서는</u> 안 된다.
◀ **전철(前 앞 전 轍 바퀴국 철)**: (앞에 지나간 수레바퀴의 자국 →) 이전 사람의 그릇된 일이나 행동의 자취, 또는 이전에 실패한 바 있는 일

☐ **정곡을 찌르다**

가장 중요한 요점 또는 핵심을 지적하다.

▶ 그는 토론 과정에서 <u>정곡을 찌르는</u> 말로 상대편의 논리를 무력화시켰다.
◀ **정곡(正 바를 정 鵠 과녁 곡)**: (과녁의 한가운데가 되는 점 →) 가장 중요한 요점 또는 핵심

☐ **파김치가 되다**

몹시 지쳐서 기운이 아주 느른하게 되다.

▶ 그는 고된 일을 마치고 <u>파김치가 되어</u> 집에 돌아왔다.

☐ **학을 떼다**

괴롭거나 어려운 상황을 벗어나느라고 진땀을 빼거나, 그것에 거의 질려 버리다.

▶ 몸이 약해서 어려서부터 여러 병원을 전전했던 동생은 이제 병원이라고 하면 아주 <u>학을 뗀다</u>.
◀ **학(瘧 학질 학)**: 학질. 말라리아. 열대, 아열대에 많이 서식하는 학질모기를 통해 옮기는 전염병

☐ **한몫 보다/잡다**

단단히 이득을 취하다.

▶ 그는 <u>한몫 보려고</u> 노름판에 뛰어들었다가 빚만 산더미같이 졌다.

☐ **한 배를 타다**

운명을 같이하다.

▶ 우리 모두 <u>한 배를 탔다</u>는 사실을 잊지 말고 힘을 모아 이 일을 성공시켜야 한다.

☐ **회가 동하다**

(뱃속의 회충이 요동을 칠 정도로 입맛이 당기다. ➡) 구미가 당기거나 무엇을 하고 싶은 마음이 생기다.

▶ 오래 굶은 그는 구수한 고기 국물 냄새에 <u>회가 동하였다</u>.
◀ **회(蛔 회충 회)**: 회충과에 속한 기생충

[1~19] 뜻풀이에 맞는 관용 표현이 되도록 빈칸에 알맞은 말을 넣으시오.

1. (   )를 올리다: 큰 성과를 거두다.

2. (   )를 짓다: 일이나 말을 끝마무리하다.

3. (   )이 떨어지다: 이야깃거리가 궁해지다.

4. (   ) 소갈머리: 아주 좁고 얕은 마음 쓰씀이

5. (   )가 차다: 하도 어이가 없어 말이 나오지 않다.

6. (   )가 쏟아지다: 몹시 아기자기하고 재미가 나다.

7. (   )를 잡히다: 못된 일 따위를 꾸미다가 발각되다.

8. (   )이 좋다: 노여움이나 부끄러움을 타지 아니하다.

9. (   )을 나타내다: 뛰어난 학식이나 재능을 나타내다.

10. (   )를 찍다: 어떤 일이 끝장이 나거나 끝장을 내다.

11. (   )이 시퍼렇다: 권세나 기세 따위가 아주 대단하다.

12. (   )가 끼다: 어떤 일을 하려는데 훼방이나 장애가 생기다.

13. (   )가 동하다: 구미가 당기거나 무엇을 하고 싶은 마음이 생기다.

14. (   )을 밟다: 이전 사람의 그릇된 일이나 행동의 자취를 따라하다.

15. (   )이 넓다: 쓸데없이 지나치게 아무 일에나 참견하는 면이 있다.

16. (   )을 박다: 다른 사람에게 원통한 생각을 마음속 깊이 맺히게 하다.

17. (   )이 무너지다: 극심한 슬픔이나 절망 따위로 몹시 가슴이 아프고 괴롭다.

18. (   )을 떼다: 괴롭거나 어려운 상황을 벗어나느라고 진땀을 빼거나, 그것에 거의 질려 버리다.

19. (   )의 일각: 대부분이 숨겨져 있고 외부로 나타나 있는 것은 극히 일부분에 지나지 아니하다.

[20~36] 밑줄 친 관용어의 쓰임이 문맥에 맞으면 ○, 맞지 않으면 ×에 표시하시오.

20. K-pop이 전 세계 사람들에게 각광을 받고 있다. (○ / ×)

21. 독도가 한국 땅이라는 것은 두말 하면 잔소리다. (○ / ×)

22. 공부하라는 엄마의 말은 이제 정말이지 신물이 난다. (○ / ×)

23. 그 사람과는 절대로 결혼하지 않겠다고 못을 박았다. (○ / ×)

24. 여인의 기품 있는 모습에 감동해서 모골이 송연해졌다. (○ / ×)

25. 그가 비리에 연루되었다는 소문이 인구에 회자되고 있다. (○ / ×)

26. 연장까지 가는 혈투를 벌인 우리 선수들은 <u>파김치가 되었다</u>. (○ / ×)

27. 우리 회사 제품이 시장 점유율 1위에 오르는 <u>경종을 울렸다</u>. (○ / ×)

28. 처음 해 보는 일이라 여러 모로 서툴러서 <u>이골이 난</u> 느낌이다. (○ / ×)

29. 이번 일은 성폭력에 대한 우리 사회의 무관심에 <u>변죽을 울렸다</u>. (○ / ×)

30. 상인은 설 대목에 <u>한몫 보려고</u> 가게에 물건을 가득 들여 놓았다. (○ / ×)

31. 나 때문에 실패했다고 말하다니 억울해서 <u>덜미를 잡을</u> 노릇이다. (○ / ×)

32. 같은 민족이기 때문에 남한과 북한은 <u>한 배를 탔다</u>고 보는 시각이 많다. (○ / ×)

33. 상대방의 환심을 샀다고 판단한 사기꾼은 돈을 요구하면서 <u>마각을 드러냈다</u>. (○ / ×)

34. 이제 와서 도전을 포기한다면 그 간의 노고는 <u>말짱 도루묵</u>이 되고 말 것이다. (○ / ×)

35. 외롭고 힘들 때 의지가 되어준 친구를 생각할 때마다 고마운 마음에 <u>부아가 났다</u>. (○ / ×)

36. 그녀는 아들이 명문대에 합격했다는 소식을 듣자 우쭐거리는 마음에 <u>자라목이 되었다</u>.
    (○ / ×)

[37~46] 상황과 그에 어울리는 관용 표현을 연결하시오.

37. 경기에서 졌다.   •   • ㉠ 감투를 쓰다

38. 높은 지위에 올랐다.   •   • ㉡ 거덜이 나다

39. 재산을 모두 탕진했다.   •   • ㉢ 경을 치다

40. 혹독하게 벌을 받았다.   •   • ㉣ 고배를 들다

41. 억울하게 도둑 누명을 썼다.   •   • ㉤ 녹초가 되다

42. 관객이 통로까지 가득 찼다.   •   • ㉥ 덤터기를 쓰다

43. 피곤해서 아무것도 못하겠다.   •   • ㉦ 밑천이 드러나다

44. 전쟁으로 도시가 완전히 파괴되었다.   •   • ㉧ 쑥대밭이 되다

45. 물건을 사려고 손님들이 길게 늘어섰다.   •   • ㉨ 장사진을 치다

46. 착한 척했는데 못된 성격이 발각되었다.   •   • ㉩ 입추의 여지가 없다

[47~50] 다음 글을 읽고, 물음에 답하시오.

　집으로 가다 말고 문득 형제슈퍼 쪽을 돌아보니 음료수 박스들을 차곡차곡 쟁여놓는 일에 땀을 뻘뻘 흘리고 있는 몽달 씨가 보였다. 실컷 두들겨 맞고 열흘 간이나 누워 있었던 사람이라 안색은 차마 마주보기 어려울 만큼 핼쑥했다. 그런데도 뭐가 좋은지 히죽히죽 웃어가면서 열심히 박스들을 나르고 있는 게 아닌가. 그것도 김 반장네 가게에서. 아무리 눈을 크게 뜨고 보아도 몽달 씨가 분명했다. 저럴 수가. 어쨌든 제정신이 아닌 작자임이 틀림없었다. 아무리 정신이 좀 헷갈린 사람이래도 그렇지, 그날 밤의 김 반장의 행동을 깡그리 잊어버리지 않고서야 저럴 수가 없다는 게 내 생각이었다.

　잊었을까. 그날 밤 머리의 어딘가를 세게 다쳐서 김 반장이 자기를 내쫓은 부분만큼만 감쪽같이 지워진 것은 아닐까. 전혀 엉뚱한 이야기만도 아니었다. 텔레비전에서도 보면 기억상실증인가 뭔가로 자기 아들도 못 알아보는 연속극이 있었다. 그런 쪽의 상상이라면 나를 따라올 만한 아이가 없는 형편이었다. 내 머릿속은 기기괴괴한 온갖 상상들로 늘 모래주머니처럼 빽빽했으니까. 나는 청소부 아버지의 딸이 아니라 어느 부잣집의 버려진 딸이다, 라는 식의 유치한 상상은 작년도 못 되어 이미 졸업했었다. 요즘의 내 상상이란 외계인 아버지와 지구인 엄마와의 사랑, 뭐 그런 쪽의 의젓한 것이었다. 아무튼 나의 기막힌 상상력으로 인해 몽달 씨는 부분적인 기억상실증 환자로 결정되었다. 그렇다면 이제는 확인할 일만 남은 셈이었다. 오래 기다릴 필요도 없었다. 나는 김 반장네 가게일을 거들어주고 난 뒤 비치파라솔 밑의 의자에 앉아 뭔가를 읽고 있는 몽달 씨에게로 갔다. 보나마나 주머니 속에 잔뜩 들어 있는 종잇조각 중의 하나일 것이었다. 멀쩡한 정신도 아닌 주제에 이번엔 기억상실증이란 병까지 얻어놓고도 여태시 따위나 읽고 있는 몽달 씨 꼴이 한심했다.

　"이거, 또 시예요?"

　"그래. 슬픈 시야. 아주 슬픈……."

　몽달 씨가 핼쑥한 얼굴을 쳐들며 행복하게 웃었다. 슬픈 시라고 해놓고선 웃다니. 나는 이맛살을 찡그리며 몽달 씨 옆에 앉았다. 그리고 아주 낮은 목소리로 물었다.

　"이제 다 나았어요?"

　"응. 시를 읽으면서 누워 있었더니 금방 나았지."

　금방은 무슨 금방. 열흘이나 되었는데. 또 한 번 나는 몽달 씨의 형편없는 정신 상태에 실망했다.

"그날 밤에 난 여기에 앉아서 다 봤어요." / "무얼?"

　　"김 반장이 아저씨를 쫓아내는 것……." / 순간 몽달 씨가 정색을 하고 내 얼굴을 쳐다보았다. 예전의 그 풀려있던 눈동자가 아니었다. 까맣고 반짝이는 눈이었다. 그러나 잠깐이었다. 다시는 내 얼굴을 보지 않을 작정인지 괜스레 팔뚝에 엉겨붙은 상처 딱지를 떼어내려고 애쓰는 척했다. 나는 더욱 바싹 다가앉았다.

　　"김 반장은 나쁜 사람이야. 그렇지요?"

　　몽달 씨가 팔뚝을 탁 치면서 "아니야"라고 응수했는데도 나는 계속 다그쳤다.

[A]

　　"그렇지요? 맞죠?"

　　그래도 몽달 씨는 못 들은 척 팔뚝만 문지르고 있었다. 바보같이. 기억상실도 아니면서……. 나는 자꾸만 약이 올라 견딜 수 없는데도 몽달 씨는 마냥 (㉠) 있었다.

　　"슬픈 시가 있어. 들어볼래?" / 치, 누가 그 따위 시를 듣고 싶어 할 줄 알고. 내가 입술을 비죽 내밀거나 말거나 몽달 씨는 기어이 시를 읊고 있었다. **마른 가지로 자기 몸과 마음에 바람을 들이는 저 은사시나무는, 박해 받는 순교자 같다. 그러나 다시 보면 저 은사시나무는 박해받고 싶어 하는 순교자 같다…….**

　　"너 글씨 알지? 자, 이것 가져. 나는 다 외었으니까."

　　몽달 씨가 구깃구깃한 종이 쪽지를 내게로 내밀었다. 아주 슬픈 시라고 말하면서. 시는 전혀 슬픈 것 같지 않았는데도 난 자꾸만 눈물이 나려 하였다. 바보같이, 다 알고 있었으면서……. 바보 같은 몽달 씨…….

– 양귀자,〈원미동 시인〉

47. 위 글의 서술상 특징과 효과에 대한 설명으로 적절한 것은? (2007 고1 성취도평가)

① 서술자가 자신이 관찰한 사건에 대해 객관적으로 전달하고 있다.

② 다양한 서술자를 등장시켜 사건 진행의 흐름에 변화를 주고 있다.

③ 여러 작중 인물의 교차적 서술을 통해 사건의 다면적 의미를 드러내고 있다.

④ 작품 밖의 서술자가 사건을 요약적으로 서술함으로써 사건의 속도감을 높이고 있다.

⑤ 어린아이의 관점에서 인물의 언어와 행동을 서술함으로써 인물의 순수한 성격을 부각시키고 있다.

48. 위 작품의 감상 과정에서 학생들이 가질 법한 의문으로 적절하지 않은 것은? (2007 고1 성취도평가)

① 어떤 이유 때문에 '나'는 자꾸만 눈물이 나려 했던 것일까?

② 다시 돌아온 몽달 씨를 보았을 때 김 반장은 어떤 느낌이었을까?

③ 몽달 씨가 외우는 시를 통해 작가가 표현하고자 한 것은 무엇일까?

④ 몽달 씨는 현대 사회에서 어떤 사람들의 인생관을 상징하는 것일까?

⑤ 도시 변두리의 심각한 빈부격차 현상을 보면서 작가는 어떤 해결책을 생각했을까?

49. 〈보기〉는 위 글을 각색한 시나리오 중 [A]에 해당하는 부분이다. 〈보기〉로 각색하면서 고려했을 사항으로 적절하지 <u>않은</u> 것은?

(2007 고1 성취도평가 변형)

┌─|**자료**|

S# 20 김 반장네 가게 앞 비치파라솔 밑

나: 그날 밤에 난 여기서 김 반장이 아저씨를 쫓아내는 거 다 봤어요.

(정색을 하고 '나'를 바라보는 몽달 씨의 얼굴) — C. U.

(몽달 씨, 시선을 피하면서 팔뚝의 딱지를 떼어내려 한다.) / ('나', 몽달 씨에게 바싹 다가앉는다.)

나: 김 반장은 나쁜 사람이야. 그렇지요? / **몽달 씨:** 아니야.

('나는 계속 다그치지만, 몽달 씨는 딴짓을 한다.) / **몽달 씨:** 슬픈 시가 있어 들어볼래?

('나는 입술을 비죽 내밀지만, 몽달 씨는 아랑곳 않고 시를 읊는다.)

(시를 외우는 몽달 씨의 모습 위에 김 반장네 가게에서 두들겨 맞는 몽달 씨의 모습이 겹친다.) — O. L.

(몽달 씨의 말과 함께 시가 적힌 종이쪽지를 건네는 몽달 씨의 모습이 다시 겹친다.) — O. L.

몽달 씨: 너 글씨 알지? 자, 이것 가져. 나는 다 외웠으니까.

(카메라, '나'의 위치에서 행복하게 웃고 있는 몽달 씨를 비추다가, 건네받은 종이쪽지의 시가 겹친다.) — O. L.

(시를 읊는 몽달 씨의 음성 효과음) — F. O.

＊C. U.(close-up): 배경이나 인물을 크게 나타내는 것. ＊O. L.(overlap): 화면이 겹쳐지는 것. ＊F. O.(fade-out): 화면이 점차 어두워지는 것.

---

① 몽달 씨의 모습과 종이쪽지의 시를 겹쳐 보여줌으로써 몽달 씨의 성격을 암시한다.

② 마지막 장면에 시를 읊는 몽달 씨의 음성을 들려주어 관객이 여운을 느끼게 한다.

③ 몽달 씨가 시를 외는 모습과 맞는 모습을 겹쳐 보여주어 그의 성격이 강조되도록 한다.

④ 딴짓을 하는 몽달 씨를 반복해 보여주어 '나'에 대한 몽달 씨의 서먹한 감정을 암시한다.

⑤ 정색을 하고 '나'를 바라보는 몽달 씨의 얼굴을 확대하여 비춤으로써 몽달 씨의 미묘한 감정 변화가 잘 드러나도록 한다.

50. ㉠에 들어갈 관용 표현으로 적절한 것은?

① 산통만 깨고　　　② 딴죽만 걸고　　　③ 딴전만 피우고

④ 정곡만 찌르고　　　⑤ 앓는 소리만 하고

[정답] 1. 개가 2. 아퀴 3. 밑천 4. 밴댕이 5. 기 6. 깨 7. 덜미 8. 반죽 9. 두각 10. 마침표/종지부 11. 서슬 12. 마 13. 회 14. 전철 15. 오지랖 16. 못 17. 억장 18. 학 19. 빙산 20. ○ 21. ○ 22. ○ 23. ○ 24. × 25. × 26. ○ 27. × 28. × 29. × 30. ○ 31. × 32. ○ 33. ○ 34. ○ 35. × 36. × 37. ㉣ 38. ㉠ 39. ㉡ 40. ㉢ 41. ㉥ 42. ㉧ 43. ㉤ 44. ◎ 45. ㉪ 46. ㉨ 47. ⑤ 48. ⑤ 49. ④ 50. ③

345

> 34 | 신체 관련 관용구

눈

☐ **눈에 밟히다**

잊히지 않고 자꾸 눈에 떠오르다.
▶ 그는 어린 자식들이 <u>눈에 밟혀서</u> 차마 발걸음을 옮길 수 없었다.

☐ **눈에 차다**

흡족하게 마음에 들다.
▶ 그는 자식은 많지만, <u>눈에 차는</u> 자식은 없었다.

☐ **눈에 불을 켜다**

❶ 몹시 욕심을 내거나 관심을 기울이다. ▶ 아들은 먹는 거라면 <u>눈에 불을 켜고</u> 달려든다.
❷ 화가 나서 눈을 부릅뜨다.
▶ 별로 기분 나쁠 얘기를 한 것도 아닌데 그가 갑자기 <u>눈에 불을 켜고</u> 소리를 질렀다.

☐ **눈 밖에 나다**

신임을 잃고 미움을 받게 되다.
▶ 그는 약속을 지키지 않아 친구들의 <u>눈 밖에 났다</u>.

코

☐ **코가 꿰이다**

약점이 잡히다.
▶ 나는 학원에 빠진 일로 동생에게 <u>코가 꿰여서</u> 동생이 하라면 뭐든지 해야 하는 처지가 되었다.

☐ **코가 빠지다**

근심에 싸여 기가 죽고 맥이 빠지다.
▶ 아버지의 실직 소식을 들은 가족들은 모두 <u>코가 빠져</u> 아무 일도 할 수 없었다.

☐ **코가 납작해지다**

몹시 무안을 당하거나 기가 죽어 위신이 뚝 떨어지다.
▶ 그날 경기에서 일본 대표팀이 우리 대표팀에 대패하자 일본 국민들의 <u>코가 납작해졌다</u>.

☐ **코가 높다**

잘난 체하고 뽐내는 기세가 있다.
▶ 그녀는 <u>코가 높아서</u> 상대하기 쉽지 않다.

입

☐ **입을 닦다/씻다**

이익 따위를 혼자 차지하거나 가로채고서는 시치미를 떼다.
▶ 마을 앞으로 보상금이 나왔을 텐데 이장이 <u>입을 닦고</u> 모른 체하는 건 아닌지 의심스럽다.

☐ **입이 달다**

입맛이 당기어 음식이 맛있다.
▶ <u>입이 달아</u> 무슨 음식이든 잘 먹으니 다이어트는 힘들 것 같다.

입의 혀 같다	일을 시키는 사람의 뜻대로 움직여 주다.
	▶ 그는 사장의 말이라면 **입의 혀같이** 굴어서 사장을 신임을 얻었다.

입에 침이 마르다	다른 사람이나 물건에 대하여 거듭해서 말하다.
	▶ 돌잔치에 참석한 손님들은 아기가 귀엽다고 **입에 침이 마르도록** 칭찬을 했다. = 입이 닳다
	참고 입에 침 바른 소리: 겉만 번지르르하게 꾸미어 듣기 좋게 하는 말
	▶ 스승의 작품이라고 **입에 침 바른 소리** 할 것 없이 솔직하게 평가해 주기 바란다.

입에 발린/붙은 소리	마음에도 없이 겉치레로 하는 말
	▶ 그는 **입에 발린 소리**를 잘하므로 그가 하는 말을 모두 믿어서는 안 된다.

이

이를 악물다	❶ 힘에 겨운 곤란이나 난관을 헤쳐 나가려고 비상한 결심을 하다.
	▶ 나는 이번에는 반드시 시험에 합격하겠다고 **이를 악물었다**.
	❷ 매우 어렵거나 힘든 상황을 애써 견디거나 꾹 참다.
	▶ 산모는 점점 심해지는 진통에 **이를 악물었다**.

이도 안 나다	어떤 일을 감당하기에는 수준이나 준비 정도가 적당하지 않다.
	▶ 신입사원이라면 **이도 안 난** 처지인데 그런 중요한 업무를 맡길 수는 없다.
	참고 이도 안 들어가다: 어떤 말이나 행동을 하여도 도무지 반응이 없거나 받아들이지 않다.
	▶ 아무리 용돈을 올려달라고 어머니에게 부탁을 해도 **이도 안 들어간다**.

치를 떨다	❶ 매우 인색하여 내놓기를 꺼리다.
	▶ 그는 자신을 위해서는 돈을 아끼지 않으면서도 타인들에게는 한 푼을 쓰는 것도 **치를 떤다**.
	❷ 몹시 분해하거나 지긋지긋해하다.
	▶ 그는 가족 모두가 자신을 속였다는 것을 알고 배신감에 **치를 떨었다**.

귀

귀가 따갑다	❶ 소리가 날카롭고 커서 듣기에 괴롭다.
	▶ 친구가 옆에 앉아 이야기를 하는데 목소리가 너무 커서 **귀가 따가웠다**.
	❷ 너무 여러 번 들어서 듣기가 싫다.
	▶ 학생이니까 무조건 열심히 공부해야 한다는 말을 **귀가 따갑게** 들었다.

귀가 여리다	속는 줄도 모르고 남의 말을 그대로 잘 믿다.
	▶ 그 사람은 **귀가 여려서** 사기라도 당하지 않을까 걱정이 된다.

귀가 열리다	세상 물정을 알게 되다.
	▶ 그는 웬만큼 **귀가 열린** 후에는 다른 사람 일에 함부로 참견하지 않게 되었다.

머리

☐ **머리가 크다/굵다**

어른처럼 생각하거나 판단하게 되다.

▶ 아들은 <u>머리가 컸다</u>고 아버지인 나와 의논도 하지 않고 모든 일을 저 혼자 결정하려고 한다.

☐ **머리가 굳다**

❶ 사고방식이나 사상 따위가 완고하다.

▶ 내가 너무 <u>머리가 굳어서</u> 그런지 젊은 너를 이해할 수가 없다.

❷ 기억력 따위가 무디다.

▶ 오십이 넘으니 <u>머리가 굳어서</u> 어제 일도 잘 생각나지 않는다.

참고 머리가 깨다: 뒤떨어진 생각에서 벗어나다.

▶ 할아버지는 <u>머리가 깬</u> 분이셔서 그 시절에 어머니를 유학까지 보내셨다.

☐ **머리에 피도 안 마르다**

아직 어른이 되려면 멀었다. 나이가 어리다.

▶ 중년 사내는 <u>머리에 피도 안 마른</u> 녀석이 어른한테 대든다며 학생을 나무랐다.

어깨

☐ **어깨를 견주다/겨누다/겨루다**

서로 비슷한 지위나 힘을 가지다.

▶ 윤동주 시에 대한 연구에서는 나와 <u>어깨를 견줄</u> 사람이 없다.

= 어깨를 나란히 하다

☐ **어깨가 무겁다**

무거운 책임을 져서 마음에 부담이 크다.

▶ 아직 부족한 제가 이런 중책을 맡게 되어 <u>어깨가 무겁습니다</u>.

☐ **어깨가 처지다**

낙심하여 풀이 죽고 기가 꺾이다.

▶ 응원하는 팀이 어이없게 져 버리자 응원단의 <u>어깨가</u> 축 <u>처졌다</u>.

배

☐ **배를 불리다/채우다**

재물이나 이득을 많이 차지하여 사리사욕을 채우다.

▶ 그 악덕 사장은 회사를 위해 일하기보다는 자신의 <u>배를 불리는</u> 데만 급급하고 있다.

☐ **배가 등에 붙다**

먹은 것이 없어서 배가 홀쭉하고 몹시 허기지다.

▶ 하루 종일 아무것도 먹지 않고 일만 했더니 <u>배가 등에 붙었다</u>.

☐ **뱃속이 검다**

마음보가 더럽고 음흉하다.

▶ 그 사람은 신사같이 보여도 <u>뱃속은 검으니</u> 조심하는 게 좋다.

참고 뱃속을 채우다: 염치없이 자기 욕심만 차리다.

▶ 회사가 기울어 가는데도 임원이라는 자가 제 <u>뱃속을 채우는</u> 데만 골몰하고 있다.

등

□ 등을 벗겨 먹다

위협하여 남의 재물을 빼앗다.

▶ 건달들이 시장 상인의 **등을 벗겨 먹고** 있다는 신고를 받고 경찰이 수사에 착수했다.

□ 등을 돌리다

뜻을 같이하던 사람이나 단체와 관계를 끊고 배척하다.

▶ 당이 둘로 나눠지면서 한때 같은 당이었던 국회의원들이 서로 **등을 돌렸다**.

□ 등골이 빠지다

견디기 어려울 정도로 몹시 힘이 들다.

▶ 자녀들이 해마다 유행이 바뀌는 비싼 겨울 점퍼를 사달라는 통에 학부모들은 **등골이 빠진다**.

손

□ 손을 끊다

교제나 거래 관계를 중단하다.

▶ 나는 이제부터 후회 없는 삶을 살겠다고 마음먹고, 나쁜 친구들과 **손을 끊었다**.

□ 손이 크다

❶ 씀씀이가 후하고 크다.

▶ 할머니는 **손이 크셔서** 언제나 용돈을 넉넉하게 주신다.

❷ 수단이 좋고 많다. ▶ 그는 **손이 커서** 그가 주선하는 일이라면 안 되는 일이 없다.

□ 손이 빠르다/싸다/재다

일 처리가 빠르다.

▶ 주방 아주머니는 **손이 빨라서** 손님이 갑자기 몰려들어도 아무 문제없이 음식을 내놓는다.

참고 손이 서투르다: 일에 익숙하지 아니하다.

▶ 처음 아르바이트를 시작했을 때는 **손이 서툴러서** 실수가 많았다.

오금

□ 오금이 저리다

❶ 공포감 따위에 맥이 풀리고 마음이 졸아들다.

▶ 어스름한 달빛 아래 소나무숲 뒤로 검은 그림자가 보이자 **오금이 저렸다**.

❷ 저지른 잘못이 들통이 나거나 그 때문에 나쁜 결과가 있지 않을까 마음을 졸이다.

▶ 책값으로 주신 돈을 피시방에서 써 버렸다는 것을 어머니가 눈치 채실까 봐 **오금이 저려** 왔다.

← 오금: 무릎 관절 안쪽의 오목한 부분

□ 오금을 박다

❶ 큰소리치며 장담하던 사람이 그와 반대되는 말이나 행동을 할 때에, 장담하던 말을 빌미로 삼아 몹시 논박하다.

▶ 나는 법안에 찬성했던 그의 방송 인터뷰 자료를 제시하며 그의 반대에 대해 **오금을 박았다**.

❷ 다른 사람에게 함부로 말이나 행동을 하지 못하게 단단히 이르거나 으르다. ▶ 선생님은 남학생들에게 짓궂은 장난으로 여학생들을 괴롭히지 말라고 **오금을 박았다**.

발

☐ **발을 빼다/씻다** | 어떤 일에서 관계를 완전히 끊고 물러나다.
▶ 그는 노름판에서 **발을 빼고** 착실히 살기로 했다.

☐ **발등을 찍히다** | 남에게 배신을 당하다.
▶ 그는 굳게 믿었던 친구에게 결국 **발등을 찍히고** 말았다.

☐ **발 벗고 나서다** | 적극적으로 나서다.
▶ 그분은 마을 일이라면 항상 **발 벗고 나서신다**.

☐ **발목을 잡다** | ❶ 어떤 일에 꽉 잡혀서 벗어나지 못하게 하다.
▶ 당장이라도 회사를 그만두고 싶었지만 먹여 살려야 할 식구가 많다는 것이 내 **발목을 잡았다**.
❷ 남의 어떤 약점을 잡다.
▶ 그는 전과 사실을 빌미로 나의 **발목을 잡고** 협박을 했다.

간

☐ **간을 빼먹다** | 겉으로는 비위를 맞추며 좋게 대하는 척하면서 요긴한 것을 다 빼앗다.
▶ 그는 웃는 얼굴로 남의 **간을 빼 먹을** 사람이니 경계하는 것이 좋다.

☐ **간담이 서늘하다** | 몹시 놀라서 섬뜩하다.
▶ 그가 차가운 눈으로 나를 노려보자 **간담이 서늘해졌다**.

피

☐ **피를 토하다** | 격렬한 의분을 터뜨리다.
▶ 농부는 자기 목숨과 같은 땅을 빼앗길 수는 없다고 **피를 토하며** 절규했다.

☐ **피가 마르다** | 몹시 괴롭거나 애가 타다.
▶ 가뭄에 농작물이 말라죽는 모습을 지켜볼 수밖에 없는 농부는 **피가 마를** 지경이었다.

☐ **피가 거꾸로 솟다** | (피가 머리로 모인다. ➡) 매우 흥분한 상태
▶ 내가 속았다는 사실을 알고는 **피가 거꾸로 솟는** 듯했다.

☐ **피가 되고 살이 되다** | 큰 도움이 되다.
▶ 아르바이트를 하면서 얻은 사회 체험들이 이후 직장 생활을 원만하게 유지하는 데 **피가 되고 살이 될** 것이다.

확인 문제

[1~13] 뜻풀이에 맞는 관용 표현이 되도록 빈칸에 알맞은 신체 부위를 〈보기〉에서 찾아 넣으시오.

1. (　　　　　)에 차다: 흡족하게 마음에 들다.

2. (　　　　　)이/가 열리다: 세상 물정을 알게 되다.

3. (　　　　　) 밖에 나다: 신임을 잃고 미움을 받게 되다.

4. (　　　　　)을/를 견주다: 서로 비슷한 지위나 힘을 가지다.

5. (　　　　　)을/를 벗겨 먹다: 위협하여 남의 재물을 빼앗다.

6. (　　　　　)이/가 빠지다: 근심에 싸여 기가 죽고 맥이 빠지다.

7. (　　　　　)에 불을 켜다: 몹시 욕심을 내거나 관심을 기울이다.

8. (　　　　　)을/를 빼다: 어떤 일에서 관계를 완전히 끊고 물러나다.

9. (　　　　　)이/가 무겁다: 무거운 책임을 져서 마음에 부담이 크다.

10. (　　　　　)이/가 여리다: 속는 줄도 모르고 남의 말을 그대로 잘 믿다.

11. (　　　　　)을/를 불리다: 재물이나 이득을 많이 차지하여 사리사욕을 채우다.

12. (　　　　　)을/를 돌리다: 뜻을 같이하던 사람이나 단체와 관계를 끊고 배척하다.

13. (　　　　　)을/를 닦다: 이익 따위를 혼자 차지하거나 가로채고서는 시치미를 떼다.

┌─|보 기|───┐
│ ㉠ 눈　　㉡ 코　　㉢ 입　　㉣ 귀　　㉤ 어깨　　㉥ 배　　㉦ 등　　㉧ 발 │
└──┘

[14~24] 상황과 그에 어울리는 관용 표현을 연결하시오.

14. 몹시 허기졌다　　　　　　　　　　　　　　　• 　　• ㉠ 눈에 밟히다

15. 욕을 못하게 단단히 을렀다.　　　　　　　• 　　• ㉡ 코가 납작해지다

16. 너무나 억울하다고 절규했다.　　　　　　• 　　• ㉢ 입에 침이 마르다

17. 회의에 늦을까 봐 애가 탔다.　　　　　　• 　　• ㉣ 치를 떨다

18. 일제의 만행을 듣고 분노했다.　　　　　• 　　• ㉤ 머리가 크다

19. 경기에서 패한 후 풀이 죽었다.　　　　　• 　　• ㉥ 어깨가 처지다

20. 아들의 생각이 어른스러워졌다.　　　　• 　　• ㉦ 배가 등에 붙다

21. 아이가 착하다고 거듭 칭찬했다.　　　　• 　　• ㉧ 등골이 빠지다

22. 생활비를 버느라 몹시 고생했다.　　　　• 　　• ㉨ 오금을 박다

23. 아는 척하다가 틀려 망신을 당했다.　　• 　　• ㉩ 피를 토하다

24. 두고 온 딸의 얼굴이 자꾸 떠올랐다.　• 　　• ㉪ 피가 마르다

[25~45] 밑줄 친 관용어의 쓰임이 문맥에 맞으면 ○, 맞지 않으면 ✕에 표시하시오.

25. 무서운 영화를 보고 있자니 오금이 저려 왔다. (○ / ✕)

26. 그녀는 코가 높아서 좋은 제품만 귀신같이 골라낸다. (○ / ✕)

27. 학교 성적이 중요하다는 얘기는 귀가 따갑게 들었다. (○ / ✕)

28. 그는 입에 침 바른 소리로 진심어린 축하를 해 주었다. (○ / ✕)

29. 그와 나는 호감을 갖고 서로를 칭찬하다가 코가 꿰었다. (○ / ✕)

30. 친절해 보여도 뱃속이 검은 사람이 많으니 항상 조심해라. (○ / ✕)

31. 임금을 올려 달라고 사장에게 요구했지만 이도 안 들어갔다. (○ / ✕)

32. 입이 달아서 이것저것 닥치는 대로 먹었더니 살이 많이 쪘다. (○ / ✕)

33. 나는 자신의 잘못을 나에게 덮어씌운 친구에게 발등을 찍혔다. (○ / ✕)

34. 그는 무슨 수를 써서라도 가난에서 벗어나겠다고 이를 악물었다. (○ / ✕)

35. 그는 머리가 깬 사람이어서 완고하고 보수적이라는 비판을 받았다. (○ / ✕)

36. 이제 갓 들어와서 이도 안 난 선수를 팀의 대표로 내보낼 수는 없다. (○ / ✕)

37. 모두들 나를 속이고 바보처럼 취급했다는 사실에 피가 거꾸로 솟았다. (○ / ✕)

38. 그는 부당하게 피해를 보았다는 사실을 알고는 눈에 불을 켜고 따졌다. (○ / ✕)

39. 그는 붙임성이 좋아서 처음 보는 사람도 입의 혀같이 허물없이 대했다. (○ / ✕)

40. 그는 머리가 굳어서 일제의 핍박 속에서도 민족의 독립을 위해 투쟁했다. (○ / ✕)

41. 회사의 생존이 절박하다는 인식 아래 사원 모두 뱃속을 채우는 데 앞장섰다. (○ / ✕)

42. 머리에 피도 안 마른 녀석이 술 마시고 담배까지 피우다니 문제가 심각하다. (○ / ✕)

43. 그분의 따끔한 충고가 피가 되고 살이 되어 다시 도전할 용기를 낼 수 있었다. (○ / ✕)

44. 서두르다가는 간을 빼먹을 수 있으니 조금 늦더라도 꼼꼼히 확인하는 것이 좋다. (○ / ✕)

45. 나이든 여자에게 젊어 보인다고 말하는 것은 입에 발린 소리인 경우가 대부분이다.
　　(○ / ✕)

도전 문제

46. ㉠~㉤의 관용 표현 중 적절하지 않은 것은?　　(2008 중3 성취도평가)

　　한반도는 현재 '나무 전쟁'이 한창이다. 침엽수를 대표하는 소나무와 활엽수를 대표하는 참나무는 앙숙이 된 지 이미 오래다. ㉠두 나무는 현재 목숨을 건 사투를 벌이고 있는 중이라 할 수 있다.

이 같은 '나무 전쟁'을 촉발시킨 주범은 지구 온난화 현상이다. 기온이 높아지면서 식물의 북방 한계선이 북상하면서 활엽수는 식생대를 넓혀가는 반면 침엽수의 서식 여건은 갈수록 나빠지고 있다. ⓒ<u>지구 온난화 현상은 나무들의 전쟁에서 참나무의 손을 들어 준 것이다.</u>

더구나 도심의 높은 온도는 침엽수의 생장 조건을 만족시키지 못하고 있다. ⓒ<u>사정이 이러하다 보니 정원수로 각광을 받아온 소나무의 운명도 풍전등화일 수밖에 없다.</u>

2100년이면 침엽수가 현재의 3분의 1만 남게 되고 소나무가 지리산, 설악산, 덕유산, 한라산의 고지대에 고립될 가능성이 있다는 비관론이 나오고 있다. ㉣<u>게다가 소나무가 솔나방, 솔잎혹파리 등에 감염되면서 소나무의 서식지는 점점 자리를 잡게 되었다.</u>

나무 전쟁은 소나무의 완패로 보인다. 2005년 소나무 숲 면적은 252만ha에서 148만ha로 감소했으나 참나무 등 활엽수 숲은 같은 기간 116만ha에서 166만ha로 43%나 증가했다.

㉤<u>이제는 '나무 전쟁'을 강 건너 불구경 하듯이 볼 것이 아니라, 발 벗고 나서서 해결해야 할 시점인 것이다.</u>

① ㉠   ② ㉡   ③ ㉢   ④ ㉣   ⑤ ㉤

47. 〈심청전〉에 대한 감상을 적은 글이다. 밑줄 친 말 중 문맥에 어울리지 않는 것은?

〈심청전〉은 심청의 희생과 환생, 심 봉사가 눈을 뜨는 내용 전개를 통해 유교적 덕목인 '효'를 ①<u>구현하는</u> 작품이다. 눈먼 아버지를 ②<u>봉양하려고</u> 공양미 삼백 석에 인당수 제물로 팔려 가는 심청의 마음이 얼마나 슬플지 ③<u>짐작할</u> 수 있었다. 다시 살아난 심청이 왕후가 되어 ④<u>오매불망하던</u> 아버지와 상봉하는 행복한 결말에 이르자 ⑤<u>간담이 서늘한</u> 듯 내 마음이 뿌듯해졌다.

48. 〈보기〉의 밑줄 친 부분의 용례로 가장 적절한 것은?

┌─**자료**┐
'손'은 우리 신체의 일부를 나타낼 때 사용하는 단어이지만, 씀씀이나 사람 간의 관계 등과 같은 의미를 나타내기도 한다. 특히 사람이 일을 하는 솜씨나 처리 속도에 대해 이야기할 때 '손'과 관련된 관용 표현을 쓰는 경우가 많은데, 솜씨가 좋은 경우와 나쁜 경우, <u>일을 처리하는 속도가 빠른 경우</u>와 느린 경우로 구분할 수 있다.

① 이제부터는 나쁜 친구들과 <u>손을 끊어라</u>.

② 제가 <u>손이</u> 서툴러서 일을 망쳤으니 어쩌면 좋아요.

③ 영수 엄마는 <u>손이 재서</u> 음식을 금방 만들어 내왔습니다.

④ 그는 자식을 잃은 슬픔에 장사마저 <u>손을 놓고</u> 말았습니다.

⑤ <u>손이 큰</u> 어머니는 음식도 항상 남을 만큼 넉넉히 준비하십니다.

[49~50] 다음 글을 읽고, 물음에 답하시오.　　　　　(2016 중3 성취도 평가)

　　최근 '힙합'이라는 음악 장르가 관심을 끌고 있다. 방송 프로그램에 힙합 가수들이 출연해 다양한 끼와 랩 실력으로 ㉠<u>주목을 받고</u> 있고, 힙합 가수를 꿈꾸는 청소년들도 늘어나고 있다. 이렇게 힙합 음악이 대중화된 상황에서 힙합 가수들에게는 어떠한 창작 태도가 필요할까? 힙합 음악의 중요한 창작 수단으로 인식되어 온 '샘플링'을 중심으로 이를 알아보고자 한다.

　　1960년대 미국에서 힙합이 '거리 음악'으로 막 시작되고 성장해 가던 시기의 샘플링은 단순히 원곡의 일부나 혹은 전체를 빌려 쓰는 것이었다. 당시에는 완전히 새로운 음악 창작 방법이었으며, 저작권에 대한 인식이 확고하지 않았던 때라 샘플링에 큰 제약도 없었다. 샘플링에 대한 이런 인식은 1990년대 초반까지 이어지며 확대되었다.

　　하지만 힙합 음악이 대중적으로 ㉡<u>관심을 끌면서</u> 샘플링에 대한 인식도 점차 발전적으로 변화하였다. 특히 1992년 미국에서 샘플링과 관련하여 제기된 저작권 소송이 변화의 중요한 계기가 되었다. 이후 힙합 음악에서 샘플링은 원곡에 대한 충분한 이해와 원작자에 대한 존경심을 바탕으로 그의 허락을 받아 자신만의 방식으로 재해석하는 예술 기법으로 인식되고 있다.

　　이런 변화 속에서 우리나라에서도 1990년대에 힙합 음악이 본격적으로 발표되기 시작했고, 지금까지 많은 양적, 질적 ㉢<u>성장을 이루어</u> 내고 있다. 그런데 우리나라의 일부 힙합 가수들은 여전히 샘플링을 쉽고 간단한 '복사하고 붙여넣기' 방법 정도로 이해하고 있다. 이러한 베끼기 수준의 샘플링은 표절 문제를 피하기 어렵다. 원곡에 새로운 의미를 부여하거나 원곡의 가치를 더 높이려는 태도를 보이지 않는다면, 힙합 음악의 대중화 열풍을 가져왔던 샘플링이 오히려 힙합 발전의 ㉣<u>발목을 잡을</u> 수도 있다.

　　현재 우리나라에서 힙합 음악은 '거리 음악'의 ㉤<u>단계를 벗어났다</u>. 대중 매체 속 음악 프로그램의 음원 차트를 보면, 이제 힙합은 대중음악의 중요한 갈래 중 하나로 인정받고 있다. 이런 상황에서 힙합 가수들은 샘플링이 원곡에 대한 더 진지한 이해와 존경을 바탕으로 한 재창조라는 점을 더욱 분명하게 인식해야 할 것이다. 그리고 샘플링을 넘어서는 새로운 창작 방법을 찾기 위한 노력도 해야 할 것이다.

49. 윗글의 주장과 근거에 대한 설명으로 가장 적절한 것은?

① 힙합 음악의 시대적 요구에 근거하여 '거리 음악' 시대의 힙합 정신으로 돌아갈 것을 주장하고 있다.

② 힙합 음악의 사례를 토대로 우리나라 대중음악의 창작 방법으로서 샘플링의 확대를 주장하고 있다.

③ 달라진 힙합 음악의 위상을 토대로 우리나라 힙합 가수들의 샘플링에 대한 인식 개선을 요구하고 있다.

④ 우리나라 힙합 음악의 특수성에 근거하여 원작자의 음악을 마음껏 활용하도록 해야 함을 주장하고 있다.

⑤ 힙합 음악에 대한 대중의 관심을 바탕으로 '복사하고 붙여넣기'를 샘플링에 활용할 것을 권장하고 있다.

50. ㉠~㉤ 중, 〈자료〉에서 설명하고 있는 표현 방식이 쓰인 것은?

자 료
• 관용 표현: 둘 이상의 낱말이 합쳐져서 원래의 뜻과는 다른 새로운 뜻으로 굳어져 쓰이는 표현. 예) 운동부 선수들은 계속된 연습으로 <u>파김치가 되었다</u>. → 파김치가 되다: 몹시 지쳐서 기운이 없다.

① ㉠　　② ㉡　　③ ㉢　　④ ㉣　　⑤ ㉤

[정답] 1. ㉠ 2. ㉣ 3. ㉠ 4. ㉤ 5. ㉦ 6. ㉡ 7. ㉠ 8. ㉧ 9. ㉤ 10. ㉣ 11. ㉥ 12. ㉦ 13. ㉢ 14. ㉦ 15. ㉨ 16. ㉩ 17. ㉪ 18. ㉣ 19. ㉥ 20. ㉤ 21. ㉢ 22. ㉧ 23. ㉡ 24. ㉠ 25. ○ 26. × 27. ○ 28. × 29. × 30. ○ 31. ○ 32. ○ 33. ○ 34. ○ 35. × 36. ○ 37. ○ 38. ○ 39. × 40. × 41. × 42. ○ 43. ○ 44. × 45. ○ 46. ④ 47. ⑤ 48. ③ 49. ③ 50. ④

[해설] 46. ㉣ 자리를 잡게 → 자리를 잃게